Körperspuren

Karl-Heinrich Bette ist Professor für Sportwissenschaft an der Technischen Universität Darmstadt. Seine Forschungsschwerpunkte liegen im Bereich der Sportsoziologie, der Soziologie des Körpers sowie der neueren soziologischen Systemtheorie. Von ihm erschien bisher im transcript Verlag »X-treme. Zur Soziologie des Abenteuer- und Risikosports« (2004).

Karl-Heinrich Bette

Körperspuren

Zur Semantik und Paradoxie moderner Körperlichkeit

2. vollständig überarbeitete und ergänzte Auflage

[transcript]

Bibliografische Information der Deutschen Bibliothek
Die Deutsche Bibliothek verzeichnet diese Publikation in der Deutschen Nationalbibliografie; detaillierte bibliografische Daten sind im Internet über http://dnb.ddb.de abrufbar.

2. Auflage des 1989 bei Walter de Gruyter & Co in Berlin und New York erschienenen Werkes
Umschlagabbildung: »Petra elettrico« von Jürgen Freyn, Nürnberg
Umschlaggestaltung und Innenlayout: Kordula Röckenhaus, Bielefeld
Projektmanagement: Andreas Hüllinghorst, Bielefeld
Druck: Majuskel Medienproduktion GmbH, Wetzlar
ISBN 3-89942-423-0

Gedruckt auf alterungsbeständigem Papier mit chlorfrei gebleichtem Zellstoff.

Besuchen Sie uns im Internet: *http://www.transcript-verlag.de*

Bitte fordern Sie unser Gesamtverzeichnis und andere Broschüren an unter: *info@transcript-verlag.de*

Inhalt

Vorwort zur ersten Auflage 7

Vorwort zur zweiten Auflage 8

Einleitung 9

I Simultaneität und Paradoxie 20

1 Zur gleichzeitigen Steigerung von Körperdistanzierung und Körperaufwertung 25

2 Resonanzfähigkeit und Paradoxie 52

3 Zur Wahrscheinlichkeit des Unwahrscheinlichen 62

II Spurensuche: der Körper als Fluchtpunkt 67

1 Körperlichkeit und Urbanität. Zur räumlichen Dispersion der neueren Körpermoden 69

2 Innerstädtische Bewegungs- und Darstellungskünste 78

3 Körperlichkeit, Langsamkeit und Fortbewegung. Zur Wiederentdeckung der Zwischenräume 92

4 Stadtkörper und Öffentlichkeit. Zur Wiederbelebung urbaner Zentren durch Malls und Graffiti-Kommunikation: ein Exkurs 102

5 Gestylte Körper. Zum Idealbild von Jugendlichkeit und jugendlichem Körper 111

6 Punk-Körper. Zur sinnhaften Inszenierung von Sinnlosigkeit 121

7 Coole Typen. Sozialfiguren der Selbstbeherrschung und Körperdistanzierung 134

8 Animierte Körper und spaßbezogene Kommunikationen. Eine Fallstudie zur Club-Bewegung 146

9 Ausblick 162

III Zum oberirdischen Körperprojekt der Moderne: der Fall des Hochleistungssports ... 165
1 Aspekte der Ausdifferenzierung ... 168
1.1 Codierung ... 171
1.2 Spannung als Erlebniskorrelat ... 173
1.3 Sondersituationen und normative Sicherungen ... 181
1.4 Sondermoral ... 196
1.5 Selektion und Leistung ... 201
1.6 Resonanzverstärker: die Massenmedien ... 205
2 Grenzen der Ausdifferenzierung ... 213
2.1 Bremsfaktoren ... 214
2.2 Ausblick ... 224

IV Die Wiederkehr des ausgeschlossenen Dritten. Zur Heraufkunft neuer körperorientierter Sozialbewegungen ... 228
1 Komparative Aspekte ... 229
2 Zur Binnendifferenzierung des Sportsystems ... 234
3 Ausblick ... 241
4 Sinnsuche im Nicht-Sinnhaften: ein Nachwort (2005) ... 247

Anhang
Siglen ... 263
Literatur ... 264
Personenregister ... 285
Sachregister ... 290

Vorwort zur ersten Auflage

Das vorliegende Buch verdankt sich der funktionalen Indifferenz von Körper und Bewußtsein. Es ist insofern der Evolution verpflichtet. Ohne die Abstraktion und Distanzierung des psychischen Systems von den physisch-organischen Prozessen des Körpers wäre die selbstbezügliche Geschlossenheit des Denkens unwahrscheinlich geblieben, die es mir ermöglichte, Vorstellungen über den Körper zu formulieren, ohne durch den Körper übermäßig irritiert zu werden. Die Karrierebedingungen der Wissenschaft versorgten mich mit den nötigen Stimuli, jenem Minimum an Körperwahrnehmung gegenzusteuern, das sich meinem Bewußtsein – auch in Beobachtung dieses Kommunikationssystems – bisweilen in Gestalt von Unlust oder Müdigkeit aufdrängte und es an die Existenz der eigenen Körperumwelt erinnerte. Denen, die mir dabei halfen, daß meine Gedanken über den Körper auch durch den Körper angeregt wurden, bin ich zu Dank verpflichtet. Die Arbeit entstand aus dem Unbehagen an der bisherigen Behandlung des Themas in der Literatur. Das Resultat dieser Auseinandersetzung wurde im Dezember 1987 an der Deutschen Sporthochschule Köln als Habilitationsschrift unter dem Titel »Körperlichkeit und Modernität. Zur gesellschaftlich erzeugten Paradoxie von Körperdistanzierung und Körperaufwertung« angenommen.

Köln, im Juni 1989 *Karl-Heinrich Bette*

Vorwort zur zweiten Auflage

Die Soziologie des Körpers war im Jahre 1989, als die »Körperspuren« erstmalig publiziert wurden, ein Forschungsgebiet, das nur mit begrenzter Aufmerksamkeit innerhalb der Wissenschaftsgemeinschaft rechnen konnte. Wer sich mit dem Körper soziologisch auseinandersetzte, mußte sich entsprechende Nachfragen und Blicke gefallen lassen. Die Welt jenseits der Universitäten war zu jener Zeit bereits weiter. Der Körper stand im Mittelpunkt diverser Szenen, wurde in Sport, Tanz, Therapie, Mode, Sexualität, Kunst und Jugendkultur selbstbewußt genutzt und von den dortigen Akteuren für die unterschiedlichsten Sinngebungen in Anspruch genommen. Die akademische Distanziertheit gegenüber dem Körper hat sich erst in den letzten Jahren nachhaltig verändert. Die erhöhte Publikationsdichte innerhalb und außerhalb der Soziologie macht darauf aufmerksam, daß die Einsicht, den Körper jenseits anthropologischer Setzungen, naturwissenschaftlicher Einschätzungen und alltagstheoretischer Vermutungen ernstzunehmen, offensichtlich auch an den Universitäten zunehmend Resonanz erzeugt hat. Die letzten sechzehn Jahre haben vor allem auch gezeigt, daß das Instrumentarium der soziologischen Systemtheorie, das in den »Körperspuren« erstmals auf breiter Basis zur Erhellung des Körperthemas zum Einsatz kam, in besonderer Weise geeignet war und ist, neuartige Fragen zur sozialen Verwendung des Körpers in der modernen Gesellschaft zu stellen und entsprechend modulierte Antworten zu geben. Nicht nur die Sport-, Freizeit-, Gesundheits-, Spiel- und Tanztheorie, auch die Frauen- und Geschlechterforschung, die Sexualwissenschaft, die Literatur- und Filmtheorie sowie die Soziologie der Behinderung und der sozialen Arbeit haben ihre bisherigen Wissensgrundlagen mit Hilfe des systemtheoretischen Zugriffs auf Person und Körper in entscheidender Weise verbessern können. Dem transcript Verlag danke ich dafür, daß ich die »Körperspuren« in einer überarbeiteten und ergänzten zweiten Auflage in der Reihe »KörperKulturen« publizieren konnte.

Darmstadt, im Juni 2005 *Karl-Heinrich Bette*

Einleitung

Der Körper wird gegenwärtig in der Architektur seiner Formen und in der Tiefe seiner Strukturen und Prozesse neu erkundet und definiert. Nie zuvor hat es so viele Spezialisten und selbsternannte Fachleute gegeben, die sich mit einzelnen Organen, Körperpartien und psycho-physischen Befindlichkeiten auseinandersetzen oder den Anspruch auf ganzheitliche Einwirkungsmöglichkeiten stellen. Sie lauschen verzückt an der Epidermis, versuchen der »Weisheit des Körpers« mit Emphase auf die Spur zu kommen, bringen ihn mit Fitneßformeln auf Trab, belasten ihn mit exklusiver Technik oder stellen ihn meditativ ruhig. Sie diagnostizieren, beraten und intervenieren in Gestalt von Therapie, Ernährung, Training oder auch Mode. Diese Entfaltung einer mit Körperlichkeit und Subjektivität befaßten Expertenkultur soll Anlaß einer tiefergehenden Analyse über die Bedingungen der Möglichkeit einer Karriere des Körperthemas sein.

Die Aufwertung des physisch-organischen Substrats hat zu einer eigenen Begrifflichkeit geführt, in der von einer »Konjunktur des Körpers«, einem »Körperboom« oder einer »neuen Körperlichkeit« gesprochen wird. Wenn das Reden über die verschiedenen Körpermoden selbst zur Mode wird, ist ein reflexives Verweilen angeraten. Wir unternehmen dies aus der Sicht und mit den Mitteln der neueren Theorie sozialer Systeme.[1] Die

1 | Das Fundament zu einer allgemeinen Theorie sozialer Systeme legte Niklas Luhmann mit seinem umfangreichen Werk. Zu neueren Entwicklungen im Gefolge des Paradigmawechsels zu einer Theorie selbstreferentieller, autopoietischer Sozialsysteme siehe ders., Soziale Systeme. Grundriß einer allgemeinen Theorie, Frankfurt a.M. 1984; ders., Die Gesellschaft der Gesellschaft Bd. 1 und 2, Frankfurt a.M. 1997. Die Grenzen der Diskussion sind gegenwärtig nicht abzusehen, da die Ideenproduktion in vollem Gange ist. Vgl. hierzu beispielsweise Hans Haferkamp/Michael Schmid (Hg.), Sinn, Kommunikation und soziale Differenzierung. Beiträge zu Luhmanns Theorie sozialer Systeme, Frankfurt a.M. 1987; siehe auch Dirk Baekker/Jürgen Markowitz/Rudolf Stichweh/Hartmann Tyrell/Helmut Willke (Hg.),

Perspektive ist damit abgesteckt. Es geht in erster Linie um soziale Systeme und deren Wirkungen, und nicht etwa um psychologisch inspirierte Motivanalysen, pädagogische Anregungen zu einer Erziehung über Körpererziehung oder um die Durchsetzung naturwissenschaftlicher Erkenntnisinteressen. Auf der Grundlage eines soziologischen Begriffs der Moderne befassen wir uns mit dem Verhältnis von Körper und Gesellschaft in der Phase fortgeschrittener Modernität. Diese Relation hat insofern eine besondere Qualität bekommen, als sie im Gefolge der Heraufkunft komplexer Gesellschaften paradox konstituiert ist. Parallel zu dem bereits knapp skizzierten Prozeß der Körperaufwertung entfaltet sich nämlich zugleich ein Prozeß der immer weiter fortschreitenden Körperverdrängung.

Paradoxien der genannten Art sind nicht auflösbar. Sie deuten auf strukturelle Bedingungen hin, die Gegenläufiges, Ungleichzeitiges gleichzeitig reproduzieren. Sie verweisen in einem allgemeineren Sinne auf Wandlungsprozesse und Modernisierungsschübe innerhalb komplexer Gesellschaften und die von ihnen auf der personalen Ebene hervorgerufenen Effekte. Sie machen zudem auf Resonanzphänomene aufmerksam, die konsequenterweise entstehen, wenn einzelne Funktionssysteme mit selbst- und fremdproduzierten Wirkungen konfrontiert werden.[2]

Das Programm der Moderne, das hiermit angesprochen wird und als zentrale Bezugsgröße für die Ausformung von Körperlichkeit und Subjektivität anzusehen ist, bezeichnet den Umbau von einer Schichtordnung zu einer horizontalen Matrix relativ autonomer gesellschaftlicher Teilsysteme und deren anschließende eigendynamische Entfaltung. Es bezieht sich damit auf den Vorgang der Entfusionierung vormals diffus verschränkter Lebenswelten und den Prozeß der Auflösung einer traditionalen Gesellschaftsformation, wie er sich in Nordwesteuropa seit dem 18. Jahrhundert mit anschließenden, weltweiten Ausstrahleffekten ergeben hat.[3] Die Sub-

Theorie als Passion. Festschrift zum 60. Geburtstag von Niklas Luhmann, Frankfurt a.M. 1987.

2 | Siehe detaillierter Kap. I.2.

3 | Die Folgen dieses Transformationsprozesses waren wichtige Bedingungen der Möglichkeit für die Entstehung der Soziologie als eigenständige Wissenschaftsdisziplin. Interessierte Beobachter der verschiedenen Entwicklungsphasen des gesellschaftlichen Differenzierungsprozesses waren Adam Smith (ders., An Inquiry into the Nature and Causes of the Wealth of Nations, New York 1965; erstmals 1776), Auguste Comte (ders., Rede über den Geist des Positivismus, Hamburg 1966; ders., Die Soziologie. Die positive Philosophie im Auszug, Stuttgart 1974), G. W. F. Hegel (ders., Grundlinien der Philosophie des Rechts Bd. 7, Frankfurt 1970), Karl Marx (ders., Das Kapital. MEW Bd. 23, Berlin 1972), Herbert Spencer (ders., Principles of Sociology, Westport 1975; erstmals London 1876-1897), Emile Durkheim (ders., Über die Teilung der sozialen Arbeit, Frankfurt 1977; erstmals 1893), Georg Simmel (ders., Über sociale Differenzierung: Sociologische und psychologische Untersuchungen, Leipzig 1890) und Max Weber. Eine Einschätzung dieser Klassiker und ihrer Arbei-

stitution multifunktionaler Gebilde durch hochspezialisierte, ihre eigene Dynamik erzeugende und vorantreibende Funktionsbereiche ist demnach kein homogenes Projekt, das von einer als Makrosubjekt gedachten Gesellschaft in einem Akt der selbstreflexiven Vernünftigkeit entwickelt, durchrationalisiert und auf einen Zustand des Gutseins hin justiert worden wäre. Subjektorientierte Vorstellungen dieser Art suggerieren Transparenz und Interventionschancen, versprechen aber insgesamt keinen beeindruckenden Erkenntnisgewinn. Bleibt man dennoch bei der Projekt- oder Programmsemantik, wie sie sich seit der »Dialektik der Aufklärung« (Adorno und Horkheimer) und der neueren Diskussion um die Moderne bzw. Postmoderne eingebürgert hat[4], und zwar ohne dem subjekt- und diskursorientierten

ten unternimmt Helmut Willke, Entzauberung des Staates. Überlegungen zu einer sozietalen Steuerungstheorie, Königstein/Ts. 1983, S. 83ff. Zu Webers Diagnose von der Entzauberung der Welt durch die Wissenschaft und den Bedeutungsverlust religiöser Sinngrundlagen siehe Max Weber, Gesammelte Aufsätze zur Religionssoziologie Bd. I, Tübingen (1920) 1972; ders., Wirtschaft und Gesellschaft. Grundriß einer verstehenden Soziologie, Tübingen (1922) 1976; hierzu auch Richard Münch, Wege der Moderne. Zwischen Tradition und Modernität, Partikularismus und Universalismus, Routine und Revolution, Konformität und Entfremdung, in: Burkhart Lutz (Hg.), Soziologie und gesellschaftliche Entwicklung. Verhandlungen des 22. Deutschen Soziologentages in Dortmund 1984, Frankfurt a.M. 1985, S. 453-462; ders., Die Struktur der Moderne, Frankfurt a.M. 1984. Zur neueren Diskussion siehe auch Niklas Luhmann (Hg.), Soziale Differenzierung: zur Geschichte einer Idee, Opladen 1985.

4 | Vgl. Jürgen Habermas, Der philosophische Diskurs der Moderne. Zwölf Vorlesungen, Frankfurt a.M. 1985; Wolf Schäfer, Die unvertraute Moderne. Historische Umrisse einer anderen Natur- und Sozialgeschichte, Frankfurt a.M. 1985, S. 9ff; Albrecht Wellmer, Zur Dialektik von Moderne und Postmoderne. Vernunftkritik nach Adorno, Frankfurt a.M. 1985; zur neueren Diskussion innerhalb der Soziologie siehe die Beiträge in: Johannes Berger (Hg.), Die Moderne – Kontinuitäten und Zäsuren, Göttingen 1986; hier besonders ders., Gibt es ein nachmodernes Gesellschaftsstadium? Marxismus und Modernisierung im Widerstreit, in: a.a.O., S. 79-96; Claus Offe, Die Utopie der Null-Option. Modernität und Modernisierung als politische Gütekriterien, in: a.a.O., S. 97-117; auch J. Berger, Der Kapitalismus – ein unvollendetes Projekt? In: Burkhart Lutz (Hg.), Soziologie und gesellschaftliche Entwicklung. Verhandlungen des 22. Deutschen Soziologentages in Dortmund 1984, Frankfurt a.M. 1985, S. 485-496; ders., Modernitätsbegriff und Modernitätskritik in der Soziologie, in: Soziale Welt, Jg. 39, H. 2, 1988, S. 224-236; Ulrich Beck, Folgeprobleme der Modernisierung und die Stellung der Soziologie in der Praxis, in: ders. (Hg.), Soziologie und Praxis. Erfahrungen, Konflikte, Perspektiven, Göttingen 1982, S. 1-23; Peter Koslowski/Robert Spaemann/Reinhard Löw (Hg.), Moderne oder Postmoderne. Zur Signatur des gegenwärtigen Zeitalters, Weinheim 1986; zur Kunst-, Philosophie- und Architekturdebatte vgl. Andreas Huyssen/Klaus R. Scherpe (Hg.), Postmoderne. Zeichen eines kulturellen Wandels, Reinbek bei Hamburg 1986;

Aufklärungsdenken à la Habermas zu folgen, ist der Hinweis unverzichtbar, daß in Analogie zur Ausdifferenzierung der dominanten gesellschaftlichen Primärsysteme eine Vielzahl korrespondierender Teilprojekte abgelaufen ist.

Gemeinsamkeiten ergeben sich aus dem Umstand, daß die durch Spezialisierung erzielte Leistungssteigerung selbstbezüglich und ungezügelt durch innere Restriktionen erfolgt, und nur durch eine Drosselung der externen Ressourcenzufuhr abgebremst werden kann. Die funktionsspezifisch verengten Perspektiven partikularer Kommunikationszusammenhänge sind in erster Linie auf sich selbst fixiert. Ihre Beschäftigung besteht vornehmlich darin, sich selbst zu beschäftigen, sich hierbei immer ernster zu nehmen und die eigenen Potentialitäten weiterzutreiben und auszuschöpfen.[5] Die Verselbständigung von Teilrationalitäten und die sektorale Steigerung der Möglichkeiten haben das Projekt der Moderne, wie es scheint, in eine Sackgasse gebracht. Denn: Ausdifferenzierte, an einer Funktion freigesetzte Sozialbereiche kultivieren jeweils spezifische Formen einer gesellschaftlich lizensierten Borniertheit, Rücksichtslosigkeit und Indifferenz gegenüber inneren und äußeren Umweltaspekten. Sie lösen nicht nur Probleme, sondern erzeugen auch Probleme dadurch, daß sie sie lösen – oft zeitversetzt und typischerweise an Stellen, die hierfür nicht vorgesehen sind. Intentionale Handlungen erzeugen immer auch Gegenteiliges. In komplexen Bezügen sind intentionale Effekte pur nicht herstellbar.[6]

Seitdem die moderne Gesellschaft auf den Weg gekommen ist und sich selbst durch Kommunikationen beobachtet und beschreibt, hat sie parallel zu ihrer Heraufkunft nicht nur Lob geerntet, sondern auch harsche Kritik provoziert und massive Proteste hervorgerufen. Immer schon haben »neue« soziale Bewegungen versucht, Anti-Haltungen gegenüber den verschiedenen Teilprogrammen der Moderne zu formulieren und durchzusetzen, weil Erwartungen enttäuscht wurden und Anschlußselektionen nicht hergestellt

Burkhart Schmidt, Postmoderne Strategien des Vergessens, Darmstadt/Neuwied 1986; Wolfgang Welsch, Unsere postmoderne Moderne, Weinheim 1988 (2. Auflage); ders. (Hg.), Wege aus der Moderne. Schlüsseltexte der Postmoderne-Diskussion, Weinheim 1988; zur Literaturdiskussion siehe Heinz-Günter Vester, Modernismus und Postmodernismus – Intellektuelle Spinnereien? In: Soziale Welt, Jg. 36, H. 1, 1985, S. 3-26; ders., Die Thematisierung des Selbst in der postmodernen Gesellschaft, Bonn 1984.

5 | Zur Steigerungsausrichtung funktional freigesetzter Sozialsysteme und ihrer auf Wachstum ausgerichteten Semantik siehe Niklas Luhmann, Gesellschaftsstrukturelle Bedingungen und Folgeprobleme des naturwissenschaftlich-technischen Fortschritts, in: Reinhard Löw/Peter Koslowski/Philipp Kreuzer (Hg.), Fortschritt ohne Maß? Eine Ortsbestimmung der wissenschaftlich-technischen Zivilisation, München 1981, S. 113-131.

6 | Siehe Amélie Rorty, Self-deception, akrasia and irrationality, in: Social Science Information 19, 1980, S. 905-922.

werden konnten. Die Fortschrittsvorstellungen, Machbarkeitsprojektionen und Wachstumsideen der genannten Bereiche haben nämlich eine bisweilen beängstigende Eigendynamik entwickelt und sich angesichts der von ihnen ausgehenden Folgen als gesellschaftlich prozessierte Risiken erwiesen. In komplexen Gesellschaften kommt es aufgrund der Vernetztheit der Teilsysteme notwendigerweise zu einer Steigerung der Risiken.[7] Inzwischen werden die Funktionsbereiche daraufhin beobachtet und unter Verdacht gestellt. Die Verbindung zu der Thematik von Körper und Modernität liegt auf der Hand.

Der menschliche Körper ist durch das Projekt der Moderne nicht unbeeinflußt geblieben. Vor der physisch-organischen Umwelt hat der Prozeß der »Entzauberung der Welt« nicht halt gemacht. Ganz im Gegenteil. Als Voraussetzung der Etablierung der modernen Gesellschaft kam es nicht nur zu einer Domestizierung des »wilden Denkens«, sondern, wenn man so will, auch zu einer Übermächtigung und Beherrschung des »wilden Körpers«. Gemäß unserer zentralen Annahme ist der Körper im Verlauf des gesellschaftlichen Modernisierungsprozesses sowohl verdrängt als auch dadurch zugleich gesteigert worden, daß er durch das Labyrinth der verschiedenen sich entwickelnden gesellschaftlichen Teilsysteme geschleust und instrumentalisiert wurde. Beide Prozeßformen konturieren das Körperprojekt der Moderne. Ein alleiniger Rekurs auf die »unterirdische« Geschichte des Körpers würde unter Ausblendung »oberirdischer« Thematisierungsformen verkürzt ausfallen. Dadurch, daß die Physis für jedwedes Sozialsystem bedeutsam ist und ein einzelner Sozialbereich infolgedessen keinen Monopolanspruch durchsetzen kann, wäre es verfehlt, die oberirdische Geschichte als in nur einem Funktionsbereich ablaufend zu verorten.

Eine Gesamtrekonstruktion des Körperprojekts der Moderne müßte sowohl aus der Perspektive von Wirtschaft, Politik, Recht, Familie, Wissenschaft, Kunst, Erziehung, Militär als auch unter Einbeziehung derjenigen Funktionsfelder erfolgen, die unmittelbar mit Körperlichkeit zu tun haben, und deren spezifische »Körperpolitik« nachverfolgen. Aus einer Aggregation von Wissen über Themen wie Sexualität[8], Gesundheit[9], Krankheit, Tod, Nahrung, Liebe, Mimik, Bewegungsverhalten oder Mode könnte die Frage beantwortet werden, was im Hinblick auf den Körper realisiert und,

7 | Siehe M. Douglas und A. Wildavsky, Risk and Culture, Berkeley u.a. 1982; Ulrich Beck, Risikogesellschaft. Auf dem Weg in eine andere Moderne, Frankfurt a. M. 1986; Gotthard Bechmann (Hg.), Risiko und Gesellschaft, Opladen 1993; Klaus P. Japp, Risiken der Technisierung und die neuen sozialen Bewegungen, in: Gotthard Bechmann (Hg.), a.a.O., 375-396.

8 | Vgl. hierzu die Studie von Sven Lewandowski, Sexualität in den Zeiten funktionaler Differenzierung. Bielefeld 2004.

9 | Vgl. Jost Bauch, Gesundheit als sozialer Code. Von der Vergesellschaftung des Gesundheitswesens zur Medikalisierung der Gesellschaft. München und Weinheim 1996.

vor allem, was nicht realisiert worden ist. Eine derart umfangreiche Rekonstruktion des Körperprogramms der Moderne auf der Basis einer Analyse der modernen Gesellschaft kann an dieser Stelle nicht geleistet, sondern höchstens in ausgewählten Aspekten auf den Weg gebracht werden.

Wer im Rahmen der neueren Theorie sozialer Systeme über den Körper reflektiert, läßt sich auf ein klar definiertes, dennoch aber weitgehend vernachlässigtes Terrain ein. Die nicht geringen Schwierigkeiten, den Körper in den Kontext dieses gegenwärtig expandierenden Paradigmas einzupassen, sind primär konzeptioneller Art. Sie verdanken sich der systemtheoretischen Abstraktion des Subjekts und der generellen Fixierung der sozialwissenschaftlichen Aufmerksamkeit auf soziale Tatbestände. Der Mensch im allgemeinen und Körper und Psyche im besonderen erscheinen in der Perspektive der Theorie selbstreferentieller Sozialsysteme zutreffenderweise als *Umweltfaktoren*. Verbindungen zwischen beiden Referenzebenen existieren in Gestalt von symbiotischen Mechanismen und Interpenetrationsbeziehungen.[10] Die radikale Festlegung von Sozialsystemen auf Kommunikation und nichts als Kommunikation als basale Operationsgrundlage führte in der Theoriebildung konsequenterweise zu Orientierungsschwerpunkten, in denen das Körperthema keine prominente Rolle spielte. Selbst die explizite Einbeziehung von System-Umwelt-Relationen verweist weniger auf die Bedeutung von Natur, Mensch und Körper, sondern betont vielmehr die Relevanz anderer Sozialsysteme für den Komplexitätsaufbau und die Strukturentwicklung sinnhaft gesteuerter Kommunikationszusammenhänge. Der Systemtheorie brachte diese selbstverordnete Konstruktion den Vorwurf ein, das Subjekt ins Abseits drängen zu wollen. Wir werden zeigen, daß die vermeintliche Nichtberücksichtigung der personalen Komponente sich analytisch sehr fruchtbar nutzen läßt, und die Bedrängungen und Chancen des Individuums in der Moderne sehr differenziert zu benennen hilft.

Die Routinemißverständnisse, die in diesem Zusammenhang artikuliert werden, gelten in der Tat nicht nur der gepflegten Semantik und dem hohen Abstraktionsniveau der neueren Systemtheorie. Sie verdichten sich vor allem an dem Grundaxiom, daß der Mensch mit seinem Körper nicht Teil der Gesellschaft sei, sondern zu deren Umwelt gehöre. Denjenigen, die mit diesem Paradigma arbeiten und darüber kommunizieren, hat diese Zuordnung massive Kritik eingebracht. Pädagogen als konzessionierte Sachwalter des Subjekts gingen auf die Barrikaden[11] und kritische Theoretiker riefen den Vorwurf des »methodischen Antihumanismus«[12] aus. Verbalat-

10 | Siehe Kap. I.1.

11 | Siehe hierzu die Diskussion in: Jürgen Oelkers/Heinz-Elmar Tenorth (Hg.), Pädagogik, Erziehungswissenschaft und Systemtheorie, Weinheim, Basel 1987.

12 | So Jürgen Habermas in seinen Ausführungen zum »normativen Gehalt der Moderne« in: ders., Der philosophische Diskurs der Moderne, a.a.O., S. 436.

tacken und Unterstellungen der genannten Art sind keineswegs verwunderlich. Rivalisierende Beschreibungen, die das Subjekt als Maß aller Dinge in den Vordergrund stellen und von einer direkten und unmittelbaren Teilhabe des Menschen als Element von Gesellschaft ausgehen, können auf die lange Tradition alteuropäischen Denkens zurückgreifen. Sie sind im Selbstverständnis des abendländisch zivilisierten und individualisierten Menschen tief verwurzelt. Feinanalysen über die Verortung des Körpers und seine Inanspruchnahme durch Individuum, Organisation oder Gesellschaft werden insofern im Alltagsbewußtsein als überflüssig angesehen. Gehört der Mensch zur Gesellschaft, sollte – so die Meinung – seinem Körper zumindest eine stille Teilhabe und Mitgliedschaft nicht abgeschlagen werden.

Jenseits dieser scheinbaren Evidenzen, die lebensweltlichen Einschätzungen und Denkweisen über den Körper zu eigen sind, lohnt es gerade, das Unbehagen der einen und die theoretische Abstinenz der anderen für eigene Ambitionen zu nutzen – nicht nur, um theoretische Leerstellen zu füllen, Verdachtsmomente zu entkräften oder abstraktes Denken durch die Induktion konkreter Beobachtungen zu rehabilitieren. Wichtiger, und weniger dramatisch in der Formulierung, wäre es, zunächst ein besseres Verständnis für die komplizierte Relation von Körper und moderner Gesellschaft herzustellen.

Dieses Anliegen durchzusetzen, kann nicht auf der Grundlage jedweder Reflexionsleistung gelingen. Ohne eine Theorie mit einem entsprechenden Eigenpotential für externe Komplexität nach dem Muster einer »requisite variety« im Verhältnis von Theorie und Wirklichkeit einerseits und einer angemessenen interdisziplinärer Kontakt- und Anschlußfähigkeit andererseits bleibt anspruchsvolle Theoriearbeit unwahrscheinlich. Der theoretisch-analytische Anspruch der vorliegenden Arbeit ergibt sich aus diesem Zusammenhang. Er zielt weder auf eine praktische Beratung, noch artikuliert er unmittelbare Interventionsinteressen. Die Bedeutung des Körpers in der Phase fortgeschrittener Modernität nachzurecherchieren und in eine anspruchsvolle, Transparenz herstellende theoretische Perspektive zu bringen, ist zunächst Anreiz und Aufgabe genug. Dies wird verknüpft mit einer lebensweltlichen Analyse dessen, was mit dem Körper in den unterschiedlichsten sozialen Szenen und Systemen passiert. Anhand der Nutzungsformen, in denen er unter den Kontextbedingungen entwickelter Industriegesellschaften thematisiert wird, unternehmen wir den reizvollen Versuch, konkret benennbare Alltagsphänomene und -materialien mit Hilfe der systemtheoretischen Methodologie und Begrifflichkeit zu rekonstruieren. Neuartige Relationen, Interdependenzen und Sichtweisen kommen dabei ins Spiel. Die bereits in der Analyse heterogener Sinnfelder bewährte Terminologie und Wirklichkeitssicht der neueren Systemtheorie hilft, komplexe Zusammenhänge, Körperverwendungen etc. aufzugreifen und zuzuordnen.

Der aufgrund ihres hohen Abstraktionsniveaus nicht zu vermeidende Verlust an Konkretheit soll durch Feinanalysen auf der Ebene des sozial bereits Verwirklichten, Abgelaufenen und temporär Stabilisierten eingeholt und ergänzt werden. Der Vorwurf der Abstraktheit und lebensweltlichen Distanziertheit läßt sich durch diese Verbindung von theoretischer Relevanz einerseits und empirischen, mikrosozialen Details andererseits unterlaufen und entkräften. Da es sich bei dieser Untersuchung nicht um eine metatheoretisch inspirierte Auseinandersetzung mit wissenschaftlicher Theoriebildung handelt, erfolgt die Beschreibung sozialer Sachverhalte ohne die tribalen Gepflogenheiten des permanenten Rückgriffs auf die variantenreiche Geschichte der Systemtheorie. Evidenzerlebnisse lassen sich auch so verschaffen.

Die Rede von den »Körperspuren«, die der vorliegenden Arbeit den Titel gegeben hat, signalisiert in diesem Denkkontext mindestens zweierlei: Zunächst wird damit ausgedrückt, daß *Spuren am Körper durch die Gesellschaft* hinterlassen werden. Dies betrifft die körperrelevanten Wirkungen, die infolge von sozietalen Umbau- und Modernisierungsprozessen zu verzeichnen sind. So schreibt sich die moderne Gesellschaft auf vielerlei Weise in die Körper von Menschen hinein, ohne daß es diesen unmittelbar bewußt wäre, beispielsweise indem sie die Bedingungen für die Lebenszeit verändert, Sexualkonventionen definiert, spezifische Ernährungspraktiken ausprägt, die subjektive Befindlichkeit durch ihr Strukturierungsprinzip mitbeeinflußt, Freizeitmöglichkeiten schafft, psychosomatische Krankheiten hervorruft etc. Sie ist auch am Werke, wenn Menschen *an* ihren Körpern hierauf reagieren, etwa im Rahmen körperorientierter Sozialsysteme, die den Zugang zur physischen Nahwelt kanalisieren.

Es werden allerdings nicht nur Spuren am Körper durch die Gesellschaft hinterlassen. Der Körper selbst hinterläßt auch *Spuren in der Gesellschaft*. So sind Jugendlichkeits-, Fitneß-, Gesundheits-, Schlankheits-, Ganzheits- oder Natürlichkeitsbegriffe Teile spezieller Semantiken, die Aspekte der Körperlichkeit im gesellschaftlichen Kommunikationspanorama präsent halten. Der Kreislauf schließt sich, wenn sich Personen am Raster dieser Sinnverarbeitungsregeln in spezifische Signale hineinprojizieren und auf ihre Körper einwirken, um diese auf gesellschaftlich definierte und in entsprechenden Semantiken abgelegte Ziele hin zu verändern. Daß die individuelle Lebensführung in den letzten Jahren körperorientierter ausfällt, geschieht in der Tat nicht sinnlos. Semantische Legitimationen spielen eine wichtige Rolle, um den Rekurs auf den Körper plausibel zu machen. Sinn kondensiert gewissermaßen mit Hilfe korrespondierender Semantiken am Körper. Die Spuren, die dieser in der Kommunikationssphäre der Gesellschaft hinterläßt, schaffen wiederum Bedingungen der Möglichkeit, daß Spuren am Körper gesetzt werden – und umgekehrt.

Die Arbeit gliedert sich in vier Hauptteile. Die zentrale Perspektive, anhand derer wir den Körper beobachten, seiner Verwendung nachspüren und die gesammelten Differenzerfahrungen ordnen, geht von der *Gleichzeitigkeit von Körperdistanzierung und -aufwertung* im Rahmen des europäischen Zivilisationsprozesses aus. Diese Sichtweise wird in Kapitel I vorgestellt und in einzelnen Schritten aufbereitet. Zentrale Schwerpunkte sind sowohl die hierin zum Vorschein kommende Simultaneität und Paradoxie des Gegensätzlichen als auch die begrenzte Resonanzfähigkeit funktional differenzierter Gesellschaften gegenüber ihrer Körperumwelt. Auch die Wahrscheinlichkeit der Unwahrscheinlichkeit einer Körperthematisierung in körperverdrängenden Gesellschaften gerät in unser kognitives Raster hinein. Auf der Grundlage dieser Vorarbeiten lassen sich differenzierte Aussagen über das Verhältnis von Körper und Gesellschaft im allgemeinen und die neueren Körpermoden im besonderen extrapolieren.

Um den Ist-Zustand in der sozialwissenschaftlich orientierten Auseinandersetzung mit dem Körperthema festzuhalten, erfolgt zu Beginn des ersten Kapitels zunächst eine Bestandsaufnahme der bislang dominanten Diskussion. Da das Fragmentarische, Singuläre und das einseitig Kulturkritische deutlich im Vordergrund stehen und kohärente Analysen zur Bedeutung des Körpers in komplexen Gesellschaften fehlen, gelten unsere theoretischen Anstrengungen zunächst genau diesem Ziel: der Erstellung eines in sich geschlossenen Interpretationsrahmens. Der Anspruch der Systemtheorie auf universelle Anwendbarkeit – im Sinne der Behauptung, daß alle sozialen Tatbestände systemtheoretisch interpretierbar seien – läßt sich hier konkret einlösen.

Kapitel II leistet das, was die Theoriebildung oft vernachlässigt: eine detaillierte und aussagekräftige Fundierung anhand von Beobachtungen, die es dem Leser ermöglicht, die Relevanz der Theorie an zentralen Punkten zu überprüfen. Am Beispiel ausgewählter und sehr konkreter Einzelstudien konfrontieren und präzisieren wir unsere Annahmen deshalb mit empirischen Materialien. Wir beantworten die Frage, auf welche Weise der Körper in der Phase fortgeschrittener Modernität als Fluchtpunkt und Projektionsfläche für die unterschiedlichsten Sinngebungs- und Kommunikationsversuche angesteuert wird. Der hierbei zutage tretende Nuancenreichtum macht darauf aufmerksam, wie gegenwärtig Menschen an und mit ihren Körpern Spuren hinterlassen, und so auf die Folgen und Nebeneffekte komplexer Gesellschaften reagieren.

Es wird deutlich, daß die neuere Konjunktur des Körpers als ein vielfach gebrochener, paradoxe Effekte hervorrufender Reflex auf gesellschaftliche Transformationen und Modernisierungsprozesse zu werten ist. Es ist spannend zu zeigen, wie Veränderungen im Differenzierungsmodus der Gesellschaft über korrespondierende Transformationen auf der Zeit-, Sach- und Sozialdimension das Individuum auf genau diesen Erlebnisebenen unter Anpassungs- oder Oppositionsdruck setzen – mit der Konsequenz, daß spezifische Reaktionsformen und Sozialfiguren evoziert und modelliert werden. Strahlen Menschen an ihren Körpern in Reaktion auf ihre Umwelt Signale ab, besteht die zentrale Aufgabe darin, diese in kollektiven Verhaltensweisen und Umgangsformen eingespeicherten, gleichsam verkörperten Aussagen aufzuspüren und in ihrem Gehalt zu entziffern. Welche Rolle dem Körper im Verhältnis von Individuum und Gesellschaft zufällt, wird zu klären sein. Wir beobachten Körper und Körperlichkeit damit als *Ansatzpunkt und als Reflektionspunkt gesellschaftlicher Kommunikationen*. Indem wir die Relation zwischen Körper und Sozialsystem thematisieren, wird der Körper aus seiner peripheren Rolle als (bloße) Umwelt sozialer Systeme herausgeholt und in seiner bislang marginalen Bedeutung für die Theorie sozialer Systeme aufgewertet. Unsere Forschungsperspektive ist demnach auch inkongruent zur üblichen Behandlung des Körpers in der Systemtheorie.

Gilt Kapitel II dem Versuch, unterschiedliche Codierungen des Körpers zu entschlüsseln und auf Bedingungen der gesellschaftlichen Makrosphäre zu beziehen, lenkt der folgende Schwerpunkt die Aufmerksamkeit auf ein Sozialsystem, in dem die Ressource Körper wie in keinem anderen Funktionsfeld anhand typisch moderner Sinnprinzipien in Anspruch genommen wird, den Hochleistungssport. Kapitel III verbreitet demnach den empirischen Bezug durch die Analyse eines Sozialbereichs, dessen Besonderheit im Kontext hochentwickelter Gesellschaften zwar auf der Hand liegt, dessen beispielhafte Bedeutung für gegenwärtig ablaufende Prozesse der Subsystembildung einerseits und den modernen Umgang mit dem Körper anhand bestimmter Steigerungsformeln andererseits aber noch nicht auf den Begriff gebracht worden ist.

Der Versuch, das körperlich und psychisch Mögliche in immer neue und riskantere Dimensionen hineinzubringen, tritt hier mit allen Konsequenzen einer extremen Spezialisierung und Motivisolierung vordergründig zutage und belegt die These von der auch in diesem Sozialbereich gleichzeitig ablaufenden Steigerung von Körperdistanzierung und Körperaufwertung. Nicht eine sporadische, zufällige Hinwendung oder modische Thematisierung zum Zwecke individueller Außendarstellung ist in diesem Funktionssystem wichtig. Im Vordergrund steht die systematische, durchrationalisierte, leistungs-, wettbewerbs- und fortschrittsorientierte, von Experten in spezifischen Situationen anhand eines eigenständigen Systemcodes vollzogene Einwirkung auf den Körper. Der im Spitzensport konturierte Sonderkörper verweist in einem eigentümlichen Sinne auf vielfältige Steigerungsphänomene in modernen Gesellschaften und die Indifferenz selbst körperbezogener Sozialsysteme gegenüber ihrer physisch-organischen Umwelt.

Im letzten Kapitel (IV) gehen wir davon aus, daß komplexe Sozialsysteme, auch Gesellschaften, die Fähigkeit zur kommunikativen Selbstbeobachtung besitzen. Sie sind damit in der Lage, Erfahrungen mit den Folgen ihrer Ausdifferenzierung zu sammeln. Sie fertigen Selbstbeschreibungen an und können in Gestalt von Bürgerinitiativen, Protestbewegungen und anderen internen Anpassungsleistungen in sich selbst auf sich selbst reagieren und intervenieren. Die Frage, die im Kontext der Arbeit zu beantworten ist, lautet nicht nur: wie reagiert die Gesellschaft auf die Tatsache einer zunehmenden Körperdistanzierung, sondern auch: wie reagiert sie auf dasjenige Sozialsystem, das traditionellerweise als Inbegriff der modernen, fortschrittsorientierten Körperbezogenheit gilt, den leistungsorientierten Sport. Komparative Überlegungen zu ähnlichen Effekten und deren Folgen in anderen Funktionsfeldern bieten sich an und sollen deshalb auch strategisch mit Hilfe der funktionalen Vergleichstechnik eingebracht werden.

Die gegenwärtige Konjunktur des Körpers läßt sich in diesem Zusammenhang als *Wiederkehr des ausgeschlossenen Dritten* interpretieren. Die Heraufkunft neuer körperorientierter Sozialbewegungen erscheint im Lichte der von uns favorisierten Sichtweise auch als Reaktion auf die Konstitutionsbedingungen und Wirkungen bereits ausdifferenzierter Funktionssysteme, vornehmlich deren Codierungen, besonders die des Leistungssports. Dies führt zu Segmentationsphänomenen besonderer Art, nämlich einer verstärkten Binnendifferenzierung des Sports in eine Reihe unterschiedlicher Modelle. Soweit zur Konzeption und zum Aufbau dieser Arbeit. Wir beginnen zunächst mit einer allgemeinen Diskussion der relevanten Literatur und einer Erläuterung der zentralen Thesen.

I Simultaneität und Paradoxie

Wer heute im Rahmen wissenschaftlicher Diskurse mit dem ambitionierten Vorsatz antritt, das Verhältnis von Körper und Gesellschaft neu zu überdenken, tut gut daran, sich nicht mit den kruden Reduktionen und Kausalschematisierungen von Alltagstheorien zufriedenzugeben, die in der sog. Praxis unter dem Druck der unmittelbaren Daseinsbewältigung zustande kommen. Durch die Vereinfachung von Wirklichkeitswahrnehmungen leisten diese Beobachtungen erster Ordnung zweifellos einen wichtigen und unverzichtbaren Beitrag zur individuellen Lebensführung. Als verläßliche Basis für eine anspruchsvolle Reflexionsarbeit sind sie wenig hilfreich. Die auf dieser Ebene projizierten Bilder von der gesellschaftlichen Neutralität des Körpers und seiner vermeintlich ontologisch vorgegebenen Natürlichkeit und Authentizität können, zumal sie nicht wenige Mitglieder der wissenschaftlichen Kommunikationsgemeinschaft dauerhaft beeindrucken, vielmehr selbst als lebensweltliche Reaktionen thematisiert und in die Untersuchung einbezogen werden.

Welche Usancen und Vorgehensweisen auch immer die theoretischen Perspektiven einer Analyse des Verhältnisses von Körper und Gesellschaft beeinflussen werden, das umfangreiche Werk von Norbert Elias wird zu berücksichtigen sein.[1] Seine Interpretation der Geschichte des europäischen Zivilisationsprozesses hat seit ihrer Wiederentdeckung Ende der 60er Jahre paradigmatische, schulenbildende Wirkungen entfalten können. In der esoterischen Fachsemantik einiger Körpersoziologen und Soma-Archäologen

1 | Siehe Norbert Elias, Über den Prozeß der Zivilisation. Soziogenetische und psychogenetische Untersuchungen Bd. I und II, Frankfurt a.M. 1978 (erstmals 1939). Vgl. Peter Gleichmann/Johan Goudsblom/Hermann Korte (Hg.), Materialien zu Norbert Elias' Zivilisationstheorie, Frankfurt a.M. 1979 (erstmals 1977); auch Volker Rittner, Norbert Elias: Das Konzept des Zivilisationsprozesses als Entsatz des epischen Moments durch das konstruktive, in: Dietmar Kamper (Hg.), Abstraktion und Geschichte. Rekonstruktion des Zivilisationsprozesses, München, Wien 1975, S. 83-125.

hat sich zur Verdeutlichung seiner Idee von einer zunehmenden Körperdisziplinierung und Affektkontrolle eine bisweilen dichterisch ambitionierte Begrifflichkeit eingebürgert, in der von einem »Schwinden der Sinne«, einem »verstummten«, zum »Schweigen gebrachten«, dann aber »wiedergekehrten Körper« die Rede ist.[2] Beeindruckt und, wie wir meinen, auch blockiert durch die eigenen schönklingenden Worte, ist es in der Rekonstruktion der Geschichte des Körpers nicht nur zu einer Dominanz der Form über den Inhalt gekommen, sondern auch zu theoretischen Einseitigkeiten und Unschärfen.

Die interessante Frage nach der Verortung des Körpers und seiner gesellschaftlichen Verwendung war in Überdrehung Elias'scher Theoriestücke vorschnell beantwortet worden: die Gesellschaft war schuld; sie konnte mit dem menschlichen Körper nicht mehr viel anfangen, nachdem sie ihn repressiv kontrolliert und sich von seinen Affekten weitestgehend emanzipiert hatte. Was in der modernen Gesellschaft an Körperlichkeit ablief, wurde im Rahmen dieser sich modisch »postmodern« bezeichnenden Ästhetik präjudiziert als Irrlauf eines kranken, in der Sexualität voyeuristisch ausgebeuteten, im Sport quantifizierten und instrumentalisierten und durch bürgerliche Übermächtigungsstrategien bis zur Unkenntlichkeit verstümmelten und seiner selbst enteigneten Körpers.

Das altbekannte, allerdings im 18. Jahrhundert bereits überholte Bild vom Sündenfall des Menschen erfuhr in dieser Kulturkritik eine moderne, somatisch orientierte Umdeutung: Egal, wie der Körper gegenwärtig genutzt wird, er bleibt – seiner Unschuld und Glücksfähigkeit beraubt – entfremdet und unterjocht, korrumpiert und sündig gemacht durch eine Gesellschaft, die ihm keine Gnade gewähren kann. Der Zuwachs an Körperbeherrschung und Affektkontrolle und die Virtuosität im Umgang mit der eigenen Physis wurden pauschal als »Bewußtlosmachung« des Körpers definiert. Wenn jedweder Körpergebrauch tendenziell als ein Akt der Körperdistanzierung gewertet wird, kann in der Tat nur noch ein Abgesang angestimmt werden. Die Überraschung war dann groß, als der Körper, nachdem er bereits als »verstummt« und »zum Schweigen gebracht« gekennzeichnet worden war, neben seinen bisherigen Artikulationsformen plötzlich nicht nur in den Aufmerksamkeitshorizont breiter Massen hineinkatapultiert wurde, sondern auch anfing, alternative Szenen zu begeistern.

Wer Interesse an Erkenntnisgewinn hat und über eine pauschal angesetzte Problemskizze hinausgehen will, kann bei dieser Diagnose nicht stehenbleiben. Wenn die Theorielage trotz inflationärer Behandlung deflatio-

2 | Siehe Dietmar Kamper, Einleitung: Vom Schweigen des Körpers, in: ders./Volker Rittner (Hg.), Zur Geschichte des Körpers, München, Wien 1976, S. 7-12; ebenso Dietmar Kamper und Christoph Wulf, Die Parabel der Wiederkehr. Zur Einführung, in: dies. (Hg.), Die Wiederkehr des Körpers, Frankfurt a.M. 1982, S. 9-21; dies. (Hg.), Das Schwinden der Sinne, Frankfurt a.M. 1984; dies., Blickwende. Die Sinne des Körpers im Konkurs der Geschichte, in: a.a.O., S. 9-17.

när in dem Sinne ist, daß kohärente und informationsreiche Aussagen knapp sind, ist es notwendig, Substitutionsarbeit zu leisten. Die Metaphorik des menschlichen Körpers, seiner Gliedmaßen und Sinnesorgane zur Analyse komplexer Prozeßverläufe einzusetzen und hermeneutisch auszureizen, erscheint uns als wenig erfolgversprechend. Kurzformeln und Kunstgriffe dieser Art besitzen nur eine geringe Anschlußfähigkeit. Was für die Generierung von Aufmerksamkeit in ästhetisch sensiblen Debattierzirkeln durchaus funktional sein kann, erweist sich für die Herstellung theoretischer Tiefenschärfe als Sackgasse. Warum?

Parabel und Metapher als Konstrukte der Sinnverdichtung zielen auf Plausibilität und schnellen Konsens ab, können diese kommunikative Leistung aber nur um den Preis einer radikalen Verkürzung erbringen. Indem eine andere, weniger komplexe Wirklichkeitsebene konstruiert und kausal schematisiert wird, kann eine Schnellstraße in die Zustimmung anderer gebaut und Überzeugungsarbeit geleistet werden. Dem Leser oder Zuhörer bleibt es aber überlassen, die semantischen Unbestimmtheiten zu verarbeiten und die theoretischen Lücken zu überspringen. Ob die Sinne schwinden, die Ohren sausen, der Körper zum Schweigen gebracht oder wiedergekehrt ist, ob alle großen Erfinder von Zeugungs- und Gebärphantasmen geplagt werden[3], wollen wir auf dieser Argumentationsebene nicht entscheiden.[4] Im Hinblick auf die akute Problematik von Person und Körper in entwickelten Industriegesellschaften wird unser Zugriff weder von einer Verschwörungstheorie der Gesellschaft gegenüber ihrer personalen Umwelt noch von jenen Ganzheits- und Authentizitätsmythen ausgehen, die gegenwärtig in einigen sozialen Formationen einen so großen Anklang finden. Als Kritik und Gegenentwürfe, die ausdifferenzierte Sozialbereiche durch ihre obsessionelle Ausrichtung auf sich selbst strukturell erzeugen, sind diese Reaktionen auf Modernität allerdings ernstzunehmen.

Die Frage nach der Verortung des Körpers und dessen Nutzung in entwickelten Industriegesellschaften soll im Rahmen dieser Arbeit durch die Einbeziehung von Theorien beantwortet werden, die in der bisherigen Diskussion gänzlich unberücksichtigt geblieben sind. Neuere systemtheoreti-

3 | So die Behauptung von Kamper und Wulf in: dies., Die Parabel der Wiederkehr, a.a.O., S. 17.

4 | Zur Kritik an der »Verstiegenheit und Verquastheit gegenwärtiger Moden in den Sozial- und Geisteswissenschaften« am Beispiel eines »Meister(s) im Antippen von Pseudoproblemen« siehe Klaus Laermann, Das rasende Gefasel der Gegenaufklärung. Dietmar Kamper als Symptom, in: Merkur, 39. Jg., 1985, 3, S. 211-220. Vgl. auch die Replik: Dietmar Kamper, Aufklärung – was sonst? Eine dreifache Polemik gegen ihre Verteidiger, in: Merkur, 39. Jg., 1985, 6, S. 535-540. Die Kritik Laermanns erscheint, trotz Publizistik-Preis 1986, stark überzogen. Sein Beitrag ist ein rein polemisches Tagesgeschäft voll der Ressentiments des deutschen Gelehrten, das zudem nur deutsche Schreiber da trifft, wo es Franzosen zu attackieren meint. Anregungen für diese Einordnung verdanke ich Dirk Baecker.

sche Konzeptionen, wie sie sich aus dem Zusammenhang einer Theorie autopoietischer und selbstreferentieller Systeme ergeben haben, sollen dabei helfen, ein differenzierteres Bild des Verhältnisses von Körper und Gesellschaft zu zeichnen, als es bisher der Fall gewesen ist. Was im folgenden als theoretischer Leitfaden entwickelt und anhand konkreter Beispiele abgestützt werden soll, ist die Annahme von einer simultan ablaufenden Steigerung von Körperverdrängung und Körperaufwertung im Rahmen der modernen Gesellschaft.[5] Dieser paradoxe Sachverhalt bezieht sich auf die Behandlung des Körpers als Thema gesellschaftlicher Kommunikation einerseits und auf die gesellschaftliche Inanspruchnahme des Körpers als physisch-organische Einheit andererseits. In der Sichtweise der soziologischen Systemtheorie, derer wir uns hier bedienen, ist der erstgenannte Aspekt das zentrale Problem. Die Frage, die sich dann stellt, lautet wie folgt: Wie wird innerhalb von Gesellschaft – auch anhand des Körpers – über den Körper und das Verhältnis von Individuum und Gesellschaft kommuniziert?

Es fällt auf, daß die bisherigen Rekonstruktionsversuche zur Geschichte des Körpers sich relativ einseitig auf Fragen der Körperdistanzierung beschränkt haben und die Gleichzeitigkeit mit der Gegenläufigkeit dieser Prozeßform typischerweise ausklammerten. In Anlehnung an die Ausführungen von Horkheimer und Adorno in ihrer »Dialektik der Aufklärung« könnte man formulieren, daß die »unterirdische Geschichte« des Körpers überpointiert zur Sprache kam, ihr oberirdisches Korrelat aber vernachlässigt, einseitig behandelt oder nur flüchtig zur Kenntnis genommen wurde.[6] Wir werden den für komplexe Gesellschaften zutreffenden Umstand einer gleichzeitigen und paradoxen Steigerung von Körperaufwertung und -distanzierung nicht unterschlagen, sondern in den Mittelpunkt dieser Arbeit stellen.[7]

5 | Vgl. Karl-Heinrich Bette, Wo ist der Körper? In: Dirk Baecker/Jürgen Markowitz/Rudolf Stichweh/Hartmann Tyrell/Helmut Willke (Hg.), Theorie als Passion. Festschrift für Niklas Luhmann zum 60. Geburtstag, Frankfurt a.M. 1987, S. 600-628; ders., Kultobjekt Körper, in: Roman Horak/Otto Penz (Hg.), Sport: Kult & Kommerz, Wien 1992, 113-137.

6 | Siehe Max Horkheimer, Theodor W. Adorno, Dialektik der Aufklärung, Frankfurt a.M. 1969 (erstmals 1944), S. 207ff.

7 | Interessant hierbei ist, daß der Rufer und Mahner in der (Wissenschafts-) Wüste, der die fortschreitende Körperdistanzierung einer Kritik unterzieht, sich selbst als Spezialist genau diesem kritisierten, entkörperlichenden Gesellschaftsprozeß mitverdankt. Ein wissenschaftliches Spezialistentum kann nur zustande kommen, wenn zukünftige Zwecksetzungen gegenüber einem kurzfristigen Befriedigungsdruck stabilisiert werden können, d.h.: der eigene Affekthaushalt muß kontrolliert und eingedämmt werden. Ohne Körperdistanzierung und Affektdisziplinierung keine Wissenschaft! Nur so kann sich dieser Sozialbereich für unbestimmte Komplexität freihalten und sein »Auflöse- und Rekombinationsvermögen« (Luhmann) stei-

Um einen allgemeinen theoretischen Einstieg zu bekommen, ist es zunächst notwendig, diesen simultan ablaufenden Prozeß näher darzustellen und zu diskutieren. Anschließend sollen die begrenzte Resonanzfähigkeit der Gesellschaft gegenüber ihrer Personen- und Körperumwelt und die hieraus ableitbaren restriktiven Kommunikationsmöglichkeiten des Körperthemas analysiert und auf die Paradoxien bezogen werden, die unweigerlich auftauchen, wenn die Gesellschaft mit Körperthematisierung auf sich selbst und ihre Defizite reagiert. In einem Folgekapitel wird die seit einigen Jahren zu beobachtende Konjunktur des Körpers mit Hilfe eines im Schnittpunkt von Gesellschafts-, Evolutions- und Medientheorie stehenden Konstrukts als eine wahrscheinlich gewordene Unwahrscheinlichkeit angesprochen und hinterfragt.

Wir beginnen mit einer Wirkungsanalyse symbolisch generalisierter Steuerungsmedien und einer Darstellung der Funktion symbiotischer Mechanismen. Mit diesen aus der neueren Theorie sozialer Systeme stammenden Erklärungskonzepten lassen sich die gesteigerte Indifferenz moderner Gesellschaften gegenüber ihrer Personen- und Körperumwelt sowie die hieraus ableitbaren Gefährdungen und Rücksichtnahmen in einem ersten Einstieg plausibel erklären und zuordnen. Wir zeigen des weiteren, daß die dem Körper gegenwärtig entgegengebrachte Aufmerksamkeit weniger als eine monokausale Reaktion auf die Folgen von Körperverdrängung zu interpretieren ist. Sie verweist vielmehr auf unterschiedlichste Maßnahmen und Strategien, mit denen Menschen die Überforderung durch die veränderten Zeit-, Sach- und Sozialstrukturen komplexer Gesellschaften zu meistern und zu kompensieren versuchen. Den Beschleunigungserfahrungen und Zeitknappheit hervorrufenden Temporalstrukturen der Moderne kommt eine besondere Bedeutung zu. Sie sollen deswegen näher durchleuchtet und als Bedingungen der Möglichkeit von Prozessen der Körperaufwertung interpretiert werden.

Die im nächsten Kapitel geleistete Rekonstruktion der ober- und unterirdischen Geschichte des Körpers führt weiterhin zu der lebensweltlich weit verbreiteten Annahme von der faktischen Natürlichkeit des menschlichen Körpers. Im Verbund mit Ganzheits- und Selbstverwirklichungspostulaten half diese Behauptung bei der bemerkenswerten Karriere einer auf Betroffenheit und Authentizität ausgerichteten Semantik, die seit geraumer Zeit besonders bei Therapeuten oder alternativ ausgerichteten Pädagogen eine starke Resonanz erzeugt und auch Eingang in die neuen sozialen Bewegungen gefunden hat. Welche Funktion dem Körper im Rahmen von Protestaktionen gegen Instanzen der Körpergefährdung oder bei der Suche nach einem modernen Lebensstil zukommt, deuten die Ausführungen in Kap. I.1 bereits an. Auch auf die für den Prozeß der verstärkten Körperthematisierung wichtigen Exklusions- und Inklusionsmaßnahmen körper-

gern. Die Fähigkeit hochindividualisierten Denkens verdankt sich dem gleichen Prozeß, der dem Körper seine vormalige gesellschaftliche Bedeutung nahm.

orientierter Sozialsysteme und deren Folgen werden wir in diesem Zusammenhang näher eingehen. Reflexionen über die Konsequenzen der paradoxen Simultanpräsenz von Körperdistanzierung und -aufwertung auf der Ebene von Gesellschaft und Individuum runden die Argumentationen ab und leiten zum nächsten Schwerpunkt über.

1 Zur gleichzeitigen Steigerung von Körperdistanzierung und Körperaufwertung

Der im Verlauf der okzidentalen Geschichte wirksam gewordene Prozeß der Körperdistanzierung ist Begleitphänomen der erfolgreichen sozio-evolutionären Entwicklung und Durchsetzung symbolisch generalisierter Steuerungsmedien. Als Zusatzeinrichtungen zur Sprache ermöglichen Medien wie Macht, Geld, Wahrheit, Glauben oder Vertrauen eine erhöhte Problemverarbeitung. Sie erleichtern und potenzieren die Kommunikation, indem sie Informationen intersubjektiv übertragen, verdichten, beschleunigen und in Abstraktion zur Ebene des Konkreten zu langen Kommunikationsketten und -sequenzen verknüpfen.[8] Durch die generalisierende und selegierende Leistung dieser Steuerungsmechanismen können Erwartungs- und Motivationsmuster vorgeprägt, Handlungs- und Kommunikationskreisläufe ermöglicht sowie Systembildungen stimuliert und stabilisiert werden.

Symbolsysteme dieser Art entlasten komplexe Sozialbereiche von individuellen Motivlagen und Befindlichkeiten, vor allem von der Mühsal, jedweder Operation zeitraubende und aufwendige interpersonale Vorselektionen und Aushandlungen vorschalten zu müssen. Das Wichtigste ist bereits »gesagt«, wenn Menschen in codespezifischen Situationen tätig werden. Indifferent gegenüber physischer Anwesenheit, wechselseitiger Wahrnehmung und bestimmten Persönlichkeitsprofilen erhöhen Medien die Wahrscheinlichkeit, daß die Unwahrscheinlichkeit eines kommunikativen Erfolgs sozial möglich wird. Erst auf der Grundlage codegestützter Kommunikation konnten die Differenzierungsvielfalt und der Möglichkeitsreichtum der modernen Gesellschaft zustande kommen. Was sich bezüglich des Umbaus von stratifikatorischer auf funktionale Differenzierung als außerordentlich wirksam und unverzichtbar erwies, sorgte gleichzeitig dafür, und zwar ohne eine bewußte Planung von Menschen, daß der Körper radikal marginalisiert und auf Distanz gesetzt wurde. Wo hochelaborierte Spezialsprachen Kommunikationen engführen und selbstreferentielle Funktionssysteme freigesetzt werden, die in ihren Operationsmodi relativ unabhängig von personalen Gesichtspunkten arbeiten, verliert der Körper seine gesellschaftliche Bedeutung.

8 | Zum Medienkonzept der neueren Systemtheorie siehe Niklas Luhmann, Einführende Bemerkungen zu einer Theorie symbolisch generalisierter Kommunikationsmedien, in: ders., Soziologische Aufklärung Bd. 2, Opladen 1975, S. 170-192.

Mit welchen unterschiedlichen Effekten die Mediencodes das Verhältnis von Körper und Gesellschaft beeinflußt haben, kann anhand einiger Beispiele vorgeführt werden: In Verbindung mit einer Autonomisierung des Geldmechanismus sorgt die Entpolitisierung der Produktionsverhältnisse für eine Indifferenz zu Person und Körper. Wo neue Tauschformen und -märkte entstehen, treten Menschen als individuelle Persönlichkeiten in den Hintergrund und erscheinen als reine Anhängsel anonymer Sinnmächte. Auf den abstrakten Finanz- und Zukunftsmärkten werden beispielsweise keine Sachen mehr auf physisch-evidente Weise gehandelt. Es gibt dort nur die Notwendigkeit, wenigstens die Anwesenheit einiger weniger Personen statt der abwesenden Sachen zu fordern. Die in diesem Kontext arbeitenden Akteure haben reine Surrogatfunktionen. Sie sind vornehmlich präsent als Symbolträger zur Schaffung interpersonaler Vertrauensgrundlagen.

Wie sehr die medieninduzierte gesellschaftliche Modernisierung den alltäglichen Tauschverkehr entindividualisiert und entkörperlicht hat, zeigt ein Vergleich zwischen traditionalen und modernen Markttypen. Erstere, die noch bis ins 19. Jahrhundert vor Einführung der großen Kauf- und Warenhäuser dominierten, werden heute lediglich als nostalgische Relikte alter Zeiten gepflegt, auf denen der einzelne noch einmal mit dem ganzen Arsenal seiner körperlichen Ausdruckskraft einkaufen darf. Wo sich feste Preise durchgesetzt haben, entfällt der aktive, direkte, mit viel Palaver und Schauspielerei verbundene Tauschakt zwischen Käufer und Anbieter. Der Käufer wird infolgedessen in eine passiv beobachtende Rolle hineingedrängt. Mit der Entstehung von Warenhäusern oder ähnlichen, auf Schnelligkeit ausgerichteten Einrichtungen entfallen die Aushandlungsrituale, wie sie heute nur noch auf einigen Wochenendmärkten oder in südländischen Basaren beobachtet werden können. Im Supermarkt sind mimetische Fähigkeiten fehl am Platze. Ein hoher Warenumschlag käme nicht zustande, wenn der Kauf jedes einzelnen Gutes an die zeitintensive und lautstarke Dramaturgie des Feilschens gebunden wäre.

Die zunehmende Abstraktheit und Körperdistanzierung wird in einem weiteren Zusammenhang deutlich: In segmentär differenzierten Gesellschaften gilt das Recht des Stärkeren. Wer in der Lage und bereit war, seine überlegene Körperlichkeit in Gestalt besonderer kriegerischer Fähigkeiten bis hin zum Risiko des eigenen Todes einzusetzen und im Umgang mit seinen Zwangsmitteln erfolgreich war, hatte Macht über andere. Er konnte diese, wie es noch in stratifizierten Gesellschaften der Fall war, für Herrschaftsziele, beispielsweise für den Erwerb von Privilegien oder anderer knapper Güter, einsetzen, im Laufe der Zeit herrschaftsmäßig stabilisieren und über Geburtsprinzipien und Standesregeln reproduzieren und auf Dauer stellen.[9] Die enge Beziehung von Körperlichkeit und Macht auf der

9 | Zum Recht des Stärkeren in segmental differenzierten Gesellschaften und zum Recht des Besseren in Adelsgesellschaften siehe Niklas Luhmann, Rechtszwang

Grundlage unmittelbarer physischer Gewalt wird im Laufe des europäischen Zivilisationsprozesses aufgehoben. Mit der Entwicklung des Territorialstaates im Übergang zur Neuzeit kommt es zu einer Monopolisierung der physischen Gewalt zugunsten zentraler politischer Instanzen. Die Ausübung körperfundierter Gewalt wird kontrolliert und aus dem Freiraum der affektiven Beliebigkeit herausgeholt. Dadurch, daß ein nichtstaatlicher Gewalteinsatz ausgeschlossen und sanktioniert wird, kann ein pazifizierter Raum geschaffen werden – eine wichtige Voraussetzung für die sozio-evolutionäre Entwicklung gesellschaftlicher Teilsysteme.

Die Funktion der Politik, kollektiv bindende Entscheidungen herzustellen, kann selbst ohne das Zwangsmittel der physischen Gewalt nicht auskommen. Der Staat muß mit ihr drohen und sie mit Hilfe von Spezialinstanzen (Polizei, Militär) durchsetzen können, wenn ein umfassender Konsens fehlt oder nicht akzeptiert wird. Der Jedermann-Körper verliert infolgedessen seine Legitimationsbasis für Drohung und Einschüchterung. Machtträger und Machtmittel werden vom Körperbezug getrennt. Heute können vor Gericht auch Kleine und Schwache ihr Recht bekommen.

Die Bestrafung, die im mittelalterlichen Rechtsvollzug unmittelbar am Körper ausgetragen wurde – öffentlich vollzogene Verstümmelungen und bewußt zum Amüsement des Publikums herausgezögerte Folterungen und Hinrichtungen waren gang und gäbe –, wird im gesellschaftlichen Rationalisierungsprozeß zivilisiert. Wie Michel Foucault in seiner Analyse von Überwachung und Strafe im mittelalterlichen und neuzeitlichen Rechtsverständnis verdeutlicht hat, verschwindet der gefolterte und hingerichtete Körper des Delinquenten ab dem 19. Jahrhundert aus der Öffentlichkeit.[10] Formalisierte, generalisierte und damit personenunabhängige Rechtskriterien, die ihren Referenzpunkt nicht mehr im Körper des Verurteilten finden, sorgen dafür, daß die Strafvollstreckung in die »Privatheit« von Spezialinstitutionen, sprich Gefängnisse, Besserungsanstalten und Kliniken, verlagert wird. Man wird nicht mehr auf das Rad geflochten und gevierteilt, sondern physisch »aus dem Verkehr gezogen«.

Veränderungen auf dem Gebiet der Verbreitungstechniken und Speicherungsformen von Information entkoppeln die enge Verbindung von Mensch und Kommunikation. Durch die Zweitcodierung der Sprache in Gestalt von Schrift verliert das Gedächtnis substantiell an Bedeutung. Memorierungsnotwendigkeiten entfallen weitgehend, wenn die Kommunikationsinhalte nicht mehr erinnert werden müssen, sondern in einer anderen Symbolik abgespeichert und personen-, situations- und zeitunabhängig aufgehoben werden können. Die Erfindung von Schrift, Buchdruck und digitalen Speichern sorgt für Autonomiegrade gegenüber der Person als In-

und politische Gewalt, in: ders., Ausdifferenzierung des Rechts. Beiträge zur Rechtssoziologie und Rechtstheorie, Frankfurt a.M. 1981, S. 157.

10 | Siehe Michel Foucault, Überwachen und Strafen, Frankfurt a.M. 1976 (erstmals Paris 1975).

stanz und Garant von Kommunikation. Die technische Entwicklung von Telefon und Fernsehen macht es möglich, daß immer mehr Menschen in immer kleineren Abständen über immer größere Distanzen miteinander in Verbindung treten können, ohne jeweils physisch präsent zu sein. Daß die Körpersprache reduziert wird und die Ausdrucksfähigkeit abnimmt, kann dann nicht überraschen.

Technisierung und Industrialisierung heben die vormals enge Verbindung von Körper und Arbeit auf. Maschinen und künstliche Intelligenz haben den Menschen in vielen Bereichen bereits überflüssig gemacht. Seine immer weiter fortschreitende Verdrängung wird in der Robotisierung und Computerisierung der Arbeitswelt vordergründig. Ein aussagekräftiges Beispiel für die Tendenz, den Körper gänzlich zum Verschwinden zu bringen, liefert die moderne Chipindustrie. Um im Wettlauf der Industrienationen das wirtschaftlich und technisch Mögliche zu steigern, d.h. in diesem Fall: um immer intelligentere Computer mit einer immer größeren Verarbeitungskapazität bei gleichzeitig fortschreitender Miniaturisierung der Datenträger zu fertigen, muß der menschliche Körper bei der Fabrikation der hierfür notwendigen Chips auf eine besondere Weise behandelt werden: Die Vermummung des herstellenden Körpers ist oberstes Gebot, wenn die Speicher produziert werden, die die künstliche Intelligenz von Maschinen ermöglichen sollen. Da allein schon der Atem oder die Normalausdünstung eines Menschen nicht nur einen einzelnen Chip, sondern eine ganze Tagesproduktion ruinieren kann, wird der Körper in den sog. »Cleanrooms« mit Hilfe von Spezialunterwäsche, Kopfbedeckungen und dichtgewebten Overalls versteckt und von den hochempfindlichen Bereichen ferngehalten.

Die klinische Sauberkeit liegt hier 1000mal höher als in den Räumen, in denen am offenen menschlichen Körper gearbeitet wird, den Operationssälen der Krankenhäuser.[11] Wo die Schaltungen immer kleiner werden und die Datenträger von menschlicher Hand nicht mehr direkt herstellbar sind – Röntgenstrahlen besorgen die Miniaturisierung –, kann der Körper bzw. die Haut als das äußerste menschliche Organ nur stören. Der Mensch wird zwar (noch) gebraucht, er darf aber nur desinfiziert, desodoriert und bis zur Unkenntlichkeit versteckt tätig werden. Die Chips sind vor den Menschen zu schützen. So ist es auch nicht verwunderlich, daß in diesem Industriezweig intensiv daran gearbeitet wird, den menschlichen Körper durch mechanische Kunstkörper, Roboter, zu ersetzen. Die Substitution des homo sapiens durch künstliche »Menschen« muß durch die Industrie selbst verschleiert und schmackhaft gemacht werden: »Die aufregendsten

11 | Kein Schmutzteilchen, keine Bakterie darf abgesondert werden oder im Fertigungsraum vorhanden sein. Ein einziges Staubkorn könnte einen Kurzschluß hervorrufen, die unglaublich kleinen Schaltkreise unterbrechen und das Siliziumplättchen als Datenspeicher unbrauchbar machen. Selbst die Beleuchtung muß in einer bestimmten, die lichtempfindlichen Chips nicht beeinträchtigenden Farbe (gelb) erfolgen.

dieser neuen Maschinen sind die Roboter. Wir stellen sie in verschiedenen Größen und Formen her – nicht als mechanische Menschen, sondern um sie als hochspezialisierte Instrumente in den Dienst des Menschen zu stellen. Unsere [...] Roboter benutzen ihre mehrgliedrigen Arme zum Greifen, Befestigen und Streichen. Sie arbeiten mit extrem hoher Präzision und an Arbeitsplätzen, die für Menschen zu monoton oder zu gefährlich sind.«[12]

Auch in anderen Bereichen wird der menschliche Körpereinsatz weitestgehend überflüssig gemacht. Die neueren Entwicklungen in der Gentechnologie ermöglichen es inzwischen, daß die gemeinsame physische Anwesenheit von Mann und Frau beim Zeugungsakt nicht mehr notwendig ist. Die dritte industrielle Revolution, die seit einigen Jahren die entwickelten Industriegesellschaften erfaßt hat und tiefgreifend transformiert und in ihren Wirkungen noch gar nicht abzusehen ist, sorgt – so Michel Tibon-Cornillot – nicht für die Rückkehr des »alten«, sondern für den Aufstieg eines neuen, postmodernen Körpers. In ihm würden die Grenzen zwischen Lebendigkeit und Künstlichkeit, zwischen Menschenkörper und Maschine aufgehoben. Der Aufwertung des künstlich Technischen gegenüber dem lebendig Menschlichen entspräche die Mechanisierung des Biologischen in einer »intermediären Zone« (Beispiel: das künstliche Herz, die Klon-Technik und die kybernetischen Automaten).[13]

Der Körper wird infolge dieser Prozesse immer vehementer auf Distanz gesetzt. In Wirtschaft, Politik, Familie und Wissenschaft kommt er lediglich in der Funktion symbiotischer Mechanismen vor.[14] Kontakteinrichtungen dieser Art entstehen nicht irgendwie, sondern werden mit den jeweiligen Mediencodes zusammen herausgebildet. Ihre Funktion besteht darin, das Verhältnis zur organischen Sphäre eindeutig zu regeln. Mit ihrer Hilfe können Sozialsysteme sowohl bestimmte Körperressourcen nutzen, als auch organische Störeinflüsse abwehren oder in sozial akzeptierte Kanäle umleiten.

Der menschliche Körper taucht als symbiotischer Mechanismus in den gesellschaftlichen Funktionsfeldern nur hochselektiv auf. Er wird hier code-spezifisch kontrolliert und zurechtgestutzt, d.h.: er darf nur unter einem jeweiligen Sonderaspekt relevant werden. Die Wissenschaft beispielsweise greift auf den *sinnlich wahrnehmenden Körper* zurück. Die intersubjektive Gewißheit von Wahrnehmung definiert das, was als »wahr« angesehen wird. Wissenschaftlich legitimierte Wahrheitsansprüche kommen – bei al-

12 | So die Werbeanzeige eines japanischen Großkonzerns, in: Der Spiegel, Nr. 46/1985. Zur Genese der Idee vom künstlichen Menschen siehe Wolfgang Coy, Industrieroboter. Zur Archäologie der zweiten Schöpfung, Berlin 1985.

13 | Siehe Michel Tibon-Cornillot, Die transfigurativen Körper. Zur Verflechtung von Techniken und Mythen, in: Kamper/Wulf (Hg.), Die Wiederkehr des Körpers, Frankfurt a.M. 1982, S. 145-164.

14 | Siehe Niklas Luhmann, Symbiotische Mechanismen, in: ders., Soziologische Aufklärung Bd. 3, Opladen 1981, S. 228-244.

ler Abstraktion – ohne Rekurs auf körperfundierte Wahrnehmung und Wahrnehmungskontrolle nicht aus.

Die Entwicklungsgeschichte der Wissenschaft legt Zeugnis ab, wie die sinnliche Wahrnehmung als symbiotischer Mechanismus disziplinspezifisch formuliert und reformuliert wurde, wie Wahrnehmung und Kontrolle der Wahrnehmung zu Zentralthemen von Epistemologie und Methodologie geworden sind. Man denke nur an die Ideenentwicklung vom klassischen Positivismus über den Empiriokritizismus, Neopositivismus bis hin zum epistemologischen Anarchismus von Paul Feyerabend. Auch für die neuere Diskussion zwischen qualitativer und quantitativer Sozialforschung ist die Bedeutung der sinnlichen Wahrnehmung ein wichtiger Denkanlaß.

In der Familie bekommt der Körper eine symbiotische Bedeutung als *sexueller Körper*. Familiale Sexualität muß nicht permanent vollzogen werden, sondern hat generell als Basis für mehr oder weniger passionierte Liebesbeziehungen zur Verfügung zu stehen. Für Intiminteraktionen ist Sexualität ein wichtiger Kohärenzfaktor. Im Rahmen der selbstreferentiellen Regulierung der Familie sorgt sie für eine enge Verbindung zwischen der organischen, psychischen und sozialen Ebene.

Über den Geldmechanismus ist der Körper im Wirtschaftssektor als *konsumierender Körper* auf der Ebene organischer, psychischer und kultureller Bedürfnisse bedeutsam. Erst wenn materiell-existentielle Notwendigkeiten mit Hilfe des generell verwendbaren Geldes dauerhaft befriedigt werden können, lassen sich ökonomische Rationalitätsgesichtspunkte durchsetzen und anderweitige Differenzierungsvorgänge auslösen. Für die Politik ist der *Gewaltkörper* der bereits genannte symbiotische Mechanismus. Die Monopolisierung der physischen Gewalt in der Hand des Staates schließt nicht aus, daß diese nicht auch in anderen Bereichen und Problemverhältnissen auftauchen könnte oder würde. Aber: in diesen Fällen handelt es sich nicht um eine legitime, öffentlich anerkannte Gewalt. Prügelszenen in der Ehe oder auf den Zuschauerrängen sind Formen illegitimer Gewalt. Nur dort, wo sie vom Staat explizit ausgeübt oder zugewiesen wird, darf sie eingesetzt werden. Das elterliche Erziehungsrecht ist in diesem Zusammenhang zu verorten. Kinder dürfen von ihren Eltern nur deshalb in Maßen physisch bestraft werden, weil sie dieses Recht vom Staat zugestanden bekommen haben. Neben dem regelgeleiteten sportlichen Wettkampf (Beispiel: Boxen) gibt es nur eine Ausnahme, in der prinzipiell jedermann das Recht auf physische Gewaltanwendung besitzt, und zwar unter der Kautele der »Verhältnismäßigkeit der Mittel«. Gemeint ist das Recht auf Gewaltanwendung in Situationen der Selbstverteidigung.

Kann ein Sozialsystem neben einem eigenständigen Steuerungsmedium einen entsprechenden, nicht austauschbaren symbiotischen Mechanismus ausdifferenzieren, gewinnt es wichtige Autonomiegrade gegenüber externen Funktionsfeldern. Das Verhältnis zur physisch-organischen Umwelt läßt sich jetzt ohne Mitwirkung und Störung von außen regeln. Die Wirtschaft kann Konsumbedürfnisse befriedigen, wenn ihre Kommunikationsabläufe nicht durch Einbrüche physischer Gewalt dauerhaft blockiert werden. Die Wissenschaft ist in der Lage, intersubjektive Gewißheit herzustellen, wenn die Gesamtgesellschaft durch die Monopolisierung von Gewalt in Händen des Staates befriedet worden ist und die Ökonomie über den Geldmechanismus eine materielle Bedürfnissicherung ermöglicht. Der Körper wird demnach in der Funktion symbiotischer Mechanismen zwar nachgefragt, er verschwindet aber hinter der Emergenz sozialer Tatsachen und der Abstraktheit gesellschaftlicher Kommunikationen.

Die seit dem Übergang zur Neuzeit in zunehmendem Maße wirksam gewordenen Prozesse der Körperdistanzierung haben freilich noch nicht dazu geführt, daß Menschen als »freischwebende Intelligenzen« den Raum bevölkern oder Sozialsysteme in ihrer Autopoiesis auf ihre Körperumwelt verzichten könnten. All dies trifft weder zu, noch wäre es möglich. Jenseits seiner marginalen Bedeutung für den gesellschaftlichen Kommunikationsprozeß bleibt der Körper eine unerläßliche Sicherheitsbasis für jedweden Sozialbereich. Dies gilt für einfache, physische Anwesenheit und wechselseitige Wahrnehmung erfordernde Interaktionssysteme ebenso wie für Organisationen, komplexe Funktionsbereiche und die Gesellschaft selbst. Weder Politik, Wirtschaft, Wissenschaft, Familie, Recht und Kunst noch Erziehung, Gesundheit und Sport lassen sich ganz vom Körper ablösen. Zellen und Nervenverbindungen, chemische, organische, physiologische Aufbauformen und Kreisläufe sind unverzichtbare Grundbedingungen der Möglichkeit von Wahrnehmung und Kommunikation. Ohne den Körper könnten die Elemente nicht hergestellt werden, über die fast immateriell operierende Sozialsysteme sich reproduzieren. Ohne das Wahrnehmungssensorium und die Bewußtseinsvorgänge von Menschen wäre es nicht möglich, sinnhaft gesteuerte Kommunikationszusammenhänge auszugliedern. Funktionsbereiche könnten sich untereinander nicht beobachten, Differenzen feststellen und Informationen ableiten.

Die mit Hilfe symbolisch generalisierter Steuerungsmedien durchgesetzte Heraufkunft der modernen Gesellschaft als eigenständiger, selbstreferentieller Systemtypus hat dazu geführt, daß sich die Distanz zu ihrer Umwelt vergrößerte. Bezüglich der außermenschlichen Natur hat die moderne Gesellschaft eine Dynamik entfaltet, die die Überlebensfähigkeit der Menschheit und die Bedingungen der gesellschaftlichen Existenz auf dem erreichten evolutionären Niveau in Frage stellt. Es muß nicht nur von einer Selbstgefährdung der Gesellschaft und einer Fremdgefährdung der Umwelt durch Gesellschaft ausgegangen werden. Inzwischen ist auch von einer Selbstgefährdung der Gesellschaft durch die Fremdgefährdung der Umwelt durch Gesellschaft zu reden.[15] Sowohl gegenüber Person und Körper als auch gegenüber der Natur ist es zu einer Institutionalisierung von Indifferenz gekommen. Die hieraus ableitbaren Konsequenzen resultieren in einer

15 | Vgl. Niklas Luhmann, Ökologische Kommunikation. Kann die moderne Gesellschaft sich auf ökologische Gefährdungen einstellen? Opladen 1986.

ernsthaften Bedrohung von Körperlichkeit. Es ist evident geworden, daß die physisch-organische Umwelt eine Ressource darstellt, die sich gegenüber sozialen Begebenheiten nicht neutral verhalten kann. Wie beispielsweise die erhöhte Durchblutung bestimmter Körperpartien in stimulierenden Intiminteraktionen oder die beschleunigte Herzfrequenz im Rahmen von Prüfungsritualen zeigen, können soziale Situationen organische Reaktionen auslösen. Die Verbindung zur organischen Sphäre bekommt eine gänzlich neue Qualität, wenn gesellschaftliche Umbauprozesse überindividuelle Überlastungen dauerhaft hervorrufen und festschreiben.

Durch Temposteigerung, Zeitknappheit, Intransparenz und Anonymität kommen Effekte und Nebenwirkungen zustande, die nicht einfach verhallen oder verpuffen, sondern auf der humanen Ebene in Form von Entfremdungserscheinungen, Streßerfahrungen oder psychischen Krankheiten virulent werden. Diese können im Sinne einer *Rache des Körpers an der Gesellschaft in die Gesellschaft* zurückstrahlen. Hiermit wird deutlich, daß der Körper nicht nur kontrolliert wird, sondern selbst Kontrolle ausübt. Die somatische Reaktion auf Gesellschaft ist eine späte und auch existentielle Ausdrucksform dieser Kontrolle. Tatsächlich kann man mit dem Körper nur so weit gehen, ihn so weit belasten, bis er im wahrsten Sinne des Wortes umfällt. Der Versuch, die Belastungsgrenzen hinauszuschieben, ruft Folgen hervor, die grenzsetzende Wirkungen haben.

Soziale Systeme verfügen demzufolge mit dem Körper über eine Außenstütze, die durchaus kollabieren kann. Gerade weil der Körper über Interpenetrationsverhältnisse und symbiotische Mechanismen bedeutsam ist[16], stellen sich Konsequenzen ein, wenn er verdrängt, unsensibel überfordert oder durch gesellschaftliche Innovationen in seiner Motorik ruhiggestellt wird. Wie die veränderten Krankheitsbilder indizieren, kann die stabilisierende Funktion des Körpers als Sicherheitsfundament überzogen wer-

16 | Der Begriff der Interpenetration stammt aus der Parsons'schen Theorie des allgemeinen Aktionssystems. Wir verwenden ihn in der Luhmannschen Version. Hier bezeichnet er das Verhältnis von organisch/psychischen (Mensch) und sozialen Systemen, die wechselseitig füreinander zur Umwelt gehören und ihre Eigenkomplexität in das jeweils andere System einbringen. Siehe Talcott Parsons, Social Structure and Personality, New York 1964; Charles Ackermann, T. Parsons, Der Begriff »Sozialsystem« als theoretisches Instrument, in: T. Parsons, Zur Theorie sozialer Systeme, hg. von Stefan Jensen, Opladen 1976, S. 69-84; Niklas Luhmann, Interpenetration – Zum Verhältnis personaler und sozialer Systeme, in: ders., Soziologische Aufklärung Bd. 3, Opladen 1981, S. 151-169; ders., Interpenetration bei Parsons, in: Zeitschrift für Soziologie, 7, 1978, S. 299-302; ders., Soziale Systeme, a.a.O., S. 286ff; auch Stefan Jensen, Interpenetration bei Parsons, in: ZfS, 7, 1978, S. 116-129; Richard Münch, Über Parsons zu Weber: Von der Theorie der Rationalisierung zur Theorie der Interpenetration, in: ZfS, 9, 1980, S. 18-53. Zum Verhältnis von Gesundheit, Körper und Schmerz vgl. Niklas Luhmann, Medizin und Gesellschaftstheorie, in: Medizin, Mensch, Gesellschaft, 8, 1983, S. 173ff.

den. Ein gesellschaftlich hintergangener, in seiner Eigenrelevanz nicht ernstgenommener, überrumpelter Körper ist in der Lage, die Unaufmerksamkeitsschwelle sozialer Institutionen in Gestalt physischer und psychischer Reaktionen zu überschreiten.

Ebenso wie das Physische durch Schmerzen Signale aussendet, auf die das Bewußtsein mit Aufmerksamkeit reagiert, können sich Sozialsysteme in ihrer kommunikativen Selbstreproduktion anregen, wenn Varianzen und Geräusche in ihrer Nahumwelt auftreten und im Rahmen gesellschaftlicher Selbstbeschreibungsversuche als gesellschaftlich mitverursacht definiert werden. Der Körper kann sich besonders drastisch als *Schmerzkörper*, als kranker und gefährdeter Körper in Erinnerung rufen und in Bereiche eindringen, die ihn bereits als einen zu vernachlässigenden Umweltfaktor abgebucht hatten (Beispiel: Aids und Sexualität). Schmerz und Krankheit stimulieren demnach Kommunikation dort, wo eigentlich keine Kommunikation möglich ist, nämlich vom Körper an die Gesellschaft einerseits und vom Körper an das Bewußtsein andererseits.

Irritationen dieser Art sorgen dafür, daß der Körper im bewußten menschlichen Erleben wieder auftaucht. Die physischen und psychischen Probleme und Krankheiten von Menschen können allerdings auch zu einem Anlaß werden, an dem sich gesellschaftliche Kommunikationen entzünden und soziale Immunsysteme alarmieren – beispielsweise wenn sie spezifische Funktionsabläufe stören. Im Rahmen wiederkehrender Anlässe (z.B.: kontinuierliches Training, dauerhafte Krankenbehandlung) ergibt sich dann die Möglichkeit, daß der Problemanfall in einem Interaktions- und Organisationskontext einer Bearbeitung zugeführt wird.

Gesellschaften werden durch die Bedrohung von Körper und Psyche auf ihre internen Strukturen und Prozesse und deren Wirkungen und Grenzen verwiesen. Die Beunruhigung über sich selbst hat nicht nur wissenschaftliche Selbstbeschreibungsversuche und Begleitreflexionen hervorgerufen, sondern ist auch zu einem Auslöser für personale Selbstbehauptungsstrategien einerseits und konkrete Systembildungsprozesse andererseits geworden. Es zeigt sich, daß die somatischen, psychischen, sozialen und ökologischen Kosten der Modernisierung wichtige Bedingungen der Möglichkeit für die sozio-evolutionäre Chance von Sozialbereichen sind, die ein *body-processing* unter Sonderaspekten betreiben. Das Gesundheitssystem, der Sport oder neuere Ansätze in der Therapie sind hier in erster Linie zu nennen. Es fällt auf, daß die Unwahrscheinlichkeit ihrer Existenz erst relativ spät in eine Wahrscheinlichkeit transformiert werden konnte. Die moderne Gesellschaft mußte erst Erfahrungen mit den Rückwirkungen der von ihr in ihrer personalen Umwelt ausgelösten Wirkungen sammeln, bevor sie Reaktionen selegieren und systemisch stabilisieren konnte.

Der seit geraumer Zeit zu beobachtende Körperboom läßt sich allerdings nicht ausschließlich als eine komplementäre Gegenreaktion auf die Entkörperlichungserscheinungen entwickelter Industriegesellschaften werten. Dies hieße, die komplizierte Interdependenz zwischen Gesellschaft und personaler Umwelt unangemessen zu reduzieren. Es sind vielmehr auch jene Effekte mit zu berücksichtigen, die infolge von Modernisierungsprozessen in anderen Zusammenhängen entstanden sind.

Die Folgeerscheinungen, die noch darzustellen sein werden, zeichnen sich nicht nur ab, sondern haben sich bereits ereignet. In einigen Funktionsfeldern sind sie sturzflutartig niedergegangen, haben Dämme eingerissen und, wie es scheint, Ödflächen hinterlassen. Die Veränderungen werden beobachtet und in nicht wenigen Fällen als Verluste beklagt. Sie als Erfolge im Sinne der aufklärerischen Fortschrittsidee zu feiern, fällt zunehmend schwerer. Eine Krisen- und Niedergangssemantik sorgt für korrespondierende Aufmerksamkeit und Dauerbetroffenheit.

So ist die Einheit des lebensweltlichen Verbunds unter dem Druck funktionaler Differenzierung aufgelöst worden. Die traditionellen, Orientierung und Halt gebenden Sinninstanzen Religion und Familie haben an Bedeutung verloren. Die Einschätzungen von Arbeit und Freizeit erfahren dramatische Reinterpretationen. Soziologen, Psychologen und Politologen als Sensoren einer sich wandelnden Gesellschaft reden von der Heraufkunft einer postmaterialistischen Wertekultur[17], in der die Berufsrolle nicht mehr als dominante Aufbaugröße für die persönliche Identität anzusehen sei. Die angestammten Geschlechtsrollen sind ins Wanken geraten. Die Versuche, sie neu auszuhandeln, treiben die Scheidungsziffern hoch oder lassen Ehen erst gar nicht zustande kommen.[18] Bislang akzeptierte Zukunftsentwürfe erscheinen als nicht mehr durchsetzbar, weil die Gesellschaft, die sie ermöglichen soll, kontraproduktive Wirkungen erzeugt (Beispiele: Arbeitslosigkeit, Grenzen des Wachstums, Ausbeutung der Dritten Welt etc.). Die primären Funktionssysteme ziehen infolge nicht eingelöster Hoffnungen massive Kritik und Gegenreaktionen auf sich.[19] Die institutionellen Außenstützen der Identität werden – u.a. mit Hilfe einer soziologischen Aufklärung – entmythologisiert und mit Legitimationsproblemen konfrontiert, für deren Bewältigung gängige Vorstellungen von Partizipation nicht mehr ausreichen.

Konnte der einzelne sich in stratifizierten Gesellschaften noch in einer

17 | Zentral für diese Diskussion: Ronald Inglehart, The Silent Revolution: Changing Values and Political Styles among Western Publics, Princeton 1977; ders., Wertwandel in den westlichen Gesellschaften: Politische Konsequenzen von materialistischen und postmaterialistischen Prioritäten, in: Helmut Klages/Peter Kmieciak (Hg.), Wertwandel und gesellschaftlicher Wandel, Frankfurt a.M., New York 1981 (erstmals 1979), S. 279-316.

18 | Vgl. Bernd Guggenberger, Wenn Liebe zur Beziehung wird, in: CIVIS, 3, Sept. 1984, S. 51-62; Elisabeth Beck-Gernsheim, Von der Liebe zur Beziehung? Veränderungen im Verhältnis von Mann und Frau in der individualisierten Gesellschaft, in: Johannes Berger (Hg.), Die Moderne – Kontinuitäten und Zäsuren, Göttingen 1986, S. 209-233.

19 | Siehe Kap. IV.

bestimmten sozialen Schicht verorten und auf deren Ordnungsleistung fest vertrauen, kommt es bei zunehmender Differenzierung zu einer *Individualisierung* der Person und einer Loslösung aus angestammten Verkehrskreisen.[20] Funktionssysteme berücksichtigen den Menschen nicht mehr in seiner diffusen Gesamtheit, sondern lassen ihn »nur noch« in rollenspezifischen, sachorientierten und unpersönlichen Ausschnitten zu. Eine Parzellierung der individuellen Lebensführung und eine gegenüber anderen Personen indifferente partikularistische Kommunikation sind die Folgen. Ganzheitliche Bezüge werden immer unwahrscheinlicher. Kommen sie im Rahmen familialer Situationen zustande, geraten sie unter die »Tyrannei der Intimität« (Sennett) und den zentrifugalen Druck von Selbstverwirklichungspostulaten. Die Teilhabe des Subjekts an einer komplexer, komplizierter und intransparenter gewordenen Gesellschaft modelliert die psychische Innenwelt in analoger Weise. Dies zwingt zu Identitätsentwürfen, die in ihrer Dauerhaftigkeit und Kohärenz potentiell gefährdet sind.

Eine wichtige Bedingung der Möglichkeit einer verstärkten Inanspruchnahme des Körpers ergibt sich aus dem Umstand, daß die Verbindung von Individuum und Gesellschaft in Gefahr steht, durch hohes Prozeßtempo, Zeitknappheit, Evidenzverluste und Erwartungsüberlastung abzureißen. Unter den Bedingungen einer funktionalen Differenzierung erhöht sich die Variationsgeschwindigkeit in dramatischer Weise und erreicht eine beängstigende Rasanz. Dem einzelnen Akteur fällt es zunehmend schwerer, den Anschluß an die Operationen der verschiedenen Sozialbereiche aufrechtzuerhalten und nicht abgeschleudert zu werden. Es kommt zu der individuellen Erfahrung einer gesteigerten Geschwindigkeit. Beschleunigungserfahrungen entstehen in der Moderne in erster Linie durch gesellschaftsstrukturelle Veränderungen. Sie sind Epiphänomene einer weit fortgeschrittenen gesellschaftlichen Differenzierung.

Nach dem Bedeutungsverlust von Verwandtschaftssystem und Schicht gehört das Individuum nicht mehr einem einzigen, multifunktionalen und identitätsverbürgenden Sozialkontext und Wertekosmos an, sondern existiert vielmehr im Schnittpunkt einer Reihe funktionaler Imperative, die ihn mit absorbierenden Ansprüchen konfrontieren. Cross-pressure-Situationen entstehen und führen zu überindividuellen, kollektiv wirkenden Problemen der Erlebnisverarbeitung. Durch interne Differenzierung, Komplexitätssteigerung, Optionenvielfalt, Abstimmungserfordernisse und Entscheidungsdruck wird die Zeit notwendigerweise knapper. Streßerlebnisse kommen auf, wenn soziale und sachliche Erwartungen durch eine zeitliche Sequenzierung des Handelns nicht abgefangen und kleingearbeitet werden können.

Zu einer Überstrapazierung des individuellen Erlebnishaushalts infolge

20 | Vgl. Karl-Heinrich Bette, Sport und Individualisierung, in: Spectrum der Sportwissenschaft, 5. Jg., Heft 1, 1993, S, 34-55. Eine überarbeitete und ergänzte Version erschien in: ders., Systemtheorie und Sport, Frankfurt a.M. 1999, S. 147-191.

von Zeitproblemen kommt es in einem weiteren Zusammenhang: Entwickelte Industriegesellschaften müssen ihre Komplexität temporalisieren.[21] Die einzelnen gesellschaftlichen Teilbereiche produzieren überschüssige Möglichkeiten, die untereinander heterogen sind und zusammen nicht realisiert werden können. Was in der Gegenwart nicht allesamt und zusammen durchsetzbar ist, muß vertagt und in die seit dem 17./18. Jahrhundert als prinzipiell offen und gestaltbar erfahrene Zukunft verlegt werden. Ein Großteil an überzogenen Perspektiven bleibt infolgedessen bestehen. Dieser ungenutzte Vorrat verweist in die Zukunft – mit der Konsequenz, daß das Wirkliche permanent als Defizit erscheint.[22] Das Zukünftige wird zur dominanten Referenzgröße einer Gesellschaft, die ihre eigene Komplexität temporalisieren muß. Die Gegenwart als eine eigenständige, zwischen Ver-

21 | Vgl. Niklas Luhmann, Temporalization of Complexity, in: R. Felix Geyer/Johannes van der Zouwen (Hg.), Sociocybernetics Bd. 2, Leiden 1978, S. 95-111; ders., Temporalisierung von Komplexität: Zur Semantik neuzeitlicher Zeitbegriffe, in: ders., Gesellschaftsstruktur und Semantik. Studien zur Wissenssoziologie der modernen Gesellschaft Bd. 1, Frankfurt a.M. 1980, S. 235-300.

22 | Die Erwartungsüberlastung der Zukunft ist inzwischen auch zu einem Thema philosophischer Erörterungen geworden. Komplexe Gesellschaften steckten in einer »Erwartungskrise«, die nicht durch ein Mehr, sondern durch einen Mangel an Erfahrungen zustande käme. »Erfahrungsverlust« lautet das Stichwort, an dem die Diskussion aufgezogen und in Gang gehalten wird. Dieser Erfahrungsverlust würde – so Marquard – durch einen beschleunigten »Wirklichkeitswandel in der modernen und gegenwärtigen Welt« entstehen. In der Tat, wo die Zeiterfahrung beschleunigt wird, veralten die Erfahrungen schneller und können für neue Situationen immer weniger genutzt werden. Wo aber keine Erfahrungen mehr gemacht würden, käme es infolgedessen zu »Infantilisierungen«, zu »Weltfremdheit« und eschatologischen Heilserwartungen. Indem Erwartung und Erfahrung auseinanderträten, verwandelten sich (die Menschen, KHB) zu »erfahrungslosen Erwartern« und es käme »zur großen Illusion der Erwartung«. Marquard sieht in der ästhetischen Erfahrung eine kompensatorische Möglichkeit, dieser Erwartungs- und Erfahrungskrise entgegenzuwirken. »Je mehr die moderne Wirklichkeit von der Erfahrung zur Erwartung tendiert, um so mehr tendiert – kompensatorisch – die moderne Kunst und ihre Rezeption von der Erwartung zur Erfahrung, um die Erfahrung zu retten: ins Ästhetische.« Siehe Odo Marquard, Krise der Erwartung – Stunde der Erfahrung. Zur ästhetischen Kompensation des modernen Erfahrungsverlustes, Konstanzer Universitätsreden, Konstanz 1982, S. 30. Vgl. Hermann Lübbe, Erfahrungsverluste und Kompensationen. Zum philosophischen Problem der Erfahrung in der gegenwärtigen Welt, in: Gießener Universitätsblätter, 12, 1979, S. 42-53; ebenso Reinhart Koselleck, Vergangene Zukunft. Zur Semantik geschichtlicher Zeiten, Frankfurt 1979 (besonders Kap. III); Odo Marquard, Kompensationen. Überlegungen zu einer Verlaufsfigur historischer Prozesse, München 1978, S. 330-362; ders., Inkompetenzkompensationskompetenz? Über Kompetenz und Inkompetenz in der Philosophie, in: Philosophisches Jahrbuch, 81, 1974, S. 341-349.

gangenheit und Zukunft angesiedelte Erfahrungsdimension verkommt in zunehmendem Maße. Der Genuß der Jetzt-Zeit wird zu einem knappen Gut, weil die Futurisierungserfordernisse durch die Köpfe und Körper der Menschen gehen und einen Anpassungsdruck hervorrufen. Infolge einer Aggregation von Steigerungsansprüchen auf der Ebene gesellschaftlicher Teilsysteme werden somit überraschende und nicht-intendierte Kausalitäten auf der Ebene von Personen in Gang gesetzt.

Der Primat der Zukunft resultiert zudem in einer Kollisionsgefahr zwischen der individuellen Problemlösungsfähigkeit einerseits und der dominanten Zeitstruktur andererseits. Aufgrund der biologischen Begrenztheit des menschlichen Lebens können hochgeschraubte gesellschaftliche Zukunftsentwürfe von einem besseren Leben besonders dann keinen Ersatz für eine intensiv erlebte Gegenwart versprechen, wenn die seit der Aufklärung projizierten Fortschrittshoffnungen und -vorstellungen als nicht mehr durchsetzbar erscheinen. Es kann dann nicht überraschen, daß die entwikkelten Industriegesellschaften des Westens mit ihren Freizeit- und Konsummöglichkeiten und ihrer für viele durchgesetzten sozialen Sicherheit Bewegungen hervorbringen, die dem einzelnen als einem zeitlich gebundenem Wesen im Gegensatz zur allgemeinen zukunftsorientierten Systemausrichtung eine Rückbesinnung auf die Gegenwart nahelegen. Damit wird eine Aufwertung derjenigen Instanz wahrscheinlich, die permanente Gegenwart darstellt und Sinnhaftigkeit selbst dann noch signalisiert, wenn andere soziale Formationen keinen überzeugenden Sinn mehr zur Verfügung stellen können, des *Körpers*.

Indem Menschen bewußt auf ihre Körper einwirken, binden sie sich in eine permanent mitlaufende Erlebnisgegenwart ein, selbst wenn sie eine zukünftige Körpergegenwart im Sinne haben. Körpertraining ist insofern funktional äquivalent zum Schmerzmechanismus. Es hilft, die Indifferenzschwelle des Bewußtseins gegenüber der eigenen Körperumwelt zu überspringen und eine Vergleichzeitigung von Bewußtsein und Körper in der Jetzt-Zeit gezielt herzustellen.

Im Rahmen der von uns betriebenen Rekonstruktion der ober- und unterirdischen Geschichte des Körpers wird deutlich, daß Menschen auf gesellschaftlich erzeugte Überforderungssyndrome oftmals durch Rückgriff auf ihre körperliche Nahwelt reagieren. Diese repräsentiert einen Fluchtpunkt, der Konkretheit, Gegenwärtigkeit und Authentizität als erreichbare und herstellbare Erfahrungskategorien erscheinen läßt. Wenn Individuen immer weniger in der Lage sind, eine sinnvolle Einheitsformel für ihr Dasein zu finden, leuchtet es ein, wenn mit dem Körper eine Instanz verstärkt in den Blickwinkel gerät, die nicht erst symbolisch als Einheit hergestellt und stabilisiert werden muß, wie die Identität, sondern als eine kompakte, in sich abgeschlossene biologische Ganzheit bereits vorhanden ist.

Die Notwendigkeit einer Sinnabstützung an der körperlichen Nahwelt wird zudem dadurch plausibel, daß diese, neben ihrer prinzipiellen Endlichkeit, durch die Strukturierung gesellschaftlicher Kommunikationen in ihrer Funktionsfähigkeit gefährdet wird. Der Körper stellt eine generell verfügbare und auch noch beeinflußbare Größe dar, bei der Wirkungen noch bewirkt, beobachtet und auch gefühlt werden können. Der Körper ist deshalb zu einem wichtigen Symbol für eine noch kontrollierbare Wirklichkeit geworden. Am Körper können Zeichen gesetzt und Spuren hinterlassen werden. Er bietet sich als Bezugspunkt des Erlebens und Handelns an, da er als unmittelbares und lebenslanges Begleitmedium psychischer Systeme in besonderer Weise dazu geeignet ist, Sicherheit zu konkretisieren. Am Körper können Menschen nicht nur auf sich selbst einwirken, sondern auch – indem sie sich sozial sichtbar machen – ostentativ auf Gesellschaft reagieren.[23]

Die verstärkte Inanspruchnahme der physisch-organischen Umwelt ist ein Reflex auf die in abstrakten Gesellschaften immer unwahrscheinlicher gewordene Möglichkeit, selbstinitiierte Kausalketten zu erleben und nachverfolgen zu können.[24] Der einzelne kann, indem er auf seinen Körper einwirkt, Kausalitätserfahrungen zumindest in einem mittleren Bereich sammeln. Indem ich laufe, meinen Puls höher schlagen lasse, zu schwitzen beginne und Trainingseffekte verspüre, erlebe ich mich selbst auf eine sehr konkrete Art. Der Körper ist in der Tat diejenige Instanz, die am einfachsten erfahrbar ist.

Wer sich mit Hilfe einer entsprechenden Semantik in einer sozial als sinnvoll definierten Weise aktiviert und absichtsvoll in Situationen hineinbegibt, die Abhilfe gegen Spannungslosigkeit, Langeweile, Gesundheitsgefährdung und Aufschub gegen Altern versprechen, erzeugt für sich selbst und andere die Botschaft, die Kontrolle über das eigene Leben nicht verlieren zu wollen. Der einzelne kann sich über seinen Körper in die Lage versetzen, funktionieren zu können – mit der Besonderheit, hieraus anschließend Selbstbestätigung und Selbstvergewisserung abzuleiten. In einer immer mehr entsinnlichten Gesellschaft wird der Körper durch die ihm zugeschriebene Natürlichkeitsqualität zu einer wichtigen Sinninstanz.[25] Begrif-

23 | Siehe hierzu das drastische Beispiel des Punk-Körpers in Kap. II.6.

24 | Was Marx in seiner Entfremdungs- bzw. Selbstverwirklichungstheorie entwarf, läßt sich in diesem Sinne auch als Forderung nach erfahrbarer Kausalität im eigenen Erleben und Handeln interpretieren, und zwar im Rahmen zwangs- und herrschaftsfreier Arbeitsprozesse. Das von Hegel stark beeinflußte Marxsche Menschenbild von einem sich selbst in der Arbeit erzeugenden und verwirklichenden Wesen und das von ihm hieraus abgeleitete Selbstverwirklichungskonzept haben unmittelbar etwas mit Kausalitätserfahrungen zu tun. Entfremdete Arbeit wäre in dieser Perspektive eine durch Arbeitsteilung und privatkapitalistische Produktions- und Eigentumsverhältnisse objektiv hergestellte Sonderform eines reduzierten und blockierten Kausalerlebens und -handelns. Vgl. hierzu Karl Marx, Ökonomisch-philosophische Manuskripte, Leipzig 1974.

25 | Von einer Entsinnlichung kann insofern geredet werden, als unmittelbare

fe wie Gesundheit, Spaß, Schönheit, Authentizität und Fitneß erleben kommunikative Karrieren und sickern in die Motivstrukturen vieler Menschen ein und beeinflussen deren Handeln. Als hochgeschätzte gesellschaftliche Werte sind sie dann auch gut, um in einem Umkehrschluß Oppositionshaltung und Negationsbereitschaft auf sich zu ziehen.[26]

Was der Körper tut, wie er reagiert und sich äußert, gilt als natürlich im Sinne von naturgegeben und biologisch unveränderbar. Soziologie, Ethnologie und die verschiedenen Spielarten der Anthropologie haben die hierum zentrierten Alltagstheorien zwar weitestgehend relativiert, aber selbst bei denjenigen, die sich hiermit berufsmäßig-professionell, z. B. als Ärzte, befassen, sind diese Natürlichkeitsannahmen noch weit verbreitet.[27] Der Körper ist entgegen diesen »naiven« Vorstellungen eine gesellschaftlich mitbeeinflußte Größe, die in ihrer Bedeutung und Inanspruchnahme mit sozietalen Wandlungsprozessen co-variiert. Wie Menschen mit ihren Körpern umgehen, wie sie gehen, laufen, schlafen und essen, wie sie sich im Raum bewegen, wie Körper aktiviert oder ruhiggestellt werden, erfolgt immer schon unter dem Einfluß gesellschaftlicher Rahmenbedingungen. Die heutzutage anzutreffenden, vornehmlich am Körper festgemachten Natürlichkeitsvorstellungen sind Produkte einer Lebenswelt, in der Körperlichkeit und Natürlichkeit selbst schon stark verknappt wurden.

Was in diesem Zusammenhang zutrifft, ist der Umstand, daß Natürlichkeitsempfindungen vornehmlich durch die geschickte Reintegration von verdrängten und verschütteten Erfahrungsinhalten hervorgerufen werden. Differenzerlebnisse können beispielsweise durch den *Rückgriff auf die Formwelt vergangener Epochen*, durch die *Einbeziehung vormoderner Körpertechniken*, durch *Distanzsetzung, Verzicht, Verweigerung und Kontrastierung zum gegenwärtig Dominanten* zustande kommen. Unzeitgemäßes wird – oft in unangemessener Idealisierung und Überhöhung – gegen das Moderne und Rationale in Anschlag gebracht und bekommt auch erst vor diesem Hintergrund eine sinnhafte Bedeutung. Was ruhig ist, wird bewegt, und was bewegt und gestreßt ist, wird ruhiggestellt, gemächlich mobilisiert oder in außeralltägliche Erfahrungswelten versetzt. Was entspannt und gelangweilt ist, wird in Spannung gebracht – und umgekehrt.

Primärerfahrungen immer seltener werden. Die Kultur- und Medienindustrie verschafft Sekundärerfahrungen auf der Basis von physischer Nichtanwesenheit.

26 | Vgl. detaillierter Kap. II.6.

27 | Vgl. die aufschlußreichen Aussagen zur »sozialen Konstruktion von Natürlichkeit« bei Volker Rittner, Zur Soziologie körperbetonter sozialer Systeme, in: Sonderheft 25/1983 der KZfSS, hg. von Friedhelm Neidhardt, S. 238ff. Ders., Körper und Sport, in: Klaus Carl/Heinz Mechling/Wulf Preising (Hg.), Handbuch Sport. Wissenschaftliche Grundlagen von Unterricht und Training Bd. 2, Düsseldorf 1984, S. 607-620; ders., Sport und Gesundheit. Zur Ausdifferenzierung des Gesundheitsmotivs im Sport, in: Sportwissenschaft, 15. Jg., 1985/2, S. 136-154.

Natürlichkeitsannahmen haben einen *fiktionalen, archaisierenden Charakter*. Sie entstehen in der Gesellschaft als Reaktion auf Gesellschaft. Mit ihrer Hilfe greifen Menschen in Gestalt nostalgischer Rückgriffe auf vergangene Gegenwarten zurück, in denen es den Menschen und ihren Vorfahren scheinbar besser ging, weil sie »ganzheitlicher« und »natürlicher« leben konnten. Annahmen dieser Art gebrauchen die Kritik an den zivilisatorischen »Errungenschaften«, um eigene Ansprüche zu verdeutlichen. Erst vor diesem Hintergrund erhalten Sinnangebote, die Alternatives anpreisen, ihre soziale Attraktivität.

Wo Intransparenz, Kompliziertheit, Automatisierung, Individualisierung und eine allgemeine Versachlichung der Lebensbezüge den Erfahrungshorizont vieler Menschen bestimmen, können Natürlichkeitsgefühle und -ansprüche dadurch konkretisiert werden, daß Technisches bewußt nicht in Anspruch genommen oder nur hochselektiv genutzt wird, daß Unspezialisiertheit, Diffusität, Intimität, Körperlichkeit, Sinnlichkeit, Gemeinschaft, Irrationalität und Einfachheit antithetisch wiederbelebt werden. Die Hoffnung, Natürlichkeitskomponenten zurückzugewinnen, zeigt sich weiterhin in der Aufwertung handwerklicher Tätigkeiten, in der Wahl eines anderen sozialen Tempos, in der zeitweisen Rückeroberung öffentlicher, körperdistanzierender Räume, in der demonstrativen Nutzung überholter Fortbewegungsgeräte, in veränderten, natürlichkeits- und gesundheitsbewußten Eßgewohnheiten, alternativen Lebensstilen und Umgangsformen oder in Synthese-Versuchen, in denen das eine mit dem anderen verbunden wird. Über den Körper läßt sich vieles vereinen, was augenscheinlich nicht zusammengehört.

Inzwischen sind Spezialisten anzutreffen, die den Körper in sämtlichen Bewegungsvarianten für Selbstfindung und Authentizität entdeckt haben: der tanzende Körper als Therapeutikum; der ruhiggestellte Körper im Rahmen autohypnotischer Techniken; der zeitlupenhaft verlangsamte Körper asiatischer Bewegungsmeditationen; der durch Laufen fitbewegte Körper, an dem Trainingseffekte beschleunigt erzielt werden sollen; der in seinem Muskelvolumen vergrößerte Körper, der Wohlproportioniertheit und Stärke in einer Gesellschaft visualisieren soll, die ansonsten atrophierende Wirkungen auf den Muskel ausübt. Hinzu kommen diejenigen Experten, die den Körper zu Wasser, zu Lande und in der Luft mit den verschiedensten Gerätschaften und Artefakten konfrontieren und bewegen, um neuartige, den Alltag transzendierende Erlebnisse zu ermöglichen. Natürlichkeit soll durch diese bunte Mischung unterschiedlichster und teilweise konkurrierender Formen der Körpernutzung wiederhergestellt werden.

Die vornehmlich auf der Basis von natürlichkeitsorientierten Vorstellungen ablaufende Auseinandersetzung mit dem Körper wird typischerweise mit der Freizeit in Verbindung gebracht. Letztere repräsentiert dann jene Auszeit, in der der einzelne die Füße einmal auf den Tisch legen, die Teilhabe an außerberuflichen Gruppierungen und Freundschaften pflegen, einmal »richtig Mensch« sein kann. Indem man der beruflichen Sonderwelt mit ihren Zwängen nicht mehr untersteht, läßt sich hier aktivieren, was in der Berufsrolle nicht oder nur wenig aktiviert werden kann oder darf: Körperlichkeit, Geselligkeit, Intimität, Gemütlichkeit; kurzum: Freizeitgestaltung beinhaltet vornehmlich die Inanspruchnahme jener Sinndimensionen, die in der Berufsrolle nicht nachgefragt oder verdrängt werden, weil sie in die Arbeitsethik und -askese westlicher Industriegesellschaften nicht hineinpassen.

Durch die Verbreitung und Popularisierung wissenschaftlichen Sonderwissens werden medizinische, psychologische und auch soziologische Erkenntnisse, die in modernen Gesellschaften über moderne Gesellschaften und ihre Probleme gesammelt worden sind, veralltäglicht. Bestimmte Annahmen und Begriffe gehen in die Alltagssprache ein und werden in den Wertehorizont breiter Bevölkerungskreise integriert. Das von Selye in den 50er Jahren entwickelte Streßkonzept ist hierfür ein gutes Beispiel.[28] Veränderte Gesundheitsvorstellungen, die mit dem prekär gewordenen Verhältnis von Individuum, Gesellschaft, Körper und Psyche zu tun haben, begünstigen und beschleunigen die Ausdifferenzierung von Sozialsystemen, die den Körper in das Zentrum der eigenen Kommunikationen und Handlungen stellen. Sie helfen, indem sie eine entsprechende Semantik zur Verfügung stellen. Das Wissenschaftswissen diffundiert in die Köpfe der Menschen hinein und läßt Sport und Therapie davon profitieren.

Die Ausrichtung auf Konkretheit, Natürlichkeit und Körperlichkeit geht einher mit einer Aufwertung von Subjektivität und Innerlichkeit. Was der einzelne an sich selbst und in sich selbst erfahren kann, oder besser: erfahren zu können glaubt, gewinnt an Bedeutung. Die Psyche wird, sicherlich nicht unbeeinflußt von den Lebensumständen der betreffenden Person, wachsam, horcht, fühlt, tastet und diagnostiziert in die eigene Körperumwelt hinein, will gegen das Drohende, bisweilen Tödliche etwas tun. Es entsteht eine Betroffenheits- und Authentizitätssemantik, hinter der die Theorie steht, daß der einzelne Akteur, wenn er nur richtig angeleitet und lange genug in seinen Körper hineinlauschte, zu echten und wahren Erfahrungen seiner selbst gelangen könnte.[29] Parallel zu dieser Thematisierung einer subjektiven Befindlichkeit und Körpergestimmtheit läuft eine Stigmatisierung derjenigen ab, die sich dieser »neuen Empfindsamkeit« nicht anschließen wollen oder können. Diese werden als Menschen dargestellt – und bisweilen sogar diffamiert –, die, so die Einschätzung, mit einem Gefühlspanzer durch das Leben schritten und das Bestehende durch ihr Verhalten legitimierten und stützten. Wer nicht sofortige Betroffenheit signali-

28 | Vgl. Hans Selye, Stress without distress, New York 1974.

29 | Zum Authentizitätskult vgl. die Aussagen von Christopher Lasch, The Culture of Narcissism. American Life in an Age of diminishing Expectations, New York 1979, S. 285ff; auch Klaus Mollenhauer, Korrekturen am Bildungsbegriff? In: Zeitschrift für Pädagogik, 1987, H. 1, S. 1-20.

trotz positiver Gestimmtheit kollabiert. Der Körper verzeiht nicht jedwede Theorie des psychischen Systems über seine unmittelbare Umwelt. Psychische Systeme benutzen Bewußtsein für die Abwicklung der eigenen Operationen. Im Rahmen eines geschlossenen, selbstreferentiellen Zirkels erfolgt die Reproduktion von Bewußtsein über Bewußtsein. »Alle Umweltkontakte (einschließlich der Kontakte mit dem eigenen Körper) werden durch das Nervensystem vermittelt, müssen also andere Realitätsebenen benutzen.«[32]

Soweit zur Problematik von Authentizitätsannahmen. Der enge Zusammenhang zwischen Körperthematisierung und Gesellschaft wird nicht nur in der Karriere einer Betroffenheits-, Angst-, Gesundheits-, Natürlichkeits- und Therapiesemantik deutlich. Er zeigt sich auch in den konkreten Reaktionen von Menschen auf die Folgeerscheinungen der Moderne: Die Steigerung des Körpers als Thema gesellschaftlicher Kommunikation erfolgt in nicht wenigen Fällen in kritischer Distanz zu jenen Bereichen, die im engeren und weiteren Sinne seine Integrität und Funktionsfähigkeit bedrohen. Es ist nicht verwunderlich, daß in Verbindung mit den neuen ökologisch orientierten sozialen Bewegungen und Protestgruppierungen körperbezogen gegen das Establishment agiert und opponiert wird. Die Aktionen von Greenpeace und Robin Wood werden als moderne Abenteuer geplant und durchgeführt. Ein riskanter Körpereinsatz ist zentral für die Inszenierung. Der *protestierende Körper*, der hier zum Zuge kommt, stört komplexe Funktionsabläufe. Er blockiert Zufahrtswege, wird in freiwilliger Symbiose an den Objektivationen von Industrieunternehmen festgekettet, besetzt Hochspannungsmasten, entert Verklappungsschiffe und dringt, zunächst auf eine klammheimliche Weise, in körpergefährdende Tabuzonen vor.

Dadurch, daß der Körper konkret und sichtbar zum Einsatz kommt und die protestierenden Akteure bewußt auf diskursive Kommunikation und Verhandlung verzichten, kann eine Aura der direkten, verwegenen Tat und des individuellen Sich-Bewährens gegenüber dem Anonymen, Abstrakten und Unnatürlichen gesellschaftlicher Großorganisationen erzeugt und visualisiert werden. Dies garantiert nicht nur Aufmerksamkeit in den Medien und Achtungserfolge beim zuschauenden Publikum, sondern ermöglicht eine nur durch Risikoeinsatz erlebbare Art der Seins- und Selbstvergewisserung bei den unmittelbar Handelnden.

Merkwürdige Symbiosen zwischen Befürwortern einer neuen Körperlichkeit und Atomkraftgegnern, Naturschützern, Emanzipationsbefürwortern und sozialen Eskapisten entstehen und münden in alternative, gegenmoderne Formen der Körpernutzung. Die Aktivitäten, die hier entfaltet werden, erfolgen nicht im Sinne von Modernität unter den Perspektiven wie Leistungssteigerung, Schnelligkeit, Spezialisierung, Ergebnisorientierung und Wettbewerb, sondern richten sich bewußt gegen diese Prinzipien. Im letzteren Fall wären dann Langsamkeit, Prozeßerleben, Körpererfahrung,

32 | Siehe N. Luhmann, Soziale Systeme, a.a.O., S. 355.

Ganzheitlichkeit, Raumaufwertung und Naherleben von zentraler Bedeutung. Um diese gegenmodernen Ideen in die Köpfe möglichst vieler Leute zu bringen, ist allerdings genau das einzusetzen, was offiziell verpönt ist: Effektivitätsdenken und Rationalisierung des eigenen Handelns. Inzwischen gibt es Spezialisten für Langsamkeit und alternatives Denken, die all dies unter typisch modernen Gesichtspunkten betreiben.

In den letzten Jahren ist so auf breiter Basis eine Selbsterfahrungs- und Selbstverwirklichungsbewegung entstanden, die die verschiedenen gesellschaftlichen Handlungs- und Kommunikationsfelder thematisiert, deren Rationalitäten hinterfragt und reinterpretiert. Bisher ausgeschlossene dritte Positionen werden artikuliert und für Systembildungsprozesse genutzt.[33]

Konsequenterweise erfahren asiatische Philosophien, Religionen und Körpertechniken eine starke Nachfrage. Archaische Mythen, schamanische Ekstasetechniken, orientalische Fruchtbarkeits- und Tempeltänze[34], Reinkarnationslehren, psychedelische, astrologische und okkulte Angebote tauchen auf und werden als neue Sinnstiftungen offeriert. Tanz, Gymnastik, Massage, Meditation, neue Religiosität und Weiblichkeit, Abenteuersport und vieles andere mehr werden herbeizitiert, um Vernachlässigtes, Nichtaktiviertes in modernisierter Form wiederzubeleben.

Aufschlußreich ist in diesem Zusammenhang die Karriere außereuropäischer Bewegungs- und Meditationskünste (Beispiel: T'ai Chi), deren Faszination sich zu einem Großteil daraus ergibt, daß sie gegen die auf Überbietung, Meßbarkeit und Schnelligkeit orientierten europäischen und anglo-amerikanischen Sportdisziplinen gerichtet sind, zum Beispiel durch eine meditative Langsamkeit und Ruhe. Der Körper wird als Ruheraum aufgesucht, in dem sich der einzelne vor den Ansprüchen und Erwartungen seiner sozialen Umwelt zurückzieht. Autohypnotische Techniken (Meditation) werden aus ihrem ursprünglichen religiösen Kontext herausgelöst und als Ruheangebote zur Herstellung von Stille, Gemächlichkeit und Entspannung unterbreitet. Was in komplexen Gesellschaften an Hektik und Streß erlebt wird, dient als Umlenkpunkt für die Projektion von Gegenbildern, von Phantasmen der Beschaulichkeit und Gegenwärtigkeit, mit deren Hilfe der einzelne sich in sich selbst zurückziehen und indifferent schalten kann. Indem der Körper ruhiggestellt, gemächlich bewegt oder auch rhythmisch

33 | Siehe Kap. IV.

34 | Die Entdeckung des orientalischen Bauchtanzes, der seine Wurzeln in archaischen Fruchtbarkeitsritualen, Tempeltänzen und Erotikkünsten findet, ist als ein Versuch zu werten, exotisch anmutende Sinnlichkeit in entsinnlichte Gesellschaften zu reimportieren. Die mit Hilfe von rhythmischer Musik in Schwingung gebrachte Hüfte verzaubert, von der Körpermitte ausgehend, die Sinne in einer entzauberten Gesellschaft. Daß der Körper verstärkt als Medium für okkulte Rituale genutzt wird, zeigt die Vielzahl von Sekten, die über den Körper alte und neue Deutungssysteme vom Diesseits und Jenseits zu etablieren suchen.

stimuliert wird (Beispiel: meditatives Laufen), soll das Selbst von sozialen Belastungen entlastet werden.[35]

Mit Hilfe von anthropologisierenden Ganzheits- und Selbstverwirklichungsvorstellungen, die auf der Grundlage des Konzepts einer Körper-Geist-Einheit entwickelt wurden, kommen soziale Bewegungen in Gang, die das unter dem zivilisatorischen Disziplinierungspanzer verborgene Sinnliche hervorholen wollen. Angesichts von Differenzierung und Zergliederung der Gesellschaft in unterschiedliche Funktionsbereiche repräsentiert dieser Rekurs auf Ganzheit das wichtige Ansinnen von Personen nach einer breiter angelegten Berücksichtigung unberücksichtigt gebliebener oder verdrängter Aspekte. Als Metapher des Unbehagens und der Betroffenheit wird eine Kritik an der sozio-evolutionären Selektion betrieben.

Der Ganzheitsbegriff steht allerdings in der Gefahr, zu einer beliebig anwendbaren Leerformel zu werden, hinter der bestimmte Professionen oder Professionsanwärter ihr Expertentum und ihre eigenen Technologiedefizite verstecken.[36] Auch die Spezialisierung auf das scheinbar Unspezialisierte ist eine Spezialisierung ganz im Sinne der Moderne. Der ästhetisch berührte und emphatisch nach ganzheitlicher Körpererfahrung rufende Sportpädagoge, der seine Schüler liegen, stehen, atmen, balancieren, saunieren oder kommunikative Kompetenzen erwerben, sie aber nicht mehr Fußball spielen läßt, zeigt darin nur eine alternative Einseitigkeit, eine nach anderen Kriterien vorgenommene Selektivität, in der der Ausschluß der einen Betätigung zum Einschluß der anderen geworden ist.

In einer komplexen Gesellschaft macht der Ganzheitsbegriff Karriere als ein semantisches Gegenkorrelat zu Ausdifferenzierung, Selektion und Technologiedefizit. Menschen bringen die alte Einheitsvorstellung von der Ganzheit von Körper und Geist gegen die Folgen der Moderne in Anschlag. Das Differenzierungsprinzip der Gesellschaft wird dadurch nicht unterlaufen, sondern nur weiter fortgetrieben. Die für eine Umstellung notwendige Reflexion in den primären Funktionssystemen kann aus dem Ganzheitsbegriff allerdings wichtige Anregungen ableiten. Seine globale Konstruktion sollte jedoch nicht nur eine sympathetische Beziehung zu einer Lyrik der Betroffenheit ermöglichen, sondern auch eine anspruchsvolle Theoriearbeit anregen. Insgesamt zeigt die Projektion von Ganzheitsvorstellungen und

35 | Siehe Karl-Heinrich Bette, Gegenzeit und Re-präsentation. Zur Wiederentdeckung von Gegenwart und Langsamkeit in komplexen Gesellschaften. Vortrag auf der Tagung der Sektion Sportsoziologie der dvs in Berlin vom 13. – 15.11.1986, in: Georg Anders (Red.), Sport in der Krise der Industriegesellschaft, Witten 1990, S. 21-46.

36 | Zum Begriff des Technologiedefizits siehe Niklas Luhmann und Karl Eberhard Schorr, Das Technologiedefizit der Erziehung und die Pädagogik, in: dies. (Hg.), Zwischen Technologie und Selbstreferenz. Fragen an die Pädagogik, Frankfurt a.M. 1982, S. 11-40.

-hoffnungen eine Entwicklungslinie an, die von den gesellschaftsstrukturellen Änderungen seit Beginn der Neuzeit über damit korrespondierende psychophysische und -soziale Bedürfnis- und Motivtransformationen bis hin zu einer sozio-evolutionären Stabilisierung an sich unwahrscheinlicher Kommunikationszusammenhänge führt.

Moderne Gesellschaften haben das Verhältnis zu ihrer Körperumwelt im Sinne eines Sowohl-als-Auch geregelt. Bei einer entsprechend hohen Eigenkomplexität können sie entgegengesetzt ablaufende, widersprüchliche Prozesse gleichzeitig stimulieren und begünstigen. Es ist davon auszugehen, daß es zu einer breit ausfächernden Steigerung von Entkörperlichung und Körperaufwertung erst unter den Bedingungen einer durchgesetzten und fortgeschrittenen funktionalen Differenzierung kommen konnte. Zwar seligieren auch einfache Gesellschaften Aspekte der Körperlichkeit, aber erst im Gefolge einer erfolgreichen Etablierung von Wirtschaft, Politik, Recht und Wissenschaft können körperorientierte Sozialbereiche expandieren, die, wie es im Sport der Fall ist, auf freiwillige Teilnahme und eine temporäre Freisetzung ihrer Mitglieder von anderweitigen Arbeits- und Berufsvollzügen angewiesen sind.

Eine körperbewußte, mit erheblichen Zeit- und Geldinvestitionen verbundene Lebensführung setzt voraus, daß existentielle Notwendigkeiten nicht im Vordergrund stehen. Indem sich die Grundbedingungen des menschlichen Daseins in den westlichen Industrienationen aufgrund von Modernisierungsvorgängen verändert haben und Fragen der materiellen Bedürfnissicherung für viele nicht zentrale Bestandteile ihres Befassungshorizontes sind, können vermehrt Ansprüche an den eigenen Körper gestellt und bisherige Konventionen im Hinblick auf seine Nutzung durch eine Ausdehnung der Selbstverwirklichungspostulate auf die eigene körperliche Nahwelt durchbrochen werden. Erst auf der Grundlage einer relativen sozialen Sicherheit wird die aktive Teilnahme an körperbezogenen Sozialsystemen wahrscheinlich. Da es durchaus ungeklärt ist, was der Körper für sich selbst darstellt und fordert, wäre es an dieser Stelle allerdings verfehlt, über die Angemessenheit oder Unangemessenheit dieser Thematisierung trennscharf zu entscheiden.

Die Paradoxie der Gleichzeitigkeit findet ihr sozialstrukturelles Korrelat in der Ausgliederung von Sondersituationen, Komplementärrollenbeziehungen und eines all dies tragenden organisatorisch-logistischen Überbaus. Ansonsten könnten beide Verlaufsformen nicht zeitlich, sachlich, räumlich und sozial auseinandergezogen werden.[37] Die paradoxe Simultanpräsenz kann nicht im Sinne eines Nullsummenspiels ein für allemal gelöst werden. Sie bleibt als Daueraufgabe bestehen und setzt Menschen unter Anpassungsdruck. Selbst durch eine noch so ausgeprägte Inanspruchnahme

37 | Für Homogenisierungsversuche beider Prozeßformen in der urbanen Öffentlichkeit siehe Kap. II.1.

des Körpers in Training, Therapie, Tanz etc. wäre es nicht möglich, die Körperdistanzierung moderner Gesellschaften aufzuheben oder gar deren Strukturierungsprinzip zu unterlaufen. Die Nähe von Körper und Gesellschaft, wie sie für geringer differenzierte Formationen noch zutraf, läßt sich durch Körperthematisierung nicht wiederherstellen. Entkörperlichung kann durch Verkörperlichung nicht aus der Welt geschafft werden.

Allerdings lassen sich die leistungssteigernden Vorteile von Spezialisierung und Funktionsaufspaltung einsetzen, um den in seiner Relevanz verdrängten Körper unter spezifischen Kontextgesichtspunkten zu reaktualisieren. Der Sport und das Gesundheitssystem erscheinen in diesem Zusammenhang als gesellschaftliche Sonderprogramme zur Behandlung des Körperthemas. Sie steuern und kanalisieren den Zugang zum Körper mit speziellen Anleitungen, Trainingsempfehlungen und Behandlungsformen. Sie sorgen dafür, daß die physische Umwelt jenseits der Alltagsbeobachtung des Körpers durch das Bewußtsein zumindest selektiv im Erleben und Handeln des einzelnen erscheinen kann.

Jede einzelne Verlaufsform hat, wie das nächste Kapitel zeigen soll, den Rationalitätsprämissen der einzelnen Teilsysteme zu folgen. Insofern taucht der Mensch mit seinem Körper beispielsweise in der Perspektive der Wirtschaft in mindestens zweifacher Weise auf, nämlich erstens als eine Störgröße, die es nach den Regeln des Kapitalertrags zu reduzieren gilt (Robotisierung), und zweitens als ein Bezugspunkt, der für ökonomische Überlegungen auszunutzen ist (Beispiel: Freizeit- und Körperindustrie). In beiden Fällen gilt es, das wirtschaftlich Mögliche am Körper, allerdings mit sehr unterschiedlichen Wirkungen, zu steigern.

Weiterhin wird deutlich, daß beide Prozesse in einem engen Bezug und Verweisungszusammenhang stehen – allerdings in einer nicht beliebig kombinierbaren Form. Die moderne Gesellschaft, wie sie sich heute präsentiert, wäre ohne eine Emanzipation von ihrer personalen und natürlichen Umwelt unwahrscheinlich geblieben. Körperdistanzierung ist eine maßgebliche Bedingung der Möglichkeit einer Ausdifferenzierung gesellschaftlicher Kommunikationszusammenhänge. Andererseits wären die Steigerung des Körpers als Thema gesellschaftlicher Kommunikation und der hieraus resultierende Erlebnisreichtum ohne die Erfahrung mit den sozialen, psychischen, somatischen und ökologischen Folgen des Modernisierungsprozesses nicht möglich geworden.

Das paradox konstituierte Verhältnis von Körperdistanzierung und Körperaufwertung läßt sich mit Hilfe der Differenz von Form und Medium (Fritz Heider) beschreiben. Für unseren Fall heißt dies: All das, was an Subjektivität, Körpererfahrung, Training etc. abläuft und durch Spezialisten gesteigert wird, vollzieht sich als Form vor dem Hintergrund einer als Medium fungierenden komplexen Gesellschaft, die selbst – notwendigerweise – gegenüber Person und Körper weitgehend indifferent geworden ist. So verwenden Sozialsysteme, die ihre Funktion in der Verfügbarmachung und Wiederversammlung des Körpers finden und sich auf dieser Grundlage ausdifferenzieren konnten, die Körperdistanzierung als Medium, in welches sie die Aufwertung des Körpers als Form einarbeiten.

Die paradoxe Gleichzeitigkeit von Entkörperlichung und Körperaufwertung läuft, wie es scheint, nicht-linear ab. Da die Komplexität der Gesellschaft ebensowenig kontinuierlich zunimmt, wie komplementäre Proteste ihr gegenüber aufkommen, ist es unwahrscheinlich, von einem genau gegengleichen Prozeß auszugehen. Eher ist eine spiral- oder wellenförmige Entwicklung zu erwarten bzw. zu rekonstruieren. Eine gewisse Entsprechung zeigt sich in den letzten Jahren angesichts der Tiefe der Modernisierung einerseits und der Vehemenz der Gegenreaktionen auf Modernität andererseits.

Daß Menschen verstärkt ihre Körper in Anspruch nehmen, ist nicht erst ein Phänomen der letzten Jahre. In Überarbeitung vorhandener Nutzungsformen in stratifizierten Gesellschaften ist die physisch-organische Umwelt seit dem 18./19. Jahrhundert fest als Sonderthema gesellschaftlicher Kommunikation etabliert worden. Von einer allgemeinen Verdrängung und Unterdrückung im Rahmen des europäischen Zivilisationsprozesses kann alleine schon mit Blick auf die Ausdifferenzierung des Sports aus der volkstümlichen Bewegungskultur und den ständischen Leibesübungen geschichteter Gesellschaften nicht geredet werden – ganz zu schweigen von medizinischen, künstlerischen, pädagogischen, wirtschaftlichen, politischen und wissenschaftlichen Thematisierungen. Sowohl die Genese der für Europa traditionellen Bewegungskultur in Gestalt von Tanz, Gymnastik, Sport, Spiel und Turnen als auch die neueren Körpermoden im letzten Drittel des letzten Jahrhunderts belegen sehr deutlich, daß parallel zur »unterirdischen« Geschichte des Körpers auch eine oberirdische verlaufen ist.

Auf seiten der europäischen Kulturkritik hat letztere allerdings keine besondere Aufmerksamkeit hervorrufen können. Sie wurde eher pauschal verdächtigt, Ausfluß gesellschaftlicher Rationalisierungsprozesse zu sein. Es ist sicherlich verfehlt, lediglich mit Blick auf neuere Entwicklungen von einer »Wiederkehr des Körpers« zu reden. Die seit Ende des 18. Jahrhunderts beobachtbaren Versuche der Körperaufwertung würden damit unterschlagen. Daß der Prozeß der verstärkten Inanspruchnahme des Körpers nach dem 2. Weltkrieg eine enorme Beschleunigung erfahren hat, trifft zweifellos zu: Die Modernisierung entwickelter Industriegesellschaften ist seit dieser Zeit immer massiver abgelaufen und hat gerade seit den 70er Jahren eine neuartige Qualität erreicht – mit der Konsequenz, daß die in Reaktion und Opposition auf die sich durchsetzende Moderne entwickelten und langakzeptierten Formen der Körperaktivierung und -präsentation wiederum neu modelliert und den veränderten Bedürfnissen der Menschen angepaßt werden.

Gerade der traditionellerweise von den Vereinen getragene Sport hat in diesem Zusammenhang bemerkenswerte Wandlungen erfahren. Es sind nicht nur neue Disziplinen erfunden (Bsp. Jogging, Aerobic, Bodybuilding) oder für bisher ausgeschlossene Bevölkerungsschichten (Tennis) verfügbar gemacht worden. Neben Lauftreffs und Spielfesten konnten sich mit Fitneß-Studios und den Kursen der Volkshochschulen auch neue Organisationsformen jenseits der Vereine durchsetzen, die, ohne eine gesinnungsmäßige Bindung auf seiten der Mitglieder zu fordern, sowohl einen unkomplizierten Zutritt als auch einen schnellen Abgang ermöglichen. Der Wettkampfgedanke verblaßt, die Nutzung des Körpers zur Herstellung von Gesundheit, Entspannung und Lebensfreude tritt in den Vordergrund.[38]

Unter Einbeziehung von Denkprämissen aus der Theorie selbstreferentiell-geschlossener Systeme lassen sich diese neuen Wege der Praxis wie folgt interpretieren: Als Gegenbewegung zu Differenzierung und Spezialisierung werden Exklusions- und Inklusionsprozesse ausgelöst, d.h.: Sozialsysteme müssen sich zunächst anhand eines eigenständigen Codes exkludieren, von anderen Möglichkeiten der Kommunikation abschotten und eine scharfe Selektion der gesellschaftlichen Ereignisse unter einer Leitdifferenz vornehmen. Aufgrund dieser verdichteten Selektion kann eine hohe interne Eigenkomplexität aufgebaut werden, mit der das betreffende Funktionssystem dann gewissermaßen in die Gesellschaft hinausgehen und eine Inklusion betreiben kann.[39] Dies gilt für jedweden selbstreferentiellen So-

38 | Vgl. Volker Rittner, Strukturwandlungen des Sports in der modernen Gesellschaft. Der Verein zwischen Gesinnungsgemeinschaft und Dienstleistungsbetrieb, in: Olympische Jugend, 11, 1983, S. 4-7.

39 | Inklusion ist eine Gegenbewegung zur Ausdifferenzierung von Gesellschaft. Jedes Teilsystem versucht, gesellschaftsweite Wirkungen zu erzielen und die Gesamtbevölkerung prinzipiell einzubeziehen, dies allerdings funktionsbezogen und nicht gesamtindividuell umfassend. »Jedermann genießt Rechtsfähigkeit und Rechtsschutz, jeder wird schulförmig erzogen, jeder kann Geld erwerben und ausgeben, usw. Vor dem Hintergrund dieser Inklusionsgebote wird die Ungleichheit der faktischen Chancen zum Problem; und genau dies deshalb, weil sie durch das Differenzierungsschema der Gesellschaft nicht mehr getragen, sondern funktionslos reproduziert wird.« Siehe Niklas Luhmann, Politische Theorie im Wohlfahrtsstaat, München, Wien 1981, S. 27. Der Inklusionsbegriff wurde von Talcott Parsons im Rahmen seiner gesellschaftlichen Evolutionstheorie, insbesondere in seiner Analyse des politischen Systems entwickelt. Hier heißt es, daß alle Teile der Gesellschaft per Demokratisierung politisch relevant werden (Ausweitung des Wahlrechts, der Interessenberücksichtigung etc.). Parsons unterscheidet vier ausschlaggebende Prozeßformen, die auf den strukturellen Wandel von Sozialsystemen einwirken, nämlich (1) Differenzierung, (2) »adaptive upgrading«, (3) Inklusion und (4) Wertegeneralisierung. Die Differenzierung eines Sozialsystems beinhaltet einen Wechsel im Hinblick auf Rollen, Normen und »collectivities«. Eine entwickeltere Form eines Sozialsystems kann nur erreicht werden, »if each newly differentiated component has greater adaptive capacity than the component that previously performed its primary function.« Siehe T. Parsons, The System of modern societies, Englewood Cliffs/New Jersey 1971, S. 26. Der Prozeß, der unter dem Label »adaptive upgrading« angesprochen wird, be-

siert, sich nicht gleich »einbringt« oder mitweint, macht sich in einigen neuen sozialen Bewegungen schnell verdächtig.

Seit geraumer Zeit hat sich so ein *unreflektierter Wahrnehmungspositivismus* durchgesetzt, der die eigenen Gefühle, Wahrnehmungen und Empfindungen auf der Grundlage körperbezogener Wahrheitstheorien zur einzig akzeptablen Basis für Selbst-, Gesellschafts- und Weltinterpretation hochstilisiert. Die Fixierung an die Gegenwart und die Aufwertung des körperlichen Nahhorizontes haben bei einigen Gruppierungen dazu geführt, daß das Ferne und Zukünftige aus dem Blickwinkel verloren gingen oder sensualistisch-ästhetisch verengt wurden. Die Frage ist, ob das durch Rationalisierung in eine Sackgasse geratene »Projekt der Moderne« nicht auch durch Rationalisierung und die Einlösung von Zukunftsentwürfen wieder »flottgemacht« werden kann.[30] Auf Rationalisierung muß nicht notwendigerweise Irrationalisierung folgen. Gegenüber der Meinung, daß Körpererfahrung letztlich Authentisches vermitteln könnte, ist Vorsicht geboten. Denn, um die Wendung von der potentiellen Weisheit des Körpers zu konterkarieren, der Körper kann auch lügen! Teilnehmer der sog. Lauf-Treffs berichteten beispielsweise nach ihren Aktivitäten über starke Gefühle von Glück und Wohlbefinden. Gleichzeitig konnten Mediziner anhand von Laktatmessungen feststellen, daß diese Läufer ihre Körper an den Rand des physischen Zusammenbruchs gelaufen hatten. Natürlichkeits-, Gesundheits- und Spaßvorstellungen können zu gefährlichen Phantasmen werden, die negative physische Effekte hervorrufen. Die von Menschen mit Hilfe positiv besetzter Wertbegriffe konstruierten Selbstbeschreibungen, in denen die eigene Körperumwelt nur als black box behandelt werden kann, können, wie die Erfahrungen mit Herzinfarktpatienten zeigen, auch unangemessene Fehleinschätzungen, inadäquate Theorien des Bewußtseins über die eigene Körperumwelt sein.[31]

Eine Unangemessenheit liegt vor, wenn die Psyche bzw. bestimmte Selbstkonzepte die eigene Körperumwelt so instrumentalisieren, daß diese

30 | Vgl. unsere Ausführungen in Kap. I.2.

31 | Psychische Systeme oder Personen müssen – ebenso wie komplexe Sozialsysteme auch – zur Handhabung ihrer Identität Selbstbeschreibungen auf der Grundlage von Selbstbeobachtungen anfertigen. Es ist wichtig, festzuhalten, daß der Körper in der Selbstbeschreibung psychischer Systeme nur als Umweltfaktor berücksichtigt und beobachtet werden kann. Zum oben genannten Beispiel der Läufergruppe siehe K. Völker, M. Gracher, T. Wibbels, W. Hollmann, Über die Notwendigkeit der Steuerung der Belastungsintensität im Breitensport, in: Franz/Mellerowicz/Noack (Hg.), Training und Sport zur Prävention und Rehabilitation in der technisierten Umwelt, Berlin 1985, S. 547-552. Nach Beendigung meiner Arbeit formulierte Alois Hahn – in Abstützung der obigen Argumentation – eine Kritik an dem Glauben von der prinzipiellen Wahrhaftigkeit des Körpers. Siehe ders., Kann der Körper ehrlich sein? In: H. U. Gumbrecht und K. L. Pfeiffer (Hg.), Materialität der Kommunikation, Frankfurt a.M. 1988, S. 666-679.

zialbereich – auch für diejenigen, die ein body-processing unter Sonderbedingungen organisieren. Im Zusammenhang von Inklusion und Exklusion geht es also zunächst um eine Selektivitätsauswahl und erst dann um eine Umweltoffenheit anhand einer eigenen Leitdifferenz.

Mit dem Hinausgreifen körperorientierter Sozialsysteme in die Gesellschaft verändern sich die Bedingungen für die Inanspruchnahme des Körpers. Parallel zur Inklusion von Wirtschaft (Ökonomisierung), Politik (Politisierung), Wissenschaft (Verwissenschaftlichung) und Erziehung (Pädagogisierung, Bildungsexpansion) kommt es auch – mit Verspätung – zu Prozessen der Inklusion des Körpers durch hierauf spezialisierte Funktionsfelder. Alle Menschen sollen prinzipiell an allen Kommunikationssystemen teilhaben – auch an denjenigen, die sich mit dem Körper beschäftigen.[40]

zieht sich auf die Verfügbarmachung von Ressourcen, die für die Funktionsfähigkeit von Sozialsystemen notwendig sind und – falls vorhanden – das betreffende Sozialsystem von bestimmten Restriktionen entlasten. Der Inklusionsprozeß ist verknüpft mit der fortschreitenden Differenzierung und Ressourcenmobilisierung. Er löst die dabei entstehenden Integrationsprobleme durch Einbeziehung von Personen. Die Wertegeneralisierung tritt als ergänzender Prozeß hinzu. Sie verbindet die ausdifferenzierten Teile auf einer höheren Abstraktionsebene. Die Vielfalt der unterschiedlichen sozialen Situationen und der darin enthaltene höhere Komplexitätsgrad der Gesellschaft werden so durch eine Anpassung auf der Werteebene aufgefangen. Luhmann erweiterte dieses Inklusionsverständnis in seiner Theorie der Systemdifferenzierung durch den Hinweis auf die Art und Qualität der jeweils möglichen und vollzogenen Einbeziehung. Der Zutritt eines jeden in alle Funktionssysteme ist zunächst nur prinzipiell, d.h.: nur in der Laienrolle möglich. So ist der Patient Laie im Gesundheitssystem, als Komplementärrolleninhaber des Arztes. Der Möglichkeitszuwachs, den der Sport durch Inklusionsprozesse bekommt, zeigt sich besonders deutlich im Hinblick auf die Zuschauer. Mit Hilfe der Massenmedien konnte ein spezifisches Publikum geschaffen werden, das den Sport durch seine Nachfrage unterstützt. Eine wichtige Voraussetzung für die Breitenwirksamkeit des Sports ergibt sich aus seiner Inklusion in das auf schulmäßige Erziehung ausgerichtete Erziehungssystem (Schulpflicht!). Wie es scheint, wurde hierdurch weniger eine aktive Life-time-Orientierung favorisiert, als vielmehr eine konsumatorische Interessiertheit hervorgerufen für das Sportliche, mit dem Schwerpunkt in einer passiven Teilhabe. Zur aktiven Einbeziehung siehe unsere weiteren Ausführungen.

40 | Hier zeigt sich ein wichtiger Zusammenhang: Die Inklusion aller Menschen für jeden Teilbereich greift auf die Menschen als Personen und setzt diese immer mehr unter Druck, weil sie in jedem Moment ihres bewußten Daseins von mehreren Systemen »an den Haaren« gezogen werden (Ökonomisierung, Politisierung, Verwissenschaftlichung etc.). Der einzelne Mensch muß dies aushalten, und genau hierbei entstehen Probleme. Es kommt allerdings auch zu entscheidenden Vorteilen: Nicht nur eine Minderheit macht Politik, bestimmt über die Ökonomie oder wird schulförmig erzogen. Alle können prinzipiell alles machen. Allerdings führt auch dies wiederum zu Problemen (Beispiel: Expansion des Bildungssystems).

Die inklusorischen Einbeziehungsversuche durch den »Normalsektor« des Sports erfolgen vornehmlich auf der Grundlage von Natürlichkeits-, Gesundheits- und Normalitätsbehauptungen im Hinblick auf die Effekte sportlichen Handelns. Aufschlußreich sind in diesem Zusammenhang die verschiedenen Maßnahmen des Deutschen Sportbundes, mit denen vornehmlich Nichtmitglieder angesprochen und für sportspezifische Kommunikationen und Handlungen gewonnen werden sollen (»Trimm-Dich-Bewegung«, »Sport für alle«; »Trimming 130«, »Fit mit« etc.). Inklusionsangebote sind von seiten des organisierten Sports in Gestalt gezielter Aktionen den unterschiedlichsten Sozialkategorien unterbreitet worden (Sport und Rehabilitation; Senioren-, Kinder-, Erwachsenen-, Manager-Sport; Baby-Schwimmen; Sport für Koronargruppen, Ausländer, Frauen und Inhaftierte).

Vergleichbare Bemühungen lassen sich auch von anderen körperorientierten Sozialsystemen berichten, beispielsweise von dem auf Krankenbehandlung spezialisierten Gesundheitssektor. Allerdings: Der Mensch bleibt mit seinem Körper ein Umweltfaktor auch dieser Bereiche. Die Frage ist dann, welche personalen Ressourcen Sport, Tanz, Therapie etc. aus diesem Umweltsegment für eigene Belange herausziehen und nutzen.

Der Widerspruch einer parallel ablaufenden, durch Inklusionspostulate abgestützten Steigerung von Körperverdrängung und -aufwertung führt auf der Akteursebene zu Integrationsproblemen besonderer Art. In einer Gesellschaft, in der inzwischen nicht nur beides möglich ist, sondern gegenläufig beschleunigt wird, kann der einzelne in seiner Person die Prozesse der Entkörperlichung und Körperaufwertung rollenmäßig parzelliert erleben. Übt er an seinem Arbeitsplatz beispielsweise eine den Körper total ruhigstellende Tätigkeit aus, kann er diesen in seiner Freizeit mit elaborierten Trainingsmaßnahmen überziehen, wie sie noch vor wenigen Jahren undenkbar waren. Sieht man von jenen Ausnahmefällen einmal ab, in denen die Berufsrolle körperorientiert vollzogen wird, können beide Verlaufsformen von Menschen nur im Nacheinander in unterschiedlichen sozialen Situationen erlebt werden. Ist für die Ebene der Gesellschaft eine Simultaneität zu verzeichnen, trifft für die Handlungs- und Kommunikationssphäre des Menschen somit eine Ungleichzeitigkeit zu. Da moderne Gesellschaften dem Individuum im Gegensatz zu stratifizierten Ordnungen größere Freiheitsräume zugestehen müssen, fällt die Aktivierungskomponente in den Bereich individuellen Entscheidens, sozio-ökonomischer Möglichkeiten und schichtspezifischer Vorlieben und Abneigungen. Sie kann gänzlich vernachlässigt, dosiert wahrgenommen oder auch monomanisch bis zum Exzeß gesteigert werden.

Der Rahmen der individuellen Reaktionsmöglichkeiten auf Modernität wird gesetzt durch die Bedingungen und Folgen funktional differenzierter Gesellschaften. Trifft die bisherige Analyse von einer zunehmenden Distanz zwischen Körper und Gesellschaft und deren fortschreitender Differenzierung zu, stellt sich die Frage, wie angesichts der Überlagerung durch

Gleichzeitigkeiten auf dem Niveau von Gesellschaft und Ungleichzeitigkeiten auf der Akteursebene die einzelnen Funktionsbereiche sich auf den Körper einstellen können. Eine bereitliegende Erklärungsformel steht mit dem Begriff der Resonanz zur Verfügung. Er ergibt sich unmittelbar aus dem Denkkontext der Theorie selbstreferentieller Systeme.[41] Er bezieht sich auf das Verhältnis von System und Umwelt und verweist auf den eigentümlichen Zusammenhang zwischen rekursiver Geschlossenheit einerseits – bei der autopoietischen Reproduktion der systemeigenen Operationsgrundlagen – und Umweltoffenheiten andererseits. Von außen auf ein System einwirkende Ereignisse setzen sich gemäß dieser Perspektive intern nicht im Sinne einer linearen Kausalität fort, sondern müssen, wenn sie überhaupt wahrgenommen werden, den Filter systemeigener Strukturen passieren – mit der Konsequenz, daß das betreffende System sich nur zu strukturabhängigen Reaktionen veranlassen kann. Was dies mit dem Körper und der Paradoxie seiner gleichzeitigen Verdrängung und Aufwertung zu tun hat, zeigt das nächste Kapitel.

2 Resonanzfähigkeit und Paradoxie

Reflektiert man das Verhältnis von Körper und Gesellschaft in der Moderne, genügt es nicht, darauf hinzuweisen, daß das Krankheitspanorama sich verändert und Menschen mit ihren Körpern kompensatorisch gegen eine Gesellschaft revoltieren, die durch die Abstraktheit ihrer Kommunikationen Körper und Psyche überfordert. Derartige Aussagen sind wichtig, zumal sie als Auslöser von Kommunikation genutzt werden und dazu beitragen, daß die Gesellschaft über sich selbst und ihre Umwelt nachdenkt. Sie können aber keinen besonders aufregenden Erkenntnisgewinn vermitteln, weil sie im Hinblick auf ihr Abstraktions- und Explikationsvermögen unterkomplex ausgelegt sind. Mit schönklingenden Worten wird lediglich das wiedergegeben, worauf die Philanthropen bereits vor 200 Jahren hindeuteten – zu einer Zeit, in der die moderne Gesellschaft in zentralen Aspekten auf den Weg gebracht worden war und Prozesse der Körperdistanzierung und lebensweltlichen Entfusionierung erste rudimentäre Wirkungen zeigten.

Das Einbringen neuerer Theorieangebote soll im folgenden helfen, ein komplexitätsangemessenes Reflexionsniveau zu erreichen. Nach dem Paradigmawechsel in der Theorie sozialer Systeme von einem Konzept der Offenheit zu einer Theorie der operativen Geschlossenheit und basalen Zirkularität steht ein heuristisches Instrumentarium zur Verfügung[42], das durch neuartige Perspektiven einen Zuwachs an Wissen zu erreichen verspricht. Schaltet man den Bildschirm dieser Theorie ein, erscheint ein faszinieren-

41 | Vgl. Niklas Luhmann, Ökologische Kommunikation. Kann die moderne Gesellschaft sich auf ökologische Gefährdungen einstellen? Opladen 1986, S. 40ff.

42 | Siehe Niklas Luhmann, Soziale Systeme, a.a.O., S. 15ff.

des, wenn auch für viele ernüchterndes Bild von der Gesellschaft und ihrer Umwelt. Es fällt wesentlich differenzierter und trennschärfer aus als die bisher gängigen theoretischen Projektionen. Das Sonderprogramm, das in diesem Kapitel eingespielt werden soll, um Licht in die ober- und unterirdische Geschichte des Körpers zu werfen, handelt von der Resonanzfähigkeit komplexer Gesellschaften gegenüber ihrer Körperumwelt und den paradoxen Folgen ihrer begrenzten Kommunikationsmöglichkeiten. Die Annahme von einer gleichzeitigen Steigerung von Körperverdrängung und -aufwertung bekommt in Beantwortung dieser Teilfragen neue Konturen und kann inhaltlich präzisiert werden.

Für den weiteren Argumentationsverlauf gilt es zunächst festzuhalten, daß sinnhaft gesteuerte Sozialsysteme sich über Kommunikation reproduzieren. Sie entziehen sich einem Einfluß von außen, da sie selbstbezüglich operieren, d.h.: sie erzeugen für sich selbst die Kausalität, nach der sie sich steuern. Ereignisse in der Umwelt (Person, Körper, Natur) können ihre Selbstreferenz nur anstoßen, wenn sie als Differenz von System und Umwelt vom System selbst intern eingeführt werden. Komplexe Sozialbereiche können somit in ihrer legitimen Intoleranz gegenüber ihrer personalen Umwelt lediglich nach Maßgabe ihrer eigenen kommunikativen Fähigkeiten stimuliert werden. Die Reaktionsmuster, die sie zeigen, wenn sie von außen in Schwingung versetzt worden sind, variieren nach den Strukturen und Prozessen, die sie ausgeprägt haben, um das System-Umwelt-Gefälle zu stabilisieren. Sinnsysteme sind insofern nur begrenzt resonanzfähig.

Aufgrund der besonderen Situierung des Menschen außerhalb von Gesellschaft kann sich diese nur unter den Sonderbedingungen ihrer Teilsysteme mit Körper-Ereignissen befassen. Ein Dialog zwischen Körper und Gesellschaft ist nicht möglich, da es generell keine Umwelt gibt, mit der die Gesellschaft kommunizieren könnte. Laufen Kommunikationen ab, gehören sie zur Gesellschaft und nicht zur Umwelt. Dies gilt auch für Kommunikationen, die Körper, Mensch, Ökologie oder ähnliches thematisieren.

Die von Psychologen, Bioenergetikern, Tanztherapeuten oder anderen Spezialisten unterstellte »Weisheit des Körpers«, mit der dieser seine Eigenrelevanz über innere »Kommunikationskanäle« zum Ausdruck bringen könne, wenn man nur lange genug und richtig in ihn hineinlauschte, bleibt ein theoretischer Rekonstruktionsversuch aus der Perspektive von Fremdbeobachtern, die über Vorgänge in der personalen Nahwelt irritiert und betroffen sind. Sie reagieren mit professionspolitisch wichtigen Kausalitätsbehauptungen und -versprechungen. Aussagen dieser Art, so plausibel sie auch klingen mögen, sind keine Operationen des Körpers, sondern sprachlich übersetzte Gedanken psychischer Systeme, die in ihre eigene Körperumwelt nur mit Hilfe theoretischer Konstruktionen hineinschauen und -lauschen können. Sie besitzen im Hinblick auf die »tatsächlichen« Bedürfnisse des Körpers nur einen Vermutungscharakter.

Menschen können krank werden, Streß-Symptome zeigen, an Herzinfarkt oder Krebs sterben; all dies sind Außenereignisse, die für die Gesellschaft zunächst ohne Konsequenzen bleiben. Krankheit, Tod und Siechtum als interne organische Vorgänge erzeugen lediglich Geräusche in der Umwelt. Auch Angstgedanken, die im Bewußtsein von Personen entstehen, bekommen nur einen gesellschaftlich relevanten Anschluß- und Informationswert, wenn sie in sprachliche Operationen übersetzt werden, d.h.: wenn über sie kommuniziert wird.[43]

Aus dem Blickwinkel der Gesellschaft können psychisch-somatische Vorfälle lediglich durch Kommunikationen beobachtet werden, was dann die Möglichkeit einer Verselbständigung von Sozialsystemen eröffnet, die sich auf die kommunikative Behandlung körper- und personenzentrierter Themen spezialisieren. Wenn es um eine mit Hilfe der neueren Systemtheorie angefertigte Analyse der Resonanzfähigkeit der Gesellschaft gegenüber ihrer Körperumwelt geht, ist es sinnvoll, die Relationen zu differenzieren. Da es sich um mehrere Facetten des Verhältnisses von Gesellschaft und Körper handelt, sind diese durch einen einfachen Vergleich in unmittelbarer Relationierung nicht zu fassen. Mit Hilfe des Theoriekonzepts der symbiotischen Mechanismen konnte bereits das vorhergehende Kapitel einige Teilantworten auf die Frage geben, wie unterschiedliche Funktionssysteme sich zum Körper verhalten. Wir können die dort dargestellten Erkenntnisse nun in wichtigen Punkten ergänzen.

Zunächst ist davon auszugehen, daß ein Monopol auf die Behandlung der Körperumwelt *nicht* durchgesetzt werden kann. Ein Primat zugunsten eines einzigen Funktionsbereichs läßt sich deswegen nicht ableiten und begründen, weil der Körper für alle Sozialbereiche als Sicherheitsbasis bedeutsam und unverzichtbar ist. Ansprüche auf eine Alleinvertretung sind zum Scheitern verurteilt. Dies heißt auch: Kein System kann alleine alle im Zivilisations- und Modernisierungsprozeß verdrängten Aspekte der Körperlichkeit aufnehmen, bearbeiten und dem sauberen Funktionieren in anderen Kommunikationsfeldern rücküberantworten. Auch das mit dem Verhältnis von Körper und Gesellschaft unter medizinischen Sondergesichtspunkten betraute Gesundheitssystem besorgt nur eine Teilbehandlung dieser Relation. Es kann seine Funktion, ein gesellschaftlich nutzbares Körperpotential herzustellen, zwar generell anbieten und bereithalten, es ist aber nicht in der Lage, die Betreuung der Körperumwelt zu usurpieren. Die Distanzierung des Körpers kann auch mit der Heraufkunft des modernen Sports nicht gänzlich abgefangen und im Sinne einer Wiederkehr des Verdrängten in die Gesellschaft reimportiert werden.

Weiterhin: Der Körper existiert im Gegensatz zur Einheit der Identität, die eine symbolische ist, als ein lebendes biologisches System, das nicht einfach aufgeteilt und fragmentiert werden kann, sondern als eine kompak-

43 | Zum Übergang von Bewußtseinsprozessen in Kommunikation siehe Niklas Luhmann, Die Autopoiesis des Bewußtseins, in: Soziale Welt, Jg. 36, 1985, H. 4, S. 402-446.

te Einheit, die generell vorauszusetzen ist. Der Körper kann nicht einfach auseinandergebrochen und einzelnen Sozialsystemen in tranchiertem Zustand zugeteilt werden, nach dem Motto: die Muskeln für den Sport und das Gehirn für die Wissenschaft. Die Sonderproblematik des Körpers in der Moderne ergibt sich aus diesem Zusammenhang: Der Körper wird unter Funktionsgesichtspunkten in seiner biologischen Ganzheit extrem verschieden wahrgenommen, rekonstruiert und nachgefragt. Als Umweltfaktor wird er durch die unterschiedlichen Codierungen und Programmierungen der einzelnen Teilbereiche geschleust – mit der Konsequenz, daß die vielfach beklagten Prozesse der Körperdistanzierung mit neuartigen, überraschenden und – wie noch zu zeigen sein wird – bisweilen kontraproduktiven Effekten gegengesteuert werden. Kompensationstheorien, die ohne Einbeziehung dieser Filter und den hieraus resultierenden emergenten Begleiterscheinungen argumentieren, gehen an der Realität sozialer Systeme und deren Funktionsweise vorbei.

Es wird deutlich, daß sich weder Person und Körper noch Natur unter den Bedingungen einer komplexen Gesellschaft aus nur einer einzigen, allgemein verbindlichen Perspektive beobachten lassen. Die Vorstellung von einem Körper als einer festumrissenen Entität, für die im Rahmen einer Wesensschau eine punktgenaue, ontologisch wahre Sicht reserviert werden könnte, muß aufgegeben werden. Ebenso müssen Theorien Schiffbruch erleiden, die anthropologische Konstanten erarbeiten und voraussetzen. Belichtung, Entwicklung und Projektion interner Außenweltmodelle als diejenigen Bilder, die die Gesellschaft von ihrer Umwelt anfertigt, erfolgen in Analogie zu ihrer Differenzierungsmatrix und den Operationsbedingungen ihrer Teilsysteme.

In der Kommunikationssphäre oszillieren infolgedessen heterogene und untereinander konkurrierende Informationen zu einem Thema. Die Behauptung, den Körper in seiner Ganzheit wahrnehmen und entsprechend zurichten zu können, wird durch das Differenzierungsprinzip der Gesellschaft unterlaufen. Diejenigen, die Ganzheit durch bestimmte Maßnahmen herzustellen versuchen, unternehmen dies am scharfen Strahl funktionsspezifischer Absichten. Aussagen über den Körper, seine Bedeutung und Verwendung sind demnach vornehmlich Aussagen über das System, das beobachtet, Differenzen wahrnimmt und Informationen selektiert und selbstreferentiell aufbereitet. Damit wird deutlich, daß ein fester und einziger Standort zur Beobachtung und Beschreibung von Gesellschaft und Gesellschaftsumwelt (Psyche, Körper und Natur) unter den Bedingungen einer horizontalen Matrix unterschiedlicher Funktionssysteme nicht existieren kann. In einer Gesellschaft ohne Zentrum und Spitze – und ohne die Akzeptanz eines Primats von Oberschichteninteraktionen[44] – kommt der

44 | Vgl. Niklas Luhmann, Gesellschaftsstruktur und Semantik. Studien zur Wissenssoziologie der modernen Gesellschaft Bd. 1, Frankfurt a.M. 1980, S. 72ff.

Körper »nur« in einer mehrfach gebrochenen Perspektive vor. Selbst die auf Fremdbeobachtung spezialisierte Wissenschaft kann keinen allumfassenden Richtigkeits- und Wahrheitsanspruch aufstellen und durchsetzen.

Die Sichtweise, die beispielsweise die Wirtschaft bezüglich ihrer psychischen und somatischen Umwelt entwickelt, ist nicht identisch mit den Vorstellungen von Wissenschaft, Erziehung, Kunst, Politik, Sport, Recht oder Militär. *Der Körper muß erst in die Sondersprache des jeweiligen Funktionsbereichs übersetzt werden, bevor er dort als Thema relevant werden darf.* Welche Informationen die einzelnen Teilbereiche aus der Beobachtung ihrer personalen Umwelt ableiten, wird durch die Leitdifferenzen bestimmt, anhand derer sie ihre Kommunikationen thematisch strukturieren. Während Pädagogen oder Soziologen beispielsweise über die verlorengegangene Körperlichkeit oder die Aufwertung von Subjektivität reflektieren, von einem postmaterialistischen Wertewandel reden und in diesem Zusammenhang sportinterne Differenzierungsprozesse ansprechen und einordnen, reagiert die Wirtschaft auf diese Themen nicht irgendwie, sondern am Code Zahlen/Nichtzahlen. Alles wird dann in die Sprache von Preisen übersetzt. Das Rechtssystem greift am Raster von Recht und Unrecht zu. Die Politik aktiviert sich unter dem Dual von Regierung und Opposition. Die Wissenschaft beurteilt das Ganze nach Kriterien von intersubjektiver Wahrheit und Nichtwahrheit. Der Sport stimuliert sich entlang der Codierung seiner einzelnen Modelle (Beispiel: Sieg und Niederlage im Hochleistungssport).[45]

In ökonomischer Perspektive werden somit andere Informationen gewonnen und andere Reaktionsmuster ablaufen als in politischer, religiöser, familialer, wissenschaftlicher, künstlerischer, erzieherischer, rechtlicher oder sportlicher Hinsicht. Dies heißt insgesamt auch, daß aus dem, was mit Körper und Psyche unter den Bedingungen der Moderne passiert, immer nur teilsystemspezifisch gelernt werden kann. Geht man von der Prämisse aus, daß die Gesellschaft lernen *muß*, sich als Umwelt ihrer Umwelt zu reflektieren und die externen Auswirkungen ihrer intern hervorgerufenen Wirkungen mit zu berücksichtigen, ist ihre begrenzte Resonanz- und Lernfähigkeit einzukalkulieren.

Entwickelte Industriegesellschaften westlicher Prägung erzeugen infolge der differierenden Resonanzfähigkeit ihrer Teilsysteme notwendigerweise interne Widersprüche und Ungleichzeitigkeiten, die sich nicht ohne weiteres auflösen lassen. Die diversen Aufwertungsversuche des Körpers ver-

45 | Siehe Niklas Luhmann, Selbstreferenz und binäre Schematisierung, in: ders., Gesellschaftsstruktur und Semantik Bd. 1, a.a.O., S. 301-313; ders., Liebe als Passion. Zur Codierung von Intimität, Frankfurt a.M. 1982; ders., Codierung und Programmierung. Bildung und Selektion im Erziehungssystem, in: Heinz-Elmar Tenorth (Hg.), Allgemeine Bildung. Analysen zu ihrer Wirklichkeit, Versuche über ihre Zukunft, Weinheim, München 1986, S. 154-182; ders., »Distinctions directrices«. Über Codierung von Semantiken und Systemen, in: KZfSS, Sonderheft 27/1986, S. 145-161. Vgl. unsere Ausführungen in Kap. III.1.1 und Kap. IV.

deutlichen nicht nur, was mit dem Körper alles angestellt werden kann. An ihnen werden vielmehr auch die Paradoxien vordergründig, die hierbei notwendigerweise entstehen. Neben dem Hauptwiderspruch einer Simultaneität gegenläufiger, nicht als Nullsummenspiel auflösbarer Prozesse besteht ein weiteres Paradoxon darin, daß die Reaktionen auf Technisierung, Abstraktheit, Körperdistanzierung und Individualisierung im Sinne eines Gegenprogramms zu den Folgen fortgeschrittener Modernität selbst gleich gesellschaftlich vereinnahmt werden und damit unter die Sonderperspektiven und Rationalitäten derjenigen Bereiche geraten, die die oben genannten Wirkungen in Hinblick auf Körper, Psyche und Sozialität hervorgerufen haben.

In der Tat, soziale Bewegungen, die unter Sonderbedingungen auf ihre Körperumwelt rekurrieren und ihre Kommunikationen über den Körper zu steigern trachten, werden gesellschaftlich zurechtgestutzt. Sie können immer nur in einem bestimmten Kontext ablaufen. Dieser wird, wie wir zu zeigen versucht haben, durch das dominante Differenzierungsprinzip der Gesellschaft und die verschiedenen Kommunikationsmöglichkeiten ihrer Teilsysteme abgesteckt. Deren Codierungen, Programmierungen, Partiallogiken, Zeitperspektiven und Binnenmoralen legen fest, wie der Körper perzipiert, verdrängt oder thematisiert wird.

Die gegenwärtige Konjunktur des Körpers verläuft somit nicht in einem Freiraum jenseits von Gesellschaft – selbst wenn es bei der Artikulation einer opponierenden Anti-Haltung so gewünscht wird. Auch mit Körperrevolten ist es nicht möglich, hinter den Entwicklungsstand komplexer, industrialisierter, demokratisch-kapitalistisch verfaßter Gesellschaften zurückzufallen. Protestbewegungen gegen die moderne Zivilisation, gegen Kommerzialisierung, Rationalisierung und Versachlichung bleiben in aller Regel an die genannten Gesetzmäßigkeiten gebunden. Änderungen und Variationen ergeben sich höchstens an der Peripherie, nicht an der basalen Operationsweise der jeweiligen Funktionsfelder (Beispiel: die Grünen). Nur wenn Regression und Entdifferenzierung zustande gebracht würden, wie es beispielsweise im Rahmen der Re-Islamisierung im Iran der Fall ist, könnte dieser Zyklus durchbrochen werden.

Dort, wo der Körper in Wirtschaft, Politik, Sport, Wissenschaft oder in das auf Krankenbehandlung spezialisierte Gesundheitssystem hineingezogen wird, muß er deren Eigengesetzlichkeit gehorchen – oder er spielt keine Rolle. Die Frage, was mit dem Körper passiert, wenn die Gesellschaft mit ihren diversen Funktionsbereichen sich seiner bemächtigt, läßt sich eindeutig beantworten: *In komplexen Gesellschaften kommt es zu dem Problem einer differentiellen, nämlich funktionsspezifischen Instrumentalisierung des Körpers.* Ihm wird insgesamt eine hochspezialisierte Sensibilität entgegengebracht – wobei diese Aufmerksamkeit darin besteht, sowohl seine Verdrängung durchzusetzen als auch seine Aufwertung zu betreiben. Von einer Autonomie des Körpers jenseits von Gesellschaft kann keine Rede sein. Typisch sind vielmehr Prozesse der Vereinseitigung und Beschränkung.

In einer Gesellschaft, die in starkem Maße vom ökonomischen Denken geprägt ist, kann es nicht überraschen, wenn zentrale Aspekte der Körperaufwertung vor und hinter dem Rücken der Akteure wirtschaftlich vereinnahmt werden, wenn Proteste von der Freizeit-, Unterhaltungs- und Körperindustrie aufgegriffen und banalisiert werden. Abenteuer verlieren den Charakter ihrer Nichtreproduzierbarkeit durch eine industrielle Konfektionierung und Veralltäglichung. Anti-Zivilisationsgedanken und -hoffnungen erweisen sich als attraktive, kommerzialisierbare Güter. Stilelemente jugendlicher Protestgruppen werden durch die Modebranche enteignet und inhaltlich entleert. Von dieser ökonomischen Kolonisierung des Körpers allerdings auf eine alleinige Nutzung durch die Wirtschaft zu schließen, wäre naiv und nicht zutreffend. Ein komplexer Sachverhalt würde damit verkürzt wiedergegeben. Es kommt ebenso zu einer Politisierung, Verwissenschaftlichung oder Versportlichung des Körpers. Auch Kunst, Religion und Erziehung befassen sich mit ihm – immer entlang ihrer spezifischen Codierungen. Der Wunsch nach Fitneß, Schönheit, Jugendlichkeit, Ganzheit oder auch Häßlichkeit und Sinnlosigkeit ist wiederum nur ein weiterer Anlaß für die Ausgliederung von Expertenrollen und von Beschäftigungsprogrammen für Therapeuten, Gurus, Pädagogen oder andere auf Körper- und Personenveränderung spezialisierten Akteure.

Es zeigt sich, daß die verschiedenen körperorientierten sozialen Bewegungen auf Einzelaspekte ausgerichtet sind – was auch in jenen Fällen zutrifft, in denen Gesichtspunkte des Unspezialisiertseins im Vordergrund stehen und von Experten gefördert werden. Es ist höchst unwahrscheinlich, daß der Rückgriff auf die körperliche Nahwelt unter den Bedingungen der Moderne ganzheitlich erfolgen kann. Viel wahrscheinlicher ist es, daß er funktional spezifiziert abläuft – vielleicht in Kombination zwischen der einen oder der anderen Ausrichtung. Auch im Sport wird der Körper nicht ganzheitlich behandelt. Die Kritik an seiner Körpernutzung ist somit durchaus verständlich und zutreffend. Die Ausrichtung auf Bestimmtes und die Indifferenz gegenüber körperlich Diffusem erfolgen in Analogie zu den Spezialisierungsprozessen, die in anderen Bereichen auch zu verzeichnen sind. Auch hier zieht die Selektivität der Kommunikation Kritik auf sich.

Die »Wiederkehr« des Körpers führt demnach in eine neue, plurale Einseitigkeit hinein, allerdings mit der durchaus profitablen Möglichkeit, die individuelle Subjektivität und Befindlichkeit über diese Selektivität in bisher unbekannte Erlebnisdimensionen hinein zu steigern. Mit den neuen Körper-Bewegungen entsteht auf eine subtile Art und Weise auch eine neuartige Körperfeindlichkeit. Der individuelle Körper wird nicht nur entspannt, ist nicht nur Quelle von Spaß und Wohlbefinden, sondern wird mit Hilfe von Maschinen, stimulierender Musik und einer entsprechenden Körpersemantik angeregt, gequält, eingezwängt und belastet. Körperideologien und -phantasmen geistern umher, werden aufgegriffen und zeitgemäß an den Mann bzw. die Frau gebracht. In einer körperdistanzierten Gesellschaft haben Körper-Ereignisse inzwischen einen hohen sozialen Anschlußwert durchsetzen können.

Was gegenwärtig an Körperlichkeit für breite Bevölkerungsschichten in aktiver Auseinandersetzung oder passivem Genuß möglich geworden ist, findet in der sozio-evolutionären Entwicklung keine Parallele. Es ist nicht nur eine bis ins Krankhafte gehende Körperverdrängung zu beobachten. Es treten auch problematische Effekte zutage, wenn der Körper durch eine übertriebene Betätigung exzessiv reaktiviert wird. Es können kontraproduktive Wirkungen insofern hervorgerufen werden, als Programme, die bewußt als Kontrast gegen die Moderne und ihre Folgen entwickelt worden sind, sich auch in ihr Gegenteil verkehren können – bis hin zu einer Gefährdung des Körpers als konstituierendes Umweltsegment von Gesellschaft. Der Körper, der sich gegen die fortgeschrittene Technisierung und Abstraktheit auflehnt (Indikator: veränderte Krankheitsbilder), verweigert sich bisweilen auch nach seiner Wiederversammlung durch Sozialsysteme, die ihm wieder zu seinem Recht verhelfen wollen.

Der *Sport* macht hier keine Ausnahme. Die Verdachtsmomente verdichten sich, daß er selbst außerhalb seines Leistungssektors, also im Breitensport, nicht notwendigerweise das Medium zur Sicherung und Herstellung von Gesundheit und Wohlbefinden ist und sein kann. Der mit Gesundheits-, Natürlichkeits- und Anti-Streß-Annahmen in Bewegung gesetzte, im Puls erhöhte und ins Schwitzen gebrachte Körper ist durchaus nicht die letztlich gültige, unumstrittene Instanz für Prävention, Absicherung oder Rückgewinnung einer verlorengegangenen Gesundheit.

Daß der Sport gemeinhin mit positiven Konnotationen belegt wird, ist nicht Ausfluß irgendwelcher ontologischer Qualitäten, die in einem Akt der Fremdaufklärung in die Köpfe der ihn Betreibenden hineingesickert wären. Es handelt sich vielmehr sowohl um die Folgeerscheinung einer gelungenen Außendarstellung sportspezifischer Organisationen als auch um die Erfahrungen, die der Sport vor dem Hintergrund einer körperdistanzierenden, bestimmte Bedürfnisdispositionen hervorrufenden Gesellschaft ermöglicht. Im Rahmen seiner Inklusionsbemühungen geht der Sport mit den Effekten, die er zu erreichen behauptet und verspricht, gleichsam innergesellschaftlich hausieren. Er nutzt die Kosten des Modernisierungs- und Zivilisierungsprozesses als Legitimationsgrundlage und leitet hieraus Inklusionsmandate ab. Viele Generationen von Trainern und Sportlehrern sind während ihrer Ausbildung mit den traditionellen Alltagstheorien und Vorstellungen von der vermeintlich gesundheitsfördernden und persönlichkeitsbildenden Kraft des Sports imprägniert worden. Was der Außendarstellung und Legitimationsarbeit sportspezifischer Organisationen durchaus dienlich war und sicherlich immer noch ist, kann sich allerdings auf der personalen Ebene als fataler Fehlschluß erweisen. Es hat sich beispielsweise gezeigt, daß Fitneß als moderne Problemlösungsformel zur Bewältigung gesellschaftlicher Komplexität in Anwendung einer typisch modernen Zweck-Mittel-Rationalität Probleme eigener Art hervorrufen kann. Wer sich über seinen Körper durch ein rigides Training für gesellschaftliche Streßsituationen fit machen will, steht in Gefahr, genau das hervorzurufen, was vermieden werden soll: Streß und Überforderung des eigenen Körpers. Die ursprüngliche Idee der Kompensation kann in ihr Gegenteil umschlagen und eine Kompensation der Kompensation erforderlich machen. Auch hierfür gibt es inzwischen immer mehr Spezialisten.

Wenn die Diagnose von der prekären und paradoxen Situation des Körpers in komplexen Gesellschaften zutrifft, wäre es wünschenswert, wenn sich das Verhältnis von Körper und Gesellschaft neu justieren ließe. Gibt es eine gesamtgesellschaftliche Rationalität, die in einem Akt des vernünftigen Entscheidens in die Gesellschaft intervenieren und die Relation von Individuum und Gesellschaft im Sinne eines natürlicheren, besseren und personengerechteren Lebens rearrangieren könnte? Dies setzte voraus, daß sich die Gesellschaft als eine selbstreflexive Totalität konstituieren und dementsprechend steuern und als ein handlungsfähiges Subjekt gedacht werden könnte, das selbsterzeugte Defizite zu erkennen und abzustellen in der Lage wäre. Genau dies ist unter den Bedingungen der Selbstreferentialität und Binnendeterminiertheit der Vielzahl gesellschaftlicher Teilsysteme nicht zu erwarten.[46] Aus einer bloßen Aggregation vieler teilsystemischer Identitäten läßt sich keine Gesamtidentität der Gesellschaft ableiten.

Kann es angesichts dieser Diagnose bezüglich einer »besseren« Berücksichtigung der Personenumwelt eine Abstimmung zwischen ausdifferenzierten, relativ autonomen gesellschaftlichen Teilsystemen geben? Vorstellbar wäre es, wenn sich in den verschiedenen Funktionsfeldern eine Reihe von parallelen und analogen Veränderungen durchsetzte, wenn ähnliche Vorstellungen sowohl im politischen Sektor und in der Kunst als auch in Sport, Wirtschaft, Erziehung, Recht oder Wissenschaft entwickelt und operativ umgesetzt werden könnten. Angesichts der gravierenden Folgeprobleme, die hochkomplexe Industriegesellschaften in ihrer somatischen

46 | Die Theorie der selbstreferentiellen Konstitution sozialer Systeme verneint die Möglichkeit einer gesamtgesellschaftlichen Rationalität nach dem Übergang zu einer primär an Funktionen orientierten Gesellschaftsdifferenzierung. »Das nie ganz gegenwärtige Ganze kann nicht als Ganzes vergegenwärtigt werden.« Siehe Niklas Luhmann, Tautologie und Paradoxie in den Selbstbeschreibungen der modernen Gesellschaft, in: Zeitschrift für Soziologie, Jg. 16, H. 3, Juni 1987, S. 162; ders., Soziale Systeme, a.a.O., S. 641ff. Um das »Konzept einer Selbstrepräsentation der Gesellschaft« nicht aufzugeben, verweist Habermas im Sinne einer Gegenthese darauf, daß sich »Öffentlichkeiten [...] als höherstufige Intersubjektivitäten begreifen (lassen). In ihnen können sich identitätsbildende kollektive Selbstbeschreibungen artikulieren Und in der höher aggregierten Öffentlichkeit auch ein gesamtgesellschaftliches Bewußtsein.« Siehe Jürgen Habermas, Der philosophische Diskurs der Moderne. Zwölf Vorlesungen, Frankfurt a.M. 1985, S. 435; ders., Können komplexe Gesellschaften eine vernünftige Identität ausbilden? In: ders. und Dieter Henrich, Zwei Reden. Aus Anlaß des Hegel-Preises, Frankfurt a.M. 1974, S. 23-84.

und psychischen Umwelt hervorrufen, wird es in der Tat immer wichtiger, daß ein derartiger Anti- bzw. Alternativblock auf der Ebene von *Reflexion* zustande käme.

Damit zeigt sich, daß all das, was durch Rationalisierung in der Moderne passiert ist, nur in analoger Weise überwunden werden kann. Aber: Die Form der Rationalisierung, die zur Neugestaltung des Verhältnisses von Körper und Gesellschaft – und damit auch von Mensch und Gesellschaft – notwendig wäre, hätte eine andere Gestalt anzunehmen als diejenige, die das »Projekt der Moderne« in eine Schieflage gebracht hat. Es geht um die Herstellung einer »reflektierten Identität« auf der Ebene gesellschaftlicher Teilbereiche.[47] Nur so könnten die Potentiale genutzt werden, die eine moderne Gesellschaft besitzt, aber nicht ausschöpft, ohne daß die Körper- und Personenumwelt kollabiert.[48]

Ein Gleichklang funktional spezifizierter Sozialsysteme und der in ihnen ablaufenden Veränderungen, ein Akkordieren, Zusammenpassen unterschiedlicher Modifikationen, wären notwendige Bedingungen der Möglichkeit reflexiv gesteuerter und abgestimmter Strukturtransformationen.[49] Eine Veränderung in nur einem Teilsystem reicht schlichtweg nicht aus. Es geht vielmehr um analoge Veränderungen in verschiedenen Funktionsbereichen, die sich über positive Rückkoppelungen, über wechselseitige Verstärkungen von Abweichung durchzusetzen und evolutionär zu stabilisieren hätten.

Soweit ein kurzer Ausblick auf die Chancen einer Neugestaltung des Verhältnisses von Körper und Gesellschaft. Der zur Beschreibung von System-Umwelt-Verhältnissen konzipierte Begriff der Resonanz half dabei, die zentrale Annahme von einer gleichzeitig ablaufenden Verdrängung und Aufwertung des Körpers durch den Hinweis auf die Strukturabhängigkeit funktionsspezifischer Reaktionen zu präzisieren. Interne Widersprüche und Ungleichzeitigkeiten sind die Folgen, wenn der Körper durch den Filter unterschiedlicher systemischer Perspektiven beobachtet und rekonstruiert wird. Selbst Sozialbereiche, die sich explizit auf Körperbehandlung oder -training spezialisiert haben, produzieren auf eine eigentümliche Weise neuartige Einseitigkeiten und Paradoxien.[50] Auch als Gegenbewegungen

47 | Siehe Helmut Willke, Entzauberung des Staates. Überlegungen zu einer sozietalen Steuerungstheorie, Königstein 1983, S. 97ff.

48 | Zum Aspekt der sozialen, sachlichen und zeitlichen Selbstbeschränkung und zum Verzicht auf Steigerung siehe Claus Offe, Die Utopie der Null-Option, in: J. Berger (Hg.), Die Moderne – Kontinuitäten und Zäsuren, Göttingen 1986, S. 110ff.

49 | In diese Richtung weist auch das Konzept kollektiver Reflexions- und Lernprozesse von Max Miller, Selbstreferenz und Differenzerfahrung. Einige Überlegungen zu Luhmanns Theorie sozialer Systeme, in: Hans Haferkamp/Michael Schmid (Hg.), Sinn, Kommunikation und soziale Differenzierung, Frankfurt a.M. 1987, S. 200ff.

50 | Siehe Kap. II.5.

konzipierte Körperrevolten werden gesellschaftlich vereinnahmt und konfrontieren andere Sozialsysteme in Gestalt überraschender Effekte mit den Konsequenzen ihrer Rationalität. Unter den Bedingungen komplexer Gesellschaften kommt eine differentielle Instrumentalisierung von Person und Körper in Gang, weil es kein Sozialsystem gibt, das ein Monopol auf die alleinige Behandlung dieser Umwelt aufbauen könnte. Dies kann man betrauern oder als Freiheitsgewinn feiern.

Die Tatsache einer Steigerung des Körpers als Thema gesellschaftlicher Kommunikation und seiner verstärkten Inanspruchnahme als Fluchtpunkt für die individuelle Gestaltung des Lebens in körperdistanzierten Gesellschaften ist Abbild und real gewordenes Ergebnis sozio-evolutionärer Mechanismen, die für die Stabilisierung und Destabilisierung von Wahrscheinlichkeit und Unwahrscheinlichkeit sorgen. Das Verständnis für das Zusammenspiel von Variation, Selektion und Retention, das im folgenden Kapitel auf einem der Komplexität moderner Gesellschalten entsprechenden Abstraktionsniveau hergestellt werden soll, schärft den Blick für eine angemessene Einordnung der neueren Konjunktur des Körpers.

3 Zur Wahrscheinlichkeit des Unwahrscheinlichen

Die Analyse des Verhältnisses von Körper und Gesellschaft in der Phase fortgeschrittener Modernität erfolgte bisher unter dem Leitgedanken einer simultan ablaufenden, paradoxe Effekte hervorrufenden Steigerung von Körperverdrängung und Körperaufwertung. Die selektiven und deshalb gesteigerten Kommunikationsmöglichkeiten der einzelnen Funktionssysteme konnten als wichtige Randbedingungen in die Untersuchung eingespielt werden. In der Tat sind die Codierungen und Programmierungen von Wirtschaft, Politik, Recht, Erziehung, Sport, Religion oder des auf Krankenbehandlung spezialisierten Gesundheitssystems in maßgeblicher Weise dafür verantwortlich, welche Konturen der Körper bekommt, wenn moderne Industriegesellschaften sich mit ihm befassen.

Im folgenden wollen wir die bisherigen Überlegungen aus einer Sonderperspektive betrachten, die quer zur Alltagswahrnehmung liegt. Sie löst Routineerwartungen und gewohnte Perspektiven dadurch auf, daß sie die sog. Normalität analytisch hinterfragt und als kontingente und prekär stabilisierte Option vor dem Hintergrund anderer Möglichkeiten behandelt. Gemeint ist die Annahme einer Steigerung der Wahrscheinlichkeit des Unwahrscheinlichen.[51] Mit Hilfe dieses im Schnittpunkt von Evolutions-,

51 | Zu den drei Unwahrscheinlichkeitsschwellen der Kommunikation siehe Niklas Luhmann, Die Unwahrscheinlichkeit der Kommunikation, in: ders., Soziologische Aufklärung Bd. 3, Opladen 1981, S. 25-34. Nach ihm ist es unwahrscheinlich, daß (1) jemand überhaupt versteht, was der andere meint, (2) eine Kommunikation mehr Personen erreicht, als in einer konkreten Situation anwesend sind. Selbst wenn

Medien- und Gesellschaftstheorie operierenden Konstrukts kann das gegenwärtig Aufmerksamkeit hervorrufende Phänomen einer Konjunktur des Körpers als ein Resultat komplizierter Transformationen rekonstruiert werden, in denen Unwahrscheinliches sozial möglich geworden ist. Jede Systembildung, auch die körperorientierter Sozialbereiche, ist im Lichte dieses Ansatzes grundsätzlich als ein Vorgang anzusehen, in dem Umbauprozesse in vergleichbarer Weise ablaufen.

Das Verständnis hierfür ergibt sich aus der Wirkungsweise evolutionärer Mechanismen. Im Zusammenhang von Variation (sprachliche Kommunikation), Selektion (kommunikativer Erfolg) und Retention (Systembildung und Systemdifferenzierung) ist es dazu gekommen, daß spezifische Variationsmuster selegiert und stabilisiert werden konnten. Hiermit wird klar, daß Unwahrscheinliches nicht mit Latenz gleichzusetzen ist. Es empfiehlt sich ebensowenig, wahrscheinlich gewordene Unwahrscheinlichkeiten mit der manifesten Dimension konkreter Sozialsysteme zu verwechseln. Unwahrscheinlichkeit ist eine kontingente Option, die ein System hat. Möglichkeiten des Andersseins sind permanent vorhanden, auch wenn sie nicht genutzt werden. Latentes und Manifestes befinden sich vielmehr auf der Dimension von Kommunikation und Nicht-Kommunikation. Latent ist das, was in einem System auch wirkt, in die Operationsweise mit eingeht. Es wird aber nicht evoziert, offengelegt und kommunikativ stabilisiert, sondern vielmehr tabuisiert. Die Schwierigkeit des Sozialforschers besteht dann darin, diese Latenz aufzudecken, obwohl über sie nicht kommuniziert wird.

Aus der Tatsache einer im Verlauf der soziokulturellen Evolution vollzogenen Ausdifferenzierung relativ autonom operierender Funktionssysteme läßt sich der interessante Rückschluß ziehen, daß es eine scheinbar unumkehrbare Entwicklungsrichtung gibt, in der mit zunehmender Systembildung und Systemdifferenzierung (Teilsystembildung) immer höhere und voraussetzungsvollere Grade an Unwahrscheinlichkeit in der Gesellschaft stabilisiert werden. Gegenreaktionen auf diesen Prozeß können auf allen wichtigen Dimensionen des menschlichen Erlebens und Handelns erfol-

eine Kommunikation verstanden worden ist, ist damit (3) noch kein kommunikativer Erfolg gesichert. Sprache, Verbreitungsmedien und symbolisch generalisierte Steuerungssprachen sorgen jeweils für ein Überspringen dieser Schwellen. Vgl. weiterhin ders., Gesellschaftsstruktur und Semantik Bd. 2, Frankfurt a.M. 1981, S. 233ff. Vgl. auch Karl-Heinrich Bette, Gegenzeit und Re-präsentation. Zur Wiederentdeckung von Gegenwart und Langsamkeit in komplexen Gesellschaften, a.a.O., S. 35-58. Eine dem systemtheoretischen Ansatz nahestehende Herangehensweise an das Phänomen der Alltagswelt bietet die Ethnomethodologie. Hier wird die Normalität von Alltagshandlungen in der Frage nach dem »Wie« zwar aufgelöst, aber nicht im Sinne einer stabilisierten Unwahrscheinlichkeit radikalisiert. Vgl. Elmar Weingarten/Fritz Sack/Jim Schenklein (Hg.), Ethnomethodologie – Beiträge zu einer Soziologie des Alltagshandelns, Frankfurt a.M. 1979.

gen, nämlich zeitlich, sachlich und sozial. Sie senken das Unwahrscheinlichkeitsniveau allerdings nicht ab, sondern erhöhen es vielmehr.

In Hinblick auf die uns interessierende Thematik hat sich gezeigt, daß die legitime Indifferenz der Gesellschaft gegenüber Person, Körper und Natur als eine im Verlauf des Zivilisationsprozesses fixierte Unwahrscheinlichkeit wiederum Abstoßpunkt für die Durchsetzung anderer Unwahrscheinlichkeiten geworden ist. Gerade wenn die bisher dominante Evolution das fortschreibt, was Menschen in zunehmendem Maße belastet und »kaputt macht«, wird es wahrscheinlich, daß mit dem Körper diejenige Instanz verstärkt in Anspruch genommen wird, die von der Schnelligkeit des sozialen Wandels und der Abstraktheit gesellschaftlicher Kommunikationen unmittelbar betroffen ist, und mit deren Hilfe sich der einzelne zudem relativ einfach in entsprechende Anpassungs- oder Oppositionssignale hineinprojizieren kann.

Kommt es weiterhin dazu, daß langakzeptierte Sinnbestände Auflösungserscheinungen zeigen und erprobte Orientierungspunkte als Sackgassen obsolet geworden sind, werden Gegenreaktionen stimuliert, in denen bisher Unwahrscheinliches sozial erwartbar wird. Auf dem Bildschirm des individuellen Alltagserlebens erscheinen diese Veränderungen als Bestandteile des sozialen Wandels. Der Prozeß der Negation des Bestehenden und der Negation der Negation geht nicht ohne Konflikte ab und macht neue gesellschaftliche Selbstbeschreibungen erforderlich.

Damit die Schwellenwerte überschritten werden können, die Unwahrscheinliches wahrscheinlich machen, ist es notwendig, daß die Gesellschaft mit ihren internen und externen Wirkungen Erfahrungen sammeln kann. Ansonsten wären Veränderungen bei dem gegebenen Zustand eines Systems unwahrscheinlich. Wird in sozialen Randzonen, zum Beispiel in Subkulturen und Protestbewegungen, mit unwahrscheinlichen Konstellationen in der Art experimentiert, daß sich dieses Spiel mit kontingenten Optionen auf einer sozial beobachtbaren Ebene stabilisieren kann, ist eine wichtige Voraussetzung für die Normalisierung und Sedimentierung bislang nicht akzeptierter Sinnformationen in anderen Bereichen erfüllt. Die Restgesellschaft kann nun lernen oder sich verweigern.

In der Regel finden langjährig akkumulierte Defizite und Fehlsteuerungen auf Systemebene plötzlich »Sprecher«, die bisweilen nicht mehr für möglich gehaltene Ideen, Auftretensformen und Lebensstile artikulieren und kultivieren. Wenn verstärkt die sozialen, psychischen, somatischen und ökologischen Kosten des Modernisierungsprozesses gesehen werden, also: Zergliederung der Lebenswelt, Körperverdrängung, Entfremdung, Anonymität, Zukunftsverengung, Verlust der Glücksfähigkeit in der Gegenwart und Langeweile in privatistisch verkürzten Intiminteraktionen, erleben Kompensationsformeln semantische Karrieren, die gegenteilige Genüsse anpreisen. Sinnangebote, die auf Ganzheitlichkeit, Überschaubarkeit, primärgruppenhafte Gemeinschaft, Langsamkeit und Körperlichkeit ausgerichtet sind, werden überraschenderweise wiederbelebt, modernisiert und nicht nur in den esoterischen Zirkeln der alternativen Szene gepflegt. Vergangenes wird nostalgisch hervorgeholt, um dem Gegenwärtigen die eigenen Unzulänglichkeiten und Defizite vorzuführen.

Was im Verlauf der soziokulturellen Evolution verdrängt worden ist, unterirdisch ablief oder »nur« von sozialen Außenseitern thematisiert wurde, kann auf diese Weise zu einem gesellschaftsweit ausstrahlenden Phänomen werden, das andere, bisher stabilisierte Sinngehalte in die Kontingenzdimension abdrängt. Stabilisiert eine Gesellschaft auf der Basis evolutionärer Selektion unwahrscheinliche Kommunikationen in der Art, daß diese funktionsfähig werden, verschwinden die Unwahrscheinlichkeiten nicht, sondern bleiben als Möglichkeiten erhalten. Überholtes und Distanziertes werden nicht ein für allemal eliminiert. Sie können bei entsprechenden Bedarfslagen wieder in den Aufmerksamkeitshorizont der Gesellschaft und ihrer Teilsysteme rückprojiziert werden – dann allerdings unter den Bedingungen des bereits erreichten evolutionären Niveaus. Gerade in Situationen, denen ein Krisencharakter mit angsterzeugenden Wirkungen zugeschrieben wird, hat scheinbar Überholtes besondere Chancen, zurückgeschleust zu werden.

Hierfür lassen sich viele Beispiele versammeln: Die Erfahrung mit der Entzauberung der Lebenswelt durch Rationalisierung und Aufklärung wird zu einem Motor für die modische Wiederbelebung von Magie, Mythos, Astrologie und außereuropäischen Religionen. Geschwindigkeitserlebnisse werden zu wichtigen Bedingungen der Möglichkeit von Gemächlichkeit. Die Temporalisierung gesellschaftlicher Komplexität und die Futurisierung des Handelns fördern Bestrebungen für eine Revitalisierung der Gegenwart. Die Erfahrungen mit den sozialen Kosten professionellen Handelns (Entmündigungseffekte, Herausbildung von Klientenrollen etc.) sorgen für eine parallel ablaufende Aufwertung von Selbsthilfe und Laientum. Erst in einer Gesellschaft, in der formale, unpersönliche und flüchtige Beziehungen den individuellen Interaktionshorizont weitestgehend bestimmen, wird die kommunikative Hinwendung zur Gesamtperson zu einem knappen, therapeutisch nutzbaren Gut. Dadurch, daß die familiale Nahdistanz der neueuropäischen Kernfamilie bisweilen zu einer »Tyrannei der Intimität« führt, erhalten alternative Intimitäts- und Gesellungsvorstellungen Chancen auf eine Etablierung. Auch der verstärkte Einsatz des Körpers als ein genereller symbiotischer Mechanismus zur Verknüpfung von Individuum und Gesellschaft indiziert angesichts seiner gleichzeitig ablaufenden Verdrängung, daß Unwahrscheinliches und Paradoxes sozial möglich geworden sind.

Das nächste Kapitel unternimmt den Versuch, die bisherigen Erkenntnisse mit Beobachtungen der Alltagswelt anzureichern. Trifft die Analyse zu, daß sich im Verhältnis von Körper/Mensch und Gesellschaft Entscheidendes aufgrund von Veränderungen ihrer Sozial-, Sach- und Zeitstruktur getan hat und Ungleichzeitigkeiten und Paradoxien die Folge waren, muß dies anhand konkreter Beispiele nachweisbar sein. Galten die bisherigen

Bemühungen zunächst der Erstellung eines theoretischen Bezugsrahmens und einem Aufzeigen allgemeiner Problemzusammenhänge, steht nun die Rekonstruktion neuerer Formen der Körperthematisierung in Gestalt von mikrosozialen Einzelstudien im Vordergrund. Es ist unser Ziel, in ihnen den Einfluß der Makrosphäre nachzuweisen und zu entziffern.

II Spurensuche: der Körper als Fluchtpunkt

Unter dem Aspekt einer notwendigen Absicherung des individuellen Erlebens und Handelns hat der Körper in den letzten Jahren eine enorme Resonanz erzeugen können. Wie neuere Entwicklungen zeigen, wird er in zunehmendem Maße genutzt, um die Konsequenzen abstrakter und hochgradig differenzierter Gesellschaften abzufangen oder Protesthaltungen ihnen gegenüber auszudrücken. Daß die physisch-organische Nahwelt des Menschen als Fluchtpunkt für die unterschiedlichsten Sinngebungsversuche angesteuert wird, kommt nicht von ungefähr: Ein funktionsfähiger Körper signalisiert Präsenz in Interaktionen, Leistungsbereitschaft in Organisationen und Beanspruchbarkeit in Intimsituationen. Forderungen nach Unmittelbarkeit, Natürlichkeit und Authentizität lassen sich relativ einfach an ihm festmachen. Als ein scharf greifbares, reduziertes und prinzipiell verfügbares Umweltsegment eignet sich der Körper in besonderer Weise, um der gestiegenen Unsicherheit auf der Symbolebene von Identität gegenzusteuern und einen Bezugspunkt für das Konkrete im Flüchtigen, Kontingenten und Beschleunigten abzugeben. Menschen können ihr Verhältnis zu sich selbst und zu ihrer Umwelt durch die Induktion einer Sicherheit, Konkretheit und Gegenwärtigkeit versprechenden Instanz rearrangieren, über die auch jene verfügen, die ansonsten wenig oder nichts mehr haben. Die vielfältigen Bemühungen und Vorkehrungen, die gegenwärtig aufgewendet werden, um eine Erwartungsfestigkeit im Hinblick auf die eigene Körpergegenwart und -zukunft durchzusetzen, sind insofern nicht überraschend.

Die Faktizität des Körpers prädestiniert diesen zudem für die Übernahme expressiver Funktionen, d.h.: soziale Distinktionen und »feine Unterschiede« (Bourdieu) können an ihm besonders wirksam vorgeführt werden. Als Trägerinstanz für Zeichen, Botschaften und Gebärden ist die Körperhülle in der Tat universell einsetzbar. Anpassungs- und Oppositionsbereitschaft lassen sich hier in gleicher Weise sozial sichtbar machen. Mittlerweile wird Körperverhalten auf genau diese Absichten hin beobachtet und unter Verdacht gestellt.

Wer sich am Körper in Signale hineinprojiziert, nimmt auf eine subtile

Weise an Kommunikation als dem Grundvorgang des Gesellschaftsvollzugs teil. Ohne daß Sprache direkt involviert ist, können Informationen ausgestrahlt werden, die andere Menschen wahrnehmen, und über die später wirtschaftlich, politisch, ästhetisch, erzieherisch oder auch wissenschaftlich kommuniziert werden kann. Es ist spannend zu sehen, wie im Rahmen der gegenwärtigen Aufwertung des Körpers Formen der nonverbalen Kommunikation über den Körper mitgesteigert werden, z.B. in Gestalt der Nutzung des Körpers als Protestinstanz, als gebräuntes Statussymbol oder als fit getrimmtes und Leistungsfähigkeit ausstrahlendes Substrat zur Bewältigung streßreicher Situationen.

Menschen, die am Körper experimentieren und auf ihn einwirken, machen nicht nur auf sich selbst aufmerksam. Sie spiegeln in ihrem Verhalten auch wider, wie Gesellschaft in bestimmten Schichten, Alterskohorten und Gruppierungen wahrgenommen wird. Eine Analyse der zu einer bestimmten Zeit vorfindbaren Formen der Körpernutzung ist insofern immer auch eine Sonderform von Gesellschaftsanalyse. Auf welche unterschiedliche Weise der Körper in der Phase fortgeschrittener Modernität als Fluchtpunkt angelaufen wird, ist Thema dieses Kapitels.

Wir gehen zunächst auf das Verhältnis von Körperlichkeit und Urbanität ein und beziehen die räumliche Dispersion der neueren Körpermoden auf die problematischen Folgen von Urbanität. Die seit geraumer Zeit auf den Straßen und Plätzen der Metropolen beobachtbaren Bewegungs- und Darstellungskünste sind in diesem Zusammenhang aufschlußreiche Indikatoren für die verstärkte Präsentation des aktiv bewegten Körpers in ansonsten körperverdrängenden Bezirken. Sie sollen anhand ausgewählter Beispiele – Jogging, Skateboardfahren, Breakdancing – dargestellt und in den Duktus der Argumentation eingefädelt werden. Was in hochtechnisierten Gesellschaften durch eine körperfundierte Fortbewegung und eine Variation des Tempos an zivilisatorisch verschütteten Erfahrungsqualitäten zurückzugewinnen ist, verdeutlicht das dritte Kapitel über die Wiederentdeckung der Zwischenräume. In Ergänzung hierzu geht es anschließend im Rahmen eines Exkurses um Reaktionsformen, die eine Verödung urbaner Zentren zu verhindern suchen und eine Revitalisierung von Öffentlichkeit und Stadtkörper anstreben. Die Kunstwelt sog. Malls und die Graffiti-Kommunikationen jugendlicher Ghettobewohner sind eindrucksvolle Beispiele für derartige Bemühungen. Sie sollen aus diesem Grunde dechiffriert und auf das Thema der Arbeit bezogen werden.

Die Aufwertung des Körperlichen, wie sie mit unterschiedlicher zeitlicher Konsistenz und sozialer Wirksamkeit in Gestalt von Bodybuilding, Aerobic, Stretching, dem Bräunungskult und anderen Formen der Inanspruchnahme des Körpers erfolgt, ist typischerweise am Idealbild von Jugendlichkeit und jugendlichem Körper orientiert. Der Körper kann allerdings auch dadurch eine gesellschaftliche Aufmerksamkeit auf sich ziehen, indem an ihm bewußt gegen hochgeschätzte Werte wie Gesundheit, Schönheit und Natürlichkeit verstoßen wird. Dies zeigt die Punk-Bewegung besonders drastisch. Punks bringen den Körper auf eine brachiale Weise zum Sprechen, um sinnhaft auf Sinnlosigkeit, Konfrontationsbereitschaft und Zukunftsverengung zu verweisen. Die provokativen Zeichen, die der Punk-Körper in das gesellschaftliche Kommunikationspanorama einspeist, sind analytisch wertvoll, weil sie die Vielfalt der Körperverwendung und die Möglichkeit einer signalhaften Betonung völlig konträrer Positionen verdeutlichen.

Weitere Erkenntnisse darüber, wie sozialer Sinn am Körper kondensieren kann, verspricht schließlich eine Studie über jene Sozialfiguren der Körperdistanzierung und Affektdämpfung, die wir als coole Typen thematisieren und auf den Begriff bringen werden. Diese Akteure reagieren auf Modernität weder durch eine Kompensation der körperverdrängenden Effekte komplexer Gesellschaften in Gestalt von Fitneßtraining noch durch eine Aufwertung von Emotionalität, wie sie in den neuen sozialen Bewegungen zu beobachten ist. Sie ästhetisieren vielmehr auf eine minimalistische Art und Weise zivilisatorische Verhaltensstandards am Körper.

In einer breit angelegten Fallstudie über eine bekannte Organisation der Freizeit- und Tourismusindustrie untersuchen wir last but not least die dort in Szene gesetzte körperbezogene Animation und Spaßkultur. An diesem Beispiel läßt sich zudem die aus den Städten herausdrängende, an Gegenbildern zum urbanen, zivilisierten Alltag stabilisierte Reaktion auf Modernität vorführen. In einem Ausblick sollen die bisherigen Aussagen theoretisch verdichtet und am Raster der zentralen Forschungsfragen verarbeitet werden.

1 Körperlichkeit und Urbanität. Zur räumlichen Dispersion der neueren Körpermoden

Was mit Körper und Psyche unter den Bedingungen einer weit fortgeschrittenen funktionalen Differenzierung passiert, wird besonders in jenen Räumen hervorgerufen und entsprechend »hautnah« erlebt, in denen die Moderne sich vordergründig objektiviert hat: in den Großstädten und Ballungsgebieten. Die Komplexität der Gesellschaft und die von ihr hervorgerufene Kompliziertheit der individuellen Lebensführung werden hier in besonders drastischer Weise virulent. Belastungssyndrome entstehen beispielsweise infolge der rigiden städtischen Trennung von Öffentlichkeit und Privatheit, der räumlichen Distanz zwischen Wohnort und Arbeitsplatz sowie der Versachlichung, Anonymisierung und Parzellierung der Lebensverhältnisse. Die Abstraktheit, Technisierung und Körperdistanzierung, die das »Projekt der Moderne« erst ermöglicht haben, rufen gerade in den Städten »moderne« Erfahrungen und Schockwirkungen hervor. Nicht umsonst sind es gerade die städtischen, und nicht die agrarisch bestimmten Lebensformen, die zum Inbegriff von Modernität geworden sind.

Es ist insofern erwartbar, daß die Großstadt innerhalb derjenigen Wissenschaftsdisziplin, die durch die gravierenden sozialen Folgen des Modernisierungsprozesses erst entstehen konnte, der Soziologie, als Ausgangspunkt für die Analyse vergangener und gegenwärtiger Gesellschaften genutzt wurde. Bei den Klassikern der Soziologie läßt sich dies eindeutig nachweisen. Die Städte, die Marx, Weber, Wittvogel, Simmel und die Mitglieder der Chicago-School selbst erleben konnten[1], waren Orte, an denen sich die Interdependenz zwischen sozialen und personalen Systemen unmittelbar beobachten ließ – Beispiele: die Auflösung der Großfamilie, die Pauperisierung breiter Bevölkerungsschichten, die Slumbildung an den Peripherien, die Ghettoisierung von Minoritäten. In den Städten zeigten sich die Ambivalenz, Widersprüchlichkeit und Paradoxie der Moderne in eklatanter Weise, nämlich Freiheit und neuartige Möglichkeiten des Erlebens und Handelns einerseits und Vereinzelung und anomische Situationen andererseits.

Was gerade die Städte nach ihrem explosionsartigen Wachstum ab Mitte des 19. Jahrhunderts an Erfahrung möglich machten, war der Zusammenhang zwischen der Expansion eines kapitalistisch organisierten Marktes und dessen Ausstrahlung auf die Lebensumstände und die psychische Innenwelt der dort lebenden Menschen.[2] Das neuartige Tempo, die Zusammenballung vieler Menschen auf engem Raum, die Vernetzung unter-

1 | Simmels Ausführungen erleben im Rahmen der Diskussion um die sog. »Postmoderne« eine bemerkenswerte, aber keineswegs überraschende Renaissance. Der Grund: Die Problematik der Postmoderne bezieht sich in erster Linie auf die Konsequenzen einer hochgetriebenen gesellschaftlichen Komplexität, wie sie vor allem in den Großstädten beobachtet werden. Hier wird der »Niedergang moderner Ideale«, z.B. der Fortschrittsidee, besonders intensiv erlebt. Siehe Georg Simmel, Die Großstädte und das Geistesleben, in: G. Simmel, Brücke und Tür. Essays des Philosophen zur Geschichte, Religion, Kunst und Gesellschaft. Im Verein mit Margarete Susmann, hg. von Michael Landmann, Stuttgart 1957; ders., Philosophie des Geldes, Leipzig 1900; vgl. Jean Francois Lyotard, Immaterialität und Postmoderne, Berlin 1985, S. 30.

2 | Gert Mattenklott führt in Auseinandersetzung mit Simmel wie folgt aus: »Auch wer länger schon in einer Großstadt ist, gar dort geboren, wird keinen Umgang mit ihr haben. Er wird kaum mit ihr gehen, wie man mit Geliebten geht, eher schon und immer wieder zu ihr, selbst wenn er in ihr lebt. Auch die im Zentrum wohnen, sagen oft, wenn sie aus der Wohnung gehen, sie gingen in die Stadt. Im Grunde landen sie wohl niemals dort, wo Ich nicht ist. So ist die Stadt, seit Baudelaire bezeugt, die ewige Hure und Städter-Sein ein Laster ohne Sättigung. Es kann auch gar nicht anders sein, denn wehe dem, der ankommt. Der Preis ist Selbstverlust. Denn übermächtig ist seit dem 19. Jahrhundert in den großen Metropolen konzentriert, was dem Persönlichen entgegensteht: Staatsgewalt und Kapital, technische Automatisierung und institutionelle Organisation, Komfort der zirkulierenden Waren und Kulturbetrieb.« Siehe Gert Mattenklott, Der übersinnliche Leib. Beiträge zur Metaphysik des Körpers, Reinbek bei Hamburg 1983 (erstmals 1982), S. 35.

schiedlichster Funktionen unter dem Primat einer wirtschaftlichen Rationalität konturierten die Psyche auf eine bisher unbekannte Weise. Am Beispiel der Großstadt ist, so Simmel, der Dualismus von Individuum und Gesellschaft besonders deutlich erkennbar.

Die Stadt wurde dadurch, daß die Konsequenzen von Urbanität und Modernität Krisenerscheinungen hervorriefen, zu einem Hauptthema der Kulturkritik, allerdings mit einer deutlich ambivalenten Haltung: Einerseits wurde die Stadt aufgrund ihrer Hektik, Anonymität und ihres enormen Entfremdungspotentials abgelehnt oder sogar gehaßt. Andererseits liebte gerade der Intellektuelle die städtischen Zerstreuungsmöglichkeiten, ihren Lärm und ihre Betriebsamkeit.[3] Die personalen Erfahrungen mit den so-

3 | Die Großstadt ist traditionellerweise der Ort, an dem die privaten Obsessionen und Lüste ausgelebt werden können. Die Anonymität schützt vor Entdeckung und unmittelbarer sozialer Kontrolle. Auf den Plätzen und Boulevards kann der einzelne ein »Bad« in der Öffentlichkeit nehmen und seine Blicke schweifen lassen. Hier können Distanzen verringert werden, ohne daß man den Mitmenschen tatsächlich näher kommt. Die Innenbezirke sind der ideale Jagdgrund für »gefräßige Augen« (siehe G. Mattenklott, a.a.O., S. 78). Der suchende, flüchtig in der Menge umherirrende Blick klopft visuell ab und läßt schnell fallen, weil ein längeres Verweilen provozierend wäre. Die Flüchtigkeit der Wahrnehmung als typisches Kennzeichen des Lebens in der Stadt wurde bereits von Charles Baudelaire in seinen »Fleurs du mal« (Paris 1857) beschrieben. Vgl. hierzu die letzten beiden Strophen seines Gedichts »A une passante« über die kurze Begegnung mit einer Frau (siehe ders., Die Blumen des Bösen/Les fleurs du mal, Göttingen 1986, S. 134). Baudelaire prägte 1859/60 in seinem Essay »Der Maler des modernen Lebens« den Begriff der »Modernität«. Er schickte den Künstler gleichsam in die Stadtzentren, um in der Flüchtigkeit und Neuartigkeit einer schnell wechselnden Gegenwart das Ewige und Schöne zu suchen und festzuhalten. Durch das Eintauchen in das hektische Treiben der Großstadt sollten ästhetisch relevante Differenzen ausgemacht und künstlerisch verarbeitet werden. Die Mode wurde für Baudelaire zu einem Sonderbeispiel für das »Flüchtige im Ewigen«, das vom Künstler mit Hilfe eines langsamen, genießerischen Flanierschrittes auf den Boulevards und in den aufkommenden Passagen erfaßt werden sollte. Siehe Ch. Baudelaire, Der Maler des modernen Lebens (»Le peintre de la vie moderne«), in: ders., Werke in deutscher Ausgabe, Bd. 4, »Zur Ästhetik der Malerei und der bildenden Kunst«, hg. und übersetzt von M. Bruns, Minden 1906, S. 265-326. Vgl. hierzu besonders die Rezension von Walter Benjamin, Charles Baudelaire. Ein Lyriker im Zeitalter des Hochkapitalismus, Frankfurt a.M. 1980; ebenso die neueren Arbeiten von D. Oehler, Pariser Bilder I, Frankfurt 1979 und O. Sahlberg, Baudelaire und seine Muse auf dem Weg zur Revolution, auch David F. Frisby, Georg Simmels Theorie der Moderne, in: Heinz-Jürgen Dahme/Otthein Rammstedt (Hg.), Georg Simmel und die Moderne, Frankfurt 1984, S. 10ff; ders., Fragments of modernity: Georg Simmel, Siegfried Kracauer and Walter Benjamin, London 1985. Das Revier der Straße kann in den Städten beliebig um jene abgeschlossenen, halböffentlichen Räume erweitert werden, in denen die Alltagsrealität – gesellschaftlich le-

zialen, ökologischen, somatischen und psychischen Kosten von Urbanität können, und insofern läßt sich eine Verbindung zu unserer Thematik herstellen, als zentrale Bedingungen der Möglichkeit einer verstärkten Inanspruchnahme des Körpers in ansonsten körperverdrängenden Gesellschaften bezeichnet werden. Wählt man die Stadt, oder präziser: urbane Formen der Lebensführung als Referenzgröße[4], fällt der Umstand auf, daß die verstärkte kommunikative Einbeziehung körperbezogener Themen zur Stabilisierung einer gesellschaftlich unter Druck geratenen personalen Befindlichkeit und Subjektivität eine räumliche Dispersion in zwei Richtungen favorisiert hat. Es kommt zu einer verstärkten Körperaufwertung (1) in außerurbanen Räumen und in (2) den inneren Bezirken der Städte. Beide Bezugspunkte sollen im folgenden angesprochen und auf unsere Thematik bezogen werden.

Die Städte werden, auch wenn es sich meist nur um kurze zeitliche Abwesenheiten handelt, mit Hilfe von Regenerationserwartungen, Anti-Zivilisationsvorstellungen und Abenteuerhoffnungen verlassen.[5] Es ist ty-

gitimiert – alternativ transzendiert wird. In den sprachverhindernden Discotheken, in denen auf die Sinne mit lauter Musik, blitzenden Lichtkaskaden und künstlichen Nebeln eingewirkt wird, kommt es zu einer Inszenierung einer surrealen Welt, die die Sinne lawinenartig überfällt und vereinnahmt.

4 | Die Folgen von Modernisierung und Urbanisierung werden allerdings nicht nur in den Metropolen wahrgenommen. Urbane Formen der Lebensführung sind nicht unbedingt an die Topographie einer Stadt gebunden. Man kann davon ausgehen, daß sie bereits in suburbane und ländliche Regionen diffundieren konnten, d.h.: es finden auch Prozesse statt, in denen Erfahrungen und Wirklichkeitsperspektiven in außerurbane Räume hineinstrahlen und das Denken, Handeln und Fühlen der dort lebenden Menschen modellieren. Die Konsequenzen der Verstädterung sind demnach nicht auf das Areal der Städte begrenzbar, sondern haben als generalisiertes Muster nahezu alle Daseinsbereiche erfaßt. In diesem Zusammenhang ist von einer »Urbanisierung des Bewußtseins« die Rede. Siehe Peter L. Berger, Brigitte Berger, Hansfried Kellner, Das Unbehagen in der Modernität, Frankfurt a.M., New York 1975 (zuerst 1973), S. 62.

5 | Zur Ästhetisierung der Landschaft seit dem 18. Jahrhundert siehe Joachim Ritter, Zur Funktion des Ästhetischen in der modernen Gesellschaft, in: ders., Subjektivität, Frankfurt a.M. 1974, S. 141-190 (erstmals 1963). Waldenfels beschreibt drei Konsequenzen: (1) Es kommt zu einer Visualisierung der Landschaft, die (2) als unberührt, menschenlos und (3) frei von aller Zwecktätigkeit gesehen wird. Es entsteht zudem ein »geographisches Landschaftsverständnis«. Siehe Bernhard Waldenfels, In den Netzen der Lebenswelt, Frankfurt a.M. 1985, S. 179-193 (»Gänge durch die Landschaft«). Vgl. auch Lenelis Kruse, Räumliche Umwelt. Die Phänomenologie des räumlichen Verhaltens als Beitrag zu einer psychologischen Umwelttheorie, Berlin, New York 1974; Ulrich Eisel, Die schöne Landschaft als kritische Utopie oder als konservatives Relikt. Über die Kristallisation gegnerischer politischer Philosophien im Symbol »Landschaft«, in: Soziale Welt, 33. Jg., 1982, H. 2, S. 157-168. Zum veränder-

pisch, daß in den entwickelten Industriegesellschaften nicht wenige Menschen sich von dem Tempo und dem »ennui« des Alltagslebens abwenden, um durch naturbezogene Aktivitäten ein alternatives Erleben und Handeln durchzusetzen. In den Städten geht vom Nicht-Urbanen eine starke Anziehungskraft aus. Die Hoffnung spielt mit, daß der einzelne Akteur – alleine oder in einer überschaubaren Gruppe – dadurch, daß er sich in seiner diffusen Gesamtheit in die Natur hineinbegibt, die Hektik, Abstraktheit und Unnatürlichkeit des modernen Lebens gegenbalancieren und sein wahres authentisches Selbst finden könnte. Diese Suche erfolgt in Situationen, die mit Entdifferenzierung, Unterkomplexität, scheinbarer Zivilisationsferne und Konkretheit zu tun haben. Körperaktivität in außerurbanen Räumen wird zu einem Symbol für Gewißheit und Realität.

Die Vorstellungen, die Gesellschaft verlassen, der technischen Zivilisation und den urbanen Lebensstilen den Rücken zukehren zu können, sind zentrale Bestandteile der Selbstbeschreibung sozialer Bewegungen, die in Antwort auf Modernität entstanden sind. In einer Synthese der Motive Freiheit, Natur, Abenteuer[6] und Reise werden Gegenden jenseits des städtischen Alltagshorizontes ausgekundschaftet und erschlossen. Hier ist zum Beispiel die sog. Outdoor-Bewegung zu nennen, die inzwischen nicht nur in den Vereinigten Staaten eine weite Verbreitung gefunden hat und all jene Aktivitäten umfaßt, mit denen der einzelne in seiner Freizeit ein Leben fernab der Zivilisation in Szene setzt (Jagen, Angeln, Kanufahren etc.). Längst verschüttete Formen der Nahrungssuche, Raumdurchquerung und des Aufenthalts in freier Natur, wie sie in vormodernen Gesellschaften noch überlebensnotwendig waren, feiern in modernisierter Form ein Revival parallel zum Ausufern der Städte und zur Abstraktheit der dortigen Lebensstile. Trainingskurse, in denen das Überleben in Notfällen gelehrt wird, erfahren eine starke Nachfrage.

Backpacking, Trekking und Hiking sind Namen, die für die Wiederentdeckung des Einfachen, Konkreten und Unkomplizierten stehen. Unabhängigkeit, Selbstversorgungsfähigkeit und gedrosselte Geschwindigkeit werden, nachdem zenbuddhistisch orientierte Vordenker der Hippiebewegung (Kerouac, Snyder) wichtige Anregungen gegeben hatten, jenseits der Städte, Straßen und Menschenansammlungen zelebriert. »Backpackers consider themselves a breed apart who have outgrown dependence on the machines of an increasingly mechanized world. Deep in the woods, they know the most magnificent part of the wilderness remains the most magni-

ten Verhältnis von Mensch und Natur und zur Kulturgeschichte der verschiedenen Aneignungsweisen siehe Götz Großklaus/Ernst Oldemeyer (Hg.), Natur als Gegenwelt. Beiträge zur Kulturgeschichte der Natur, Karlsruhe 1983; ebenso die neuere Arbeit von Jacek Wozniakowski, »Die Wildnis«. Zur Deutungsgeschichte des Berges in der europäischen Neuzeit, Frankfurt a.M. 1987.

6 | Siehe ausführlicher Karl-Heinrich Bette, X-treme. Zur Soziologie des Abenteuer- und Risikosports, Bielefeld 2004.

ficent precisely because it is available only to determined footsloggers. To the campers or hikers with any sort of motor vehicle at hand, they would say: ›If you have brought your car with you, you have brought society with you; you've completely missed the point.‹«[7] All dies kann allerdings erst auf der Grundlage einer industriellen Produktion entsprechender Ausrüstungsgegenstände zu einer breiten sozialen Bewegung expandieren. Ohne Aluminiumtraggestelle, Goretex-Kleidung und getrocknete Nahrung gäbe es – verkürzt formuliert – keine reale Umsetzung dieser Fiktion von einem anti-zivilisatorischen Leben jenseits des »Dickichts der Städte«.

In der neuesten und gewissermaßen zeitgemäßesten Form der Exploration von Natur wird der Raum abseits der Straße durch entsprechend konstruierte Fahrzeuge erfahren. Hier kommt der sitzende Körper wieder zu seinem Recht. Die seit Anfang der 80er Jahre entstandene Off-Road-Bewegung vereinigt allerdings nicht nur Raumkolonisierungsinteressen. In ihr werden gleichzeitig Mythen von Freiheit, Natürlichkeit, Gemeinschaft und Gerätebeherrschung mittransportiert. An sich sinnlose Probleme der Raumbewältigung werden erstellt und in Teamarbeit gelöst. Selbst die Vorbereitung der Reise und die Überprüfung des Gerätes werden als Situationen genutzt, die für eine Selbstvergewisserung ebenso geeignet sind, wie die Akte der Grenzüberschreitung, in denen der motorisierte Cowboy jenseits der Straße den »Duft von Freiheit, Abenteuer und Naturnähe« schnuppern kann. Dreck, Steine und steile Berge werden gleichsam zu Symbolen des Ursprünglichen und Kernigen, an denen und in denen der einzelne sich und seine Leistungsfähigkeit mit Hilfe einer fortgeschrittenen Fahrzeugtechnik überprüfen kann. Die Verbindung von Technik und Natürlichkeit, die in dieser Bewegung auch für innerstädtische Darstellungszwecke genutzt wird, ist eine zunächst unwahrscheinliche Konstruktion. Das Unwahrscheinliche wird erst durch das Einarbeiten von Naturtauglichkeit in Technik wahrscheinlich und sozial anschlußfähig. Ein Fahrgenuß wird somit nicht nur auf den Straßen abseits der großen Verkehrsströme und Städte erzielt, sondern gerade dort, wo Personentransportmittel in der Regel nicht anzutreffen sind: im Gelände.

In Gestalt der sog. »Enduros« oder »trail bikes« hat die Motorradindustrie den Drang von der Straße weg materialisiert und gestalterisch umgesetzt. Im Werbeprospekt eines großen Herstellers heißt es: »Trail – das ist Fährte, das ist Spur, das ist die Bezeichnung für die großen Trecks, die früher quer durch die USA in den Westen gingen. Und Trailbike – das ist die ganze Motorrad-Welt unentdeckter Erlebnisse, verdeckter Pfade, abgelegener Pisten, durch Sand, Geröll und Schlamm. Das ist die Faszination der Natur weitab von den großen Urlaubskarawanen [...] Das Trailbike ist die

7 | Siehe Susan Sands, Backpacking: ›I go to the wilderness to kick the man-world out of me‹, in: The New York Times, 9.5.1971, zitiert in: George D. Trent (Hg.), The Gentle Art of Walking. A Compilation from the New York Times, N.Y. 1971, S. 85.

perfekte Umsetzung einer neuen Abenteuer-Idee in ein universell nutzbares Freizeit-Instrument, das sich überall leicht und problemlos handhaben läßt. Denn das Einmalige an der R 80 G/S ist, daß ihr Fahrer sich sowohl abseits der glatten Asphaltbahnen als auch auf ihnen ganz wie zuhause fühlt.«[8]

Das Aufsuchen des räumlich Fernen und Fremden geschieht in Synthese mit dem visuellen Erlebnis des Neuen, Noch-nicht-Bekannten. Die eigene Reichweite kann durch das Hinauswandern oder -fahren über den bekannten Horizont erheblich ausgedehnt werden. Raumdurchquerung ist insofern als eine Sonderform der alternativen Aneignung von Wirklichkeit zu fassen. Glücksgefühle kommen auf, wenn das Bewußtsein durch Ortsveränderung stimuliert wird, wenn urbane, suburbane und ländliche Räume durchfahren, ergangen oder durchlaufen werden. Wer läuft, wandert, klettert oder ähnliches unternimmt, reist und verläßt das Angestammte, setzt seinen Körper als Vehikel ein. Das Lebensgefühl wird gesteigert – bis hin zu rauschartigen Zuständen. Diejenigen, die die Gewohnheiten dauerhaft durchbrechen, um so den Augenblick zu strecken und das Außeralltägliche festzuschreiben, gehen deshalb immer auf Reisen. Sie bewegen sich permanent und kommen niemals an. Oft scheitern sie, weil sie von anderen zum Stillstand gebracht werden (Beispiel: das Easyrider-Motiv).[9]

Der in seiner Lebensführung durch Institutionen weitgehend entlastete Akteur hat außerhalb der Städte die Möglichkeit, sich, ausgestattet mit den notwendigen Utensilien, deren Sicherheit- und Ordnungssphäre zu entziehen und Risikosituationen im Rahmen arrangierter, freiwillig aufgesuchter Sonderwirklichkeiten kalkuliert in Anspruch zu nehmen. Eine Körperthematisierung jenseits der Städte zielt vor allem auf außeralltägliche Situationen ab, in denen gleichsam die soziokulturelle Entwicklung »gegen den Strich gebürstet« wird. Anhand der Differenz von Natur und Zivilisation wird all das hergestellt, aufgesucht und getan, was im Rahmen des Modernisierungsprozesses überflüssig geworden ist. Es geht um Erfahrungen, denen der Status des Primären, Ursprünglichen zugeschrieben werden kann.

Wenn Menschen heutzutage die Städte verlassen, in den Wald gehen, wandern, surfen oder campen, und so die Zeit-, Sach-, Sozial- und Raumerfahrungen geringer komplexer Gesellschaften wiederherzustellen versuchen, handelt es sich nicht um etwas Veraltetes, das unter den Bedingungen der bereits vergangenen Gegenwart rekonstruiert werden könnte. Versuche dieser Art sind vielmehr Konzepte der Gegenwart, in denen bereits Gewesenes auf die Erfahrungen mit komplexen Gesellschaften bezogen wird. Sie haben eine gänzlich andere Bedeutung als zu früheren Zeiten. Derjenige, der außerstädtische Landschaften erkundet, nutzt zwar oftmals

8 | So die Anzeige eines großen Motorradherstellers.

9 | Vgl. die Reise-Interpretation von G. Mattenklott, Der übersinnliche Leib, a.a.O., S. 163ff.

vormoderne Fortbewegungsformen. Er tut dies gewissermaßen antithetisch unter dem Eindruck einer Gesellschaft, die hochurbanisiert ist, über schnelle, zeitsparende Transportmittel verfügt und den Körper bei der Durchquerung des Raumes ruhigstellt. Die sinnliche Wahrnehmung des Gehens oder Laufens hat somit eine gänzlich andere Qualität als zu jenen Zeiten, in denen räumliche Distanzen zu Fuß, Pferd oder Schiff zurückgelegt werden mußten und der Körper eine entsprechend andere Bedeutung hatte. Die Natur kann in der Gegenwart »nur« unter den Bedingungen entwickelter Industriegesellschaften rekonstruiert und wiederentdeckt werden. Dies trifft auch für jene Fälle zu, in denen Menschen auf Unkompliziertes, Einfaches zurückgreifen.

»Thrill« und »Sensation« lassen sich allerdings nicht nur jenseits der Städte herstellen, sondern auch in ihnen. Hier bedarf es allerdings einer anderen Dramaturgie, um ähnliche Gefühle durch ein eigenes Verhalten auslösen zu können.[10] Die Operationsbedingungen verändern sich gewissermaßen und verlagern sich in andere Räume. Die Urbanität entwickelter Industriegesellschaften als erfahrungsgenerierende Bedingung für die gesteigerte Inanspruchnahme des Körpers zu veranschlagen, heißt nicht nur, daß der Körper jenseits der Städte in Synthese verschiedener Motive mehr oder weniger alternativ bewegt oder mit Hilfe einer korrespondierenden Erholungs- oder Ganzheitssemantik ruhiggestellt wird. Eine Dichotomisierung in dem Sinne, daß in komplexen Gesellschaften nur der Natur ein positiver Wert zugeschrieben würde, die städtische Landschaft hingegen durchweg negativ besetzt wäre, trifft zumindest für die letzten Jahre nicht mehr zu. Nachdem die Beobachtung einer »Unwirtlichkeit der Städte« (Mitscherlich) ins Bewußtsein gedrungen war und Gegenmaßnahmen (Fußgängerzonen, Verkehrsberuhigungen, Begrünungsaktionen etc.) hervorgerufen hatte, sind die Städte wieder attraktiver geworden.

Neben den diversen Formen der außerstädtischen Exploration wird der Körper vermehrt auch an jenen Orten aktiviert und präsentiert, an denen komplexe Gesellschaften ihn besonders wirksam verdrängen: in den Stadtzentren.[11] Gerade in den inneren Bezirken, auf Plätzen, Wegen und Straßen ist es zu einer selektiven Rückeroberung körperdistanzierender Räume durch körperbetonende Inszenierungen und Kommunikationen gekommen. Einzelne Akteure versuchen auf kollektiver Basis, die prekär gewordene Balance zwischen Individuum und Gesellschaft dort auszutarieren, wo sie augenscheinlich bereits verloren gegangen ist. Die innerstädtischen

10 | Zur Umfunktionierung der Innenstädte als Abenteuerraum siehe Karl-Heinrich Bette, X-treme. Zur Soziologie des Abenteuer- und Risikosports, Bielefeld, S. 108ff.

11 | Vgl. Karl-Heinrich Bette, Asphaltkultur. Zur Versportlichung und Festivalisierung urbaner Räume, in: Hans-Jürgen Hohm (Hg.), Straße und Straßenkultur. Interdisziplinäre Beobachtungen eines öffentlichen Sozialraumes in der fortgeschrittenen Moderne, Konstanz 1997, S. 305-330.

Räume locken auf eine besondere Weise: Die in den Gebäuden, Straßen und den Körpern der Menschen eingespeicherten Zeichen und Mitteilungen bieten Möglichkeiten der kommunikativen Teilhabe und Selbstdarstellung, die in der Natur so nicht vorhanden sind. Menschen, die Botschaften abstrahlen und von anderen in den Signalen, in die sie sich hineinbegeben haben, wahrgenommen werden wollen, müssen gleichsam die städtische Öffentlichkeit aufsuchen. Der einzelne ist hier mit seinem Körper darstellbarer und lesbarer als in der Natur. Er kann für externe Beobachter zu einem Ereignis werden, über das kommuniziert wird.

Menschen nutzen die Zentren deshalb auch, um in einer bisweilen offensiv und ostentativ angesetzten Dramaturgie der Selbstinszenierung und Präsentation sozialen Sinn am Körper vorzuführen. Nonverbale Kommunikationen am Raster von Körperbildern, die aus dem großen Arsenal europäischer und außereuropäischer Kulturen ausgeschleust wurden, werden für eine Beobachtungs- und Dechiffrierarbeit im öffentlichen Kommunikationspanorama freigegeben. Der einzelne kann sich, indem er seine Körperhülle als ein Trägersystem für Zeichen und Botschaften theatralisch »ins Spiel« bringt, sozial sichtbar und kritisierbar machen – ohne daß ein einziges Wort über seine Lippen kommt. Er kann zeigen, was er mit sich und seinem Körper anfängt oder vorgibt, angefangen zu haben.

Die Straße als Verbindungsstück zwischen zwei oder mehreren Punkten, als Ort für Transition, Kommunikation und Verweilen, wird genutzt, um die Artefakte entwickelter Industriegesellschaften – angefangen von den Exponaten der Mode- und Körperindustrie bis hin zu den Accessoires der Müll- und No-future-Kultur – für die Darstellung von Individualität und Eigentlichkeit vorzuzeigen und kommunikativ ins Spiel zu bringen.[12]

Die physisch-organische Nahwelt des Menschen wird zu einem wichtigen, vielleicht letzten zuverlässigen Medium, mit dem sich zumindest bestimmte Dinge aussagen lassen. Wenn andere unanzweifelbare Hinweise auf Status, Schichtzugehörigkeit und Finanzkraft fehlen und über Kleidung – seit der Aufhebung fester Kleiderordnungen – nicht mehr direkt ablesbar sind, kann der Körper in bestimmten Hinsichten eine Darstellungssicherheit geben. Es existieren relativ eindeutige Körperindikatoren, die allerdings kompakter, ganzheitlicher zu interpretieren sind: Untere soziale Schichten legen beispielsweise weniger Wert auf eine überarbeitete Körperpräsentation als die Mittelschicht, die dies in einem hohen Maße unternimmt, oder die Oberschicht, die den Körper im wahrsten Sinne des Wortes »mit Leichtigkeit« darstellt.[13] Plumpe, dicke, vernachlässigte und »schlecht« gekleidete Körper deuten auf einen Unterschichtstatus, die Vorliebe für kalorien-

12 | Siehe unsere Ausführungen in Kap. II.3.

13 | Vgl. Pierre Bourdieu, Die feinen Unterschiede. Kritik der gesellschaftlichen Urteilskraft, Frankfurt a.M. 1984 (erstmals Paris 1979). Zum Thema »Körpersignale« vgl. Michael Argyle, Körpersprache und Kommunikation, Paderborn 1985, S. 201ff.

reiche Nahrung und – allgemeiner – eine Geringschätzung gegenüber der eigenen Körperlichkeit.

Diejenigen, die Wirkungen über eine Darstellung ihres Körpers erzielen wollen, verstecken ihn nicht, sondern führen ihn vor – es sei denn, daß die Botschaft, die sie kommunizieren wollen, darin besteht, den Körper zu verhüllen und ihn den Blicken anderer zu entziehen. Selbst das Nichtzeigen-Wollen kommt nicht umhin, gezeigt werden zu müssen, man denke nur an die Verschleierung des weiblichen Körpers in islamischen Kulturen. Seit Vertrauen in Aufrichtigkeit über Körperverhalten und -gesten nicht mehr problemlos zu transportieren ist[14], wird derjenige, der eine subtile Kommunikation über seine Körperlichkeit in Gang setzt, bisweilen auch unter Verdacht gestellt. Da der einzelne sein Selbst auch über seinen Körper maskieren und nicht-authentische Signale ausstrahlen kann, hat der Verdacht inzwischen auch diejenige Ebene ereilt, die dafür konzipiert war, ihn zu unterlaufen.

2 Innerstädtische Bewegungs- und Darstellungskünste

Wie Menschen ihre persönlichen Lebenssituationen wahrnehmen, gesellschaftliche Strukturen und Prozesse beobachten und auf soziale Ereignisse reagieren, läßt sich am menschlichen Körper unmittelbar ausdrücken. Seine verstärkte Nutzung als Medium der performativen Selbstdarstellung und als Mittel identitätsorientierter Kommunikation soll im folgenden anhand ausgewählter Formen innerstädtischer Bewegungs- und Darstellungskünste analysiert werden, die seit einigen Jahren mit unterschiedlicher Verbreitung und Dauer in den Stadtzentren entwickelter Industriegesellschaften zu beobachten sind. Als scheinbar marginale Phänomene der städtischen Lebenswelten tragen sie mit dazu bei, daß der Körper in abstrakten, körperverdrängenden und -feindlichen Räumen auf eine neuartige und sehr konkrete Weise präsentiert wird. Durch *Laufen*, *Skateboardfahren* und *Breakdancing* wird der Körper in den städtischen Innenbezirken selbstbewußt vorgeführt und theatralisch als Kommunikationsthema installiert. Im Gegensatz zur Lauf-Bewegung, wo es primär um ein karriereförderndes und/oder fitneßbeschwörendes Einwirken auf die eigene Physis geht, handelt es sich beim Skateboardfahren und Breakdancing um Präsentations- und Aktionsformen, mit denen sich Jugendliche und junge Erwachsene auf den Straßen und Plätzen gleichsam »zu Wort« melden. Sie experimentieren

14 | Zur veränderten Wahrnehmung des Selbst seit dem 16. Jahrhundert und zum Wechsel von Aufrichtigkeit zu Authentizität vgl. Lionel Trilling, Das Ende der Aufrichtigkeit, München, Wien 1980; auch Helmut Dubiel, Autonomie oder Anomie. Zum Streit über den nachliberalen Sozialcharakter, in: Johannes Berger (Hg.), Die Moderne – Kontinuitäten und Zäsuren, Soziale Welt, Sonderband 4, Göttingen 1986, S. 263-281.

an ihren Körpern und drücken sich in Gestalt nonverbaler Kommunikationen aus und versuchen sich so von der dominanten Erwachsenenkultur abzusetzen. In einer Phase, in der andere Ressourcen in der Regel von ihnen noch nicht angeeignet werden können, stellt der Körper für sie eine Instanz dar, mit deren Hilfe sie sowohl soziale Konsonanz und Aufstiegsbereitschaft als auch Dissonanz und Konfrontation demonstrieren können.

Von einem Nicht-Naturwissenschaftler etwas über das *Laufen* zu erfahren, scheint auf den ersten Blick durchaus ungewöhnlich. Plausible Antworten würde man eher von einem Sportmediziner, Physiologen, Trainingswissenschaftler oder Biomechaniker erwarten. Das Laufthema hat aber auch für einen Sportsoziologen und -pädagogen seine Reize, wobei der Sportpädagoge vornehmlich bei den Stichworten »Körpererfahrung« und »Schulsport« sensibel wird, der Soziologe in bezug auf das kollektive, seit Jahren stabile Phänomen des Laufens im Rahmen der fitneßorientierten Sportbewegung.[15]

Das Laufen hat sich seit Anfang der 70er Jahre zu einem Faszinosum sondergleichen entwickelt. Heute läuft nicht nur eine kleine elitäre Minderheit. Das Jogging als eine weniger schnelle, kommunikationsfreundlichere Form des Laufens hat eine erstaunliche Massenbasis gefunden, auch im nicht-vereinsgebundenen Sport (Volksläufe, Lauf-Treffs). In der Bundesrepublik gibt es momentan ungefähr 2200 Lauf-Treffs, von den vielen Trainingsgemeinschaften innerhalb und außerhalb der Vereine ganz zu schweigen. Die Aktion »Lauf-Treff« wird seit 1974 vom Deutschen Leichtathletik-Verband im Rahmen der Trimm-Aktion des DSB organisiert und getragen und richtet sich vornehmlich an diejenigen, die nicht Mitglieder eines Vereins sind. Der DLV als ein ansonsten wettkampforientierter Verband erbringt somit Leistungen für Nichtmitglieder – ein organisationssoziologisch interessanter Sachverhalt. Dahinter steht weniger die Absicht, das Laufen in einem philanthropischen Akt unter die Leute zu bringen oder

15 | Vgl. beispielsweise Dieter Brodtmann, Laufen, in: Sportpädagogik, 4. Jg., 1980, H. 3, S. 9-14; zum Thema Körpererfahrung siehe Horst Rumpf, Beherrscht und verwahrlost. Über den Sportkörper, den Schulkörper und die ästhetische Erziehung, in: Zeitschrift für Pädagogik, 29. Jg. 1983, Nr. 3, S. 333-346; ders., Die Schule, der Körper und das handgreifliche Tun, in: Neue Sammlung, 23. Jg., 1983, S. 585-599; ders., Schulen der Körperlosigkeit, in: Neue Sammlung, 20. Jg., H. 5, 1980; Ulrich Poppe, Zum Verhältnis von Körper und Identität – Einige sozialisationstheoretische Zusammenhänge, in: Sportunterricht, 31. Jg., H. 5, S. 165-172; Bettina Wurzel, Lernziel: Körperkontakte? In: a.a.O., S. 173-178; Karl Heinz Leist, Körpererfahrung, in: Sportpädagogik. Beiheft 1983 »Annäherungen. Versuche, Betrachtungen, Bewegung zwischen Erfahrung und Erkenntnis«, S. 38-44. Zur Genese der neueren Laufmode vgl. Roland Kimmle, Jogging – zur Entstehung und Entwicklung einer kollektiven Bewegung im Sport, in: Sportwissenschaft, 17. Jg., 1987/2, S. 121-150; Edgar Rümmele, Sportkarrieren von Marathonläufern – eine psychologische Studie, in: Sportwissenschaft, 17. Jg., 1987/2, S. 184-200.

einem Bedürfniswandel mit einer entsprechenden organisatorischen Maßnahme zu entsprechen, sondern vielmehr der Gedanke, die fallenden Mitgliederzahlen im DLV anzuheben, ein Monopol für das Laufen aufzubauen und kommerzielle Unternehmen aus dem Laufen herauszuhalten. In den sog. Lauf-Treffs wird jedermann die Möglichkeit geboten, regelmäßig, zu bestimmten Zeiten, an festgelegten Orten und unter Anleitung in Gruppen unterschiedlicher Belastungsfähigkeit längere Strecken zu laufen.[16]

Das Laufen ist Teil eines modernen Lebensstils geworden, der Anhänger in sämtlichen sozialen Schichten gefunden hat. Die berechtigte Frage, warum dies so ist, wie es ist, läßt sich aus den bisherigen Überlegungen ableiten: Das gesundheitsorientierte Laufen ist als eine Reaktion auf jene Auswirkungen komplexer Gesellschaften auf ihre personale Umwelt zu bewerten, die in die Gesellschaft in Gestalt einer – keineswegs homogenen – sozialen Bewegung zurückstrahlen. Durch das läuferische body-processing sollen die Kosten der gesellschaftlichen Modernisierung anhand körperorientierter Aktivitäten und Legitimationsformeln kleingearbeitet werden. Wer läuft, kann sein eigenes Handeln relativ voraussetzungslos anlaufen lassen. Ein Läufer ist nicht auf irgendwelche Mitspieler angewiesen, hat keine Auseinandersetzungen mit Hallenwarten zu befürchten, die als »gate keeper« für sportspezifische Räume auf ihre Arbeitszeit pochen, und benötigt zudem keine kostenintensiven Gerätschaften für die Abwicklung des Trainings. Die prinzipielle Verfügbarkeit des eigenen Körpers ist eine wichtige Voraussetzung für die Breitenwirksamkeit der Jogging-Bewegung. Das im Mittelpunkt unserer Aufmerksamkeit stehende Laufen in den Innenstädten, wie es sich besonders in den großen Metropolen beobachten läßt, ist auch eine Konsequenz des schnellen, relativ einfachen, unkomplizierten und zeitsparenden Zugriffs auf den eigenen Körper, wie er für Individualsportarten, die unmittelbar an menschliche Grundbewegungsformen anschließen, typisch ist. Laufsituationen lassen sich nahezu überall, zu jeder Zeit und von jedermann herstellen. Dies ist als eine restriktive Bedingung für jene Bemühungen zu werten, die die außervereinliche Laufkultur vereins- und verbandsmäßig in den Griff zu bekommen trachten.

Der einzelne kann morgens, abends oder in der Mittagspause sein Zuhause oder seinen Arbeitsplatz verlassen, auf die Straße laufen, seine Runden drehen und anschließend wieder an den Ausgangspunkt zurückkehren. In den Vereinigten Staaten haben in dieser Hinsicht die sog. »Yuppies« (young urban professionals) Aufmerksamkeit erregt. Sie thematisieren ihre Körper – oft mit entsprechender Musik in den Ohren – nach dem Motto »fit for success«.[17] Bei ihnen steht nicht das langsame Genießen im Vordergrund, sondern das schnelle, möglichst effektive, streßabsorbierende Laufen.

16 | Vgl. DLV (Hg.), Arbeitsmappe Lauf-Treff, Darmstadt 1982.

17 | Vgl. Darryl Pickney, Die Schlüssel zum Himmelreich – Yuppies in Manhattan, in: Freibeuter, 26, 1985, S. 64-78.

Wie in anderen gesellschaftlichen Handlungsfeldern auch, trifft man in den verschiedenen körperorientierten Sozialbewegungen Akteure, die sich mit den mannigfaltigsten Motiven und Könnensgraden mit Körper und Psyche auseinandersetzen. In dieser Hinsicht ist auch die Laufszene kein einheitliches Phänomen. Dilettanten, Mittelmäßige und Laufexperten, die mit ihren Körpern virtuos umgehen können, zeugen von differentiellen Begabungen und Kompetenzen, von unterschiedlichen Möglichkeiten und Hindernissen, die der Körper eröffnet bzw. setzt, und sicherlich auch von variierenden Motivationen und zeitlichen Investitionen, die in das Laufen einfließen. Es gibt im wahrsten Sinne des Wortes Lauf-Fanatiker, die ihr Leben um das Laufen herumorganisiert haben und eine dementsprechende monothematische Lebensführung bevorzugen. Dies ist sicherlich keine Frage von Alter, Geschlecht, Schichtzugehörigkeit oder auch einer besonders ausgeprägten Gesundheitsorientierung. Gerade bei den Laufkünstlern spielt das Gesundheitsmotiv keine zentrale Rolle. Was hier im Vordergrund steht, ist der bemerkenswerte Umstand, daß das Laufen als ein Körperereignis zu einem Kopfereignis werden kann. Dies wird immer wieder von Läufern bestätigt, die regelmäßig über längere Distanzen laufen.

Das Laufen bringt den Körper in einen Bewegungsrhythmus hinein, der durch einen Wechsel von Spannung und Entspannung aufrechterhalten wird. Innere und äußere Räume lassen sich, wie es scheint, durch diese Reduktion auf Bestimmtes erschließen. Phantasien, Hoffnungen, Alltagsprobleme, Siege und auch Niederlagen irgendwelcher Art können beim Laufen »bearbeitet« werden. Laufen bindet die Aufmerksamkeit, auch wenn das Laufen selbst im Bewußtsein nicht thematisiert zu werden braucht. Ein bestimmtes körperbezogenes Erleben wird hervorgerufen, ohne daß das Bewußtsein durch die Körpersignale domestiziert würde. Der Puls geht in die Höhe, der Schweiß tritt aus, Seitenstiche können aufkommen, physiologische Prozesse werden in Gang gesetzt. Der Körper wird in Zustände hineingebracht, die im Bewußtsein unterschiedliche Differenzerfahrungen freisetzen.[18]

18 | Vgl. Rainer Brackhane und Michael Würz, Emotionales Erleben im Freizeitsport, in: Sportwissenschaft, 14. Jg., 1984/2, S. 166-174; vor allem ihren Versuch, sechs verschiedene Erlebnistypen voneinander zu unterscheiden, nämlich (1) das aktiv-bewegungsorientierte Erleben, (2) das passiv-bewegungsorientierte Erleben, (3) das umgebungsorientierte Erleben, (4) das innengerichtete, meditative Erleben, (5) das sozialorientierte Erleben und (6) das Abenteuer- und Spannungserleben. Für das Laufen, so könnte man vermuten, stehen die Punkte (1), (3) und (4) und – bei großen Volksläufen und Marathonwettbewerben – auch (5) im Vordergrund. Vgl. weiterhin A. H. Ismail und L. E. Trachtman, Jogging the imagination, in: Psychology today, 6, 1973, S. 79-82; und W. P. Morgan, Die Zweisamkeit des Langstreckenläufers, in: psychologie heute, 5, 1978, H. 7, S. 60-66; ebenso A. Weber, »Ich fühle mich unglaublich wohl.« Warum Läufer laufen, in: psychologie heute, 8, 1981, H. 8, S. 38-41; ders., Laufen – Motive und Wirkungen, in: Sportwissenschaft, 12. Jg., 1982, H. 2, S. 174-

Der feine semantische Unterschied zwischen »jogging« und »running«, wie er im englischen besteht, macht deutlich, daß die Laufszene, wie viele andere soziale Handlungsfelder, einen Normalbereich und einen Leistungsbereich ausdifferenziert hat. Das Jogging stellt eine gesundheits- und fitneßorientierte »Lauf-Demokratie« auf Massenbasis dar. Beim Running haben wir es mit einer »Renn-Aristokratie« zu tun, die einen Oligopolanspruch auf hohe virtuose Leistung stellt und demzufolge nur wenige, nach Absolvierung entsprechender Passageriten (Marathonlauf), in die elitär definierten eigenen Reihen aufnimmt. Hier kommen die Könner und Laufästheten zu ihrem Recht, die, nachdem sie ihre Körper durch ein hartes, jahrelanges Training auf langen Strecken unter Kontrolle gebracht und hochselektiv gesteigert haben, nicht Gesundheitseffekte, sondern Leistungsverbesserungen und/oder meditative Erfahrungen anvisieren. Wenn der Körper durch ein regelmäßiges Training zu physiologischen Anpassungen stimuliert worden ist und das Bewußtsein infolgedessen nicht durch jene Körperreize aufgeschreckt wird, die bei den weniger gut trainierten Joggern zu Blockaden führen, kann das Bewußtsein gleichsam für eine irritationsfreie Selbstbeobachtung freigesetzt werden – bis hin zur Erfahrung der Selbstvergessenheit.[19] Eine vergleichbare Fixierung der individuellen Lebensführung auf ein Thema ist übrigens auch in anderen Sozialbereichen anzutreffen, so z.B. in Familie, Wissenschaft, Religion, Kunst oder auch Politik. Auch in der Wissenschaft gibt es Dilettanten und Virtuosen für kognitive Rationalität. Auch Wissenschaftler lassen sich einem Normal- oder einem Leistungssektor zuordnen, wobei Fremd- und Selbsteinschätzungen oftmals nicht kongruent sind. Jedwedes ausdifferenzierte Sozialsystem kann Anlaß für lebenskünstlerische Handlungsversuche sein.

Wie sehr das Laufen eine soziale Aufwertung erfahren hat und als ein

184; Wolfram Schleske, Meditative Erfahrungen durch entspanntes Langlaufen – ihre Entstehung und Bedeutung in einer sich wandelnden Welt, in: Sportwissenschaft, 17. Jg., 1987/2, S. 151-170; Hartmut Gabler und Willi Kempf, Psychologische Aspekte des Langlaufs, in: a.a.O., S. 171-183. Zum Thema »flow experience« siehe Mihaly Csikszentmihalyi, Beyond boredom and anxiety, San Francisco u.a. 1975.

19 | Zum Unterschied zwischen »jogging« und »running« siehe James C. Whorton, Crusaders for Fitness, Princeton 1982, S. 345. Hier heißt es: »As any distance-running worshipper (myself included) will insist, serious discussion of the subject must begin with a distinction between the true religion and the uninspired derivative sect of jogging. The unenlightened continue to confuse the two, and many joggers blasphemously call themselves runners (but never vice versa!). The technical difference between the two is simple, a matter of pace – nine minutes per mile or slower is jogging, faster is running. But the runner does not move faster; he goes farther, and a far more serious intent. Jogging is merely a fad, one which has improved physical health as an end, but strives for no higher goals. There is a smart young professional set in which jogging is a cultural imperative, as essential to respectability as a cuisinart or a hot tub.«

aussagekräftiger Indikator für ein verändertes Verhältnis von Individuum und Gesellschaft besonders in den großen Ballungsgebieten herangezogen werden kann, zeigt die Heraufkunft der in den städtischen Zentren abgehaltenen Lauf-Ereignisse. Brückenläufe, Domumrundungen, Stafettenrennen über die urbanen Boulevards und City-Marathons rufen eine breite Resonanz bei Läufern und Zuschauern hervor. Seit 1981 gibt es in der Bundesrepublik die sog. Stadt-Marathonläufe, die von großen Industrieunternehmen gesponsert werden. Sieht man einmal davon ab, die Kommerzialisierung des Langlaufs in diesem Zusammenhang zu analysieren, so wird doch mindestens dreierlei deutlich:

(a) Die Langläufe in den Städten haben das Laufen zu einer populären Zuschauersportart werden lassen. »Nachdem man jahrelang durch die ›Wildnis‹ lief und kaum Beifall für die gezeigte Leistung empfangen konnte, stand man plötzlich im Mittelpunkt der Öffentlichkeit. Zu Tausenden säumten jetzt die Zuschauer die Strecken und spornten die Läufer mit ihrem Beifall und ihren Zurufen an. Kein Wunder also, daß die City-Marathons immer beliebter werden, denn wer möchte nicht das ›Bad in der Menge‹ genießen.«[20]

(b) Durch das Laufen in den Städten werden diese auf eine neuartige Weise wiederentdeckt. Indem Läufer in Training und Wettkampf ihre Bewegungsaktivitäten direkt in die Städte hineinverlagern, werden öffentliche Räume neu definiert.[21] Der durch die moderne Zivilisation an den Rand gedrängte Körper wird durch das Laufen – und andere körperbezogene Aktivitäten – an diejenigen Stellen reimportiert, an denen Industriegesellschaften den Körper am nachdrücklichsten auf Distanz gesetzt haben. In den innerstädtischen Bezirken wirkt sich ihre Indifferenz gegenüber Person und Körper am drastischsten aus. Fragt man danach, was Großstädte für den Körper und seine Nutzung bedeuten, fällt auf, daß die modernen Metropolen Lokalitäten repräsentieren, die den Körper nur hochselektiv zulassen – meist nur für die Abwicklung körperunspezifischer Operationen.

Die ausdrückliche und bewußte Auseinandersetzung mit dem Körper findet in den Großstädten in der Regel nur in Sondersituationen statt, die

20 | Siehe Burkhardt Swara, Marathon in Deutschland, in: H.-J. Usko (Hg.), Marathon, Berlin 1985, S. 38.

21 | Vgl. in diesem Zusammenhang Kap. II.3. Für die Wiederentdeckung der Städte im Sinne einer Humanisierung öffentlicher Räume gibt es weitere Anzeichen. Die Frauenbewegung plädiert beispielsweise für eine Entschärfung gefährlicher Plätze, Passagen, Unterführungen und Bahnhöfe. Auf eine »Wiedereroberung der Straße« und die »Zerstörung des Arsenals des Bewegten« im Rahmen der Mai-Unruhen 1968 macht Paul Virilio aufmerksam. Siehe ders., Fahren, fahren, fahren ..., Berlin 1980, S. 66. Auch die »Reurbanisierung« von Altbaugebieten durch alternative soziale Bewegungen und beruflich Erfolgreiche läßt sich in diesem Zusammenhang einordnen. Zum letzteren Aspekt siehe Hartmut Häußermann, Vom Müsli zum Kaviar, in: Die Zeit, Nr. 41, 3. Oktober 1986, S. 49-51.

räumlich, zeitlich, sachlich und sozial ausgegliedert sind. Man läuft, spielt und bewegt sich auf dem Sportplatz, schwimmt in öffentlichen Bädern. D.h.: Der Körper wird in eigens dafür ausgewiesenen Räumen aktiviert. Die Polarisierung von Freizeit, Öffentlichkeit und Privatheit schlägt sich in entsprechenden Ausgliederungsprozessen nieder. Spezielle Situationen entstehen sowohl für das eine als auch für das andere.

Das Laufen in den Städten, wie es seit einigen Jahren verstärkt zu beobachten ist, macht darauf aufmerksam, daß die sozialen Definitionen über das Verhalten des einzelnen in der städtischen Öffentlichkeit in Bewegung geraten sind. Ein nicht geringer Teil von Menschen verläßt die angestammten Räume der Körperaktivierung und läuft genau dorthin, wo der laufende Körper bisher nur gegen Spott und Nachrede eingebracht werden konnte. Gemeint sind die großstädtischen Zentren, in denen das Laufen immer selbstverständlicher betrieben wird. Hierzu die Aussage eines Marathonläufers: »Der Aufschwung von damals zu heute vollzog sich sehr langsam. So liefen wir in den sechziger Jahren nur im Wald, liefen entlang der Havelchaussee, des Kronprinzessinnenweges. Das waren unsere Trainingsstrecken und sind es zum Teil auch heute noch – nur fanden damals dort auch die Wettkämpfe statt. An das Laufen in der Stadt war überhaupt nicht zu denken, man hatte Angst davor, man verschwand lieber im Wald und wurde dabei sogar von den eigenen Verwandten belächelt. So etwas wie das selbstbewußte Laufen in den Innenstädten, das sich in den letzten Jahren immer mehr durchgesetzt hat, gab es in den Sechzigern noch nicht. Die üblichen dummen Sprüche der Passanten, wie ›hopp, hopp, hopp‹ und ›eins, zwei, drei‹ haben uns damals noch sehr gewurmt. Man hatte nicht den Mut zur Gegenwehr und noch keine passenden Antworten parat. Heute läßt sich niemand mehr von solchen Spötteleien irritieren.«[22]

Urbane Zentren sind auf allen Dimensionen des menschlichen Erlebens und Handelns vordefinierte Handlungs- und Kommunikationsbereiche. Was in ihnen abläuft, von wem sie wann, wie schnell und in welchen Funktionen benutzt werden, unterliegt bestimmten normativen Erwartungsmustern. Auf einer Einkaufsstraße bewegt der einzelne sich nicht irgendwie. Er folgt vielmehr allgemein akzeptierten Geh-, Verweil-, Seh- und Kommunikationsvorgaben. Ein erstaunter und oft auch mißbilligender Blick wird denjenigen zugeworfen, die scheinbar unmotiviert gegen die Regeln eines zivilisierten Auftretens in der Öffentlichkeit verstoßen. Das Laufen in der Innenstadt stellt zunächst eine Verletzung dieser soziokulturellen Konventionen dar. Diese wird lediglich dadurch abgemildert, daß der Läufer an seiner Kleidung und in seiner Fortbewegung etwas Bekanntes, nämlich Sportspezifisches, signalisiert. Wo das Gehen als sozial dominante Fortbewegungsart akzeptiert wird, fällt derjenige auf, der läuft. Er wird bespöttelt,

22 | Siehe Heinz Uth, In Berlin dabei, in: Hans-Jürgen Usko (Hg.), a.a.O., S. 39.

belacht oder macht sich verdächtig, weil Laufen ohne akuten Laufanlaß als Fluchtbewegung gilt.[23]

Dies war nicht immer so. In der Evolutionsgeschichte der Menschheit war das Laufen sehr wichtig. Derjenige, der sich läuferisch aus einem bestimmten Gefahrenbereich zurückziehen konnte, überlebte gegenüber demjenigen, der hierzu nicht in der Lage war. Auch für das sog. Beutemachen war das Laufen über längere Distanzen eine unverzichtbare Notwendigkeit. Ebenso wären die archaischen Hochkulturen ohne Botenläufer nicht möglich gewesen. Der Zivilisations- und Modernisierungsprozeß hat die Einschätzung und Wichtigkeit des Laufens sehr nachhaltig beeinflußt: Indem beispielsweise die Waffen effektiver, weittragender und flächendeckender wurden, Nachrichten nicht mehr durch Stafettenläufer überbracht und Distanzen nicht mehr durch Laufen überbrückt werden mußten, gab es genug Gründe, den Körper ruhig zu stellen. Erst der moderne Sport hat das Laufen wiederentdeckt.[24]

Die Bewertung des Laufens hat sich unter dem starken Einfluß eines gesundheitsbewußteren Denkens verändert. Laufen wird, zumindest bei entsprechend ausgewiesenen Anlässen oder in entsprechender Kleidung, sozial akzeptiert. Das Joggingphänomen kehrt den zivilisatorisch hergestellten Sachverhalt um, daß der einzelne sich in der öffentlichen Darstellung seiner Körperlichkeit zurückzunehmen und sein Bewegungsverhalten zu reduzieren hat. Menschen trauen sich mit ihren Körpern dorthin, wo der laufende Körper bisher verpönt war, nämlich auf die Straße. Sie laufen nicht mehr nur auf verkehrsfreien Plätzen wie in Grüngürteln, Parks, öffentlichen Spiel- und Sportanlagen, sondern auch auf den Verkehrsstraßen. Die funktionsspezifischen Lebenslinien moderner Gesellschaften werden benutzt, um den Körper an jenen Stellen zur Geltung zu bringen, wo er vorher durch den motorisierten Verkehr gehend auf den Bürgersteig verbannt worden war. Der Körper läuft auf den Straßen als denjenigen öffentlichen Räumen, auf denen der Tauschverkehr abgewickelt, Warenbewegungen vollzogen, Menschen transportiert und – als Folgeproblem – sicherlich auch in ihrer Integrität als Benutzer gefährdet werden. Die Straße, die Menschen »normalerweise« nur in ganz bestimmten Funktionsrollen benutzen, und zwar mit Hilfe eines relativ normierten Stadtschritts, wird, wie die großen Stadt-Marathonläufe zeigen, zu einem öffentlichen Schauplatz, auf dem der Körper in Training und Wettkampf performativ vorgeführt wird.

23 | Zur sozialen Bewertung des Bewegungstempos siehe Lenelis Kruse und Carl F. Graumann, Sozialpsychologie des Raumes und der Bewegung, in: KZfSS, Sonderheft 20, 1978, S. 194ff.

24 | Zur Kulturgeschichte des Laufens vgl. Stephan Oettermann, Läufer und Vorläufer. Zu einer Kulturgeschichte des Laufsports, Frankfurt a.M. 1983; ders., Läufer und Vorläufer, in: Zeitschrift für Volkskunde, 76. Jg., 1980/11, S. 211-233.

Gerade im Hinblick auf die sog. Stadt-Läufe zeigen sich zwei entgegengesetzte Prozeßformen: Die Straße wird einerseits durch das Laufen neu definiert und exploriert. Dies fällt typischerweise in eine Phase, in der die lokale Straßenkultur im Sinne einer überschaubaren, nachbarschaftlichen Straßenöffentlichkeit in den Großstädten immer mehr zerfällt, weil die inneren Stadtbezirke ökonomisiert und zugunsten von Trabantenvorstädten bzw. Büro- und Einkaufshäusern entvölkert werden. Aufgrund der Trennung von Arbeitsplatz und Wohnort kommt es zu einer »sekundären Urbanisierung«, d.h. zu einer »Entwicklung und Ausdehnung des suburbanen Raumes«.[25] Die städtischen Binnenräume veröden, wenn der Rhythmus der großstädtischen Arbeits- und Dienstleistungskultur zum Erliegen kommt. Es ist vor diesem Hintergrund verständlich, daß die City-Marathons bewußt als Anlässe für Volksfeste in den Zentren genutzt werden.

Die atmosphärische Stimmung, die sich selbst schon bei einem relativ kleinen Stadtviertel-Lauf ergibt, gibt folgender Zeitungsbericht wieder: »Über tausend Läufer gingen am Sonntag morgen an der Severinstorburg an den Start. Fast noch einmal soviel Menschen standen zum Anfeuern am Straßenrand. Bereits eine Stunde bevor Bürgermeisterin G. M. den Startschuß gab, ging es auf der Severinsstraße turbulent zu wie beim Beginn des Schlußverkaufs. Die Sportler drängten sich an den Meldeständen, aus Lautsprechern dudelte ununterbrochen Disco-Musik, Trauben aus Luftballons schaukelten im Wind, Zuschauer mit Kinderwagen suchten sich die besten Plätze.«[26]

Die Marathonläufe sind zu großen Parties geworden, die Menschen für Geselligkeits- und Gemeinschaftserlebnisse in der Öffentlichkeit in Anspruch nehmen. Auf der Seite der Läufer entwickelt sich eine Art Elitebewußtsein, eine bisweilen verschworene Gemeinschaft, in der z.B. die Ältesten von einem Lauf zum anderen weitergereicht werden. Wer 42 Kilometer hinter sich gebracht hat, hat allen Grund, diese Selbstüberwindung als große Tat zu feiern, auch wenn er »nur« als 100. oder 200. ins Ziel gekommen ist.

Bezüglich des Laufens in den Städten sind sicherlich noch deutliche Unterschiede festzustellen zwischen der Bundesrepublik und denjenigen Metropolen, in denen der laufende Körper auf kollektiver Basis zum ersten Mal anzutreffen war, nämlich in den Großstädten der Vereinigten Staaten. Vereinfacht könnte man formulieren, daß dort, wo der gesellschaftliche Modernisierungsprozeß mit all seinen Folgen bisher am weitesten fortgeschritten ist, eine Symbiose von Lauf- und Asphaltkultur sich entsprechend früher und wirksamer entfalten konnte. Gerade die USA sind in diesem Zusammenhang laufangebend gewesen.

(c) In Ergänzung zu den bisherigen Ausführungen über die Aufwer-

25 | Siehe A. Hahn, H.-A. Schubert, H.-J. Siewert, Gemeindesoziologie, Stuttgart u.a. 1979, S. 46.

26 | Siehe Kölner Stadt-Anzeiger, Nr. 86/7, 14.4.1986.

tung des Laufens als Zuschauersportart sowie die Wiedereroberung öffentlicher und körperfeindlicher Räume zeigt sich beim Laufen in den Städten ein weiterer Aspekt: Indem Menschen joggen, verlassen sie die dominanten, gesellschaftlich legitimierten Alltagstempi und Fortbewegungsmittel. Wer nicht geht und sich nicht mit den Massentransportmitteln wie Auto, Straßenbahn o.ä. fortbewegen und sich der Beschleunigung als dem Prozeßtempo unserer Zeit aussetzen will, muß gemächlich laufen oder entsprechend langsame Geräte benutzen. Rittners Diagnose, daß das Laufen eine zeitgemäße Beschleunigungsform wäre, die »radikal mit der Tradition der als sinnhaft anerkannten Fortbewegung« brechen würde, trifft nur zu, wenn man das Gehen als Bezugspunkt heranzieht.[27]

Gerade das Jogging ist aber, wie der Unterschied zwischen »jogging« und »running« verdeutlicht, eine Verlangsamungsform des Tempos. Jogging heißt Nicht-Gehen, aber auch Nicht-Losrennen. Der einzelne schlägt, indem er sozusagen den Jogging-Gang einlegt, ein verlangsamtes Lauftempo ein. Differenzbildende Effekte im subjektiven Erleben können beim Laufen zwar auch durch Beschleunigung erzielt werden, der Referenzpunkt für entwickelte Industriegesellschaften liegt aber eher in den Hochgeschwindigkeitsgeräten, die für eine räumliche Distanzüberwindung gebraucht werden, weniger in der Geschwindigkeit des Gehens. Wirkungen kommen – wählt man das sportlich-schnelle Laufen oder die Fortbewegungsmittel Auto und Motorrad als Maßeinheiten – beim Jogging durch Temporeduktion zustande. Die »Selbstvergewisserung«, die Rittner in seiner Analyse des Laufens in der »Temposteigerung« sieht, ist vielmehr eine Selbstvergewisserung durch eine nicht-technologische, verlangsamte Körperaktivierung.

Die Fußgängerzonen und befahrbaren Plätze der Städte sind Hauptanziehungspunkte einer Ende der 70er Jahre des letzten Jahrhunderts aus den USA gekommenen Bewegungskunst, in der der Körper virtuos auf einem Rollgerät vorgeführt wird. Das *Skateboard* ist die vergegenständigte Synthese von miniaturisiertem Surfbrett und vierrädrigem Roller. Es nutzt die Funktionswege komplexer Gesellschaften, weil es nur auf ihnen rollen kann. Das hohe motorische Können, die nicht geringe Verletzungsgefahr, aber auch die Traditionslosigkeit dieser Fortbewegungskunst sorgten dafür, daß das Skateboardfahren, im Gegensatz zur Jogging-Bewegung, in Europa immer nur eine Randerscheinung blieb. Es konnte sich nur dort auf einer breiteren Basis entfalten, wo das Surfbrett ohnehin schon zum Image einer ganzen Region gehörte, in Kalifornien.[28]

27 | Siehe Volker Rittner, Laufen gegen Innen- und Außenwelt, in: Hans-Jürgen Usko (Hg.), a.a.O., S. 106f.

28 | In einem Artikel über einen 18jährigen Skateboardprofi äußerte sich A. Keteyian wie folgt über die abwechselungsreiche Karriere dieser Fortbewegungskunst: »Skateboarding is on a roll – for the third time. The first wave hit in 1966 [...] That fad faded after three years. Then, in 1976, new technology (polyurethane wheels

Die Fortbewegung, die von der Beschaffenheit des Untergrunds abhängt, erfolgt durch Gewichtsverlagerung, Abstoßen oder die Nutzung natürlicher oder künstlich hergestellter Gefällestrecken, in Ausnahmefällen sogar mit Hilfe eines kleinen Motorantriebes. Ein Skateboard zu benutzen, heißt, im Verhältnis zum Gehen oder langsamen Laufen eine höhere Geschwindigkeit einzuschlagen. In bezug auf das hohe Tempo der typisch modernen Fortbewegungs- und Transportmittel stellt es eine Verlangsamung dar, ein Sich-Durchschlängeln zwischen gehenden Menschen und fahrenden Autos.

Das Skateboardfahren repräsentiert eine körperbezogene Fortbewegungskunst, in der Gleichgewicht, Geschicklichkeit und Beweglichkeit vor den Augen anderer auf einem schmalen Brett zur Schau gestellt werden. Räumliche Distanzen können alternativ überwunden, städtische Landschaften exploriert werden. Wer keine Möglichkeit hat, sich in die natürlichen Wellen eines Ozeans zu begeben, um auf ihnen zu reiten, kann mit dem Skateboard die Asphaltkultur entwickelter Industriegesellschaften nutzen, um ähnliches fingiert zu erleben. In leergepumpten Swimmingpools, in Betonröhren oder unter Zuhilfenahme des Straßenmobiliars lassen sich Spiel und Kampf mit der Natur imitieren. *Skateboardfahren ist insofern die veralltäglichte, urbanisierte und entnatürlichte Form des Wellenreitens.* Mit einem derartigen Brett kann der einzelne körperlich-aktiv körperfeindliche Räume beschleunigt entdecken und durcheilen.

In der versportlichten Version für Spezialisten vollziehen Profis mit diesem Gerät artistische Sprünge, Drehungen und Wendungen. Artefakte der industriellen Zivilisation und eigens hergerichtete Fahrgärten dienen den ambitionierten Fahrern als Lokalitäten, in denen sie ihre Bewegungskünste in Wettkämpfen präsentieren können. In Steilwänden und Röhren werden das Big-wave-Surfing und das Spiel mit der Brandung nachvollzogen. Ähnlich wie die Surfplätze auf Hawaii, Tahiti oder Bali mit ihren schönklingenden Namen – Sunset Beach, Waimea Beach etc. – das Herz der Surfenthusiasten höher schlagen lassen, werden die Betongärten von

and fiberglass boards) turned a fad into a frenzy: 30 million skaters, $ 300 million annual sales and, of course, thousands of broken bones. By 1979 the sport itself was in pieces, damaged by skate park owners charging exorbitant fees and by city ordinances banning riding everywhere but in one's own backyard. But every 10 years or so the wave seems to return. Today annual skateboard and accessory sales are again approaching $ 300 million [...] But the sport is still struggling, split right down the middle. Anarchists to the left. Little Leaguers to the right. The Defiant Ones – artistic, almost poetic in many cases – live to skate the streets of San Francisco, Santa Monica or Miami. They're turned on by the breeze blowing in their hair and the nihilistic, satanic songs of hardcore or speed rock groups like Metallica, Megadeth and Slayer. Across the fence stands the NSA. Its members are no less artistic [...], but the NSA strives for a more cleancut, competitive and organized image [...]« Siehe ders., Chairman of the board, in: Sports Illustrated, Nov. 24, 1986, S. 47f. Vgl. Kap. IV.

Los Angeles oder San Francisco von den Skateboardfahrern wahrgenommen.

Parallel zum Grafitti kam aus den Vororten der amerikanischen Metropolen eine weitere körperorientierte Bewegungsform, der *Breakdance*. Ursprünglich entstanden auf der Grundlage des breiten musikalisch-rhythmischen Bewegungsrepertoires der dort lebenden ethnischen Minoritäten konnte sich der Breakdance von der Funktion lösen, Wettbewerbs- und Ersatzmedium für die aufreibenden Bandenkriege zwischen rivalisierenden jugendlichen Straßengangs zu sein, und bis in die Einkaufszonen der Innenstädte, in Discotheken, Kunstbühnen, Fernsehshows und Werbespots vordringen. Die Möglichkeit, Körperenergien alternativ umzusetzen, um bei Gleichaltrigen oder Erwachsenen Anerkennung und Entgelt zu finden, erweist sich gerade für diejenigen als Stimulans zur Erreichung eines Minimums an sozialer Aufmerksamkeit und Achtung, denen Ressourcen wie Geld, Zutrittschancen etc. von Geburt aus versperrt sind. Für einige wenige jugendliche Ghettobewohner eröffnete der Breakdance – wie andere körperliche Aktivitäten auch – die Chance, sich über ihre Körper theatralisch darzustellen und aufgrund der akrobatischen Elemente eine Exklusivität in der Ausführung gegenüber der dominanten Erwachsenenkultur zu erreichen.

Beim Breakdance handelt es sich – vor der Aneignung durch Schauspielschulen und Tanzstudios – um Bewegungsformen, in denen sich Elemente aus Tanz, Pantomime und Akrobatik miteinander vermischen. Die Synthese wird mit Hilfe einer lauten, sprechgesangähnlichen Musik (rapping) auf Straßen und Plätzen im wahrsten Sinne des Wortes aufgeführt. Unter der Zielsetzung, eine absolute Kontrolle über den eigenen Körper zu erreichen und darzustellen, und zwar in einer desolaten Ghetto-Umwelt, werden die verschiedenen Körperpartien und -achsen miteinander, gegeneinander und unabhängig voneinander bewegt. Im »Electric boogie«, »der als Oberbegriff für alle stehend getanzten Formen gilt«[29], geht es darum, Kopf, Schulter, Brust, Hüfte, Knie und Arme voneinander zu isolieren, runde, wellenförmige Bewegungen auszuführen oder auch ruckartig die verschiedenen Körperglieder zu arretieren, um einen Roboter in seinen ungelenken, mechanischen Steh-, Greif- und Fortbewegungsaktivitäten zu imitieren. Durch eine pointierte Reduktion auf einige wenige Ausdrucksmuster lassen sich so Gehen, Laufen, Gleiten, Ziehen, Drücken etc. pantomimisch darstellen. Aus der Illusion der Fortbewegung bei tatsächlicher Immobilität kann in eine sog. »Floorrocksequenz« übergewechselt werden, in welcher der Körper in einen Kreisel umfunktioniert wird, der am Ort mit hoher Drehgeschwindigkeit über Bauch, Kopf, Rücken, Gesäß und andere Körperpartien rotiert, um am Ende in einer einzigen Position abrupt eingefroren zu werden.

Trotz vieler Unterschiede lassen sich zwischen den in diesem Kapitel behandelten Beispielen interessante Gemeinsamkeiten herausfiltrieren: Der

29 | Siehe Eisi Gulp, Breakdance, München 1984, S. 19.

Jogger, der sich mit seinem Körper auf die Straße begibt und ihn mit Hilfe von Gesundheits-, Authentizitäts- und Anti-Streß-Formeln auf Trab bringt, trifft sich mit denjenigen, die ihre Körper auf den Straßen bewegen, braune Haut zeigen, einen demonstrativen Konsumstil zelebrieren oder in den Fußgängerzonen durch artistische Bewegungskünste imponieren, in einem wichtigen Punkt: Sie alle brechen aus den typischen und für sie alltäglichen Umgebungen und Situationen aus, begeben sich in die Öffentlichkeit und geben dieser neue Konturen, indem sie auf eine spezifische Art und Weise alte und neuinstallierte öffentliche Räume, Transportwege und Beförderungsmittel nutzen. Durch ihre körperbezogenen Reaktionen auf die Folgen einer fortgeschrittenen Modernisierung beleben sie die städtischen Zentren. Menschen reagieren damit auf einen Stadtkörper, der in seinem Zentrum nur zeitweise aktiv ist, weil er im Rhythmus der wirtschaftlich verwertbaren Zeit be- und entvölkert wird.

Nicht wenige Menschen setzen sich so mit der Stadt als dem räumlichen und symbolischen Inbegriff von Modernität und gesellschaftlicher Komplexität auseinander. Sie begeben sich nicht nur dorthin, wo das Städtische nicht anzutreffen ist, in die Natur, sondern suchen in den letzten Jahren gerade jene Bezirke auf, in denen der städtische Puls schlägt. Sie funktionieren diese Räume mit ihren Körpern um, veranstalten gleichsam Körper- und Selbstdarstellungshappenings. In einer bisweilen elaborierten, offensiv und ostentativ angesetzten Dramaturgie der Selbstinszenierung nutzen sie die Zentren, um gebräunte, modisch gestylte, flanierende, fit und jugendlich stilisierte oder dagegen protestierende Körper vorzuführen und entsprechende Botschaften auszustrahlen.

In diesem Zusammenhang zeigt sich, daß die Straßen und Plätze der modernen Stadt nicht nur passiv, sondern auch aktiv mit Hilfe unterschiedlichster Bewegungs- und Explorationskünste wiederbelebt werden. Die Zentren sind damit zu einem Ort der Begegnung zwischen denjenigen geworden, die schnell und zielgerichtet im Rahmen städtisch gebundener Funktionsrollen Räume überwinden, und denen, die die Öffentlichkeit aufsuchen, um sich dort als Kommunikationsangebote besonderer Art zu installieren. Plötzlich werden die Plätze und Straßen wieder interessant; plötzlich wird klar, daß diese Orte selbst dann noch ein sinnvolles Erleben und Handeln ermöglichen können, wenn die Geschäfte geschlossen sind. Daß die urbanen Zentren mit Hilfe von City-Marathons zu Volksfesten genutzt werden, daß Menschen in ihnen laufen, Skateboard oder Fahrrad fahren, sich auf den Boulevards gemächlich bewegen, ihre Körper mit Genuß für die unterschiedlichsten Zwecke präsentieren, all dies sind wichtige Indikatoren für einen allgemeinen Prozeß: Der Körper wird in komplexen Gesellschaften nicht nur immer vehementer verdrängt. Er wird gleichzeitig reimportiert und auf eine bisweilen bizarre und nach Aufmerksamkeit heischende Art und Weise in das öffentliche Kommunikationspanorama eingespeist. Die Stadtkerne werden wiederentdeckt im Sinne einer Vermenschlichung eines ansonsten inhumanen Stadtkörpers.

Von einer umfassenden Rückeroberung der Großstädte durch den Körper kann insgesamt sicherlich nicht gesprochen werden. Was vielmehr zutrifft, ist der Umstand, daß jene Stätten erreicht und körperbezogen wieder ins Spiel kommen, die für eine bewußte Aktivierung des Körpers ursprünglich gar nicht vorgesehen waren, nämlich die Straßen, auf denen Autos rollen oder Menschen gehen. Dadurch, daß der Körper in körperdistanzierende Räume hineingebracht wird, verlieren diese nicht ihre genuin körperfeindliche Qualität. Die Wirtschaftsprozesse in der Innenstadt werden nicht dadurch körperbezogener, weil ein Laufen auf den städtischen Straßen üblich geworden ist oder Jugendliche sich auf ihren Skateboards zwischen Passanten durchschlängeln. Was an Gewinn hinzu kommt, ist vielmehr die *Gleichzeitigkeit und -räumigkeit von Körperverdrängung und Körperaufwertung in der urbanen Öffentlichkeit.*

Damit taucht in empirischen Details der gleiche Effekt am Fall der Stadt auf, den wir in allgemeinerer und abstrakterer Form in Kapitel I theoretisch beschrieben haben. Neben der Gleichzeitigkeit und -räumigkeit von Körperdistanzierung und -thematisierung zeigt sich eine *Simultaneität bezüglich der räumlichen Fluktuation.* Menschen gehen in Reaktion auf Urbanität sowohl aus der Stadt heraus – Stadtflucht – als auch in die städtischen Innenbezirke hinein, und zwar im Sinne einer Wiedereroberung körperverdrängender öffentlicher Räume.

Mit welchen Maßnahmen und Effekten Menschen gegen eine weitere Manifestation von Modernität opponieren, soll das folgende Kapitel vorführen: Ein typisches Kennzeichen entwickelter Industriegesellschaften ist die hohe Geschwindigkeit, mit der Personen durch den Raum bewegt und transportiert werden. Die Beschleunigung als temporale Signatur der modernen Gesellschaft beeinflußt das Erleben und Handeln auf allen Dimensionen der menschlichen Erfahrung. In der Sozialität ermöglicht sie eine höhere und schnellere Kontaktdichte, zeitlich bringt sie einen vielfältig nutzbaren Tempogewinn, sachlich eröffnet sie die Möglichkeit, daß der einzelne an unterschiedlichen Orten mehr Themen behandeln und Rollenobligationen erfüllen kann, als es in vormodernen Zeiten der Fall war. Nicht zuletzt hat das Verhältnis des Individuums zu seiner ökologischen Umwelt durch die für Geschwindigkeit notwendige Logistik und Technik – vornehmlich Auto und Straße – eine neue »Qualität« bekommen. In Reaktion auf die Rasanz der Fortbewegung und die Folgen der technischen Ermöglichung von Schnelligkeit kommt es in der Phase fortgeschrittener Modernität zu einer weiteren paradoxen Gleichzeitigkeit, der von Langsamkeit und Schnelligkeit in der Fortbewegung. Was gerade die Langsamkeit mit Körperthematisierung und einer Restrukturierung der für die Moderne typischen Raumwahrnehmung zu tun hat, soll uns auf den nächsten Seiten beschäftigen.

3 Körperlichkeit, Langsamkeit und Fortbewegung. Zur Wiederentdeckung der Zwischenräume

In den schnellsten, technisch beschleunigten Personenbeförderungsmitteln unserer Zeit, nämlich in Flugzeug, Eisenbahn und Auto, wird der Mensch mit seinem Körper paradoxerweise ruhiggestellt. Der einzelne Passagier sitzt, schaut aus dem Fenster, liest ein Buch, unterhält sich mit seinem Nachbarn und steht höchstens einmal auf, um sich die Füße »zu vertreten« oder anderweitige Bedürfnisse zu regeln. Hier trifft zu, was kürzlich die »totale Trennung von Fahrzeug und Bewegung« genannt worden ist.[30] Die Schnelligkeit der Fortbewegung erlebt der Körper in der Tat relativ passiv. »Dem Abendland ist das Kunststück gelungen, die Fortbewegung zur Reglosigkeit einzustampfen, indem es die bewegungslosen Situationen verstärkt und dem Körper – durch den Sitz gezähmt – jede Bewegung genommen hat.«[31] Wer Spaß an einer körperlich erzeugten Fortbewegung hat, muß diese Schnelligkeitsmaschinen verlassen, auf Fahrrad, Skateboard oder Rollschuh umsteigen, oder seine unteren Extremitäten in Gang setzen bzw. in Bewegung bringen.[32]

Das Verhältnis des Menschen zum Raum hat sich im Verlauf des gesellschaftlichen Modernisierungsprozesses gravierend verändert. Drei Entwicklungseinflüsse scheinen von besonderer Bedeutung gewesen zu sein: Durch Technisierung, Motorisierung und Bürokratisierung bewegt sich der Mensch *erstens* in seinem Berufs- und Privatleben immer weniger aus eigenem Antrieb. Der moderne Mensch ist primär der sitzende Mensch. Die allgemeine Motorisierung der Fortbewegung durch das Automobil oder ähnliche Transportmittel hat *zweitens* dazu geführt, daß sich der Modus des Sich-Bewegens durch den Raum in den entwickelten Industriegesellschaften in Hinblick auf Dauer, Reichweite und Art gewandelt hat. Die Verbreitung des Fernsehens ermöglicht *drittens* das Eindringen in Räume, die jenseits des eigenen Horizontes liegen. Es kommt infolgedessen zu einer »optischen und akustischen Schrumpfung des Raumes«.[33] Die Welt jenseits

30 | Siehe Pascal Bruckner und Alain Finkielkraut, Au coin de la rue, l'aventure, Paris 1979 (deutsche Übersetzung: Das Abenteuer gleich um die Ecke, München, Wien 1981); zitiert nach der deutschen Übersetzung, S. 163.

31 | Siehe Ebenda, S. 164.

32 | Vgl. die Arbeiten von Paul Virilio, einem Theoretiker der Geschwindigkeit; ders., Fahren, fahren, fahren ..., Berlin 1978; ders., Geschwindigkeit und Politik, Berlin 1980. Zu den sozialen Kosten des industrialisierten Verkehrs siehe Ivan Illich, Fortschrittsmythen, Reinbek bei Hamburg 1983 (erstmals 1978), S. 83ff; ebenso Karl-Heinrich Bette, Gegenzeit und Re-präsentation. Zur Wiederentdeckung von Gegenwart und Langsamkeit in komplexen Gesellschaften, in: Georg Anders (Red.), Sport in der Krise der Industriegesellschaft, Witten 1990, S. 35-58.

33 | Siehe Lenelis Kruse und Carl Friedrich Graumann, Sozialpsychologie des

der eigenen vier Wände kann im Wohnzimmer für eine Fremdbeobachtung versammelt werden.

Wo der Raum mit Hilfe technischer Geräte schnell überwunden wird, Menschen durch neuartige Verbreitungsmedien über weite Distanzen in Kontakt treten und miteinander kommunizieren können – ohne selbst physisch präsent zu sein –, kann Zeit eingespart werden. Was verlorengeht, sind bestimmte Wahrnehmungsmöglichkeiten bezüglich des Raumes, der hierbei überwunden wird. Der nur langsam durchquerte oder durchquerbare Raum erscheint in diesem Zusammenhang als der in seiner Integrität geschützte Raum. Der Aufwand, ihn ohne technische Hilfe, sozusagen per pedes apostulorum, zu überwinden, baut gleichsam eine Barriere auf, die eine allgemeine Aneignung verhindert. Nur wer bereit und in der Lage ist, Strapazen auf sich zu nehmen, kann über den bekannten Horizont hinausschreiten.[34]

Der verstärkte Rückgriff auf den Körper zum Zwecke der Fortbewegung verändert insofern nicht nur das Verhältnis des Menschen zur Reisezeit, sondern auch zum durchreisten Raum. Wo Schnelligkeit die Langsamkeit in der Fortbewegung ersetzt und weite Entfernungen infolgedessen in kürzester Zeit überwunden werden können, wird der Raum für die Wahrnehmung desjenigen, der ihn durch- oder überquert, zu einer amorphen, diffus vorbeihuschenden Masse, in dem das eine sich mit dem anderen vermischt. Ein Blick, der Kohärenz wahrnehmen will, muß sich permanent reorganisieren. Es ergibt sich eine mitfahrende Perspektive, die fortlaufend neu zu konstituieren ist. Die Erfahrung, daß der unmittelbar vor Augen liegende Raum zu einer undifferenzierten Einheit verschwimmen und das Auge nur in der Ferne feste Konturen finden kann, ist zunächst einmal höchst unwahrscheinlich. In der Geschichte der Menschheit konnte sie erst sehr spät gemacht werden. Die Entwicklung schneller Transportmittel im 19. Jahrhundert im Gefolge der Erfindung der Dampfmaschine hat diese Unwahrscheinlichkeit höchst normal werden lassen. In Gestalt der Lokomotive kommt es zu einer Substitution von Pferdekraft durch Dampfenergie. Die Fortbewegung wird ihrer organischen Fundierung beraubt. Sie wird schneller, kalkulierbarer, gleichförmiger, linearer und unabhängiger von äußeren Einflüssen.[35]

Raumes und der Bewegung, in: KZfSS, Sonderheft 20/1978, hg. von Kurt Hammerich und Michael Klein, S. 192f (hier S. 193).

34 | Zur Ökonomie der Verausgabung siehe Karl-Heinrich Bette, Risikokörper und Abenteuersport, in: Markus Schroer (Hg.) Soziologie des Körpers, Frankfurt a. M. 2005 (im Druck).

35 | Zur Neustrukturierung der Wahrnehmung infolge der technischen Entwicklung der Eisenbahn siehe Wolfgang Schivelbusch, Geschichte der Eisenbahnreise. Zur Industrialisierung von Raum und Zeit im 19. Jahrhundert, München, Wien 1977.

Nachdem die Eisenbahn das Reisen zu Fuß oder in der Kutsche abgelöst und eine gänzlich neue Wahrnehmungsqualität bei der Durchquerung des Raumes hervorgebracht hatte, trat relativ schnell ein Gewöhnungseffekt sowohl im Hinblick auf die neue Reisetechnik als auch bezüglich der Sinneswahrnehmung ein. Was zunächst als Entsinnlichung und Denaturierung gewertet und kritisiert worden war, ging nach geraumer Zeit in die Alltagswahrnehmung der Menschen ein, wurde gewissermaßen psychisch integriert. Die Demokratisierung der Reise führte in dieser Hinsicht zu einer Kollektivierung der Raumwahrnehmung. Nur wer bei hohem Tempo auf Distanz zum durchquerten Raum gehen kann, zum Beispiel in einem Flugzeug, ist in der Lage, den Raum wieder zu betrachten – allerdings bei Verlust von Nähe und Detail. Demnach trifft keineswegs zu, daß »immer höhere [...] Geschwindigkeiten modernster Verkehrsmittel« dem Reisenden den »Eintritt in den Zustand einer weitgehenden Erblindung [verschaffen].«[36] Bezüglich des räumlichen Differenzierungsvermögens kommt es vielmehr zu einer Verschiebung vom Nahbereich zum Fernhorizont. Personen, die die Fortbewegungsgeschwindigkeit reduzieren, sich entsprechender Transportgeräte bedienen, korrespondierende Verkehrswege aufsuchen und eventuell den eigenen Körper zur Exploration des Raumes einsetzen, und damit Langsamkeit kultivieren, gewinnen Quantität und Qualität des Raumes zurück. Sie müssen Zeit investieren und etwaige körperliche Anstrengungen auf sich nehmen.

Die Form der Verkehrswege, die ein hohes Fortbewegungstempo zulassen, ist die *Gerade*. Autobahn und Schnellstraße sind Symbole und Artefakte der modernen Zeit. Sie ermöglichen hohe Geschwindigkeit. Wer hier langsam fährt, hält nicht nur den Verkehr auf, sondern gefährdet ihn massiv. Der Unwillen der Schnellen wendet sich dem zu, der den Raum langsam durchfährt bzw. ihn nur langsam durchfahren kann. Wenn Fortbewegungsmittel und Arbeitsgeräte der gemächlich operierenden agrarischen Zeit, z.B. Trecker oder Mähdrescher, mit den Objektivationen der auf Beschleunigung ausgerichteten Moderne zusammentreffen, entstehen Probleme eigener Art: Langsamkeit und Schnelligkeit stoßen im wahrsten Sinne des Wortes aufeinander. Der eine wird zur Gefahr für den jeweils anderen. Sich selbst beschleunigende Industriegesellschaften forcieren nicht umsonst die »Herrschaftsästhetik« der Geschwindigkeit in Gestalt der Gerade. Ihre lineare Gleichförmigkeit hat die Kurve als Symbol des Gemächlichen aus Stadt und Land weitestgehend vertrieben.[37]

36 | Vgl. Ulrich Giersch, Der gemessene Schritt als Sinn des Körpers: Gehkünste und Kunstgänge, in: Dietmar Kamper/Christoph Wulf (Hg.), Das Schwinden der Sinne, a.a.O., S. 269. Vgl. auch Paul Virilio, Fahren, fahren, fahren ..., a.a.O., S. 22ff.

37 | Vgl. Michael Winter, Die Schönheit der Medusa. Architektur und Herrschaftsästhetik, in: Merkur. Deutsche Zeitschrift für europäisches Denken, H. 1, 40. Jg., Januar 1986, S. 1-14.

Langsamkeit in der Fortbewegung vermittelt dem Beobachter jene sinnliche Qualität zurück, die bei hoher Durchquerungsgeschwindigkeit verlorengeht, die *räumliche Aura*. Wenn moderne Transportmittel Distanzen verkürzen und der dazwischen liegende Raum technisch schrumpft, kann eine gemächliche Fortbewegung ihn folgerichtig – mit oder ohne Körpereinsatz – revitalisieren. Der Raum wird visuell, haptisch und olfaktorisch erfahrbar. Die Verflüchtigung der Sinneswahrnehmung wird aufgehoben. Allerdings kann der Raum seine ästhetische Aura wiederum verlieren, wenn er massentouristisch erschlossen, gleichsam überrannt und in seinem vormaligen Zustand zerstört wird. Dies passiert in der Regel, wenn der Aufwand der Raumerschließung aus seinem engen körperlichen Bezug entkoppelt wird und die physische Leistungsfähigkeit des Erschließenden als intervenierende Variable die Authentizität der Landschaft und das Hier-und-Jetzt nicht mehr schützen kann. Der Berg, den Menschen per Gondel tagtäglich erfahren und erstürmen, verliert seine Aura, weil technische Hilfsmittel das Einmalige massenhaft aneignen helfen.[38]

Es ist insofern ein Privileg der langsamen Fortbewegung, Differenzen in der Nähe auszumachen und ästhetisch festzuhalten. Wer das Detail im Nahhorizont genießen oder in einer schnellbefördernden Gesellschaft die »feinen Unterschiede« (Bourdieu) pflegen und beweisen will, kann dies u.a. durch Gehen, Laufen, gemächliches Fahren oder Gleiten tun.[39] Mit der Verlangsamung der Fortbewegung geht der Versuch einher, die »Tötung«[40] dazwischen liegender Räume zu verhindern, diese vielmehr in ihrer Ganz-

38 | Der beschriebene Prozeß der Banalisierung des Raumes entspricht jenem Akt des Auraverlustes, der von Walter Benjamin im Hinblick auf das Kunstwerk und dessen technische Reproduzierbarkeit angesprochen wurde. Unter Aura versteht Benjamin die »einmalige Erscheinung einer Ferne, so nah sie sein mag.« Siehe Walter Benjamin, Das Kunstwerk im Zeitalter seiner technischen Reproduzierbarkeit, Frankfurt a.M. 1977 (erstmals 1936), S. 15.

39 | Auf die Funktion des Gehens für die Aktivierung der Sinne hat bereits Benjamin in seinen Gedanken über Charles Baudelaire am Beispiel des Flaneurs im Paris der 40er Jahre des vorletzten Jahrhunderts hingewiesen. Vgl. Walter Benjamin, Charles Baudelaire, Frankfurt a.M. 1974, S. 52f; vgl. auch U. Giersch, Der gemessene Schritt, a.a.O., S. 261, 269; ebenso Hanns-Josef Ortheil, Der lange Abschied vom Flaneur, in: Merkur, 40. Jg., 1986, H. 1, S. 30-42. Zur Aufwertung des Gehens in den Städten siehe Dietrich Garbrecht, Gehen. Plädoyer für das Leben in der Stadt, Weinheim, Basel 1981. Als Beispiel für eine literarische Auseinandersetzung siehe Thomas Bernhard, Gehen, Frankfurt a.M. 1971. Nach dem Jogging erleben die Großstädte der USA gegenwärtig eine neue Körpermode, das sog. Speedwalking. Als gesundheits- und fitneßorientierte, nicht auf Langsamkeit und Schlendern abzielende Fortbewegungsform geht es nicht primär um einen Genuß der Aura urbaner Räume, sondern um Effektivität pro Zeiteinheit. Erst sekundär wird das Erlebnis Großstadt wichtig.

40 | Siehe Heinrich Heine, Lutetia 2, 1843, Sämtliche Werke Bd. 6, S. 360.

heit zu erhalten und für ein alternatives Erleben aufzubereiten. Als Beispiel für die Verweigerung, sich auf die Vernichtung des Raumes und die Demokratisierung der Reise einzulassen, kann der englische Ästhet John Ruskin genannt werden, der noch in der zweiten Hälfte des vorletzten Jahrhunderts, und insofern bereits unzeitgemäß, den europäischen Kontinent mit einer Privatkutsche bereiste.[41] Es stimmt nicht verwunderlich, daß die Heraufkunft des Automobils am Ende des 19. Jahrhunderts von der Oberschicht als Freiheitsgewinn gefeiert wurde. Der Gutbetuchte versuchte so der Demokratisierung des Reisens und der Vernichtung des Raumes durch die Eisenbahn zu entgehen. Aufgrund der breiten Streuung des Automobils über sämtliche soziale Schichten hinweg bedarf es heute subtilerer Modifikationen und eines Aufsuchens besonderer Räume, um das Gefühl von Freiheit, Einzigartigkeit, Konkretheit und Langsamkeit im erlebten Raum wiederzugewinnen. Für diesen Zweck darf nicht die schnelle, rastlose Zielerreichung im Vordergrund stehen, die in den letzten Jahren gleichzeitig auch gesteigert wurde.[42] Es geht um den Genuß des Entdeckens unbekannter Gegenden und Zwischenräume mit Hilfe untypischer, schnelligkeitsaversiver Transportgeräte oder Fortbewegungsformen, wie beispielsweise dem Trekking.

Off-Road-Fahrzeuge signalisieren und symbolisieren im Verhältnis zu den Schnelligkeitsvehikeln Langsamkeit und Naturtauglichkeit. Eine Reduktion der Geschwindigkeit entsteht im wahrsten Sinne des Wortes auf eine natürliche Weise. In bewußtem Verzicht auf die zivilisatorische Errungenschaft der Straße diktiert die Bodenbeschaffenheit des Geländes das Fortbewegungstempo. Diejenigen, die sich hier fortbewegen wollen, können dies nur langsam tun, weil die Räume, die sie aufsuchen, sich einer schnellen Überwindung widersetzen. Nicht die Gerade als Kennzeichen einer fortgeschrittenen gesellschaftlichen Modernisierung ist für die Off-Road-Fahrer von Bedeutung. Sie bevorzugen das Nicht-Zugängliche, Zugewachsene, Steinige und Steile. Die Aura außerurbaner Räume wird von ihnen aufgesucht – und zerstört, wenn die Aneignung massenhaft geschieht.

Interessanterweise hat die Off-Road-Bewegung inzwischen die Boulevards der Städte erreicht. Dies hat nicht nur etwas mit einem gesteigerten Bedürfnis nach demonstrativem Konsum zu tun. Es geht auch um das neuartige Erleben der Großstädte. Es ist nur logisch, wenn Menschen hierfür auf Transportgeräte zurückgreifen, die sich in anderen Räumen für ähnliche Intentionen bereits bewährt haben. Der Verkaufsboom offener Geländefahrzeuge, die meist nur in den Großstädten gefahren werden, macht

41 | Vgl. Rolf Sieferle, Fortschrittsfeinde? Opposition gegen Technik und Industrie von der Romantik bis zur Gegenwart, München 1984, S. 113.

42 | Zum Boom der schnellen Autos und zu den Konsequenzen des Temporausches siehe N.N., »Da verstümmelt sich eine Generation«, in: Der Spiegel, Nr. 25, 41. Jg., 15.6.1987, S. 88-107. Dies weist sehr deutlich auf die Gleichzeitigkeit von Schnelligkeit und Langsamkeit der Fortbewegung in komplexen Gesellschaften.

weiterhin darauf aufmerksam, daß sich die Suche bzw. Sucht nach distinguierenden Merkmalen bisweilen darin zeigt, daß Naturtauglichkeit im Sinne einer erfahrenen Kolonisierung des Raumes nach außen hin lediglich fingiert dargestellt, de facto aber nicht in Anspruch genommen wird.[43] Erstens erlaubt die bundesdeutsche Gesetzgebung keinen freien Zugang mit dem Auto zur Natur jenseits der Wege und zweitens käme ein Karosserieschaden, der bei Querfeldeinfahrten unweigerlich entstünde, angesichts von Sonderlackierungen und Spoilern sehr teuer.

Weiterhin: Natürlichkeit, Naturverbundenheit, Robustheit und Virilität werden mit Hilfe eines für reine Funktionszwecke konstruierten Gefährts über Mechanismen der nonverbalen Kommunikation nach außen hin projiziert. Die das Lebensgefühl steigernde Reise ist der Zweck, nicht die Ankunft oder die rasante, zeitsparende Überwindung bestimmter Räume.[44] Indem das Tempo reduziert und die Hektik der üblichen, stark frequentierten und übermotorisierten Verkehrswege gemieden werden, sollen – so beispielsweise die Protagonisten des Fahrradfahrens[45] – die Sinne freigesetzt werden. Der Körper ergeht, -läuft oder -fährt die Umwelt in einem gemächlichen Tempo und das Bewußtsein leitet hieraus außeralltägliche, bisweilen rauschhafte Erlebnisse ab.

Eine alternative Form des Genießens in einem mittleren Bereich der Geschwindigkeit bietet das offene Auto, das Cabrio, das gegenwärtig – seit Anfang der 80er Jahre – hohe Verkaufserfolge erzielt, und zwar trotz erhöhter Personengefahr bei einem Unfall. Wer ein Cabrio mit geöffnetem Verdeck fährt, flaniert gewissermaßen per Auto über den städtischen Boulevard oder die Landstraße. Das Auge kann den durchfahrenen Raum wahrnehmen, durch die Landschaft schweifen oder die Gesichter der Mitmenschen auf Bewunderung hin analysieren. Zudem eröffnet sich die alternative Möglichkeit, die Umwelt per Nase und Ohr neu zu entdecken. Derartige Ohr- und Sehreisen funktionieren nur bei niedrigen Geschwindigkeiten unter 100 Stundenkilometer. Bei schnellerer Fahrweise nehmen die Geräusche zu und es wird empfindlich kalt und zugig. Der Körper muß nun entweder

43 | Die Allradwelle, die in diesem Zusammenhang in einem allgemeineren Sinne zu nennen ist, hat nicht nur etwas mit dem Fluktuationsbedürfnis der Fahrzeugindustrie, der Vorbildfunktion von Sporterfolgen bestimmter Allradautos und einem gestiegenen Sicherheitsbedürfnis der Menschen zu tun. Es geht auch um das Prestigedenken von Käufern, die bestimmte Statussymbole entdecken und als Bestandteile eines gepflegten Lebensstils in ihre Habitusdarstellung integrieren. Der Nutzen dieser Fahrzeuge mißt sich weniger im Sinne eines positiveren Fahreffekts für den Alltag als vielmehr zugunsten eines bewußt nach außen gerichteten Konsumstils, der Individualität und Geschmack beweisen soll.

44 | Zum Reisemotiv vgl. Gert Mattenklott, Der übersinnliche Leib, a.a.O., S. 163ff; vor allem Kap. IV »Die Wandlung des Reisenden«, »Vorgestellte Reisen – Reisevorstellung«.

45 | Vgl. Karl Riha (Hg.), Das Radfahrbuch, Darmstadt/Neuwied 1985.

verpackt oder das Verdeck geschlossen werden. Fahrtwind, Fahrgeräusche, das Ziehen in der Nackenmuskulatur und die nicht durch ein Verdeck behinderte Nähe zum Raum werden ansonsten als Freiheitsmythen hochstilisiert – um dann von einer hierauf spezialisierten Industrie durch das Angebot entsprechender Konsumgüter umgesetzt und banalisiert zu werden.[46] Wo Stadt und Land von jedermann erschlossen bzw. erfahren werden können, ziehen nicht wenige ihren »Thrill« aus dem Umstand, *wie* sie ihre Umgebung erschließen. Fahrerlebnisse können bisweilen Rauscherlebnisse sein. Letztere lassen sich durch Hochgeschwindigkeit herstellen, musikalisch untermalen und provozieren oder, um bei unserem Beispiel zu bleiben, durch die für Cabrios typische Synthese von Langsamkeit, Fahrtwind, Geräuschkulisse und Raumerleben sensuell produzieren.

Eine hautnahe Erlebnisqualität, die ihre Potenz auf der Basis eines langsamen und genießerischen Dahinrollens auf wenig benutzten Landstraßen gewinnt, kommt in der Easyrider-Ballade Ende der 60er Jahre und in der literarischen Aufarbeitung und zenbuddhistischen Anreicherung dieses Themas durch Robert M. Pirsig zum Ausdruck.[47] In einem Mythos der

46 | Daß es seit einigen Jahren zu einer Renaissance des offenen Gefährts gekommen ist, ist mitunter auch eine Reaktion auf die egalisierenden Wirkungen durch aerodynamische Konturierungs- und Stilisierungserfordernisse. Die Autos nähern sich einander in ihrem Aussehen immer mehr an. Die Verpflichtung, möglichst geringe Luftwiderstandswerte zu erreichen, konfektioniert und demokratisiert das Aussehen. Wer beispielsweise einen fiktiven, tatsächlich nicht vorhandenen Status in die Öffentlichkeit hineinprojiziert oder ein bereits erreichtes Berufsprestige über Autobesitz abstützen und der »Banalität der allgemeinen Aneignung« (Bruckner und Finkielkraut) entgehen will, hat die Wahl zwischen exklusiven, prestigeträchtigen Nobelkarossen, Hochgeschwindigkeitsgeräten, die aufgrund ihrer Preise eine gewisse Exklusivität garantieren, oder auch offenen Autos. Die unzeitgemäße Wiederbelebung des Cabrios ist insofern ein Indikator für unter Druck geratene Distinktions- und Individualisierungsbedürfnisse. Die Wahl eines offenen, der ursprünglichen Funktion enthobenen Autos indiziert kollektive Absetzversuche von einem bisweilen für »Massengesellschaften« typischen Egalitarismus, dem der einzelne allerdings nur bedingt entweichen kann. Wer eine individuelle Note beweisen und Distinktion pflegen will, restauriert oder kauft heute alte Autos, die knapp sind und auf einer Massenbasis nicht mehr zur Verfügung stehen und somit nicht mehr von jedermann appropriiert werden können. Die Auto- und Zubehörindustrie hat diesen Markt inzwischen auch schon entdeckt. Zum eskalierenden Zirkel zwischen Individualitätsbeweis und gesellschaftlicher Kollektivierung siehe unübertroffen Stanley Cohen und Laurie Taylor, Ausbruchsversuche. Identität und Widerstand in der modernen Lebenswelt, Frankfurt a.M. 1977.

47 | Siehe Robert M. Pirsig, Zen and the Art of Motorcycle Maintenance, New York 1974. Zur Vereinfachung von Technikzusammenhängen zum Zwecke der Selbstorganisation und Autonomiesteigerung vgl. auch John Muir, How to keep your Volkswagen alive, Santa Fe, New Mexico 1969.

langen Reise, des Raumerlebens, Abenteuers und der Selbstsuche werden die »Errungenschaften« der westlichen Zivilisation hinterfragt.[48] Die einfache Wartung eines Motorrades wird zu einem Akt, zu einem Bewährungserlebnis, das das Dual Subjekt-Maschine aufheben und miteinander versöhnen soll, damit die Landstraße als Symbol der Fortbewegung und individuellen Freiheit befahren und der Raum wiederentdeckt werden können.

Die Straße ist nach dem Niedergang des Western-Genres zu einem klassischen und vielfach variierten Thema der Filmkunst geworden. In den sog. »Road movies« werden Träume und Hoffnungen vom permanenten Unterwegssein, von Aufbruch, Abenteuer, räumlicher Weite und permanentem Ungebundensein mit Geschwindigkeits-, Flucht- und Verfolgungsmythen gemischt und aufeinander bezogen. Autos, Motorräder und andere Kultobjekte der modernen Zivilisation werden auf den Straßen durch Rocker, Hippies, Streetfighter, Trucker, Karambolagefahrer und postnukleare Survival-Freaks als zentrale Bezugspunkte des Handelns in Szene gesetzt. Sie ermöglichen eine schnelle Fortbewegung gegenüber denjenigen, die zum Stillstand verurteilt sind. Auf den Straßen kann man ins Nirgendwo entfliehen, wenn Langeweile, Frust und gesellschaftliche Konventionen die individuelle Freiheit einengen und bedrohen. Dem geordneten, institutionell gesicherten Leben wird antithetisch die Ruhelosigkeit »on the road« entgegengesetzt.[49]

Die äußere Form der hier propagierten Motorräder, die in Insider-Kreisen als »Chopper« bezeichnet werden, signalisiert sehr eindeutig, worum es den Fahrern eigentlich geht. Nicht der nach vorne, an den Tank geschmiegte, dem Fahrtwind möglichst wenig Widerstand bietende Körper, sondern der bequem sitzende, nach hinten gelehnte und die Arme lang nach vorn streckende Fahrer kommt auf einem Chopper zu seinem Recht. Geschwindigkeitsfetischisten beklagen die ungünstige aerodynamische Fahrhaltung, den langen Radabstand und die ungünstige Kurvenlage, vergessen dabei aber, daß Langsamkeit und Raumerfahrung bewußt angestrebt und durch entsprechende Veränderungen an der Maschine auch ermöglicht werden. Nur in einer entspannten Sitzposition kann der Blick in die Umgebung schweifen. Die Augen werden nicht, wie in der windschlüpfrigen Position des Schnellfahrers, auf ein schmales Straßenband vor der Maschine fixiert. Rauschhafte Erfahrungen werden mit Choppern nicht durch Geschwindigkeit, sondern durch Gemächlichkeit und ein gerades,

48 | Zur literarisch-autobiographischen Aufarbeitung eines ähnlichen Themas vor der Kulisse des Nachkriegsamerika der 50er Jahre – wirtschaftlicher Aufschwung, erhöhte horizontale Mobilität, sekundäre Urbanisierung, kalter Krieg und puritanische Moral – vgl. Jack Kerouac, On the road, New York 1957.

49 | Vgl. Adolf Heinzlmeier, Jürgen Menningen und Berndt Schulz, Road movies. Action-Kino der Maschinen und Motoren, Hamburg, Zürich 1985.

den Blick freisetzendes Sitzen ermöglicht.[50] Nicht das schnelle Ankommen ist wichtig, sondern der Prozeß des Fahrens und des räumlichen Erlebens steht im Vordergrund. In einer Zeit, in der Windschnittigkeit und Fahrökonomie bei den Personentransportmitteln oberste Gebote sind, repräsentieren Chopper der oben beschriebenen Art Unzeitgemäßes und Gegenmodernes.

Bei der räumlichen Exploration muß es sich nicht unbedingt um Räume jenseits der Städte handeln. Gerade die Städte werden gegenwärtig im Sinne einer Wiederentdeckung der Aura urbaner Zwischenräume aufgesucht. Auf den Rausch als Ergebnis des langsamen Schlenderns in den städtischen Binnenräumen verwies bereits Baudelaire in seinen Gedanken zur psychischen Wirkung des großstädtischen Lebens. Dem Dichter der »modernité», der den aus der langweiligen Alltäglichkeit ausgebrochenen Flaneur in den Pariser Passagen entdeckte und ihm ein literarisches Denkmal setzte, war die Rauschkomponente des langsamen Gehens und genüßlichen Beobachtens im Trubel der Großstadt durch Eigenerfahrung aufgefallen. Als Mitglied des »Club des Haschischins« hatte er zudem Vergleichsmöglichkeiten. Walter Benjamin machte in seiner Baudelaire-Studie ebenfalls auf den Rauscheffekt des Flanierens in einer großen Menschenmenge aufmerksam: »Die Menge ist nicht nur das neueste Asyl des Geächteten; sie ist auch das neueste Rauschmittel des Preisgegebenen. Der Flaneur ist ein Preisgegebener in der Menge. Damit teilt er die Situation der Ware. Diese Besonderheit ist ihm nicht bewußt. Sie wirkt aber darum auf ihn nicht weniger. Sie durchdringt ihn beseligend wie ein Rauschgift, das ihn für viele Demütigungen entschädigen kann. Der Rausch, dem sich der Flanierende überläßt, ist der der vom Strom der Kunden umtosten Ware.«[51]

50 | Zur Bedeutung von Geschwindigkeit, Männlichkeit, Motorrad, Musik und Gruppe als Kernelemente subkultureller Systembildung am Beispiel der englischen Rocker-Szene vgl. Paul Willis, »Profane Culture«. Rocker, Hippies. Subversive Stile der Jugendkultur, Frankfurt a.M. 1981 (erstmals 1978). Zur Aneignung des Motorrollers als Identitätssymbol durch die sog. »Mods« (Teenager der englischen Arbeiterklasse) siehe Dick Hebdige, Die Bedeutung des Mod-Phänomens, in: John Clarke u.a. (Hg.), Jugendkultur als Widerstand. Milieus, Rituale, Provokationen, Frankfurt a.M. 1981 (erstmals 1979). Siehe hierzu die Rockoper »Quadrophenia« von Peter Townsend (»The Who«).

51 | Siehe W. Benjamin, Charles Baudelaire, a.a.O., S. 53/54. Auch Benjamin wußte, wovon er sprach. Wie sensibel und phantasievoll er die städtische Umwelt seiner Kindheit wahrnahm, kann nachgelesen werden in: ders., Berliner Kindheit um Neunzehnhundert, Frankfurt a.M. 1986 (erstmals 1950). Auch Benjamin hatte, wie viele andere Künstler und Schriftsteller vor und nach ihm, Erfahrungen mit Drogen. Vgl. hierzu Reiner Dieckhoff, Rausch und Realität – Drogen und Literaten, in: Gisela Völgel (Hg.), Rausch und Realität. Drogen im Kulturvergleich, Köln 1981, S. 404-425. Vgl. auch Wolfgang Schivelbusch, Das Paradies, der Geschmack und die Vernunft.

Nicht nur die soziale Erfahrung des einzelnen in der Menge, so ließe sich ergänzen, führt zu Erlebnissen der geschilderten Art. Auch die Wahrnehmung der langsam durchschrittenen Räumlichkeit kann vergleichbare Effekte hervorrufen, zumal wenn der Raum belebt ist und sich so in seiner Erfahrungsqualität permanent verändert.

Daß einunddieselbe Fortbewegungsform (Gehen oder Laufen) auch für eine schnellstmögliche Distanzüberwindung nutzbar ist, zeigt der moderne Sport. Das sportspezifische Moment der Überbietung, das im Motto der olympischen Bewegung zum Ausdruck kommt – citius, altius, fortius –, ist nicht, zumindest was den Wettkampf angeht, auf das Erleben von Raum und Nahhorizont ausgelegt. Ganz im Gegenteil. Die Zielerreichung und/ oder die Prozeßbewertung dominieren eindeutig vor dem Prozeß- und Raumerleben, auch wenn die subjektive Erfahrungskomponente im Hochleistungssport von seinen Verteidigern in den Vordergrund gestellt wird.[52]

Dieses Kapitel konnte einen weiteren Aspekt unseres Generalthemas von der Gleichzeitigkeit des Gegensätzlichen und Paradoxen verdeutlichen. In Reaktion auf die Bedrängung und Beschädigung von Mensch und Körper durch die moderne Gesellschaft kommt es zu einer Betonung widersprüchlicher Prozeßtempi. Schnelligkeit und Langsamkeit in der Fortbewegung werden simultan gesteigert und erzeugen eine Resonanz, die in den neuen sozialen Bewegungen mit der Bejahung oder Ablehnung der Moderne und deren Folgen einhergeht. Nicht umsonst fordern diejenigen, die politisch für ein Null-Wachstum der Ökonomie eintreten, auch eine Drosselung des Fortbewegungstempos auf den Straßen.

Ein neues Kapitel soll die bisherige Argumentation ergänzen. Die folgenden Beispiele lassen sich, auch wenn sie auf den ersten Blick als exotische, scheinbar isolierte Phänomene verschiedener Lebenswelten erscheinen, auf die uns interessierende Relation von Körperlichkeit und Modernität direkt beziehen. Es zeigt sich, daß nicht nur die physisch-organische Umwelt des Menschen als Fluchtpunkt angesteuert werden kann. Auch am *Stadtkörper* als einer zentralen Manifestation von Modernität lassen sich Spuren hinterlassen und Thematisierungsversuche plazieren, um dem menschlichen Erleben und Handeln neue und alternative Erfahrungsdimensionen zu vermitteln. Die Materialitäten der Stadt in Gestalt von Gebäuden, Plätzen, Verkehrswegen und Monumenten eignen sich in besonderer Weise, um eine Bejahung von Fortschrittsgedanken auszudrücken oder um Oppositionssignale abzustrahlen.

Eine Geschichte der Genußmittel, Frankfurt a.M., Berlin, Wien 1985 (erstmals 1980), S. 217ff.

52 | Vgl. beispielsweise Hans Lenk, Leistungssport: Ideologie oder Mythos? Stuttgart u.a. 1972; ders., Die achte Kunst, Osnabrück 1985, S. 85ff.

4 Stadtkörper und Öffentlichkeit. Zur Wiederbelebung urbaner Zentren durch Malls und Graffiti-Kommunikation: ein Exkurs

Durch die Zergliederung der Stadtlandschaft nach funktionalen Gesichtspunkten ist es in den Großstädten zu einer räumlichen Trennung von Wohnort und Arbeitsplatz gekommen. Die Gebiete, in denen die Mehrzahl der Menschen jenseits ihrer Arbeitsverpflichtungen lebt, sind, da die Innenbezirke zu den knappen und teuren Gütern gehören, an die Peripherie gedrängt worden. Gewachsene Lebenswelten, z.B. alte Viertel, wurden oftmals wegsaniert.[53] Die Stadtkerne stellen insofern Gebilde dar, die in erster Linie nach den Steigerungsüberlegungen von Handel, Verkehr, Verwaltung und Konsum strukturiert wurden. Eine derartige räumliche Segmentation urbaner Räume, wie sie in der Bundesrepublik nach den Zerstörungen des 2. Weltkrieges entstanden ist, blieb in einer Zeit, in der eine »neue Sensibilität« im Sinne einer Suche nach überschaubaren, entdifferenzierten Lebenszusammenhängen gefordert wurde, nicht ohne Kritik. Das von Mitscherlich unter der einprägsamen Leitformel von einer »Unwirtlichkeit unserer Städte«[54] auf den Begriff gebrachte Unbehagen führte zu Wiederbelebungsversuchen, die sich in der Schaffung von verkehrsfreien Fußgängerzonen, in der Sanierung von Altstadtgebieten und in der Errichtung großer Parkhäuser niederschlugen. »Dem (gemeint ist der Versuch, Einkaufserlebnisse zu schaffen, KHB) dienten die in den Zentren geschaffenen Abwechselungen zwischen Einkauf und Verweilen, eine Mischung von Mode-, Restaurant-, Imbiß- und Warenhauskultur. Dabei bediente man sich der traditionellen Orientierung an den städtischen Mittelpunkten von Kirche, Rathaus, Platz und Kreuzung, die nun, den neuen Anforderungen angepaßt, wieder als markante visuelle Objekte hervorgehoben und städtebaulich betont werden.«[55]

Daß Öffentlichkeit nicht nur durch die körperbezogenen Thematisierungsversuche von Menschen, sondern auch durch architektonische und

53 | Aus der jugendlichen Stadtpopulation erwuchs in diesem Zusammenhang einer Ökonomisierung der Altbaugebiete ein großes Protestpotential. Die Besetzung leerstehender Häuser war in vielen Städten nicht nur die Konsequenz einer bestimmten Wohnungsbaupolitik, sondern auch Ausdruck eines für die Jugendkultur spezifischen gegenmodernen Bewußtseins, das sich gegen zentrale Aspekte der Modernität richtete, beispielsweise gegen die Trennung von Öffentlichkeit und Privatheit, die Konstruktion der neueuropäischen Familie und die technische Zivilisation insgesamt. Vgl. Peter L. Berger, Brigitte Berger, Hansfried Kellner, Das Unbehagen in der Modernität, a.a.O., S. 173ff.

54 | Siehe Alexander Mitscherlich, Die Unwirtlichkeit unserer Städte. Anstiftung zum Unfrieden, Frankfurt a.M. 1965.

55 | Siehe Hanns-Josef Ortheil, Der lange Abschied vom Flaneur, in: a.a.O., S. 40.

städtebauliche Maßnahmen – infolge von wirtschaftlichen und kommunalpolitischen Überlegungen – partiell in die urbanen Zentren zurückgebracht werden kann, um diese zu revitalisieren, läßt sich am Beispiel der sog. Malls, Einkaufspassagen, verdeutlichen. Der strukturellen Verknappung einer nutzbaren Öffentlichkeit, wie sie infolge der städtischen Modernisierung zu verzeichnen ist, wird durch die künstliche Herstellung öffentlicher Räume selektiv gegengesteuert. In diesen »schattigen Wegen« läßt sich Öffentlichkeit während des ganzen Jahres genießen. Weder Straßenverkehr noch Wetter können als Störgrößen Einfluß auf diese Binnenräume ausüben.

Die auf verschiedenen Ebenen angelegten Kaufhäuser, Einzelhandelsgeschäfte und Verweilräume können jederzeit mit Hilfe von Rolltreppen, transparenten Fahrstühlen und Treppen betreten werden. Da das Klima künstlich erzeugt und kontrolliert wird, lassen sich attraktive Möglichkeiten für Besucher und Konsumenten schaffen. Kaufinteressen können wirksam stimuliert werden. Eine exklusive, das Auge ansprechende Architektonik sorgt für einen sozial entspannten, das öffentliche Leben früherer Zeiten fingierenden Erlebnisraum. Die räumliche Massierung von Geschäften, Cafeterias, Ruhezonen, Kinos etc. ermöglicht nicht nur, daß der einzelne auf der Grundlage einer Indifferenz zu äußeren Umweltbedingungen einkaufen und durch verschiedene Kaufmärkte schlendern und flanieren kann. Er kann hierbei sehen und gesehen werden. Die Unwahrscheinlichkeit von Natur wird in dieser aseptischen Szenerie mit Hilfe fortschrittlicher Technik in Gestalt von Wasserfällen, umpflanzten Springbrunnen und künstlichem Rasen wahrscheinlich gemacht. Die Außenwelt wird in die Innenwelt hineingezogen. Das Interieur expandiert, wird ästhetisiert und vermittelt dem Betrachter eine modernistische Aura.

Derartige Räume ermöglichen es, daß man die Intimität und – bisweilen – die Langeweile privater Situationen verlassen und in eine ungefährliche, kalkulierbare und räumlich überschaubare Öffentlichkeit eintauchen kann, ohne allerdings dazu gezwungen zu werden, die Distanz zu den Mitmenschen aufgeben und in Kontakt treten zu müssen. Die modernen Einkaufszentren sind als Enklaven der Öffentlichkeit in zunehmend entöffentlichten Großstädten zu werten – Inseln, in denen die Fiktion von einer gemeinsam erlebten Öffentlichkeit individualisierter Akteure durch die Multifunktionalität kaufstimulierender Einrichtungen glaubhaft und erlebbar inszeniert wird. Die Intimität der vorindustriellen Nachbarschaft kann zwar nicht hergestellt, aber zumindest verkürzt angedeutet oder, wie es in einigen US-amerikanischen Malls der Fall ist, imitiert werden. Die alten Stadtteile berühmter Städte – z.B. Bostons Beacon Hill – werden mit Hilfe von Plastik, Holz usw. nachgebaut und räumlich integriert. Die Vergangenheit wird mit einem nostalgischen Interesse in die Gegenwart projiziert, um Kaufmotivationen freizusetzen.

Durch die Synthese von sozialer Nähe, allgemeiner Zugänglichkeit, Transparenz, Marktatmosphäre, ästhetisierter Architektur und importierter

Natur werden, und dies hält den Reproduktionsprozeß dieser Malls in Gang, konsumorientierte Gefühle freigesetzt, die die Umsätze ansteigen lassen. Die Straße und der Marktplatz als traditionelle Räume des Palaverns und Kaufens, die mit Heraufkunft der modernen Gesellschaft die sozialintegrative Funktion des Sich-Treffens und -Austauschens weitgehend verloren hatten, werden in den Malls – entmotorisiert – als Bindeglieder zwischen den einzelnen Ebenen und Geschäften reaktiviert. Die Öffentlichkeit der Malls eignet sich auf eine besondere Weise für die Funktionserfordernisse eines kapitalistisch orientierten Marktes. Die ständige Abwechselung und das exklusive Angebot sorgen für einen schnellen Warenumschlag. In entwickelten Industriegesellschaften, die gerade ihre Stadtkerne unter dem Primat ökonomischer Rationalitätsgesichtspunkte saniert und damit auch entvölkert haben, ist es nur folgerichtig, wenn der in Gestalt moderner Einkaufspassagen betriebene Versuch einer Revitalisierung der Stadtkerne wirtschaftlich motiviert ausfällt. Nachdem die Verbrauchermärkte aufgrund der innerstädtischen Bodenpreise an die Stadtränder abgewandert waren und erhebliche Umsatzeinbußen in den Zentren hervorgerufen hatten, sollen Malls das verlorengegangene Terrain zugunsten der Citys zurückerobern.

Die Durchsichtigkeit der Läden, ihre aufeinander abgestimmte Auswahl und Organisation stimulieren die Bedürfnisse des Sehens, Sich-Zeigens und Besitzen-Wollens. Transparenz und allgemeine Zugänglichkeit werden zu einem öffentlichkeitsgenerierenden Prinzip, das selbst die Fahrstühle erfaßt. In den modernen Malls fährt man nicht in einem engen, dunklen Fahrstuhlschacht, abgeschottet von der Außenwelt. Die potentiellen Käufer werden vielmehr öffentlich in langsamer Fahrt an den inneren Strukturen der Malls empor- bzw. hinabtransportiert. Mit einem freien Blick in den lichtdurchfluteten Innenraum – bei gleichzeitiger Beobachtbarkeit der gläsernen Fahrstuhltropfen von außen – können die einzelnen Ebenen erreicht und begangen werden.[56] Das Glas hilft dabei, den Innenraum der Malls durchsichtig einzurahmen. Die innere Öffentlichkeit wird erschließbar: vollklimatisiert, ohne Wärmeverlust und meist in einem futuristischen Ambiente, das die Malls individualisiert und aus der Anonymität der umgebenden Wolkenkratzer heraushebt. Nicht nur der menschliche Körper wird in den Binnenräumen der Malls sichtbar gemacht. Auch der Baukörper wird in seinen Strukturen visualisiert und skelettiert.

Die Außenwelt ist durch überglaste Passagen und Übergänge ergehbar.[57] Die Malls stellen eigene, abgeschottete Funktionsräume dar. Die Ar-

56 | Vgl. Esther Gallwitz (Hg.), Chicago. Die Stadt der Superlative, Frankfurt a. M. 1985, S. 138ff.

57 | In der Bundesrepublik erlebt gegenwärtig die Berliner Glasarchitektur der Jahrhundertwende eine Wiedergeburt in Gestalt überglaster Einkaufspassagen, Wohnstraßen und Innenhöfe – nicht nur, um die Innenstädte zu beleben, sondern um Energie zu sparen. Vgl. Joachim Glässel, Städtische Sonnenräume, Berlin 1985.

chitektur wird, so zeigen diese Einrichtungen, zu einer wichtigen Bedingung der Möglichkeit einer Wiederbelebung großstädtischer Binnenräume. Durch das Ambiente dieser Einkaufspassagen bekommt zudem die Ware eine neue Qualität. Der Luxus der Malls fährt gleichsam in sie hinein und lädt sie ästhetisch auf.

Der Erfolg der Malls in den Metropolen, die in den letzten Jahren aus den Vororten wieder in die Stadtzentren hineingebracht worden sind, indiziert, daß diese mit Hilfe einer neuartigen, dennoch auf altbewährte Muster zurückgreifenden Bauidee in der gegenwärtigen Phase fortgeschrittener Modernität wieder interessant gemacht werden können. »Shopping Center« sind zunächst eine Erscheinungsform der Stadtrandzonen.[58] Die Mehrzahl von ihnen liegt entlang der städtischen Ausfallstraßen – mit genügendem Parkraum für die motorisierten Kunden und leichtem Zugang zu den verschiedenen Einkaufsflächen. Entgegen den älteren Einkaufszentren (in den USA seit 1925) enthalten die neueren, die sog. Plazas, nicht nur Einzelhandelsgeschäfte, sondern auch öffentliche und private Dienstleistungseinrichtungen.

Nach den in den letzten Jahren gemachten Erfahrungen mit einem Überhandnehmen des innerstädtischen Autoverkehrs, einem Rückgang der dortigen Einzelhandelsgeschäfte und einer Ausweitung des tertiären Sektors versuchen Städteplaner mit Hilfe von Malls eine »Neuordnung des Funktionsbesatzes«[59] durchzusetzen. Gegenüber den Einkaufszentren der Vorstädte zeichnen sich diese Komplexe sowohl durch die Qualität und Quantität ihres Warenangebotes als auch durch ihre architektonische Formgebung aus, die soziale Überlegungen durchsetzen helfen sollen.

Es fällt auf, daß derartige Einrichtungen keineswegs eine Erfindung des späten 20. Jahrhunderts sind, sondern nur das aufgreifen und verfeinern, was in Reaktion auf Verstädterung, Geldwirtschaft und Arbeitsteilung in der Zeit des Frühkapitalismus bereits zu baulichen Neuerungen geführt hatte. Malls sind modernisierte Folgeprodukte jener mit Luxuswaren ausge-

Vgl. hierzu die Diskussion um die sog. postmoderne Architektur, in der der Mensch, nach den Erfahrungen mit der Gigantomanie in der modernen Architektur der 60er und 70er Jahre (Beispiele: das Märkische Viertel in West-Berlin; Köln/Chorweiler), mit seinen Bedürfnissen nach Intimität, Behaglichkeit und Überschaubarkeit kompensatorisch wieder zu seinem Recht kommen soll. Materialien wie Beton, Glas, Aluminium und Stahl werden durch eine umfangreiche Begrünung kontrastiert und enthärtet. Wohnungen, Büros, Ladengeschäfte etc. werden miteinander verbunden, ohne funktionell zu stören. Vgl. Jürgen Habermas, Moderne und postmoderne Architektur, in: ders., Die neue Unübersichtlichkeit, Frankfurt a.M. 1985, S. 11-29.

58 | Siehe H. Blume, USA. Eine geographische Landeskunde, Bd. 1. Der Großraum im strukturellen Wandel, o.A., S. 185f; vgl. auch Theodor Leuenberger und Rudolf Schilling, Die Ohnmacht des Bürgers. Plädoyer für eine nachmoderne Gesellschaft, Frankfurt a.M. 1977, S. 58ff.

59 | Siehe H. Blume, a.a.O S. 179.

statteten Einkaufspassagen, die in den 20er und 30er Jahren des vorletzten Jahrhunderts als Antwort auf die in den europäischen Großstädten – vornehmlich Paris, London und Mailand – empfundene Unwirtlichkeit gebaut worden waren. Die Pferdekutschen waren zu jener Zeit sehr laut und hatten die Fußgänger von den beengten Straßen verdrängt. Die Gesellschaft begann, die psychische Innenwelt in zunehmendem Maße durch die Herstellung von Intimität und Individualität zu strukturieren.[60] In den überdachten, mit Geschäften gefüllten, mit Gaslaternen bis in die späte Nacht beleuchteten, nur für Fußgänger vorgesehenen und deswegen auch leisen Passagen konnten gleichsam die Überschaubarkeit und Intimität der eigenen vier Wände in der Öffentlichkeit nachempfunden werden.[61] Hier konnten sich Menschen untereinander vermischen, ohne sich wirklich nahe zu kommen. Die modernen Malls knüpfen an diese Leistungen der alten Passagen an.

In ihnen feiert die Gemächlichkeit, der Genuß des langsamen Gehens und Beobachtens eine Renaissance. Hier, wie in den verkehrsfreien Zonen der Stadtzentren, kommt der moderne Flaneur mit seinem suchenden, genießenden und alles abklopfenden Blick in der ansonsten dahinhastenden Menschenmenge auf seine Kosten.[62] Sein langsames, müßiggängerisches Dahinschlendern ist Reaktion auf das Tempo einer sich dynamisch entwikkelnden und gerade die urbanen Zentren beeinflussenden Moderne. Die Wiederentdeckung der Langsamkeit in den Einkaufspassagen, in denen das lustvolle, rauschhafte Verweilen und das Gehen bewußt eingeplant worden sind, ist ein Reflex der Hektik der Städte, des Gewühls von raumüberwindenden, zeitknappen, nicht genießenden Passanten.

Insofern gilt für den modernen Flaneur in den Malls, was Benjamin für die Pariser Passagen des 19. Jahrhunderts konstatierte: »Müßig geht er (der Flaneur, KHB) als eine Persönlichkeit; so protestiert er gegen die Arbeitsteilung, die die Leute zu Spezialisten macht. Ebenso protestiert er gegen deren Betriebsamkeit. Um 1840 gehörte es vorübergehend zum guten Ton, Schildkröten in den Passagen spazieren zu führen. Der Flaneur ließ sich sein Tempo von ihnen vorschreiben. Wäre es nach ihm gegangen, so hätte

60 | Vgl. Richard Sennett, Verfall und Ende des öffentlichen Lebens, Frankfurt a.M. 1983 (erstmals New York 1977), S. 25f.

61 | Vgl. die aufschlußreiche Analyse des Flaneurs von Walter Benjamin, in: ders., Charles Baudelaire, a.a.O., S. 33f; ebenso ders., Das Passagen-Werk Bd. 1 und 2, Frankfurt a.M. 1982.

62 | Claus-Dieter Rath sieht einen »mentalen Flaneur« heutzutage vor dem Bildschirm sitzen. Indem dieser, in seinem Sessel fixiert, mit Hilfe der elektronischen Senderwahl zwischen den einzelnen Programmen hin und her springen würde und sich von den vielen verschiedenen Bildern »umspülen« ließe, könne er jenen Reiz empfinden, den der Flaneur des 19. Jahrhunderts auf den Boulevards und in den Passagen gesucht hatte. Siehe ders., Die öffentliche Netzhaut: Das fernsehende Auge, in: Kamper/Wulf (Hg.), Das Schwinden der Sinne, a.a.O., S. 70.

der Fortschritt diesen pas lernen müssen.«[63] Langsamkeit ist in den Passagen sozial legitimiert. Außerhalb dieser Funktionsräume kann man sich durch Gemächlichkeit schnell verdächtig machen.[64]

Inzwischen sind diese Einkaufs- und Flanierzonen auch für Zwecke der direkten Körperaktivierung entdeckt worden. In den amerikanischen Großstädten bieten die Malls nämlich etwas, was durchaus nicht selbstverständlich ist, nämlich Sicherheit, Wärme, Ruhe, Autofreiheit und saubere Luft. Insofern ist es verständlich, daß mit Hilfe sog. »mall-walking-clubs« Mitte der 80er Jahre erstmalig Organisationsformen begründet wurden, um die Möglichkeit einer geregelten Nutzung der Malls für ein schnelles, kalorienreduzierendes Gehen oder Joggen zu nutzen. Ein Protagonist dieser Bewegung äußerte sich hierzu wie folgt: »I would organize a mall-walking-club, with your friends, get them together, get the mall manager to agree to a time when you can walk, usually in the morning before the mall opens before shopping.«[65]

Die Reaktivierung der Öffentlichkeit und des genüßlichen Verweilens für konsumgenerierende Zwecke fällt in eine Zeit, in der die Qualität des öffentlichen Raumes auch im Hinblick auf Straßen und Plätze in den Blickpunkt architektonischer Aufmerksamkeit gerückt ist. Die bisherigen städtebaulichen Maßnahmen halfen auch sehr stark mit, Kritik an sich selbst hervorzurufen. Hierzu die journalistische Begleitstimme zur ersten

63 | Siehe W. Benjamin, Charles Baudelaire, a.a.O., S. 52/53. Mit dem Abriß bekannter Passagen infolge der Pariser Stadtsanierung durch George Haussmann verschwand ein wichtiges Revier des Flaneurs. Ihm blieben in der Folgezeit die neuerbauten Kaufhäuser, in denen er zum Zuschauer des räumlich verdichteten, schnellen Warenumschlags wurde, der die Massen nach Errichtung der großen Boulevards (Herrschaftsästhetik der Gerade) erfaßte. Vgl. W. Kraushaar, Die Passage als städtischer Mikrokosmos, in: Freibeuter, 3, 1980, S. 84-91; auch W. Schivelbusch, Geschichte der Eisenbahnreise, a.a.O., S. 45ff, besonders seine Ausführungen zu jenem Wahrnehmungsschock, der durch die Auflösung der traditionellen Licht-Schatten-Kontraste in der Glasarchitektur während der ersten Hälfte des 19. Jahrhunderts ausgelöst wurde. Erst durch die Erfindung des Kunstlichts (Gaslaterne) wurde das unkontrollierbare Naturlicht obsolet – mit der Konsequenz, daß die Passagen einen Großteil ihrer Funktion und Extravaganz verloren.

64 | Ein Zeitgenosse W. Benjamins beschreibt das Sich-verdächtig-Machen des Flaneurs wie folgt. »Langsam durch belebte Straßen zu gehen, ist ein besonderes Vergnügen. Man wird überspielt von der Eile der anderen, es ist ein Bad in der Brandung. Aber meine lieben Berliner Mitbürger machen einem das nicht leicht, wenn man ihnen auch noch so geschickt ausbiegt. Ich bekomme immer mißtrauische Blikke ab, wenn ich versuche, zwischen den Geschäftigen zu flanieren. Ich glaube, man hält mich für einen Taschendieb.« Siehe Franz Hessel, Ein Flaneur in Berlin, Berlin 1984 (Originaltitel: Spazieren in Berlin, Berlin 1929), S. 7.

65 | So Gary Valker in einem Interview am 5.3.1985 in den NBC-News »After Eight«. Vgl. auch ders., Walking workouts, New York 1985.

internationalen Messe für öffentliches Design in Frankfurt (1985): »Plötzlich entdecken wir, daß etwa Straßen und Plätze entschieden mehr sind, als lediglich übel zugerichtete ›Verkehrsflächen‹; meist landauf landab bestückt mit jenem gleichförmigen, chaotischen Horror-›Inventar‹ aus Abfallcontainern, Zigarettenautomaten, Alibi-Bänken zwischen pflegeleichten Grünkübeln, Leitplanken, staksigen Geländern, diversen Lampentypen, billigen Zementböden und so fort, zwischen dem allenfalls Masochisten Verweil- und Lustgefühle zu entwickeln vermögen. Zum nicht selten angerosteten ›Schilderwald‹, dessen groteskes Wachstum in seiner unfruchtbaren Dynamik dem Absterben der natürlichen Wälder nur geringfügig nachsteht, gesellen sich plumpe Signalanlagen; meist überragt von jenen Peitschenlampen, die die öffentlichen Gefilde des Abends ebenso in fahles Licht tauchen wie die an eisernen ›Wäscheleinen‹ baumelnden Neonröhren.«[66]

Es ist nicht verwunderlich, daß in einer Zeit, in der die Sensibilität für den eigenen Körper eine in verschiedene Teilaspekte aufgefächerte soziale Bewegung bereits hervorgebracht hatte, das öffentliche Design, besonders der Formaspekt in der »Möblierung« öffentlicher Räume, erstmalig zum Anlaß für eine erste internationale Messe genommen wurde. All dies macht darauf aufmerksam, daß in entwickelten Industrieländern westlicher Prägung nicht nur mit dem eigenen Körper, sondern auch mit dem Stadtkörper und dessen Ausgestaltung experimentiert wird.

Hierfür ein weiteres und letztes Beispiel: In Gestalt der *Graffiti-Kommunikationen* erfolgt seit Mitte der 60er Jahre eine bemerkenswerte und aufschlußreiche Auseinandersetzung mit den fortgeschrittenen Folgen der Urbanisierung.[67] In den Großstädten der Vereinigten Staaten reagierte ein Teil derjenigen Bewohner, die aufgrund ihres geringen sozio-ökonomischen Status nicht in der Lage waren, der tagtäglichen Konfrontation mit dem defizitären Stadtkörper aus dem Wege zu gehen, mit der Ausprägung eigenständiger symbolischer Codes auf der Grundlage einer alten Kommunikationsform.[68] Vornehmlich die ohne Arbeit und Aufstiegschancen lebende Jugendpopulation sozialer Minoritäten antwortete so nicht nur auf ihre notorisch schlechten Lebensbedingungen, sondern versuchte aktiv, fremde und bisher unerschlossene urbane Räume mit ihren Botschaften zu

66 | Siehe Werner Strodthoff, Auch die neue Gemütlichkeit hat ihre Tücken, in: KSA, 1985, Nr. 235/33.

67 | Ley und Cybriwsky siedeln die Heraufkunft der zeitgenössischen Graffiti in der Mitte der 60er Jahre an. »Die Anzahl von Artikeln oder Kommentaren über Graffiti in bekannten Magazinen und der New York Times stieg von nur einem (1950-1964) auf fünf (1969), und schließlich auf 40 im Jahr 1972.« Siehe David Ley und Roman Cybriwsky, Stadt-Graffiti als Territorialmarkierung, in: Siegfried Müller (Hg.), Graffiti. Tätowierte Wände, Bielefeld 1985, S. 175.

68 | Vgl. Detlef Hofmann, Zweitausend Jahre Graffiti oder Jede Zeit hat die Wände, die sie verdient, in: a.a.O., S. 17-37.

markieren und eigene Territorialansprüche anzumelden bzw. mit Identitätssignalen abzustecken.[69]

Das Anbringen der Graffiti nimmt, da fremdes Eigentum als Kommunikationsträger genutzt wird, den Charakter einer Abenteuersportart an, in der der eine den anderen im Besprayen an Größe, Originalität und Exklusivität des Ortes zu übertrumpfen sucht. Zunächst müssen die Sprayer ihre Dosen in Ermangelung des nötigen Geldes durch Diebstähle »besorgen«. Zudem werden die Mitteilungen an verbotenen und gefährlichen Orten angebracht: in bewachten U-Bahn-Depots; auf Tierrücken im Zoo; im Territorium einer rivalisierenden Straßengang; auf öffentlichen Monumenten. Mit Hilfe der Farbdose bekommen Teile der abstrakten Stadtzentren eine individuelle und konkrete Note, die allerdings nicht so individuell ausfallen darf, daß der Sprayer anschließend von der Polizei identifiziert, regreßpflichtig gemacht oder für Säuberungsaktionen eingesetzt wird. Die Graffiti bestehen insofern aus Code-Namen, die nur Eingeweihten vertraut und bekannt sind. Aus der Anonymität der Großstadt treten Jugendliche an die Öffentlichkeit und hinterlassen private Identitätsspuren. Sie können dies aber nur tun, indem sie ihre eigene Identität vercoden und verschleiern.

Durch die als Schutz vor einem Zugriff durch Hausbesitzer, Polizei und Passanten notwendige Heimlichkeit dieser Sonderform der »Öffentlichkeitsarbeit« sind Graffiti im Schnellverfahren herzustellen. Die in den Stadtzentren anzutreffenden Wandbemalungen haben deshalb eine andere Qualität als jene Mitteilungen, die in genüßlicher Muße oder quälender Langeweile mit ausreichender Reflexionszeit eingeritzt oder hingeschrieben werden können, so beispielsweise im Klassenzimmer (Schulbank), auf der Toilette (Tür und Wände) oder im Gefängnis (Zelle, Gänge). Wo dem einzelnen eine längere Verweildauer an einem bestimmten Ort nicht möglich ist, muß die Kommunikation entsprechend flüchtig ausfallen.

In seiner Analyse der urbanen Graffiti-Kultur von New York City machte Jean Baudrillard darauf aufmerksam, daß mit diesen Wandbemalungen ein »Aufstand der Zeichen« in die Stadt eingebrochen wäre. Aus der Unterwelt der Pissoirs und Baugrundstücke kommend werden die verschiedenen Verkehrsmittel der Großstädte, öffentliche Räume und Denkmäler in der Tat auf eine offensive Art und Weise für eigene Darstellungsformen genutzt. Die in den Ghettos lebenden Mitglieder ethnischer Minderheiten lehnten sich, nachdem die Unruhen in ihren Wohnvierteln in den 60er Jahren niedergeschlagen worden waren, auf dieser Ebene der Zeichen gegen die »Semiokratie« der vorherrschenden weißen Kultur auf. »Seit dem Frühjahr (1972, KHB) ist eine Woge von Graffiti über New York hinwegge-

69 | Zur semiotischen Überlagerung, Ergänzung und Decodierung der umbauten städtischen Umwelt vgl. die Ausführungen von Lenelis Kruse und Carl F. Graumann, Sozialpsychologie des Raumes und der Bewegung, in: KZfSS, Sonderheft 20/1978, S. 190f.

rollt, die, von den Wänden und Zäunen der Ghettos herkommend, sich zuletzt auch der U-Bahnen und Busse, der Lastwagen und Aufzüge, der Flure und Monumente bemächtigt hat, um sie über und über mit rudimentären oder verdrehten Graphismen zu bedecken, deren Inhalt – und das ist ein wichtiges, in seinem Umfang neues Charakteristikum – weder politisch noch pornographisch ist: es sind bloß Namen, oft auf Underground-Comics bezogene Spitznamen [...]«[70] Die Wände und Plätze werden, indem Sprayer sie mit Graffiti-Kommunikationen bemalen und besprühen, gleichsam verkörperlicht. Respektlos gegenüber Eigentumsbegriffen und architektonischen Schönheits- und Reinheitsvorstellungen werden Häuser, Wände, Straßen und Passagen per Sprühdose miteinander verbunden, tätowiert und symbolisch aufgeladen. Damit »befreien SUPERSEX und SUPERKOOL sie (die Wände, KHB) von der Architektur und machen sie wieder zur lebendigen, immer noch sozialen Materie, zum beweglichen Körper der Stadt vor seiner funktionalen und institutionellen Markierung.«[71]

Das Bizarre liegt darin, daß der Stadtkörper durch diese Graffiti zwar in einigen seiner inneren Strukturen wild übermalt wird. In seiner Substanz kann er dadurch aber nicht verändert werden. Er wird höchstens, um bei dieser Metapher zu bleiben, von deprivierten oder rein erlebnisorientierten Jugendlichen auf seiner Haut mit anonymen Zeichen besudelt. Diejenigen, die die Folgen von Modernität durchaus brutal zu spüren bekommen[72], revoltieren und setzen sich mit den ihnen schnell verfügbaren Materialitäten der Moderne auseinander. Die Verkehrsmittel, die ihre Ghettos mit der Außenwelt verbinden, und die dazugehörigen Bahnhöfe sind die Hauptangriffspunkte ihrer Sprayattacken. Wer mit Pinsel, Farbe oder Spraydose Kommunikationen ausdrücken und damit Aufmerksamkeit hervorrufen kann, ist allemal gut für eine Vereinnahmung in den Kunstsektor komplexer Gesellschaften. So erging es dann auch einigen jener »Graffitiwriter«, die entweder von der Polizei gefaßt wurden oder die Heimlichkeit ihrer Aktionen gegen weniger gefährliche Kunsthappenings eintauschen wollten – auch mit der profitablen Möglichkeit, Geld hierdurch verdienen zu können. Die vormals als Aneignung öffentlichen Eigentums in Verruf gekommene Kommunikationsform hat so die Unterwelt der Metros und Bahnhöfe seit Mitte der 70er Jahre verlassen und ist Bestandteil der künstlerisch akzeptierten Ästhetik geworden.[73] Was vorher kriminell war und entsprechend bestraft wurde, wird jetzt als avantgardistisch gefeiert und entsprechend honoriert. Das Authentische der Graffiti, das sich aus der Gefahr, erwischt

70 | Siehe Jean Baudrillard, Kool Killer oder Der Aufstand der Zeichen, Berlin 1978, S. 24. Vgl. in divergierender Übersetzung ders., Der symbolische Tausch und der Tod, München 1982, S. 120ff.

71 | Ebenda, S. 35.

72 | Vgl. für die frühe Phase (1890-1930) Gilbert Osofsky, Harlem. The Making of a Ghetto, New York 1971 (erstmals 1963).

73 | Vgl. Suzi Gablik, Has Modernism failed?, New York 1984, S. 103ff.

zu werden, der hiermit korrespondierenden Schnelligkeit in der Herstellung, der Wahl der Objekte und der geringen Dauerhaftigkeit der Zeichen ergab, geht durch diesen Akt der Aneignung verloren. Die Symbole werden zu einer Tauschware. Es entsteht ein Kunststil, den das Establishment der Galeristen und Kunsthändler reproduziert und vermarktet.[74]

Indem die »Aura ihrer Hervorbringung« (Benjamin) vernichtet, das Skandalöse privatisiert und das Einzigartige, Momenthafte temporalisiert und aufbewahrt werden, können nur noch diejenigen Schockwirkungen hervorbringen, die in der Anonymität des Untergrunds bleiben, auf vorhandene Vermarktungschancen verzichten und damit fortfahren, ihre Zeichen illegal am Stadtkörper anzubringen – und nicht etwa auf der Leinwand irgendeines Künstlerstudios. Ausnahmen sind diejenigen, die sowohl das eine tun, als auch das andere nicht lassen. Auch im Fall des Graffiti-Phänomens ist es somit zu der paradoxen Situation der Erzeugung und Vereinnahmung von Revolte und Protest gekommen, und zwar durch die Integration in die ästhetische Eigensphäre des Kunstsystems. Die Auseinandersetzung mit der urbanen Umwelt auf und unter den Straßen der Großstädte wird in das Atelier verlagert und damit seiner Aggressivität, Vitalität und Ausdruckskraft beraubt.

Modernität und Reaktion auf Modernität erschöpfen sich nicht in städtebaulichen Maßnahmen, in Messen für öffentliches Design oder in einem »Aufstand der Zeichen«. Markierungen und Identitätsspuren lassen sich nicht nur auf Häuserwände, Parkbänke und U-Bahn-Stationen setzen, sondern auch am menschlichen Körper anbringen. Die Nutzung des Körpers als Mittel identitätsorientierter Kommunikation zwischen Personen und ihrer sozialen Umwelt soll das folgende Kapitel erhellen.

5 Gestylte Körper. Zum Idealbild von Jugendlichkeit und jugendlichem Körper

Die moderne Gesellschaft ist mit der Evolution symbolisch generalisierter Steuerungsmedien sowohl gegenüber Person und Körper als auch gegenüber der Natur autonomer geworden. Die seit geraumer Zeit zu beobachtende verstärkte Inanspruchnahme des Körpers in Musik, Tanz, Therapie und Sport legt Zeugnis ab über personale und soziale Reaktionen auf die physischen und psychischen Folgen dieser legitimen Indifferenz im Verhältnis von Individuum und Gesellschaft. Die veränderte Wahrnehmung des Körpers zeigt sich, wie in den bisherigen Ausführungen bereits deutlich geworden ist, in vielerlei Gestalt, so auch auf dem Gebiet der Mode.

Die *Mode* als ein hochsensibler Indikator für kollektive ästhetische

74 | Vgl. Walter Benjamin, Das Kunstwerk im Zeitalter seiner technischen Reproduzierbarkeit. Drei Studien zur Kunstsoziologie, Frankfurt a.M. 1977 (erstmals 1936), besonders S. 10-43.

Empfindungen verändert sich, wenn der Körper aufgrund gesellschaftsinterner Wandlungsprozesse in seinem Bedeutungsgehalt umdefiniert wird.[75] Prüde Moral zwängt ihn ein; Moralvorstellungen, die den einzelnen für ein neuartiges Erleben und Handeln freisetzen, entlassen ihn aus rigiden Umhüllungszwängen. Die Kleidung wird salopper und komfortabler. Im Rahmen der gegenwärtigen Konjunktur des Körpers hat sich gezeigt, daß sie in zunehmendem Maße von sportspezifischen Funktionsüberlegungen beeinflußt wird. Dem Körper werden, wie es scheint, auch auf dieser Ebene Freiräume bewilligt. Er kann sich nun auch in sportunspezifischen Situationen bewegen, räkeln und recken, ohne daß gleich die Nähte platzen oder das soziale Auge des anderen pikiert zur Seite schaut. Sportschuhe und Jogging-Anzug als vormals reine Trainings- und Arbeitsutensilien, als sportspezifische Artefakte, sind inzwischen feste Bestandteile der Alltagsmode geworden. Der Versportlichung der Mode einerseits entspricht andererseits, daß der traditionelle, für eine zweckrationale Auseinandersetzung mit dem eigenen Körper gefertigte Trainingsanzug modisch überarbeitet und neugestaltet worden ist. Er wird bunter, weiter, wird mit besseren Materialien hergestellt. Die Sportschuhe werden nach biomechanischen Erkenntnissen konzipiert und gefertigt. Insgesamt gilt: Die Mode wird sportlicher und die Sportkleidung modischer.[76] Die Sportartikelindustrie setzt einen Großteil ihrer Produkte im allgemeinen Freizeitbereich ab, und nicht bei den auf Leistung und Konkurrenz ausgerichteten Wettkampfsportlern. Diese dienen, da sie in den Massenmedien dauerpräsent sind, lediglich als Multiplikatoren.

Sportschuhe, -hemden und -pullover in der Öffentlichkeit zu tragen und für eine allgemeine Freizeitgestaltung umzufunktionieren, heißt, die Symbolkraft des Sportkörpers und der ihm zugeschriebenen Kleidung für ein sportives Auftreten in außersportlichen Situationen zu nutzen. Individuelle Leistungsfähigkeit, Vitalität, ein unkompliziertes Unbekümmertsein, Einfachheit und ein leichter Zugang für zwischenmenschliche Kontakte als Importe aus der Du-Kultur des Sports lassen sich so symbolisch andeuten. Indem der einzelne die Attribute des Arbeitslebens (Anzug, Krawatte etc.) ablegt, in ein sportliches Kostüm schlüpft, wird der im normalen Arbeitsprozeß verdrängte Körper äußerlich reaktiviert, ohne daß der Schweiß gleich fließen muß. Die sportliche Kleidung macht es dem individualisierten Akteur möglich, veränderten Freizeitbedürfnissen in entsprechenden Hüllen folgen zu können. Ehemalige Nutzobjekte aus der Welt des Sports

75 | Vgl. allgemein René König, Macht und Reiz der Mode. Verständnisvolle Betrachtungen eines Soziologen, Düsseldorf, Wien 1971; ders., Menschheit auf dem Laufsteg: die Mode im Zivilisationsprozeß, München 1985; ebenso die klassische Studie von Georg Simmel, Zur Psychologie der Mode (1895), in: ders., Schriften zur Soziologie, a.a.O., S. 131-139.

76 | Vgl. hierzu Volker Rittner, Sport und Mode, in: Olympische Jugend, 5, 1985, S. 4-7.

gehen eine Symbiose mit jenen Themen ein, die infolge der Konsequenzen moderner Industriegesellschaften in den Köpfen der Menschen immer mehr an Bedeutung gewonnen haben, nämlich Fitneß, Gesundheit, Jugendlichkeit, Kraft und Schönheit.

Über sportliche Mode wird, wie es scheint, ein Schnellweg in eine natürliche, ursprüngliche und authentische Körperlichkeit gesucht, und zwar ohne daß auf den Körper per Training direkt eingewirkt werden müßte. Sportlichkeit, Natürlichkeit und Jugendlichkeit lassen sich bereits mit bestimmten, gesellschaftlich bewährten Accessoires des Sports darstellen. In einer deutlichen Synthese mit korrespondierenden Fitneß-Attributen zelebrieren die Akteure in der Freizeit neuartige Kleiderrituale. Der sportlich getrimmte, fit gemachte, abgespeckte und entsprechend gekleidete Körper wird in diesem Zusammenhang als ein Konsumobjekt in Anschlag gebracht, an dem gesellschaftlicher Status vorgeführt werden soll. Ein Netz prestigeträchtiger Maßnahmen und Gegenstände wird um das Selbst gespannt, mit deren Hilfe der einzelne sich und seiner Umwelt eine individuelle, unverwechselbare Besonderheit zu signalisieren versucht.

In Ausdehnung des Selbstverwirklichungspostulats auf den Körper wird dieser zu einem Fluchtpunkt, an dem sowohl Sicherheitsstrategien für die individuelle Körperzukunft entwickelt, als auch gegenwartsorientierte Individualitätsansprüche gestylt werden können.[77] Die Expansion des Fitneß- und Gesundheitsgedankens in der Mittel- und Oberschicht, transportiert über sportliche Aktivitäten, entsprechende Gadgets, gebräunte Haut und – bisweilen – ein alternatives Ernährungsverhalten[78], deutet nicht nur auf eine bedrängte Körperlichkeit hin, sondern macht auch auf die Stilisierungserfordernisse aufmerksam, die infolge von gesellschaftsstrukturell erzeugten Individualisierungsschüben freigesetzt worden sind.[79] Das gepflegte Äußere wird durch einen rang- und statusabstützenden Cordon von Gütern abgepuffert, die Geschmack beweisen und eine schnelle Anerken-

77 | Zum Stilisierungsaspekt vgl. Burkhart Steinwachs, Stilisieren ohne Stil? Bemerkungen zu »Design« und »Styling«, in: Hans Ulrich Gumbrecht/K. Ludwig Pfeiffer (Hg.), Stil. Geschichten und Funktionen eines kulturwissenschaftlichen Diskurselements, Frankfurt a.M. 1986, S. 342-357. Vgl. auch Hans-Hermann Berning, »Selbstfindung« als zentraler Inhalt neuer Bewegungs- und Körperkultur, in: Michael Klein (Red.), Sport, Gesundheit und die »neue« Bewegungskultur. Tagung der dvs-Sektion Sportsoziologie vom 29.11 bis 1.12.1985 in der Evangelischen Akademie in Bad Boll, Clausthal-Zellerfeld 1986, S. 42.

78 | Vgl. Jean Baudrillard, Der Schlankheitswahn: die Linie, in: Claudia Gehrke (Hg.), Ich habe einen Körper, München 1981, S. 112-117. Baudrillard spricht hier von einem »Wahn, die schlanke Linie zu bewahren« und einer »Selbstrepression«, der viele Menschen sich freiwillig aussetzten, um schön zu wirken.

79 | Vgl. Rosmarie Erben, Peter Franzkowiak und Eberhard Wenzel, Die Ökologie des Körpers. Konzeptionelle Überlegungen zur Gesundheitsförderung, in: E. Wenzel (Hg.), Die Ökologie des Körpers, Frankfurt a.M. 1986, S. 51ff.

nung durchsetzen sollen, ohne daß eine sprachliche Kommunikation vorgeschaltet werden müßte.

Was sich zum Beispiel vor bestimmten städtischen Lokalitäten abspielt, ist die öffentliche Zurschaustellung eines Marktes von Statussymbolen. Gerade diejenigen Restaurants und Cafeterias werden besonders gerne frequentiert, in denen der einzelne sehen und gesehen werden kann. Der eigene Wagen kann hier vor den beobachtenden Augen des sitzenden Publikums geparkt und nach dem Aussteigen der Insassen dem Fahrer auch später noch individuell zugeschrieben werden. Auf nicht wenigen öffentlichen Plätzen wird so ein demonstrativer Konsumstil zelebriert, an dem offene Autos, teure Kleidung, exklusiver Schmuck und braune Haut ihren Anteil haben.

Der braungebrannte, in Sportvereinen und Studios bewegte, narzißtisch aufgeladene und an neuartigen Gesundheits- und Schönheitsformeln ausgerichtete Körper erfährt in der Öffentlichkeit eine umfassende Aufwertung.[80] Er wird »gesellschaftsfähig«. Der auf der Liege *gebräunte Körper* wird, so ließe sich im Hinblick auf diese Art der Körperpflege formulieren, durch die Nutzung moderner Technologien in Abwesenheit der natürlichen Bräunungsquelle behandelt. Kunstsonnen sorgen dafür, daß die mühselige, langwierige und entbehrungsreiche Bräunungsprozedur in der Natur entfallen kann. Die farbige Überhäutung des Körpers auf der Sonnenbank darf in einer Gesellschaft, die Zeitknappheit und Beschleunigungserfahrungen herstellt und festgeschrieben hat, nur wenig Zeit kosten. Mit Hilfe von Sonnenstudios ist man nicht mehr an die sonnenreiche Jahreszeit gebunden. Die künstliche Natürlichkeit ist zudem – gewissermaßen demokratisiert – für jedermann jederzeit verfügbar.[81] Diese Sonderform der Inszenierung von Natürlichkeit macht folgendes deutlich: Die Verbreitung von Sonnenstudios ist zunächst ein Indiz für den Rückzug des Körpers aus der Öffentlichkeit. Aber: Der aus der Öffentlichkeit genommene Körper wird nach seiner »Behandlung« wieder in der Öffentlichkeit präsentiert, als symbolische Hülse eines in der Natur bewegten, gesunden und natürlichen Körpers.

Dies war nicht immer so. Die gebräunte Haut war jahrhundertelang ein sicheres Kennzeichen für diejenigen, die außerhalb der eigenen vier Wände in der Sonne, bei Wind und Wetter zu arbeiten hatten. Dies waren meist Mitglieder der unteren sozialen Schichten. »White is beautiful« war hingegen der Slogan derjenigen, die draußen arbeiten ließen. Als mit der Her-

80 | Zur Karriere des »Narziß« als Sozialisationstyp vgl. Thomas Ziehe, Pubertät und Narzißmus, Köln 1975; auch die anschließende erziehungswissenschaftliche Diskussion bei Helga Häsing/Herbert Stubenrauch/Thomas Ziehe (Hg.), Narziß – ein neuer Sozialisationstyp? Bensheim 1981; hier besonders Georg Auernheimer, Narziß, Kapitalismus und Konsumverhalten, in: a.a.O., S. 70-77.

81 | Vgl. Helmut Plessner, Philosophische Anthropologie, Frankfurt a.M. 1970, S. 237 (»Die Verkörperungsfunktion der Sinne«).

aufkunft der Fabrikarbeit ein Umkehrprozeß einsetzte, weil die Arbeiter plötzlich an den sichtbaren Stellen des Körpers ebenfalls hell wurden, änderte sich dementsprechend die Bedeutungszuschreibung für gebräunte Haut.[82] Diese zeigt nun, daß ihr Besitzer Zeit und Geld hatte, Urlaub machen und sich in die Sonne legen zu können. Die nach dem 2. Weltkrieg durchgesetzten bezahlten Urlaubstage ermöglichten es wiederum auch den unteren und mittleren Sozialschichten, sowohl im Sommer als auch im Winter südliche Gefilde aufzusuchen. Die exzessive Sonnennutzung auf dem sog. »Alemannengrill« deutet, wie es scheint, auf den großen Nachholbedarf nach jenem Attribut von Schönheit, Gesundheit und Lebensfreude hin, den die in den Fabriken und Büroräumen ganzjährlich arbeitenden Menschen in der ersten Hälfte des letzten Jahrhunderts nicht durchsetzen konnten: die gebräunte Haut.

Nicht nur anhand der gestiegenen Ausbreitung von Fitneß- und Sonnenstudios läßt sich zeigen, daß Menschen ihre Haut verstärkt zu Markte tragen. Die zunehmende Verbreitung von Tätowierungsläden paßt in den Trend der Zeit, allerdings auf eine bisweilen unzeitgemäße Art und Weise. Die an der Oberfläche ästhetisch mit bunten Bildern und Schriftzügen aufgeladene Körperlichkeit signalisiert Kommunikationsbereitschaft gegenüber einer Ingroup, richtet sich aber gegen die auf Makellosigkeit ausgerichteten Körperbilder einer konsumorientierten Kosmetikindustrie, baut über diese Körper-Graffiti also Kommunikationsbarrieren gegenüber einer Outgroup auf.[83]

Da jedermann heutzutage ein Sonnenstudio aufsuchen kann, die über Hautfarbe vorzeigbaren Statusdifferenzen immer mehr verschwimmen und Statussymbole sich nicht mehr eindeutig zuschreiben lassen, wird der Körper wiederum zu einem wichtigen Medium für die Übermittlung von Mitteilungen. Wenn andere unanzweifelbare Hinweise auf Status, Schichtzugehörigkeit und Finanzkraft fehlen, kann der Körper in bestimmten Hinsichten wieder Sicherheit geben. Insofern wird er in der Phase eines gestiegenen Pro-Kopf-Einkommens nicht versteckt, wie beispielsweise in der viktorianischen Prüderie, sondern ganz im Gegenteil hervorgeholt, um Signalwirkungen zu erzielen.

Neben der Versportlichung von Mode und Alltagskleidung, dem Bräunungskult und der allgemeinen Fitneß-Bewegung stellt das *Bodybuilding* eine weitere, für entwickelte Industriegesellschaften typische Erscheinungsform der Körperaufwertung dar.[84] Mit Blick auf ein Ideal körperli-

82 | Siehe Alison Lurie, The Language of Clothes, New York 1981, S. 234f.

83 | Vgl. Stephan Oettermann, Heavily Tattoed, in: Kamper/Wulf (Hg.), Die Wiederkehr des Körpers, a.a.O., S. 335-349; ders., Zeichen auf der Haut. Die Geschichte der Tätowierung in Europa, Frankfurt a.M. 1985. Vgl. hierzu unsere Aussagen zur »Tätowierung der Wände« in den Innenbezirken der Großstädte (Kap. II.4).

84 | Die »Entdeckung« des Bodybuildings durch die Wissenschaft kann als ein Anzeichen für den Bedeutungswandel dieses lebensweltlichen Kommunikations- und

cher Vollkommenheit und Proportioniertheit kommt es, wie der Name schon sagt, zu einer Produktion sichtbarer Muskulatur im Rahmen zweckrationaler Trainingsmaßnahmen. Das äußere Erscheinungsbild wird zeit- und energieintensiv mit Hilfe der neuesten Gerätschaften und Erkenntnisse der Ernährungs- und Pharmaindustrie aufpoliert und neudimensioniert. Der Körper wird zu einem Fetisch, an dem wie an einer hochgezüchteten Rennmaschine herumgebastelt und experimentiert wird.

Die Gegenreaktion auf Technisierung, Körperverdrängung und die hierdurch hervorgerufene Atrophie des Muskelapparats erfolgt in Gestalt des Bodybuildings in einer durchaus komplementären Form zum gesellschaftlichen Differenzierungsprinzip. Unter dem fiktiven Leitbild einer »ganzheitlichen« Behandlung des Körpers kommt es zu einer neuen Einseitigkeit. Der Körper wird paradoxerweise nicht in seiner Ganzheit trainiert. Er wird vielmehr in seine einzelnen Muskelbestandteile isoliert und dementsprechend trainiert: Bauch-, Rücken-, Arm-, Beinmuskulatur usw. Das im Zivilisationsprozeß für die mittleren und oberen Schichten verlorengegangene Attribut der Kraft wird im Bodybuilding veräußerlicht und auf die Spitze getrieben. Die Kraft wird sichtbar gemacht und entsprechend präsentiert, so auch in einer Kleidung, die die verschiedenen Körperpartien betont: Hemden ohne Ärmel, die den Bizeps freilegen oder ähnliches. Eine korrespondierende körperbetonende Kleidung erlaubt den Blick auf ein imposantes Muskelpanorama und provoziert die Attraktion des sozialen Auges.[85]

Handlungsfeldes angesehen werden. Erst die soziale Aufwertung konnte anscheinend die wissenschaftliche Fremdbeobachtung aktivieren. Vgl. Joachim Bednarek, Bodybuilding als Freizeitaktivität und Lebensinhalt, in: Michael Klein (Hg.), Sport und Körper, Reinbek bei Hamburg 1984, S. 50-64; ders., Körperbewußtsein und Selbstdarstellung, Diss. Aachen 1985; auch Anne Honer, Bodybuilding als Sinnsystem, in: Sportwissenschaft, 15. Jg., 1985, Heft 2, S. 155-169; dies., Beschreibung einer Lebens-Welt. Zur Empirie des Bodybuildings, in: ZfS, H. 2, 1985, S. 131-139; ebenso Dieter Hoffmann, Leibes-Übung. Darmstadt und Neuwied 1984, S. 51ff. Zur literarischen Aufarbeitung dieser Körperaktivität siehe Bodo Kirchhoff, Body-Building – Versuch über den Mangel, in: Kursbuch 52, 1978, S. 9-21; ders., Body-Building. Erzählung, Schauspiel, Essay, Frankfurt a.M. 1980; auch Gunter Franzen, Muskelspiele. Versuche, den Körper zur Sprache zu bringen, Reinbek bei Hamburg 1984, S. 26ff.

85 | Das Ergebnis der strapaziösen Auseinandersetzung mit dem eigenen Körper wird von den Trainierenden in vielen Fällen protokollarisch und photographisch festgehalten. Trainingstagebücher, Fotos etc. sorgen dafür, daß die Arbeit an der eigenen Körperkontur nachvollzogen und memoriert werden kann. Wer eifrig die Gewichte bewegt hat, kann einen wohlgefälligen Blick auf die eigene Körpergeschichte werfen: der Körper vor und nach dem Training. Urkunden über Wettbewerbserfolge und Aufnahmen von dem in Posen erstarrten Körper werden als Dokumente der Selbstbestätigung und -überwindung geschätzt, als Symbole des Dabeigewesenseins

Der Körper wird in seinem Muskelapparat anhand des Codes dick/dünn überarbeitet, und nicht etwa, wie das Voluminöse der äußeren Erscheinung oberflächlich andeutet, am Schematismus stark/schwach. Wer wirklich stark sein will, muß nach anderen Prinzipien trainieren. Der Glaube, Schönheit und Harmonie per Verfahren aktiv herstellen und sogar in einem Wettbewerb durch ein Juryvotum messen und vergleichen zu können, ähnelt jenen Machbarkeits- und Vergleichsvorstellungen, die auch in anderen Lebensbereichen zu beobachten sind, so zum Beispiel in der Gentechnologie.[86] Viele von denjenigen, die sich in Bodybuilding- und Fitneß-Studios anmelden, nehmen am Raster dieser Körpervorbilder eine Jagd auf die dem Körper durch zivilisatorische Wandlungen zugefügten »Folgen« in Form von subkutanen Fettpölsterchen und abgeschlafftem Gewebe auf. Der Muskel soll aus dem Zustand der Atrophie herausgeholt und in Spannung versetzt werden: gegen ein nicht geringes Entgelt, unter mehr oder weniger kompetenter Anleitung, umgeben von verchromten, blitzenden und tagtäglich blankgeputzten Kraftmaschinen, angeregt durch eine gedämpfte musikalische Endlosmusik.

Daß das Bodybuilding vornehmlich eine Angelegenheit der unteren Schichten war und ist – mit Ausnahmen, auf die wir später noch eingehen werden –, hängt mit dem unterschiedlichen Gebrauch des Körpers im Arbeitsprozeß zusammen. Hier trifft zu, was Bourdieu in seiner Habitusforschung feststellte. »Das instrumentelle Verhältnis zum eigenen Körper, das die unteren Klassen in allen Betätigungen und Praxisformen zum Ausdruck bringen, in denen der Körper wesentlich beteiligt ist – Eß- und Trinkverhalten, Körperpflege, Verhältnis zu Krankheit und Gesundheitspflege –, schlägt sich unter anderem auch in der Wahl solcher Sportarten nieder, die höchsten Krafteinsatz und – wie Boxen – eine bestimmte Schmerzunempfindlichkeit erfordern oder sogar den Einsatz des ganzen Körpers [...]«[87]

Die Kraft als Merkmal der Unterschicht wird durch die in den letzten Jahren eröffneten Studios und Kommerzialisierungsbestrebungen auch anderen Sozialschichten und -kategorien als viriles Körperangebot unterbreitet und, wie es scheint, nicht nur von Männern, sondern auch von Frauen in zunehmendem Maße akzeptiert. Das vormals starre Verhältnis von Schicht und Körpernutzung geht verloren, wenn die physische Formwelt der Unterschicht von unten nach oben diffundiert, um dort als Medium der Sichtbarmachung des modernen Subjekts zum Einsatz zu kommen.

Interne Differenzierungsprozesse führen auch in dieser körperorien-

gehütet und gesammelt. Die Geschichte des eigenen Körpers läßt sich so leichter rekonstruieren und für Identität und Gegenwart nutzen.

86 | Auch im Wissenschaftsbereich gibt es die Ausrichtung auf Vergleich und Wettbewerb. Sie zeigt sich beispielsweise in Nobelpreis-Konkurrenzen oder im Wettstreit um die Bewilligung knapper Fördermittel.

87 | Siehe Pierre Bourdieu, Die feinen Unterschiede, a.a.O., S. 339.

tierten Szene dazu, daß sich ein Normal- und ein Leistungssektor herausgebildet haben, wobei der für ein wettkampfmäßiges Bodybuilding getrimmte Körper bei denjenigen, die im Normalsektor trainieren, bisweilen Abscheu und Ekel hervorruft. Der Körper wird in dem vom Wettbewerbsgedanken bestimmten Leistungsbereich versportlicht, d.h. er wird zu einem ausdefinierten, in seine einzelnen Teile genau abgegrenzten, gleichsam filetierten Muskelkörper, der für eine externe Bewertung in der Öffentlichkeit bearbeitet wird. Es ist nicht verwunderlich, daß in diesem finanziell interessanten Leistungsbereich, wie Insider immer wieder bestätigen, auch die Anwendung jener Mittel nicht verpönt ist, mit deren Hilfe im Spitzensport Körper und Psyche auf Höchstleistung getrimmt werden. Dopingmedikamente finden in den Bodybuilding-Studios einen reißenden Absatz. Wer als Studiobesitzer diese Kraftnahrung nicht anbieten will oder kann, hat am Markt gegenüber denjenigen, die sie unter dem Tisch anbieten, gravierende Wettbewerbsnachteile. Ohne ärztliche Aufsicht wird hier geschluckt und gespritzt, mit phänomenalen Überdosierungen, die durch Unwissen und Intransparenz zustande kommen. Selbst Normalbodybuilder, die keine Wettbewerbsambitionen haben, bleiben hier oft nicht abstinent.

In der systematischen und zielgerichteten Einwirkung auf den Körper in Gestalt des Bodybuildings handelt es sich nicht einfach um einen Reimport des verdrängten Körpers in eine Gesellschaft, die körperliche Arbeit immer mehr an den Rand gedrängt hat. Im Bodybuilding wird auch nicht zweckgerichtet auf andere Körperhandlungen hingearbeitet, die nach der Auseinandersetzung mit dem Eisen besser funktionieren sollen – z.B. ein Gewichtstraining für einen Ruderer oder Diskuswerfer. Die Neukonturierung des Körpers geschieht vielmehr in einer für moderne Gesellschaften typisch einseitigen Weise: durch extreme Isolationsübungen wird lediglich ein quantitatives Muskelwachstum anvisiert. Der hypertrophierte, nur noch vorzeigbare, ansonsten aber bereits überfunktionalisierte Körper des Bodybuilders erscheint in diesem Zusammenhang als Extremform eines anhand von modernen Steigerungs- und Perfektionsvorstellungen behandelten Körpers, dem die Normalität zweckrational ausgetrieben worden ist.

Die gesteigerte Thematisierung des Körpers im Rahmen von Bodybuilding, Jogging, Aerobic, dem Bräunungskult und der allgemeinen Fitneß- und Schönheitsbewegung macht in einem übergreifenden Sinn auf den gesellschaftlich erzeugten Bedarf nach einem funktionsfähigen und generalisierten Körperpotential aufmerksam, das komplexe Gesellschaften in Reaktion auf sich selbst und ihre körperverdrängenden Wirkungen ausschleusen und kommunikativ prozessieren. Diese *Sinnsuche im Nicht-Sinnhaften* wird am Idealbild der Jugendlichkeit und des jugendlichen Körpers entfaltet. Die vielfältigen Versuche der ökonomischen Ausbeutung des Körpers konnten auf dieser Grundlage wirksam durchgesetzt werden. Die idealisierte Vorstellung von einem möglichst lange zu erhaltenden leistungsfähigen Körper ist zudem eine Antwort auf die in der Moderne klinisch-sauber durchgesetzte Verdrängung bestimmter, an die Endlichkeit der menschlichen Existenz erinnernder Körperthemen. Krankheit, Tod, Altern und körperlicher Verfall sollen durch die Betonung eines Immer-noch-jung-Seins verhindert bzw. möglichst lange aufgeschoben werden.[88] Gerade diejenigen, die nicht mehr jugendlich sind, werden von dieser Phantasmagorie beeinflußt und in den Bann geschlagen. Die Vorstellung von einem kräftigen, frischen, knakkigen, faltenlosen, erotischen, gesunden und auf vielerlei Weise verwendbaren jugendlichen Körper spielt besonders in jenen Fällen eine zentrale, richtungsweisende Rolle, in denen sich ältere Menschen für eine bewußte Körperarbeit aktivieren.

Gerade diejenigen, die das Leben in den dominanten gesellschaftlichen Institutionen zu einem großen Teil bereits hinter sich haben, die Alten, sind in den letzten Jahren am Raster von Jugendlichkeitsprojektionen zu einer wichtigen Zielgruppe sportinterner und allgemein körperbezogener Inklusionsbemühungen geworden. Die Körperaktivierung dieser Altersgruppe und die damit verbundene Einbindung in Trainings- und Freizeitgruppen stellen für nicht wenige ein attraktives Kompensationsprogramm zum Bedeutungsverlust dieser Sozialkategorie dar. Die Entfaltung des wirtschaftlichen Rationalitätsprinzips, die politisch durchgesetzte Wohlfahrtsstaatlichkeit in den entwickelten Industrieländern und der Funktionsverlust der traditionellen Familie haben Segregationserscheinungen hervorgerufen. Dies wird von Menschen, die aus dem Erwerbsleben ausgeschieden sind, immer weniger akzeptiert, auch wenn die Möglichkeiten angemessener Reaktionsformen häufig mit dem sozio-ökonomischen Status der Betroffenen variieren. Daß der Körper- und Gesundheitsboom auf diese Alterskategorie übergegriffen hat, wird nicht nur in den »postindustriellen« Regionen der Vereinigten Staaten deutlich. Sinngebungsversuche durch sportliche Betätigungen erfolgen auch in Westeuropa. Teilnehmer an Volksläufen, Marathon- und 100km-Laufveranstaltungen sind nicht nur Jugendliche und Erwachsene, sondern auch Ältere und Alte.

Es kommt in diesem Zusammenhang zu dem Phänomen einer *paradoxen Ausbeutung des Symbols der Jugendlichkeit*. Es wird nämlich ein Idealbild von einer Alters- und Sozialkategorie entworfen und goutiert, die keinen hohen gesellschaftlichen Status besitzt, über wenig Geld verfügt, von Erwachsenen abhängig ist und von diesen infantilisiert wird. Dies ist in der Tat nur ein scheinbarer Widersinn. Er funktioniert dennoch, weil die Ju-

88 | Die Konzentration der Sterblichkeit in den höheren Alterskategorien sorgt dafür, daß der Tod im öffentlichen Kommunikationspanorama ein »Non-issue« ist. Zum Zusammenhang von veränderten Mortalitätsziffern und der Ausdifferenzierung von Altersphasen siehe Hanns-Georg Brose, Die Modernisierung der Zeit und die Zeit nach der Moderne, in: Burkhart Lutz (Hg.), Soziologie und gesellschaftliche Entwicklung, Frankfurt a.M., New York 1985, S. 540f. Zum Lebenslauf als Teilstruktur der Arbeitsgesellschaft siehe Martin Kohli, Gesellschaftszeit und Lebenszeit. Der Lebenslauf im Strukturwandel der Moderne, in: J. Berger (Hg.), Die Moderne – Kontinuitäten und Zäsuren, a.a.O., S. 183-208.

gendlichkeit ein Wertsyndrom repräsentiert, das die Gesellschaft in Reaktion auf ihre Indifferenz gegenüber Person und Körper ausgegliedert und sozial möglich gemacht hat. Die idealisierte Vorstellung von Jugendlichkeit und jugendlichem Körper ist die *Abstraktion derjenigen Elemente, die den Nicht-Jugendlichen im Verlauf des Zivilisierungs- und Modernisierungsprozesses abhanden gekommen sind.*[89] Die Erwachsenen sind es nämlich, die dem Einfluß der körperverdrängenden und personale Aspekte auf Distanz setzenden gesellschaftlichen Institutionen besonders massiv ausgesetzt sind.

Erwachsene reagieren, indem sie den Körper des Jugendlichen mystifizieren und zum Kultobjekt erheben, auf die im gesellschaftlichen Zivilisierungs- und Modernisierungsprozeß hervorgerufenen Verluste an Konkretheit, Unmittelbarkeit und Körperlichkeit. Je stärker der zivilisierte Mensch im Verlauf seines Daseins in seiner Innerlichkeit geformt wird, Fremdzwänge in Selbstzwänge transformieren muß und sein Selbst in der Öffentlichkeit diszipliniert zu zeigen hat, desto bedeutsamer wird Jugendlichkeit als ein kontrastierendes, auf Spontaneität, Vitalität und Unbekümmertheit hinweisendes Gegenbild – besonders für Erwachsene. In einer hochgradig differenzierten Gesellschaft, die den menschlichen Körper immer vehementer zurückdrängt, erlebt dasjenige Körperbild eine starke Aufwertung und Nachfrage, an dem sich am deutlichsten und vordergründigsten der Gegenpol festmachen läßt: der jugendliche Körper. Diese eindeutige Präferierung führt gegenüber denjenigen, die sich dem Idealbild des jugendlichen Körpers entziehen oder ihm nicht entsprechen können, zu Selbst- und Fremdstigmatisierungen. Die Anstrengung, jugendlich frisch zu erscheinen, beschäftigt inzwischen einen ganzen Industriezweig, der darauf spezialisiert ist, beim Kampf an der Epidermis hilfreichen Beistand zu leisten. Die Schönheits- und Kosmetikindustrie projiziert insofern gesellschaftsweit Körperphantasmen mit Überschußeffekten. Die wenigsten Menschen können ihnen entsprechen, und wenn, dann nur für kurze Zeit.

Das Idealbild von Jugendlichkeit und jugendlichem Körper wird interessanterweise durch *Rückgriff auf die Formwelt des Sports* sozial beobachtbar gemacht. Das Diffundieren sportspezifischer Artefakte, z.B. des »Turnschuhs«, aus dem Trainings- und Wettkampfsektor in die Jugendkultur (Stichwort: Turnschuh-Generation) und seine anschließende Vereinnahmung und Enteignung durch andere Alters- und Sozialkategorien machen deutlich, daß die signalhafte Darstellung einer funktionsfähigen, jugendlichkeitsorientierten Körperlichkeit ohne einen Rekurs auf die Objektivationen und Materialitäten desjenigen Sozialbereichs nicht überzeugend ausfallen kann, der traditionellerweise ein sozial als sinnvoll definiertes body-pro-

89 | Vgl. Henri Levebvre, Einführung in die Modernität. Zwölf Präludien, Frankfurt a.M. 1978 (erstmals Paris 1962), S. 188. Zum Verhältnis von Körper und Jugend siehe Niklas Luhmann, Soziale Systeme, a.a.O., S. 336.

cessing in körperdistanzierten Gesellschaften besorgt und organisiert, des Sports.

6 Punk-Körper. Zur sinnhaften Inszenierung von Sinnlosigkeit

Eine sinnhafte Inanspruchnahme des Körpers kann nicht nur erfolgen, indem man ihn sportlich bewegt, bräunt, mit Gewichten belastet, zum Schwitzen bringt oder meditativ ruhigstellt. Sie kommt auch zustande, wenn er, mit diversen Requisiten, Accessoires und Umhüllungen ausgestattet, in der Öffentlichkeit gezeigt und als Kommunikationsangebot besonderer Art bewußt präsentiert wird. In dieser Hinsicht waren die städtischen Zentren immer schon von enormer Bedeutung. Als Orte der Verdichtung gesellschaftlicher Kommunikationen und des Aufeinandertreffens von Personen und Organisationen eignen sich diese Räume in besonderer Weise für die konkrete Darstellung von Revolte, Protest oder Anpassungsbereitschaft. Individuelle und kollektive Identitätsentwürfe und Selbststilisierungen können hier umweglos vorgeführt und den Augen der anderen für eine Dechiffrierung freigegeben werden. Die urbanen Binnenräume sind deshalb das Stammrevier der unterschiedlichsten *Sozialfiguren*, die in Reaktion auf die Erfahrungen mit der Moderne entstanden sind. Ihr bisweilen schrilles Auftreten spiegelt gesellschaftliche Entwicklungen, personale Wahrnehmungen und kollektive Reaktionen und Phantasien.

Schon der Anfang des 19. Jahrhunderts in England ausgeprägte Sozialcharakter des Dandys nutzte die Öffentlichkeit, um vor dem »ennui« der Privatheit zu fliehen und gegen die Routinisierung und Schnelligkeit des bürgerlichen Alltagslebens zu protestieren. Mit einem beträchtlichen Vermögen ausgestattet, konnte der Dandy es sich erlauben, seinen Müßiggang zu kultivieren und ästhetisierend zu überhöhen. In einer raffiniert zusammengestellten modischen Kleidung pflegte er eine gehobene, auf demonstrative Distinktion ausgerichtete Lebensart, in der das Äußere ebenso wie die Schlagfertigkeit der Worte und das extravagante Auftreten Originalität und Individualität beweisen sollten.[90] Auch die Darstellungskunst des

90 | Vgl. hierzu die klassische Studie von Jules-Amédée Barbey d'Aurevilly, Vom Dandytum und George Brummel, München, Leipzig 1909 (erstmals 1844), ebenso die Textsammlung zu den verschiedenen Kulturfiguren und Sozialcharakteren des 19. Jahrhunderts, in: Gerd Stein (Hg.), Dandy – Snob – Flaneur. Dekadenz und Exzentrik, Frankfurt a.M. 1985. Die Verwandlung eines Dandys in einen Sozialisten beschreibt Umberto Eco am Beispiel von Eugène Sue (»Les mystères de Paris«). Siehe Umberto Eco, Apokalyptiker und Integrierte. Zur kritischen Kritik der Massenkultur, Frankfurt a.M. 1984 (erstmals 1964), S. 233ff. Einen Vergleich zwischen der amerikanischen Camp-Kultur der späten fünfziger und frühen sechziger Jahre und

Snobs beim Ausprobieren gesellschaftlich noch nicht anerkannter Modeneuheiten war Ausdruck von Zeitgeist und Lebenssituation bestimmter sozialer Gruppen und Randfiguren. Wer in den letzten Jahren in der Öffentlichkeit besonders aufdringlich vordergründig wurde, waren meist Mitglieder jugendlicher Subkulturen, die ihre Wirklichkeitswahrnehmungen auf eine ihnen angemessen erscheinende Weise zum Ausdruck brachten – meist anhand der Differenzen konform/deviant, alt/jung, real/surreal und provozierend/nichtprovozierend. Sie experimentieren und spielen mit Bedeutungsinhalten und ziehen die Symbolik von Gegenständen, Körperbildern und Sozialsystemen heran, um sie als Abstoßpunkte für eigene Signale zu nutzen.

Die »Halbstarken« der 50er Jahre, die Beatgeneration, die Hippie-Bewegung, die Rocker, Mods, Teds, Skinheads, Punks, Popper und Yuppies setzten und setzen Zeichen, teilen sich über Kleidung, Haartracht, Sprachstil, Musik und die Nutzung von Konsumgütern oder deren Ablehnung mit. An ihren Körpern reagieren sie auf gesellschaftliche Situationen und Ereignisse. Der Beatnik mit seinen langen Haaren und seinem wildwuchernden Bartwuchs kultivierte einen Habitus der Verwahrlosung und Schmuddeligkeit, um sich vom angepaßten, glattrasierten, formal angezogenen Angestellten und Manager zu unterscheiden.[91] Jahrzehnte vor ihm trat in Deutschland der Wandervogel mit langen Haaren an die Öffentlichkeit, um seine Anti-Haltung gegenüber dem preußischen Bürstenschnitt auszudrükken, und verschwand in der Natur, um sich in einer Gruppe Gleichgesinnter von bourgeoisen Sitten und der urbanen Kultur zu distanzieren.

Die moderne Gesellschaft produziert, und dies läßt sich aus den bisherigen Ausführungen ableiten, auf eine besondere Weise Persönlichkeitstypen und Sozialfiguren, die aus ihren privaten Situationen an die Öffentlichkeit treten, um an ihren Körpern und mit ihrem Habitus Zeugnis über das Verhältnis von Individuum und Gesellschaft in den verschiedenen sozialen Schichten, Subkulturen und Alterskohorten abzulegen. Durch ihr mehr oder weniger auffälliges Verhalten und Handeln, mit dem sie gegen gängige Erwartungen verstoßen oder diese überangepaßt erfüllen[92], machen sie

dem alten »Dandyismus« bringt Peter-André Alt, Über den neuen Hedonismus, in: Kursbuch 79, Febr. 1985, S. 66ff. In beiden Bewegungen werde versucht, »Lebensüberdruß und Langeweile mit ästhetischen Argumenten zu kultivieren« (S. 67). Vgl. auch die Analyse des Dandyismus von Gerd Mattenklott in: ders., Bilderdienst. Ästhetische Opposition bei Beardsley und George, Frankfurt a.M. 1985 (erstmals 1970), S. 328ff.

91 | Siehe René König, Macht und Reiz der Mode, a.a.O., S. 223ff.

92 | Abweichung individualisiert stärker als Konformität. Dieser Effekt ergibt sich aus dem Umstand, daß konformes Verhalten »mühelos mit der Erwartung läuft, während das Abweichen gegen die Erwartung durchgesetzt, oft mit Sicherheitsvorkehrungen ausgestattet werden muß und dadurch höheren Aufmerksamkeitswert

nicht nur auf sich selbst aufmerksam, sondern legen mit ihrem Auftreten und ihren Ansprüchen Finger in die Wunden einer komplexen und komplizierter gewordenen Gesellschaft. Für die Präsentation auf den Straßen der großen Metropolen scheint gerade seit Ende der 60er Jahre das für die wissenschaftstheoretische Diskussion geprägte Motto des »anything goes« (Paul F. Feyerabend) zu gelten. Die Entwicklung komplexer Gesellschaften hat die Individualisierung weitergetrieben, den Wohlstand breiter gestreut, aber auch die Randgruppen stärker profiliert. Wo der Geschmack einer Zeit sich vorher in nur wenigen Stilformen zeigte, herrscht heute eine bunte Vielfalt, die auch entsprechend theatralisch aufgeführt wird.

Im folgenden wollen wir den Zusammenhang von Körper, Kommunikation und Modernität am Beispiel der Punk-Bewegung darstellen. Die *desparate Kommunikation*, mit der die Mitglieder dieser Gegenkultur das Gegenwartserleben durch eine No-future-Einstellung aufwerten und eine Selbstvergewisserung in einer als desolat beobachteten Gesellschaft durchzusetzen trachten, ist mit einer brachialen, noch vor einigen Jahren nicht für möglich gehaltenen Gewalt in die dominante Zeichenwelt urbaner Zentren eingebrochen.[93] Diese Kommunikation wird nonverbal am Körper externalisiert und chiffriert. Was der Punk-Körper zu sagen hat, ist Thema dieses Kapitels.

Die für die Entwicklungsgeschichte der Punk-Kultur zentralen Themen und Ereignisse lassen sich allgemein als Konsequenzen der gesellschaftlichen Modernisierung ansprechen. Wo unterschiedliche Funktionssysteme ausdifferenziert worden sind, die ihre Rationalitäten und Steigerungsambitionen wildwüchsig freisetzen, entstehen bei denjenigen, die diesem strukturell erzeugten Tempo nicht folgen können oder wollen, Reibungskosten

hat.« Siehe Niklas Luhmann, Die Autopoiesis des Bewußtseins, in: Soziale Welt, Jg. 36, 1985, H. 4, S. 429.

93 | Vgl. Jürgen Habermas, Einleitung, in: ders. (Hg.), Stichworte zur »Geistigen Situation der Zeit«, Frankfurt a.M. 1982 (erstmals 1979), S. 33. Siehe detaillierter Boris Penth und Günter Franzen, Last Exit, Punk: Leben im toten Herz der Städte, Reinbek bei Hamburg 1982. Zur Funktion der auf das Außergewöhnliche ausgerichteten Massenmedien bei der Verbreitung der Punk-Bewegung siehe Rolf Lindner, Punk, in: G. Stein (Hg.), Bohemien – Tramp – Sponti. Boheme und Alternativkultur, Frankfurt a.M. 1982, S. 245-258. Den fragwürdigen Versuch, die Selbstpräsentation von Punks in die Nähe laizistischer Bettelorden des Mittelalters zu rücken und ihre Gruppenbildung als Maßnahme zu werten, einen Gottesersatz in einer entzauberten Welt zu beschaffen, unternimmt Hans-Georg Soeffner, Stil und Stilisierung. Punk oder die Überhöhung des Alltags, in: Hans Ulrich Gumbrecht/K. Ludwig Pfeiffer (Hg.), Stil. Geschichten und Funktionen eines kulturwissenschaftlichen Diskurselements, Frankfurt a.M. 1987, S. 317-341; vgl. auch Deutscher Werkbund e.V. und Württembergischer Kunstverein Stuttgart (Hg.), Schock und Schöpfung. Jugendästhetik im 20. Jahrhundert, Darmstadt/Neuwied 1986, S. 113ff.

und Überforderungssymptome. Diese beeinflussen das Erleben und Handeln und können gleichsam am Körper veräußerlicht werden. Das Unbehagen gegenüber der Modernität, wie es besonders von Jugendlichen und jungen Erwachsenen empfunden und in Revolten transformiert wird, richtet sich gegen die Abstraktheit, Technisierung, Anonymität und Unpersönlichkeit komplexer Gesellschaften, die ihre Wirkungen besonders drastisch in den Großstädten entfalten.[94] Was in der Wahrnehmung jugendlicher Punks zudem von Bedeutung ist und diese dazu gebracht hat, ihre Revolte in Gestalt einer Anti-Mode am Körper auszudrücken und zu visualisieren, sind Arbeitslosigkeit[95], Langeweile[96], Zukunftsangst[97], Perspektivenlosigkeit, Übermilitarisierung, Grenzen der Wohlfahrtsstaatlichkeit und auch die unwirtlichen Lebensbedingungen in den Städten aufgrund urbaner Sanierungsmaßnahmen. In Reaktion auf diese Entwicklungen und Ereignisse läuft der eigenwillige, vornehmlich von weißen Unterschichtjugendlichen getragene Versuch ab, am Körper auf die Folgen fortgeschrittener gesellschaftlicher Modernisierung zu antworten. Die Genese der Punk-Kultur kann hierfür als Beleg angeführt werden: Sie entstand, bevor die Mode-, Musik- und Medienindustrie sie vereinnahmte, in den Vorstädten und Arbeiterghettos der englischen Metropolen, und zwar zu einer Zeit, in der gerade in England die »neue Armut« breite Teile der weißen Unterschicht erfaßt hatte.

Daß gerade Jugendliche und Heranwachsende ihre Auseinandersetzung mit der Gesellschaft und ihre subkulturellen Bewährungsproben oft-

94 | Die Qualität des Niederschlags gesellschaftlicher Funktionsprobleme auf der Ebene des einzelnen Akteurs variiert zweifellos nach Bedingungen, die mit sozialer Schichtung, Ressourcenverfügbarkeit, Alter, Geschlecht, Wohnort etc. zu tun haben. Daß die genannten Konsequenzen von Modernität bei einem deprivierten Jugendlichen der Unterschicht anders ausfallen als bei dem Mitglied einer gutsituierten Mittelschichtfamilie, liegt auf der Hand und beeinflußt dann auch die Wahl von Stil, Geschmack, Mode und subkultureller Anlehnung.

95 | Die hohe strukturelle Arbeitslosigkeit von Jugendlichen erscheint in diesem Zusammenhang als manifeste Folge einer am Prinzip des Kapitalertrags ausgerichteten Ökonomie und einer Sättigung des jugendrelevanten Beschäftigungssektors aufgrund starker Alterskohorten.

96 | Gefühle der Langeweile stellen sich als Erlebniskorrelate einer weit fortgeschrittenen Institutionalisierung und Routinisierung der Lebensbezüge und einer rigiden Trennung von Öffentlichkeit und Privatheit ein.

97 | Aufgrund von Erfahrungen mit der modernen Gesellschaft werden nämlich auch Bilder möglicher Zukünfte projiziert, die den seit der Aufklärung formulierten Fortschritts- und Machbarkeitsvorstellungen und -hoffnungen zuwiderlaufen. Angesichts von Wettrüsten, Atomwirtschaft, Umweltzerstörung oder Arbeitslosigkeit verwundert es nicht, wenn die Durchsetzbarkeit hochgeschraubter Erwartungen gerade von denen angezweifelt wird, die vom Erwerbsleben ausgeschlossen sind, den arbeitslosen Jugendlichen.

mals am Körper durchführen, ist zunächst einmal darin begründet, daß der Körper für jeden prinzipiell vorhanden ist. In einer Lebensphase, in der andere Ressourcen in der Regel noch nicht zur Verfügung stehen, repräsentiert der Körper eine Instanz, mit deren Hilfe sich auch derjenige ausdrükken kann, der ansonsten wenig hat.[98] Der Rückgriff auf die eigene physisch-organische Nahwelt ermöglicht Jugendlichen, Verhaltensunsicherheiten zu überbrücken[99], In- und Outgroups zu bestimmen und Selbstvergewisserung anzustreben. Die Jugend ist in diesem Zusammenhang weniger als eine biologische Tatsache anzusehen. Sie ist vielmehr Ergebnis gesellschaftlicher Transformationen und Definitionen. Zu einer eigenständigen, zeitlich gedehnten und sozial stabilisierten Altersphase wurde sie erst durch die Ausweitung des Bildungssystems infolge einer gestiegenen Nachfrage nach qualifizierter Arbeitskraft. Im Vergleich zur dominanten Erwachsenenkultur hat sie einen relativ instabilen Status inne. Jugendliche sind in der Tat weder Kinder noch Erwachsene.[100]

Als eine von den englischen Industriestädten ausgegangene Erscheinung der späten 70er Jahre kommt der Punk-Körper in den Innenbezirken

98 | Auf diesen Punkt haben wir bereits in Kap. II.2 hingewiesen.

99 | Auf die Verhaltensunsicherheit von Jugendlichen machte Helmut Schelsky in seiner Analyse der »skeptischen Generation« aufmerksam. Jugend wäre »jene Verhaltensphase des Menschen, in der er nicht mehr die Rolle des Kindes spielt [...] und in der er noch nicht die Rolle des Erwachsenen als vollgültigen Träger der sozialen Institutionen, also z.B. der Familie, der Öffentlichkeit und politischen Ordnung, der Rechts- und Wirtschaftsordnung [...] übernommen hat.« Zwischen der Intimität der Kleinfamilie und der bisweilen abschreckenden Zweckrationalität gesellschaftlicher Institutionen decke – so Helmut Schelsky – die Jugend die Übergangsphase zwischen primären und sekundären Sozialisationsinstanzen ab. Der einzelne wäre sich in dieser Zwischenzeit noch nicht eindeutig darüber im klaren, welchen Beruf er ergreifen kann oder will, und wie er sein Leben überhaupt führen soll. Siehe Helmut Schelsky, Die skeptische Generation, Düsseldorf 1957, S. 16. Vgl. auch die neuere Arbeit von E. Erickson, Dimensionen einer neuen Identität, Frankfurt a.M. 1975 (erstmals 1974), S. 95ff.

100 | Jugend ist entgegen psychologischen Eingrenzungs- und Klassifizierungsversuchen nicht primär eine Angelegenheit des Alters. Von entscheidender Bedeutung ist vielmehr der jeweilige Partizipationsgrad in den gesellschaftlichen Funktionsfeldern Wirtschaft und Familie. »Als Jugendliche können in strikt soziologischer Klassifizierung nur diejenigen gelten, die einen vollen Erwachsenenstatus in den öffentlichen und privaten Lebensfeldern noch nicht eingenommen haben, d.h. im wesentlichen: noch keine feste Berufsposition im Arbeitssektor und noch keinen festen Elternstatus innerhalb einer eigenen Zeugungsfamilie eingenommen haben. Der 18jahrige verheiratete Hilfsarbeiter, der schon eine Vaterrolle spielt, ist in diesem Sinne nicht mehr Jugendlicher.« Siehe Friedhelm Neidhardt, Bildungs- und schichtsoziologische Ansätze zur Jugendforschung, in: Jugendwerk der Deutschen Shell (Hg.), Jugend zwischen 13 und 24, Bd. I, Vorstudie, o.O. 1975, S. 69.

und Altbaugebieten der Städte ohne Umschweife direkt zur Sache. Er wird als Protest-, Konfrontations- und Verweigerungskörper genutzt, als Träger für Widerstand und ostentative Negation in Anschlag gebracht. Die Ästhetik der expliziten Subversion, der Feindschaft, des Asozialen, der Verwahrlosung und der Opposition zu dem, was ist und als bedrohlich und »beschissen« definiert wird, bedient sich des Körpers und funktioniert diesen um zu einer Plakatwand der Gegenkultur und der sozialen Mißachtung. Der intime, primitive Körper tritt provozierend in die Öffentlichkeit, nicht um Gesundheit, Natürlichkeit und Fitneß anzustreben, sondern um sich im Rahmen eines surreal-expressiven Aufbegehrens als Kreatur des Rinnsteins, als Auswurf der Moderne herunterzustilisieren.[101]

Der Versuch, die eigene Subjektivität theatralisch darzustellen und zu erleben, wird als anarchische Anti-Haltung am Körper zur Schau gestellt. Die Innerlichkeit soll auf dem Umweg über die von anderen mißbilligte Äußerlichkeit zu ihrem Recht kommen. Es geht nicht um die militante Durchsetzung revolutionärer Ambitionen oder die Flucht in außerurbane Räume. Im Vordergrund steht vielmehr die Zerstörung allgemein akzeptierter Verhaltens-, Reinheits-, Schönheits- und Hygienecodes im Rahmen einer nonverbalen Kommunikation am Körper.[102]

Punks haben überfallartig vorgeführt, wie Unwahrscheinliches und Unzeitgemäßes in hochentwickelten Industriegesellschaften plötzlich sozial möglich werden können. Durch Rückgriff auf archaische Formen der Körpernutzung rebellieren und opponieren die jüngeren Mitglieder der Gesellschaft gegen Konsequenzen der Modernität. Diese weißen Stadtindianer heben die Zivilisierung der äußeren Erscheinung auf und konfrontieren ihre Mitmenschen mit radikalen Gegenbildern. In ihrer »body-art« verkörpern sie außereuropäische Körperdekorationen, faschistische Embleme und andere provozierende Symbole.[103] In dem Erscheinungsbild von Punks, das bei genauerer Analyse aufschlußreiche Erkenntnisse über das Verhältnis von Körper und Gesellschaft liefert, erlebt das Korsett in modifizierter Form eine Renaissance. Punks umgeben ihre Körper nicht mit leichten, luftigen, saloppen und weiten Kleidern, sondern zwängen sie ein, schnüren sie in bewegungshemmenden »bondage suits« (Sklavenanzüge) zusammen. Der Körper wird durch Reißverschlüsse, Ketten, Hosen und Lederjacken eingeengt. Schwere Militärstiefel erzeugen ein martialisches Bild. Sie lassen die

101 | Zur Aufarbeitung der Punk-Kultur im Medium Film siehe »Sid und Nancy« von Alex Cox (England 1987).

102 | Da die Herstellung sozialer Aufmerksamkeit im Vordergrund steht, hat diese Sonderform der Körperthematisierung eine andere Qualität als die eines Joggers, der mit Gesundheitsambitionen im Kopf die Grüngürtel oder Straßen der Metropolen erläuft und ein body-processing vornimmt.

103 | Vgl. Michel Thévoz, The painted body: the illusions of reality, New York 1984, S. 126/127.

Füße schwer werden, wenn eine andere Fortbewegungsart als das Gehen eingeschlagen wird.

Punks entindividualisieren ihre Gesichter mit dekonturierenden Farbstrichen.[104] Sicherheitsnadeln, Ringe und Ketten durchbohren Nasen, Backen und Hälse. Die Integrität des Körpers wird bewußt an jener Oberfläche verletzt, auf die die Körper- und Schönheitsindustrie ansonsten mit gegenteiligen Absichten einwirkt. Indem der Selbsthaß dieser sozialen »Underdogs« sich an der Epidermis austobt, die eigene Haut malträtiert wird, kann das gesunde Körperempfinden der Passanten angegriffen und Gegensätzlichkeit bewiesen werden. Punks »humanisieren« das Stachelhalsband als Zwangsmittel und Requisit für Hunde – hergestellt für Dressur und Schutz vor dem bissigen Zugriff anderer Vierbeiner – am menschlichen Hals und zweckentfremden es für Provokation und Abschreckung. Punks rasieren ihre Haare ab und färben den Rest mit grellen Farben. Sie staffieren den Körper mit billigen Utensilien aus, maskieren und markieren ihn mit Strapsen, Nylonstrümpfen und PVC-Behängen.

Punks zelebrieren damit nicht die Natürlichkeit des Körpers, sondern seine Künstlichkeit. Die »unnatürliche« Plastik-, Neon- und Betonkultur als materialisierte Folge des gesellschaftlichen »Fortschritts« wird so auf die Spitze getrieben und bis zum Exzeß am Körper gesteigert. Plastik als Inbegriff des Billigen, Alltäglichen und künstlich Hergestellten, das anderes, wertvolleres Material mühelos ersetzen kann[105], wurde durch Punks als Bekleidungsstoff entdeckt. In einer Transformation aus der Welt des Abfalls (Müllsäcke), des Verpackens und Ausrangierens umhüllt sich der einzelne Körper mit der mythischen Botschaft, Abschaum und Dreck zu sein, menschlicher Abfall, jederzeit ersetzbar, wegwerfbar und überflüssig.[106]

104 | Wenn das Gesicht als der augenfällige Erscheinungsort von Individualität unkenntlich gemacht wird, verschwindet, wie Georg Simmel in seiner »Psychologie der Scham« feststellte, das Ich und »damit der Quellpunkt des Schamgefühls«. Siehe ders., Schriften zur Soziologie. Eine Auswahl. Herausgegeben von Heinz J. Dahme und Otthein Rammstedt, Frankfurt a.M. 1983, S. 146.

105 | Hierauf machte Roland Barthes in seiner Analyse des Plastiks im Rahmen seiner »Mythologies« aufmerksam: »Le plastique en rabat, c'est une substance ménagère. C'est la première matière magique qui consente au prosaïsme; mais c'est précisément parce que ce prosaïsme lui est une raison triomphante d'exister: pour la première fois, l'artifice vise au commun, non au rare. Et du même coup, la fonction ancestrale de la nature est modifiée: elle n'est plus l'Idée, la pure Substance à retrouver ou à imitier; une matière artificielle, plus féconde que tous les gisements du monde, va la remplacer, commander l'invention même des formes [...] Le plastique est tout entier englouti dans sons usage: à la limite, on inventera des objects pour le plaisir d'en user.« Siehe ders., Mythologies, Paris 1957, S. 172/173.

106 | Bereits Jahre vorher experimentierte der amerikanische Künstler Robert Rauschenberg mit der Einbeziehung jener Materialien, die gemeinhin als wertlos, kunstunspezifisch und ausgesondert angesehen wurden. Die Integration des Nicht-

Das »Impression management« (Goffman) mit Hilfe der eigenen Körperfassade erfährt eine deutliche Aufwertung. Das Mimicry, verstanden als das spielerische Sich-Maskieren, wird veralltäglicht. Stilelemente verdrängter Kulturen (Irokesenschnitt), verbotene Nazi-Symbole und Objekte der Perversion werden neben Gebrauchsgegenständen des alltäglichen Lebens (Rasierklingen, Nadeln)[107], die aus ihren ursprünglichen Funktionskontexten herausgenommen wurden, symbolisch verfremdet am Körper getragen. Insofern verkörpern Punks enteignete Zeichen in dem Sinne, als sie an ihrem Äußeren Objekte theatralisch zur Schau tragen, die dort »eigentlich« nichts zu suchen haben. Die Rasierklinge gehört in der Regel ins Badezimmer, die Krawatte an den Hemdkragen und die Sicherheitsnadel in den Nähkasten. Löst man diese Utensilien aus ihren Gebrauchszusammenhängen heraus, trägt die Rasierklinge am Ohrläppchen, die Krawatte am nackten Hals, werden neue Zeichen gesetzt und alte überformt.[108] Die Schärfe der Rasierklinge bleibt, schockiert jetzt aber, weil sie eben nicht für eine

Ästhetischen, Alltäglichen und Banalen firmiert in der Kunsttheorie seitdem als »Junk-Art«. »Les déchets que Rauschenberg et d'autres incorporaient à leurs travaux avaient une signification subversive; ils glorifiaient tout ce qui est dépourvu de valeur, mis au ban de la société et méprisé [...]. Rauschenberg consolida radicalement son alliance avec le monde-image de la culture populaire et les artefacts de la vie quotidienne en insérant dans ses oeuvres des bouteilles de coca-cola, des animaux embaumés, des pneus de voitures, ainsi qu'une quantité de déchets détériorables, tout en faisant jouer contre ces intrusions frustes les qualités picturales propres à l'expressionnisme abstrait.« Siehe Sam Hunter, La peinture américaine contemporaine, Paris 1976 (erstmals Mailand 1967), S. 19. Zur Einbeziehung von Industrieprodukten, Abfällen o.ä. siehe weiterhin die Arbeiten von Stankiewicz, Mallary und Chamberlain. Die Übergänge zur sog. Pop Art sind bisweilen fließend, da es auch in dieser Kunstform um eine Einbeziehung von Erzeugnissen der Massenkultur und der Unterhaltungsindustrie (popular art!) wie Reklame, Comics etc. geht. Siehe hierzu beispielsweise Andy Warhols »Campbell's Soup Cans« (1969) und Roy Lichtensteins Sprechblasenarbeiten »As I opened fire« (Triptychon 1964) oder »Crying Girl« (1964). Was die Junk-Art hingegen besonders betont, ist die Sphäre des Vergänglichen, Verrotteten und Ausrangierten.

107 | Indem Punks alltägliche Gebrauchsgegenstände aus dem Kontext herauslösen und am Körper tragen, drucken sie sich das »Brandmal der Reproduktion« auf. Vgl. die Dadaismus-Analyse in: Walter Benjamin, Das Kunstwerk im Zeitalter seiner technischen Reproduzierbarkeit, a.a.O., S. 37ff.

108 | Vgl. die Arbeiten von Roland Barthes über Struktur und Funktion von Zeichen in der japanischen Gesellschaft, in: ders., Das Reich der Zeichen, Frankfurt a. M. 1981 (erstmals 1970). Zur Kleidung als Kommunikationsobjekt siehe ders., Die Sprache der Mode, Frankfurt a.M. 1985 (erstmals 1967). Auf die Befreiung der Zeichen in der Moderne durch den Zugriff der Mode macht Jean Baudrillard aufmerksam. Siehe ders., Der symbolische Tausch und der Tod, a.a.O., S. 140f (»Das Flottieren der Zeichen«).

Rasur genutzt, sondern als Schmuckstück an einem sensiblen Körperteil getragen wird.

Indem Punks Dessous und andere Artefakte des Sexuellen, Intimen und Triebhaften öffentlich tragen, entsublimieren sie die Erotik im wahrsten Sinne des Wortes auf eine skandalöse Weise. Aus dem Untergrund der privaten Lust, der Obsession, Perversion und Gegenmoral werden Objekte hervorgebracht, um auf den Straßen der Städte mit Konfrontationsabsichten vorgeführt zu werden. Punks setzen Affekte visuell, dezivilisierend frei. Die hierin ersichtliche Anti-Mode gewinnt ihre Reizwirkung aus der Differenz von privat/öffentlich und konform/deviant. Das Perverse besteht weniger darin, daß Punks Bestimmtes überhaupt tragen, sondern daß sie es öffentlich und ohne irgendwelche Skrupel den Augen der Mitmenschen präsentieren.[109] Durch die Einbeziehung von Fetischen aus der Symbolwelt des Sadomasochismus inszeniert der Punk seinen Körper, und über seinen Körper sich selbst, als nackt, leidend und triebhaft. Halsbänder, Ketten und Nadeln setzen künstliche, auto-erotische Zeichen. Sie signalisieren nicht nur eine Selbstverstümmelung, sondern fragmentieren den Körper und lassen diesen dadurch paradoxerweise nackter erscheinen, als er ist.[110]

Ein Gegenpol der über den Körper externalisierten Verstöße gegen den »Kodex der guten Sitten« (Boltanski), an dem die Punks ihre Revolte aufzäumen, ist nicht nur die Durchschnittskleidung erwerbstätiger Mitmenschen, sondern auch der Kleidungsstil einer vorangegangenen Jugendbewegung. »Punk und seine gemäßigte Vermassung unter dem Titel ›New Wave‹ bedeuten die radikale Negation der Hippie-Ästhetik, der Hippie wird bildlich gesehen auf den Kopf gestellt. Seine weichgezeichnete tannenbaumförmige Idealsilhouette verwandelt sich in eine hart kontrastierte mohrrübenförmige. Menschen, Kleidern und Haaren ist es auf einmal strengstens untersagt, sich entspannt hängen zu lassen, sie müssen stehen; je steiler, desto besser. Um die Schwerkraft zu überwinden, wird auf Köpfen mit den verschiedensten Rezepturen experimentiert: Zuckerwasser, Bier oder Kernseife bei Sonnenschein, Bohnerwachs oder Lack für den regenfesten Stand.«[111]

Geltende Schönheitsideale, wie sie beispielsweise in der Werbung an

109 | Dies verdeutlicht die Aussage eines Punk-Mädchens: »Gestatten, ich bin ihr Trieb.« Zitiert in: Penth und Franzen, a. a. O., S. 174.

110 | In diese Richtung geht die Analyse des Striptease von R. Barthes, Mythologies, Paris 1957, S. 174ff und von Jean Baudrillard, Der symbolische Tausch und der Tod, a.a.O., S. 167ff. Vgl. auch Mick Farren, Black Power. Der Kult der schwarzen Lederjacke, München 1987, S. 126ff.

111 | Siehe Michael Sontheimer, Post-Punk und Neo-Rokoko, in: Kursbuch, Febr. 85, S. 155/156. Zur symbolischen Bedeutung der langen Haare in der Hippie-Bewegung vgl. P. Willis, »Profane Culture«, a.a.O., S. 111ff. Zur Transformation der Punk-Kultur in die »Neue Welle« vgl. Eckhardt Schmidt, New Wave – Die Revolution der Realität, in: G. Stein (Hg.), Bohemien – Tramp – Sponti, a.a.O., S. 260-266.

der physisch-sexuellen Attraktivität des weiblichen Körpers festgemacht werden, erfahren durch das Erscheinungsideal der Punks eine radikale Konterkarierung. Die traditionellen Geschlechterrollen werden durch Kleidung, Haartracht, Make-up egalisiert und nivelliert. Punks funktionieren die Stadtkerne um zu Bühnen einer auf Provokation angelegten Körpershow. Der durch die Trennung von Öffentlichkeit und Privatheit zurückgehaltene, nicht für ein Auffallen in der Öffentlichkeit gekleidete Körper des Alltagsmenschen wird durch ihr extrovertiertes Auftreten unzweideutig mit einem extremen Gegenbild konfrontiert. Der modernen Zivilisation, die eine ihrer Folgen – die strukturelle Arbeitslosigkeit der Jugendlichen und jungen Erwachsenen – gerade in den Städten zu spüren bekommt, wird durch diese exhibitionistische Körperpräsentation der Spiegel ihrer eigenen Defizite vorgehalten. Das chaotische, bunte und aggressive Außenseitertum, das sich des Mittels der Überstilisierung ins Unnormale, Dreckige, Ausgesonderte und Triebhaft-Sexuelle bedient und die Häßlichkeit des Körpers bewußt herstellt, um etablierte Normen lächerlich zu machen, ist eine Reaktion darauf, was jugendliche Stadtbewohner als moderne Gesellschaft wahrnehmen und ablehnen. Punks stellen den Ekel gegenüber dem Normalen, Alltäglichen als Ekel am und über den Körper nach außen theatralisch zur Schau.

In einer weitgehend desodorierten und desinfizierten Gesellschaft kann man mit der stilistischen Einbeziehung von Müll, Unrat und dem körpernahen Spazierentragen von Ratten als den archetypischen Symboltieren von Krankheit und Pestilenz nachhaltig schocken.[112] Punks werden dadurch, daß sie skandalös auftreten, zu einem »öffentlichen Ärgernis«.[113] Es macht anscheinend auch Spaß, als Paradiesvogel und Außenseiter behandelt und beobachtet zu werden. Aus der Angst und dem Abscheu des »Normalbürgers« vor einer Ansammlung derartig maskierter Punks leiten nicht wenige Mitglieder dieser Szene eine Art Lustgewinn ab – ähnlich, wie er in anderen Peergroup-Konstellationen auch zustande kommt, wenn die massive Selbstinszenierung einer Gruppe Abscheu und Haßgefühle bei Außenstehenden erzeugt. Die hiermit angesprochene sozial-integrative Bedeutung des Stils besteht vornehmlich in der Fähigkeit, Wir-Gefühle hervorzurufen, Identität zu stiften und Abgrenzungen vorzunehmen. Allerdings: Punks aktivieren die Abwehrmechanismen ihrer Umwelt durch ihren bewußten Konfronta-

112 | Vgl. die Ausführungen von Alain Corbin, Pesthauch und Blütenduft. Eine Geschichte des Geruchs, Berlin 1984 (erstmals Paris 1982). Durch einen bewußt erzeugten Ekel können Beobachter »aus dem Gleichgewicht« gebracht werden. Vgl. Edward Gross und Gregory P. Stone, Verlegenheit und die Analyse der Voraussetzungen des Rollenhandelns, in: Manfred Auwärter/Edit Kirsch/Klaus Schröter (Hg.), Seminar: Kommunikation, Interaktion, Identität, Frankfurt a.M. 1976, S. 275-306.

113 | Hierzu paßt es, daß sie, wie wir bereits bemerkt haben, Hakenkreuze und Anarcho-Zeichen als reine Provokationselemente an ihrer Kleidung befestigen oder in die Haut eintätowieren.

tionskurs so stark, daß direkte und langfristige Lerneffekte aus ihrem Lebensstil unwahrscheinlich werden. Was neben der negativen Sanktionierung durch staatliche Herrschaftsinstanzen bei Überschreitung geltender Rechtsnormen zutrifft, ist vielmehr ein Gewährenlassen mit der Konsequenz der visuellen und sozialen Gewöhnung einerseits und der ökonomischen Aneignung zentraler Stilelemente andererseits.[114]

Was jugendliche Subkulturen kreieren und an ihren Körpern darstellen, bleibt, wie der Zusammenhang von Punk und New Wave verdeutlicht, nicht ohne Konsequenzen auf Alltagsmode und Haute Couture. Die Ästhetik der Subversion wird raffiniert, aus dem Ursprungszusammenhang herausgenommen, dabei entschärft, und dann neuen Abnehmern angeboten. Die alltägliche Erscheinung von Minoritäten kann auf diese Weise zu einem reinen, zeitlich begrenzten Freizeitvergnügen umfunktioniert werden, das lediglich am Wochenende die Gemüter erregt. Die vormals alleinige Fixierung des Stils an die soziale Lage einer bestimmten Gruppierung geht infolgedessen verloren. Elemente wie Frisur, Kleidung, Sprache und Musik diffundieren in andere Schichten und werden mit Hilfe der Massenmedien sogar in andere Länder exportiert. Versatzstücke der Erscheinung von Punks – man denke nur an die Farbsträhne auf dem Haupt von Schülern, Sekretärinnen oder Ehefrauen – werden übernommen, auch wenn das Herkunftsmilieu abgelehnt wird. Mediatisierende Instanzen und Akteure wie Mode-Designer, Stadt-Bohemiens, Künstler und avantgardistisch orientierte Friseure, die sich allesamt auf der Suche nach Extravaganz und Neuheit befinden, sorgen für Publizität und Vermischung. Was vorher aus der Mülltonne herausgefischt oder mit dem Rasiermesser des Vaters vor dem Spiegel selbst erledigt wurde, bieten nun Spezialisten als »dernier crie« gegen ein teures Entgelt feil.

Eine zentrale Bedeutung für die Punkszene kommt ihrer schnell, aggressiv, laut und mit wenigen Griffen gespielten Musik zu. Sie ist auf körperliches Austoben und kollektives Ausflippen ausgerichtet. In bewußter Abkehr von der etablierten, auf Spezialistentum und Virtuosität orientierten Popmusik der 70er Jahre war die ursprüngliche Musik der Punks Ausdruck eines expliziten Dilettantismus auf seiten der Musiker. Indem jeder prinzipiell mitmachen konnte und sollte, der Lust und Mut hatte, sich spontan auf die Bühne zu stellen und Musik zu machen – ohne dies vorher einstudiert zu haben –, wird nicht Könnerschaft, sondern Laienwissen nachgefragt. Weniger das Resultat, als vielmehr der Prozeß der musikalischen Herstellung zählt. Wenn nicht das Ergebnis wichtig ist, sondern der Augenblick des subjektiven Handelns und Genießens, ist Expertentum in der Tat weniger bedeutsam.[115]

114 | Michael Sontheimer verortet den Anbruch der »Post-Punk-Ära« bereits im Jahre 1978, also ein Jahr nach der »eigentlichen Geschmacksrevolution« des Sommers 1977 in London. Siehe ders., Post-Punk und Neo-Rokoko, in: a.a.O., S. 155.

115 | Hier wird eine Parallele zu einem Phänomen deutlich, das auf den näch-

Schon die Namen der Gruppen spiegeln die Stimmung und die Wirklichkeitswahrnehmung wider, aus denen diese Musik entstanden ist. »Früher hießen die deutschen Gruppen GURU GURU, AMON DÜÜL, KRAAN [...] Ihre Ursprünge lagen eher in der (indischen) Mythologie als in der eigenen Realität. Ihre Musik war in Englisch, also unverständlich. Die deutsche Sprache hielten die Gruppen für zu schwerfällig und eckig. Heute heißen die Gruppen EINSTÜRZENDE NEUBAUTEN, NOTAUSGANG, ROTKOTZ, NICHTS, TRÄNENINVASION. [...] Die Namen sprechen für sich. Sie drücken Katastrophenstimmung aus (z.B. ABWÄRTS, BEERDIGUNG), sind aggressiv und destruktiv (HASS, KRACH), verhöhnen die Errungenschaften unserer Chemie- und Plastikwelt (NEONBABIES, NYLON EUTER, ÖSTRO 430) oder sind banal und langweilig wie der Alltag (TOTO LOTTO, SAAL 2). Sie spielen mit Religion (KORPUS CHRISTI), Sexualität (GEILE TIERE), Regierung (BUNDESREGIERUNG) und vor allem mit den Medien (BILDSTÖRUNG, SPRUNG AUS DEN WOLKEN) über Werbung (TEMPO, SINALCO FLUOR) bis Politik (DEUTSCH-AMERIKANISCHE FREUNDSCHAFT). Sie huldigen dem Kapitalismus und der organisierten Gewalt (OBERSTE HEERESLEITUNG).«[116]

Punks repräsentieren – folgt man dem Sloterdijkschen Schematismus von Zynismus und Kynismus – die Spielart eines anarchischen »Neo-Kynismus«.[117] Ihr »subversiver«, »theorieloser«, »gegen den Totentanz der Wissenssysteme« gerichteter Habitus ist in der Tat eine kynische Provokation. Als Kritik von unten wird sie am Körper übersteigert artikuliert und ist als ernstzunehmende Antwort auf die Zynismen der dominanten Hochkultur anzusehen, die komplexe Gesellschaften strukturell erzeugen. Indem gerade in den westlichen Industriegesellschaften die verschiedenen sozietalen Teilbereiche ihre jeweiligen Funktionen mit korrespondierenden Codierungen, Moralen und Sondersemantiken zu steigern versuchen, und hierbei zunächst operativ geschlossen arbeiten, wird das Ganze der Gesellschaft zugunsten der jeweiligen Teilperspektiven aus dem Auge verloren. In einem »Irrenhaus« (Fromm), in dem mit zynischen Begriffen die Steigerung der eigenen Rationalität (Fortschritt, Wachstum, Verteidigung einerseits, Umweltzerstörung, Arbeitslosigkeit, Menschheitsvernichtung andererseits) unter Absehen der Nebenfolgen betrieben wird, fällt es gerade denjenigen schwer, sinnvoll zu leben, die als Jugendliche nicht integriert sind.

sten Seiten näher angesprochen werden soll, dem Dadaismus. Die Dada-Bewegung vor und nach dem 1. Weltkrieg fand einen ihrer Hauptdifferenzpunkte in der damals vorherrschenden, auf Perfektionismus und Verschönerung der Häßlichkeit orientierten Kunstszene, und antwortete hierauf mit einer Hochstilisierung von Laientum und Dilettantismus.

116 | Siehe Bernd Hahn und Holger Schindler, Punk – die zarteste Versuchung seit es Schokolade gibt, Kassel 1982, S. 73/74.

117 | Siehe Peter Sloterdijk, Kritik der zynischen Vernunft Bd. I und II, Frankfurt a.M. 1983, beispielsweise Bd. 2, a.a.O., S. 711ff (»Dadaistische Chaotologie«).

Interessanterweise griffen die Punks auf eine Lebenshaltung und Stilrichtung zurück, die mit zwar verschiedenen, dennoch aber durchaus vergleichbaren Antworten bereits zu Beginn des 20. Jahrhunderts an die Öffentlichkeit getreten war und diese ebenso schockiert hatte, die Dadaisten. Beiden zeitlich weit auseinander liegenden Bewegungen ist ein rigider Alltagspositivismus zu eigen. Punks und Dadaisten glauben, die Wirklichkeit unverfälscht und wahrhaftig erkannt und verstanden zu haben. Mit diesem Anspruch auf richtige Weltinterpretation geht eine bizarre Anerkennung der Realität einher. Es gilt, das Chaos despektierlich zu genießen, gleichsam nach dem Motto, das Jim Morrison (The Doors) schon Anfang der 70er Jahre formulierte: »I wanna have my kicks before the whole shithouse goes up into flames.« Wie auch immer die Angemessenheit dieser Weltsicht und Alltagsreduktion beurteilt werden mag, so sind die gesellschaftlichen Bedingungen ihrer Existenz relativ eindeutig.

Nachdem der Fortschrittsglaube spätestens in den »Stahlgewittern« (E. Jünger) des 1. Weltkrieges verblutet und das Bild des Menschen als Vernunftwesen durch den Zynismus und Kulturchauvinismus der Politiker, Wirtschaftsführer und Militärs ad absurdum geführt worden war – mit der Konsequenz, daß der Dadaismus auf einen fruchtbaren Boden fiel –, erscheinen Punks zu einer Zeit, in der der Glaube an die soziale Gestaltungskraft der Gegenwart und die prinzipielle Offenheit der Zukunft in den Augen heranwachsender Jugendlicher unglaubwürdig geworden war. »No future« wurde zu einem Schlagwort, das fortan nicht nur Punks benutzen. Zu dem kynischen Element der Punkszene paßt ein Zitat von Sloterdijk über den antiken Kyniker. Es zeigt gewisse Gemeinsamkeiten zwischen Punk-Kultur und antikem Kynismus: »Der antike Kynismus beginnt den Prozeß der nackten Argumente aus der Opposition, getragen von der Macht, die von unten kommt. Der Kyniker furzt, scheißt, pißt, masturbiert auf offener Straße, vor den Augen des athenischen Marktes; er verachtet den Ruhm, pfeift auf die Architektur, verweigert den Respekt, parodiert die Geschichten von Göttern und Helden, ißt rohes Fleisch und Gemüse, liegt in der Sonne, scherzt mit den Huren und sagt zu Alexander dem Großen, er möge ihm aus der Sonne gehen.«[118] Die Aufwertung des Körperlichen oder, wie Sloterdijk es nennt, das »Prinzip Verkörperung»[119] ist in der Tat eine Gemein-

118 | Siehe Peter Sloterdijk, a.a.O., S. 208. Der antike Diogenes protestierte gegen die polis in Gestalt eines aufsässigen, schamlosen, in der Öffentlichkeit inszenierten Exhibitionismus und war auf eine »animalische Selbstbehauptung«, auf ein Überleben in der Gegenwart ausgerichtet, in der eine Selbstverwirklichung als unmöglich durchsetzbar erschien. Siehe Klaus Heinrich, Antike Kyniker und Zynismus in der Gegenwart (1964), in: ders., Vernunft und Mythos. Ausgewählte Texte, Frankfurt a.M. 1983, S. 27-49.

119 | Siehe ders., a.a.O., S. 214. Zur Figur des Kynikers vgl. auch die Aussagen von Jürgen Habermas im Rahmen seiner Buchbesprechung des Sloterdijkschen Werkes. Siehe ders., Zwischen Heine und Heidegger, in: Plasterstrand, Frankfurt

samkeit von kynischer Vernunft und Punk-Bewegung. Auch wenn die vornehmlich an den Körperöffnungen präsentierte Körperlichkeit der antiken Kyniker so auf den Straßen von Punks wohl kaum vorgeführt werden dürfte, ist die Wendung zum Körper ein charakteristisches Kennzeichen dieser jugendlichen Subkultur.

Der Punk-Körper wird ins Außeralltägliche transformiert und den Normalbürgern als Schreckerlebnis serviert. Mit Hilfe der an ihm festgemachten Zeichen und Mitteilungen erfolgt eine Auseinandersetzung mit der Vorherrschaft gesellschaftlich dominanter Verhaltenserwartungen. Der Protest läuft nicht außerhalb von Gesellschaft ab. Unterschiedliche Kommunikationen koppeln sich an diese Körper-Revolte an, so auch wirtschaftliche Interessen. Das Provokatorische wird demokratisiert und seines authentischen Gehalts beraubt. Punks, Mods, Skinheads, Hippies, Popper, Bodybuilder, Normalsportler und viele andere mehr projizieren sich an ihren Körpern in Signale hinein und reagieren so theatralisch auf eine zweifellos unterschiedliche Weise auf die »Semiokratie« (Baudrillard) der von ihnen als relevant definierten Umwelt. Über Kleidung, Bemalung, Tanz, Musik, Haartracht, dicke Muskeln oder gebräunte Haut bringen sie ihre Körper zum Sprechen. Wir-Gefühl, Vorlieben, Abneigungen, Konformität, Ignoranz oder Konfrontationsinteressen lassen sich so externalisieren.

Auch dieses Kapitel hat die Grundidee aufgegriffen, die uns mit unterschiedlichen Nuancen bereits vorher begegnete. Komplexe Gesellschaften regen nicht nur Langsamkeit und Schnelligkeit, Stadtflucht und urbane Wiedereroberung an, sondern stimulieren gleichzeitig auch Ausdrucksformen von Künstlichkeit und Natürlichkeit, Körpervernachlässigung und -aufwertung sowie Zukunftsbejahung und -verneinung. Gegensätze dieser Art können gleichzeitig in den Vordergrund gestellt und von Menschen theatralisch am Körper vor- und aufgeführt werden. Die Simultaneität des Paradoxen tritt in einem weiteren Zusammenhang zutage: Nicht nur Emotionalität und Expressivität sind gegenwärtig hochgeschätzte Werte, die sich korporalisieren lassen. Auch gegenteilige Verhaltensweisen wie Affektkontrolle und Körperdistanzierung genießen eine starke Nachfrage.

7 Coole Typen. Sozialfiguren der Selbstbeherrschung und Körperdistanzierung

Nach der Analyse der jugendlichen Minderheit, die als Punks auf Straßen und Plätzen mit ihren Körpern provoziert, soll dieses Kapitel das Gegenbild des coolen Typen skizzieren. In Anlehnung an eine aus dem anglo-amerikanischen Sprachraum stammende Begrifflichkeit werden wir damit jene Sozialfigur der Körperdistanzierung und Affektkontrolle bezeichnen, die ihr

14. – 17.6.1983, abgedruckt in: ders., Die neue Unübersichtlichkeit, Frankfurt a.M. 1985, S. 123f.

Selbst bewußt zu kontrollieren trachtet und dies in ihrem Verhaltensrepertoire übersteigert und körperlich pointiert zum Ausdruck bringt. Die Verarbeitung gesellschaftlicher Modernität kann, wie dieses Persönlichkeitsideal zeigt, nicht nur darin bestehen, daß der einzelne auf die körperverdrängenden Wirkungen komplexer Gesellschaften mit einer Aufwertung seiner Körperlichkeit reagiert, zum Beispiel durch ein gezieltes Training in Fitneß-Studios, Sportvereinen oder ähnlichen Einrichtungen. Der Körper läßt sich auch als Darstellungs- und Mitteilungsmedium nutzen, wenn es um die demonstrative Wiedergabe jener Prozesse geht, die das typisch Zivilisatorische ausmachen, nämlich Affektdämpfung und Körperdistanzierung.[120]

Als derartige Sozialfiguren fallen zunächst die an Oberschichteninteraktionen teilnehmenden Akteure auf. Um die soziale Hierarchie zu symbolisieren, die Ausrichtung der Kommunikation auf Gleiche abzustützen sowie die Direktheiten und das Grobe der unteren Schichten zu konterkarieren, werden in diesen Zirkeln das Feine und Kultivierte prätentiös zur Schau gestellt. Für einen englischen Gentleman wäre es, ebenso wie für eine englische Lady, undenkbar, sowohl in privaten als auch in öffentlichen Situationen die Kontrolle über Körper und Selbst zu verlieren und die Konsistenz der eigenen Rangdarstellung durch eine vulgäre Körperlichkeit zu durchbrechen. Wer hier als Ungleicher teilnimmt, hat sich nicht nur zurückzuhalten. Er muß auf zeremonielle Distanz gehen. Die sprichwörtliche »feine englische Art« ist so auch bei denjenigen Rolleninhabern zu beobachten, die Servicefunktionen in den Oberschichten ausüben – bei Dienern, Kutschern und Butlern.

Gerade letztere müssen ihre eigenen Verhaltensstandards gekonnt dem Habitus ihrer Herrschaften anpassen. Als Spezialisten für stilisierte Achtungserweise wachen sie über die Sphäre der Umgangsformen, Etikette und Rituale. Zu ihrer Selbstinszenierung gehört es, sich als unmaßgeblich, marginal und nichtvorhanden darzustellen. Die offen zur Schau getragene Unpersönlichkeit des typischen Butlers – aufrechter, steifer Gang, weiße Handschuhe, schwarzer Frack, eingefrorene Mimik – ist deshalb schon sehr früh, nämlich mit Heraufkunft von Massenpresse und Sozialkritik, zur Zielscheibe karikierender Darstellungen und Verunglimpfungen geworden. Wenn Rangbehauptungen unter den Druck von Gleichheitspostulaten geraten, können gerade die Verhaltensstilisierungen der Oberschicht Fremdbeobachter zum Schmunzeln anregen.

Die unterkühlte Expressivität des Gentlemans gegenüber seinem Butler – und umgekehrt – ist nicht nur Bestandteil der in den gehobenen Schich-

120 | Vgl. Norbert Elias, Über den Prozeß der Zivilisation Bd. I und II, a.a.O., auch Helmut Plessner, Zur Anthropologie des Schauspielers (1948), in: ders., Gesammelte Schriften VII. Ausdruck und menschliche Natur, Frankfurt a.M. 1982, S. 403-418; besonders S. 407ff, ebenso – fast 50 Jahre vorher – Georg Simmel, Der Schauspieler und die Wirklichkeit, in: ders., Brücke und Tür, a.a.O., S. 168-175 (erstmals 1912).

ten gepflegten Vermeidungsregeln gegenüber Außenstehenden. Sie hat zudem die Funktion, eine asymmetrische Rollenbeziehung zu stabilisieren, in der der hierarchisch Niedrigere aufgrund seiner Tätigkeitsmerkmale ein umfangreiches Hinter-den-Kulissen-Wissen erwirbt. Dies erfordert in der Tat Takt, Verschwiegenheit und distanzierte Loyalität. Die Beherrschung dieser für Oberschichteninteraktionen wichtigen Rollenleistungen kann nur derjenige erbringen und signalisieren, der persönliche Gefühle und Meinungen zurückhält und als eine immer kontrollierte Person auftritt.[121] Wer als Unperson und Hintergrundexistenz definiert und behandelt wird, kann nicht lautlärmend soziale Hierarchien unterlaufen. Die stoische Indifferenz des Butlers ist somit nicht nur ein Komplementärphänomen zum Verhalten seiner hochzivilisiert auftretenden Arbeitgeber. Es stellt insgesamt ein Mittel zur Feinregulierung einer durch Dominanz und Ungleichheit gekennzeichneten Interaktionsbeziehung dar.

Ein unpersönliches, körperdistanziertes Handeln im Gefolge des gesellschaftlichen Zivilisierungs- und Modernisierungsprozesses ist in vielen sozialen Bereichen typisch geworden. Wo der einzelne sich nicht als Gesamtperson einbringen kann, sondern sein Verhalten funktional auf spezifische Rollenaktionen auszurichten hat, muß ein unpersönliches Auftreten gelernt und verkörpert werden. Eine bewußte Kontrolle der eigenen Expressivität ist vor allem in Berufsrollen wichtig, die ihre primären Arbeitsleistungen im Rahmen öffentlicher Zeremonien und Rituale erbringen.[122] Es gehört beispielsweise zum Habitus der Priester- und Richterrolle, bedächtig

121 | Vgl. die Tagebuch-Eintragungen des englischen Butlers Joseph Gray, wiedergegeben in: Frankfurter Allgemeine Magazin, 27.3.1987, Heft 369. Hier heißt es: »Sich bloß nicht gehen lassen! Bloß nicht ausschweifen! Allein im Medium – oder nennt man es Fluidum? – von Zwang, Langeweile und gestrenger Pflicht vermag sich die echte Würde eines Butlers zu entfalten, diese unterwürfige Zierlichkeit des Benehmens bei gleichzeitiger stolzer, hochaufgerichteter Körperhaltung. Das beginnt mit dem Haar; glatt gekämmt und glänzend muß es sein, mit einem wie mit dem Messer hineingeschnittenen Scheitel, der in der Verbeugung dem Herrn wie eine Rasierklinge über die Augen fährt [...] Ein guter Herr legt Wert darauf, nicht zu spüren, daß er bedient wird. Dazu bin ich als Butler da. Ich schiebe mich gleichsam zwischen den Herrn und die Dienerschaft. Ich transformiere das Dienen, das ja in der Tat etwas Aufdringliches hat, in ein Einfach-Geschehen. Allzu sichtbares Dienen kann ein herrschaftliches Haus ruinieren. Man kann das in den Häusern der Neureichen beobachten. In einem wirklich herrschaftlichen Haus geht es zu, als wären unsichtbare Heinzelmännchen am Werk [...] Ein Butler beherrscht seinen Herrn durch immergleiche Haltung, durch Gefühllosigkeit, Reglosigkeit. Ein Butler herrscht, indem er sich beherrscht.«

122 | Zur Charakterisierung der Tagesschausprecher als »Deutschlands prominenteste Butler« mit den Attributen unpersönlich, unverbindlich, zuvorkommend, neutral und seriös siehe Viola Roggenkamp, Die drei von der Tagesschau, in: Die Zeit, Nr. 38, 11.9.1987, S. 73.

aufzutreten und Peinlichkeiten und Entgleisungen in der Selbstdarstellung zu vermeiden. Der Meßvollzug oder das Gerichtsverfahren würden in ihrer Würde ansonsten erheblich gestört.

Wir wollen an dieser Stelle darauf verzichten, weiterhin über die Künstlichkeiten von Oberschichteninteraktionen[123] oder die Darstellungserfordernisse traditioneller Professionen zu reflektieren. All dies ist interessant, bleibt im Hinblick auf die neueren und modischen Formen der Körperthematisierung allerdings marginal. Im Mittelpunkt der folgenden Ausführungen steht die modernisierte Fassung einer Sozialfigur der Körperdistanzierung und Affektdämpfung, der coole Typ. Die modisch-affektierte Verhaltensstilisierung dieser Figur speist sich nicht aus einem sozialisatorisch in Oberschichten erlernten »Kodex der guten Sitten«, sondern leitet sich in erster Linie ab aus dem Posenreservoir der Kultur- und Medienindustrie und dem Indifferenzbedürfnis des individuellen Akteurs in potentiell überfordernden urbanen Situationen.

Der coole Typ repräsentiert nicht die kompensatorische Gegenreaktion auf Körperverdrängung, sondern thematisiert das Verdrängte am Körper. Die Transformation gesellschaftlicher Fremdzwänge in personale Selbstzwänge sowie die Regulation des Verhaltens infolge der Trennung von Öffentlichkeit und Privatheit führen – so Elias – zu einem Umbau individueller psychischer Strukturen.[124] Allerdings rufen diese Prozesse in der Phase fortgeschrittener Modernität auch die unterschiedlichsten personellen Externalisierungsversuche hervor. Es kommt nicht nur zu einer Internalisierung von Außenzwängen, sondern auch zu einer Externalisierung zivilisatorischer »Errungenschaften« am Körper. Die infolge der gesellschaftlichen Komplexität und Indifferenz gegenüber Person und Körper konturierte psychische Innenwelt reagiert auf die zivilisierte, affektarme und versachlichte Außenwelt nicht mit einem auf Spontaneität und Kommunikation ausgerichteten Gegenbild, sondern projiziert die Binnensphäre an die eigene Körperhülle.

Als Bezugspunkt unserer Überlegungen dient die modische Stilisierung des coolen Typen, wie sie vor allem in einigen Jugendgruppierungen zu beobachten ist. »Cool« sind nicht nur die Räume ihrer Trendkneipen oder ihre Kleidung[125], sondern auch die Verhaltensweisen, die sie an den Tag bzw. die Nacht legen, und die Sprachcodes, mit denen sie kommunizieren und Differenzen beweisen, wenn sie kommunizieren. Was mit Hilfe

123 | Vgl. Niklas Luhmann, Interaktion in Oberschichten. Zur Transformation ihrer Semantik im 17. und 18. Jahrhundert, in: ders., Gesellschaftsstruktur und Semantik Bd. 1, Frankfurt a.M. 1981, S. 72-161.

124 | Vgl. Norbert Elias, a.a.O., S. 312ff.

125 | Unter der Überschrift »Männermode cool & lässig« warb kürzlich eine Bekleidungsfirma wie folgt: »Die Männermode zeigt sich in diesem Sommer von der lässigen Seite. Luftige Polos werden mit superleichten, topmodischen Bundfaltenhosen kombiniert. Ein cooler Look für heiße Tage.«

diverser Vorbilder und Klischees aus der Filmwelt nachgespielt und imitiert wird, ist gewissermaßen die jugendliche Freizeitversion des Medienhelden, der sein Selbst bei der Präsentation in der Öffentlichkeit demonstrativ bedeckt hält, keine Sentiments zeigt und sein Rollenspiel auch dann fortsetzt, wenn unerwartete Ereignisse aufgetreten sind. In der Tat, wer Risikosituationen verarbeiten kann, ohne den Kopf oder die Balance zu verlieren, wer Selbst und Situation unter den Bedingungen plötzlich eingetretener Kontingenz in einem Zustand des Gleichgewichts zu halten vermag, der gilt gemeinhin als cool.[126] Derjenige hingegen, der unter denselben Bedingungen zittert, stottert oder andere unkontrollierte Körperäußerungen von sich gibt, wird als unsicherer oder gar ängstlicher Typ angesehen.

Ein cooler Typ hält seine Gefühle klein und klammert das körperlich-expressive Inventar in Interaktionszusammenhängen bewußt aus – mit der Besonderheit, daß dieses Nicht-Expressive wiederum selbst expressiv dargestellt wird. Innere Ergriffenheit darf äußerlich nicht gezeigt werden, weil sich hieraus Schwächen ableiten ließen und Außenstehende einen zu tiefen Einblick in die Binnenkomplexität der Psyche bekämen. Mimik, Gestik und Motorik dürfen nicht entgleisen, wenn man als cool eingeschätzt werden will. Wer nicht die Fähigkeit besitzt, Probleme jenseits eines normalen Routinehandelns auf eine coole Art und Weise zu lösen, kann zumindest durch ein lässiges Zigarettenrauchen[127], einen gelangweilten Blick[128], die Bewegungslosigkeit an der Theke oder entsprechende modische Accessoires funktional äquivalente Leistungen andeuten. Gerade das auf Lässigkeit stilisierte Rauchen mit dem berühmten Hängenlassen der Zigarette im Mundwinkel, wie es von James Dean, Humphrey Bogart und anderen kultiviert wurde, erscheint in diesem Zusammenhang als Mikrotechnik der coolen Selbstdarstellung, als Pose und Gestus der Indifferenz, als ein stoisches Ritual der Selbstkontrolle.

Der Coole inszeniert sich damit als ein Gegenbild zur Sozialfigur des Spontis.[129] Er legt keinen gesteigerten Wert auf spontanes, unüberlegtes

126 | Zum Zusammenhang von Balancestrategien im Verhältnis von Selbst und Situation vgl. Edward Groß und Gregory P. Stone, Embarrassment and the analysis of role requirements, in: AJS, 70, 1964, S. 1-15.

127 | Zur Gestik des Rauchens vgl. Wolfgang Schivelbusch, Das Paradies, der Geschmack und die Vernunft, a.a.O., S. 197ff.

128 | Auch die eingefrorene Mimik läßt sich wie das permanente Lachen als ein »mimischer Stoßdämpfer« (Walter Benjamin) interpretieren. Indem der einzelne signalisiert, nicht kommunizieren, sondern auf Distanz bleiben zu wollen, erweist sich die eingefrorene Gesichtsfassade als ausgesprochen funktional. Eine Sonnenbrille, die die Augenpartie abdunkelt und gegenüber den zudringlichen Blicken der Mitmenschen abschirmt, kann hilfreiche Dienste leisten.

129 | Den »Spontis« geht es um Bedürfnisartikulation und -befriedigung, um Aufwertung von Subjektivität und Gegenwartsgenuß. Mit Hilfe von Versatzstücken aus der Soziologie und Psychologie wird von diesen Dauerbetroffenen das »Echte«

Handeln und Reden – was ihm in Gruppensituationen, die nicht seiner Wahl entsprechen, den Vorwurf einbringt, ein Fremder in der Gruppe bleiben zu wollen. Er ignoriert diejenigen, die viel reden und in der Frequenz ihrer Worte und in der Schnelligkeit ihrer Antworten Belege für Echtheit und Authentizität sehen – als ob es zwischen gesprochenen Worten und innerem Bewußtsein des Sprechenden keinen Unterschied gäbe. Auch die stürmischen Begrüßungs- und Abschiedsrituale in alternativen, emanzipativ ausgerichteten sozialen Kreisen sind ihm zutiefst zuwider.

Der Coole ist demzufolge ein Protagonist der gepflegten, nach außen abgeschotteten Innerlichkeit. Für ihn zählt das Nonverbale mehr als das Verbale. Letzteres wird von ihm sparsam und höchstens ausdrucksstabilisierend eingesetzt. Der Coole schätzt die Distanz, weil sie dem Streben nach Intimität entgegenläuft. Er schließt sich nicht der ungezügelten, lauten Begeisterung an, weil sie für ihn Ausdruck von Instabilität und Inkonsistenz ist. Durch den weitgehenden Verzicht auf verbale Kommunikation und die moderne Lächelpraxis verschreibt sich der Coole selbst eine nahezu mythische Würde. Wendet man das Klassifikationsschema formal/informell an, das Mary Douglas zur Analyse des körperlichen Symbolverhaltens nutzte, wäre der coole Typ ein Vertreter des Formalen, der auch in gering definierten sozialen Situationen ein entsprechendes Verhalten an den Tag legt – mit der Besonderheit, daß er seine Regeln hierfür selbst schreibt, und zwar unter Hinzuziehung bewährter Skripte. »Formalität ist ein Index für soziale Distanz, für wohldefinierte, allgemein sichtbare und voneinander abgehobene Rollen; und entsprechend ist informelles Verhalten ein Index für Rollenvermischung, Familiarität und Intimität. Weiter korrespondiert der hoch bewerteten Formalität die strikte Körperkontrolle, und zwar ganz besonders dort, wo die Kultur der Natur mit Entschiedenheit übergeordnet ist.«[130]

Der Platz des Coolen ist die Theke. Hier kann er sich abstützen und denen zuschauen, die sich bewegen. Ein cooler Typ tanzt in der Regel nicht, weil der Tanz seiner Vorliebe für permanente Selbstkontrolle zuwiderläuft. Auf einer von anderen einsehbaren Tanzfläche müßte er sich körperlich betätigen und ausdrücken. Wenn er überhaupt einmal tanzt, dann mit einem Minimum an Aufwand und Expressivität. Hierdurch wird klar, warum die Neonkneipen dieser Szene nicht über Tanzflächen verfügen. Das Typische ist das Ambiente des Kühlen und Sterilen. Weiße Kacheln am Boden und große Spiegel an den Wänden erzeugen eine modernistische Atmosphäre,

und »Konkrete« in jedem Satz mehrfach beschworen. Siehe Johannes Schütte, Revolte und Verweigerung. Zur Politik und Sozialpsychologie der Spontibewegung, Gießen 1980, S. 47. Zur Betonung des Spontanen im Rahmen der Club-Bewegung siehe Kap. II.8.

130 | Siehe Mary Douglas, Ritual, Tabu und Körpersymbolik. Sozialanthropologische Studien in Industriegesellschaft und Stammeskultur, Frankfurt a.M. 1981, S. 107.

in der der einzelne sich fremd und alleingelassen fühlt. Die Besucher kommunizieren weniger mit der Sprache als mit den Blicken. Das Aktivitätszentrum des Coolen liegt in der Feinmotorik des Auges.

Wo der Körper ruhiggestellt wird, weil ein gelangweiltes Aussehen durch ein Zuviel an Bewegung gestört würde, erfährt der Blick eine Aufwertung.[131] Der einzelne kann voyeuristisch genießen, ohne daß er fürchten müßte, mit seiner Sehlust entlarvt zu werden. Die Dominanz »gefräßiger Augen« (Mattenklott) bei der Aneignung seiner Umwelt legt Zeugnis über die Entkörperlichungseffekte stadtgebundener Lebensführung ab. Wer nur die Augen wandern läßt und sich ansonsten ruhig verhält, reduziert das Risiko, bei der Präsentation des Selbst in der Öffentlichkeit Fehler zu begehen oder die Aufmerksamkeit anderer auf sich zu ziehen. Es kommt, wie am Beispiel dieser Lokalitäten deutlich wird, zu der paradoxen Erscheinung, daß die Verkörperung sozialer Distanziertheit in der Sozialität theatralisch aufgeführt wird. Indem der Coole hauptsächlich beobachtet und in einfachen Sozialsystemen vornehmlich durch Anwesenheit glänzt, kultiviert er die Sozialfigur des Fremden, der an seinem Körper und in seinem Auftreten die Einheit von Nähe und Ferne zu symbolisieren trachtet. Der Coole spielt – in Umkehrung der Simmelschen Formulierung – den Fernen, der zwar räumlich nah, sozial aber auf Distanz gegangen ist.[132]

Eine coole Zurschaustellung wird, um auf eine besonders extravagante Auffälligkeit hinzuweisen, in einer Variante der Jugendkultur gepflegt, die seit Ende der 70er Jahre unter dem Namen »New Wave« bekannt geworden ist. In einer auf die Darstellung und Überhöhung von Normalität und Durchschnittlichkeit spezialisierten Ästhetik werden Elemente aus jener Stadtboheme eingearbeitet, die nach dem 2. Weltkrieg ein existentialistisch beeinflußtes Leben in den europäischen Metropolen (vornehmlich Paris) erprobte. Das provozierende Schwarz, das Juliette Greco in Rollkragenform in den Kellern der sich avantgardistisch gebenden Pariser Kulturwelt trug, um ihrem schwarzen Humor, der von Sartre inspirierten negativen Philosophie und ihrem politischen Protest Ausdruck zu geben[133], erlebt in Verbindung mit dem Versuch, ein cooles Auftreten zu inszenieren, eine interessante Wiedergeburt.

In ihrer Analyse der zeitgenössischen Jugendkultur gehen Sommer und Wind auf eine Spielform dieser »Neuen Welle« ein, den sog. »Neo-

131 | Vgl. unsere Ausführungen zum Flaneur in Kap. II.3 und II.4. Auf die Dominanz des Auges im städtischen Leben wies bereits Georg Simmel zu Anfang des letzten Jahrhunderts hin. Siehe ders., Soziologie, a.a.O., S. 484ff. Zur »Prestigehierarchie unserer Sinne« vgl. auch Walter Herzog, Der Körper als Thema der Pädagogik, in: Hilarion Petzold (Hg.), Leiblichkeit, Paderborn 1985, S. 278ff.

132 | Vgl. Georg Simmel, Der Fremde, in: ders., Das individuelle Gesetz. Philosophische Exkurse, herausgegeben von Michael Landmann, Frankfurt a.M. 1968, S. 63.

133 | Siehe R. König, Macht und Reiz der Mode, a.a.O., S. 223.

Exi«. Dieser versuche vordergründig, auf eine subtile Weise hintergründig zu erscheinen: »Vom Äußeren her eine schärfer konturierte Neuauflage der Neuen Existentialisten aus den 50ern, hält er (der Neo-Exi, KHBJ seine Grundfärbung in gepflegtem Schwarz. Die Haare sind schwarz gefärbt, streng zurückgekämmt, der Nacken ist sorgfältig ausrasiert. Hals und Kopf scheinen vom ebenfalls schwarzen Rollkragen geradegehalten zu werden. Die von einem schmalen Gürtel durchzogene Bügelfaltenhose setzt die schwarze Linie bis zu den wiederum schwarz umflorten Knöcheln fest.«[134]

Gibt man sich mit der Beschreibung einer coolen Äußerlichkeit im Rahmen einer bestimmten Jugendszenerie nicht zufrieden, und fragt nach den Bedingungen der Möglichkeit ihres Auftretens, wird folgender Zusammenhang deutlich. Die Hochschätzung derartiger Verhaltenssyndrome kommt nicht von ungefähr, wie man auf den ersten Blick meinen könnte. Daß ein cool wirkender Typ von nicht wenigen Jugendlichen als positives Leitbild und Persönlichkeitsideal angesehen wird, verweist vielmehr auf gesellschaftliche Randbedingungen. Die Reduktion auf mikrosoziale Encountersituationen, wie sie vor allem im Dramaturgischen Interaktionismus (Goffman) anzutreffen ist[135], läßt sich durch die Einbeziehung dieser umfassenderen Perspektive analytisch erweitern.

»Coolness« erscheint dann nicht nur als Bestandteil irgendeines modisch inspirierten Trends auf dem Jahrmarkt der menschlichen Eitelkeiten. Dies ist lediglich als ein Oberflächenindikator für ein tiefersitzendes Phänomen zu werten. Das innere Anliegen und die Substanz des coolen Verhaltens sind in der Aneignung durch die Mode- und Freizeitindustrie bereits verlorengegangen. Der Außenseiter wird als Pose verkauft und massenhaft angeeignet. Lediglich das Äußere ist in dem Prozeß der wirtschaftlichen Verwertung übrig geblieben. Hierhinter steht vielmehr der Versuch zivilisierter Menschen[136], die Kontrolle über das eigene, in öffentlichen Situationen geforderte Selbst durchzusetzen. Ein cooles Auftreten stellt die Reaktion von Personen auf gesellschaftliche Veränderungen und deren Konsequenzen dar, wie sie vor allem in den modernen Großstädten erfahren werden. In einer schnellfluktuierenden, verwirrenden und prekären Zeit, in der nichts mehr sicher ist, Zukunftserwartungen enttäuscht werden und der Zerfall allgemein gültiger Wahrheiten fortschreitet, erleben Inter-

134 | Siehe Carlo Michael Sommer und Thomas Wind, Jugend-Stil, in: Psychologie heute, Okt. 1985, S. 24. Vgl. die Ausführungen zum »kalten Körper« in: Gert Mattenklott, Wiederkehr und Verabschiedung des Körpers, in: Thomas Ziehe/Eberhard Knödler-Bunte (Hg), Der sexuelle Körper. Ausgeträumt? Berlin 1984, S. 78.

135 | Vgl. Erving Goffman, Behavior in Public Places, New York und London 1963; ders., Interaktionsrituale. Über Verhalten in direkter Kommunikation, Frankfurt a.M. 1971, S. 164ff, besonders S. 246f (erstmals 1967); auch Stanford M. Lyman und Marvin B. Scott, Coolness in Everyday Life, in: Marcello Truzzi (Hg), Sociology and everyday Life, Englewood Cliffs 1968, S. 92-101.

136 | »Zivilisiert« im Sinne von Norbert Elias.

aktionsvorgaben und Identitätsentwürfe eine Renaissance, die auf ein kühles, distanziertes Auftreten und Handeln in den verschiedenen sozialen Lebenswelten ausgerichtet sind.[137]

In der Sozialfigur des Coolen werden, wie es scheint, archetypische Bilder und Mythen reaktiviert und beschworen, in denen der einzelne – ohne große Worte zu verlieren – außeralltägliche Situationen schnell und effektiv bereinigt. Der einsame, heimatlose Einzelgänger, der aus der Weite des ländlichen Raumes oder dem »Dickicht der Städte« kommt, sich für die Aktion entscheidet und nahezu existenzphilosophisch dem unausweichlichen Showdown entgegensieht, um nach der Lösung des Problems wieder in der Ferne zu verschwinden[138], findet in der von uns beschriebenen Figur gleichsam sein modernes, urbanisiertes und veralltäglichtes Korrelat. Warum?

Die Selbstbehauptung des Individuums ist besonders in den Städten ein Dauerproblem, gerade für Jugendliche, deren gesellschaftlicher Status noch nicht eindeutig definiert und gefestigt ist. Die Suche nach einer verläßlichen Identität fällt so auch in der Jugendphase entsprechend intensiv aus und führt dann zu jenen Thematisierungsversuchen von Subjektivität, Körperlichkeit und Eigentlichkeit, in denen auf bereits vorliegende Muster der Lebensbewältigung zurückgegriffen wird. Aus diesem Grunde werden gerade diejenigen mythischen Bilder wiederbelebt, die sich in geringstrukturierten, gefährlichen sozialen Situationen bereits bewährt haben: der »lonely rider« des Wilden Westens und der hartgesottene Detektiv im Asphalt-Dschungel der Großstadt vermitteln eine nahezu auratische Faszination beim Zuschauer.[139] Die Sicherheit ihres Auftretens, die Kargheit ihrer Sprache, die Effektivität ihres Handelns und die Distanziertheit gegenüber anderen können in einer Zeit zweifellos beeindrucken, in der das Verbalisieren sozialer Probleme deren Lösung oftmals nicht weiterbringt. Die von Humphrey Bogart, Charles Bronson, Clint Eastwood, Steve

137 | Eine deutlich coole Komponente zeigt sich beispielsweise auch im Professionsbegriff.

138 | Vgl. hierzu Will Wright, Sixguns & Society. A Structural Study of the Western, Berkeley u.a. 1975; vor allem seine Ausführungen zur Struktur des Westernmythos, S. 16ff. Zur »autoritativen Übermacht des Raumes« im mythischen Kino siehe Hans-Thies Lehmann, Die Raumfabrik – Mythos im Kino und Kinomythos, in: Karl Heinz Bohrer (Hg.), Mythos und Moderne, Frankfurt a.M. 1983, S. 580ff. In einem Psychogramm versuchte Gert Raeithel die horizontale Mobilität der US-Amerikaner, ihre hohe Wertschätzung für Individualität und Angstlust im Sinne einer psychischen Grunddisposition zu erklären (Auswanderer, puritanische Einflüsse, topographische Besonderheiten). Siehe ders., »Go West«. Ein psychohistorischer Versuch über die Amerikaner, Frankfurt a.M. 1981.

139 | Zum Topos der Großstadt als Dschungel, der bereits im 19. Jahrhundert (Eugène Sue, Les Mystères de Paris, 1848) auftaucht, siehe Wolfgang Reif, Zivilisationsflucht und literarische Wunschträume, Stuttgart 1975, S. 118ff.

McQueen und anderen verkörperten kühlen Männer sterben insofern nicht, auch wenn sie ihre Aktionen im Film nicht überleben. Ihre Habitusformen sickern in das Bewußtsein, werden kopiert und als Vorbilder für den Alltag zu Rate gezogen. Der coole Akteur wird für viele zu einem Leitbild für individuelle Selbsterhaltung und Handlungsfähigkeit im Kontext persönlicher und gesellschaftlicher Unwägbarkeiten.

Coole Frauenbilder sind in der Medienwelt noch in der Minderzahl. Eine Ausnahme bildet gegenwärtig die farbige Sängerin und Schauspielerin Grace Jones, die von der Werbeindustrie als cooler Vamp vermarktet wird. Als »belle dame sans merci« trat sie als Widersacherin in dem James Bond Film »Im Angesicht des Todes« auf. In dem Film »Vamp« (USA 1986) darf die coole Grace als Vampir Zähne zeigen. Hiermit wird die klassische Figur der Femme fatale wiederbelebt, die mit ihrer lasziven Verführungskunst selbst den Tod zum erotischen Genuß werden läßt. Der Mann unterwirft sich – so die Männerphantasien seit Mitte des 19. Jahrhunderts – der sexuell geprägten Herrschaft dieser Angst und Lust in gleicher Weise induzierenden Frau, die mit ihrer dekadenten, drogenähnlichen Sinnlichkeit den so Unterdrückten ins Verderben führt.[140]

Wenn wir in diesem Zusammenhang die Bedeutung von Urbanität ins Spiel bringen, fällt unmittelbar Georg Simmel mit seinen Reflexionen über die Moderne und die Großstadt ein. In seiner Analyse der »Blasiertheit« und »äußeren Bescheidenheit« spricht er Komponenten und Randbedingungen des großstädtischen Menschentyps an, die auch für unsere weiteren Ausführungen von Bedeutung sind. Der coole Typ wird – verbleibt man in dem Argumentationsmuster und in der Sprache Georg Simmels – von der Dynamik der sich in den Großstädten entfaltenden Geldwirtschaft und Arbeitsteilung sowie von der räumlichen Verdichtung vieler Menschen auf engstem Raum strukturell modelliert. Ein cooles, die äußere Gleichgültigkeit bis auf die Spitze treibendes Auftreten in der Öffentlichkeit wäre demzufolge als eine »großstädtische Extravaganz« zu werten, als eine Konsequenz der »Atrophie der individuellen durch die Hypertrophie der objektiven Kultur«.[141] Jene Verhaltensmerkmale fließen mit ein, die Simmel als »blasiert« und »reserviert« bezeichnet hat. »Das Wesen der Blasiertheit ist die Abstumpfung gegen die Unterschiede der Dinge, nicht in dem Sinne, daß sie nicht wahrgenommen würden, wie von dem Stumpfsinnigen, son-

140 | Das Bild der Femme fatale taucht bereits bei Charles Baudelaire auf. Vgl. ders., Die Verwandlungen des Vampir (1857), in: Gerd Stein (Hg.), Femme fatale – Vamp – Blaustrumpf. Sexualität und Herrschaft, Frankfurt a.M. 1985, S. 43/44. Zur Analyse der frühen Vamp-Filme (20er und 30er Jahre) siehe Siegfried Kracauer, Der Vamp-Film, in: a.a.O., S. 157-160.

141 | Siehe Georg Simmel, Die Großstädte und das Geistesleben, in: M. Landmann (Hg.), a.a.O., S. 241. Zum »Blasierten« vgl. G. Stein (Hg.), Dandy – Snob – Flaneur, a.a.O., S. 139ff mit Texten von A. Schnitzler, Felix Dormann, Thomas Mann, Robert Walser und Otto Fenichel.

dern so, daß die Bedeutung und der Wert der Unterschiede der Dinge und damit der Dinge selbst als nichtig empfunden wird. Sie erscheinen dem Blasierten in einer gleichmäßig matten und grauen Tönung, keines wert, dem anderen vorgezogen zu werden. Diese Seelenstimmung ist der getreue subjektive Reflex der völlig durchgedrungenen Geldwirtschaft; indem das Geld alle Mannigfaltigkeiten der Dinge gleichmäßig aufwiegt, alle qualitativen Unterschiede zwischen ihnen durch Unterschiede des Wieviel ausdrückt, indem das Geld, mit seiner Farblosigkeit und Indifferenz, sich zum Generalnenner aller Werte aufwirft, wird es der fürchterlichste Nivellierer [...]«[142]

Die Gleichgültigkeit im Auftreten, die Simmel im Blasierten anspricht, sieht er durch die Reserviertheit ergänzt: »Die geistige Haltung der Großstädter zueinander wird man in formaler Hinsicht als Reserviertheit bezeichnen dürfen. Wenn der fortwährenden äußeren Berührung mit unzähligen Menschen so viele innere Reaktionen antworten sollten, wie in der kleinen Stadt, in der man fast jeden Begegnenden kennt und zu jedem ein positives Verhältnis hat, so würde man sich innerlich völlig atomisieren und in eine ganz unausdenkbare seelische Verfassung geraten. Teils dieser psychologische Umstand, teils das Recht auf Mißtrauen, das wir gegenüber den in flüchtiger Berührung vorüberstreifenden Elementen des Großstadtlebens haben, nötigt uns zu jener Reserve, infolge deren wir jahrelange Hausnachbarn oft nicht einmal von Ansehen kennen und die uns dem Kleinstädter so oft als kalt und gemütlos erscheinen läßt.«[143] Soweit die Ausführungen von Georg Simmel zur Übermächtigung des Individuums durch die erdrückende Last der objektiven Kultur.

Der Versuch, mit dem symbolischen Arsenal bewährter Vorbilder eine Kontrolle über Selbstdarstellung und körperlichen Gesamtausdruck durchzusetzen, stellt eine Sonderform von Selbstbehauptung und Ich-Kontrolle dar, in der die Abstraktheit, das Tempo und die Anonymität des modernen, städtischen Lebens durch eine affektiv-neutrale, die Gestik, Mimik und allgemeine Körperlichkeit einfrierende Indifferenz gegenbalanciert werden. Das Selbst versucht sich durch kühle Distanziertheit zu schützen, weil es ansonsten das prekäre Gleichgewicht in den potentiell überfordernden urbanen Situationen verlieren würde, und externalisiert dies am eigenen Körper.

Ein nicht unwichtiger Aspekt ist bisher ausgespart geblieben. Ihn nicht einzubeziehen, hieße, das Bild des coolen Typen unscharf zu zeichnen. Die Ergänzung zu den bisherigen Ausführungen läßt sich aus der Erkenntnis

142 | Siehe Georg Simmel, a.a.O., S. 232/233. Zur Ästhetisierung von Blasiertheit und Reserviertheit siehe Georg Lohmann, Die zögernde Begrüßung der Moderne. Zu Georg Simmels Diagnose moderner Lebensstile, in: Burkhart Lutz (Hg.), Soziologie und gesellschaftliche Entwicklung. Verhandlungen des 22. Deutschen Soziologentages in Dortmund 1984, Frankfurt a.M., New York 1985, S. 546f.

143 | Ebenda, S. 233/234.

ableiten, daß Menschen in komplexen Gesellschaften in den verschiedenen sozialen Situationen ein bisweilen unterschiedliches Verhalten an den Tag legen und zudem nicht nur über einen einzigen Modus verfügen, sich über ihre Körper auszudrücken. Sie können auf gleiche Randbedingungen auf eine extrem gegensätzliche Weise reagieren. Wer im Rahmen seiner außerhäuslichen Freizeit den Coolen mimt, kann im privaten Bereich ein durchaus emotionaler und spontaner Mensch sein. Der sozial engagierte Student, der am Vormittag für die Emanzipation der Frau auf die Straße geht, kann am Abend den Haustyrannen spielen. Jenseits der Trennung von Öffentlichkeit und Privatheit zeigt sich, daß derjenige, der in einer spezifisch öffentlichen Situation sein Selbst kontrolliert, seine Affekte dämpft und sein Körpergebaren als cool stilisiert, auf einer anderen öffentlichen Bühne gegenteilig reagieren kann. Die Verkörperung von Selbstbeherrschung und Affektkontrolle kann sich somit auf ein Inszenierungsfeld beschränken.

Soweit zur Darstellung dieser Sozialfigur, ihren theatralischen Selbstdarstellungsstrategien und Verhaltensstilisierungen sowie zur Gleichzeitigkeit von Emotionalität (»der Sponti«) und Selbstbeherrschung. Die coolen Typen waren für den Argumentationsgang dieser Arbeit insofern von Bedeutung, als sich an ihnen die gekünstelte Verkörperung der zivilisatorisch durchgesetzten Körperverdrängung und Affektdämpfung zeigen ließ. Die moderne Gesellschaft bringt den Körper und die Affekte einerseits in vielen Bereichen zum Schweigen. Die Mode-, Freizeit- und Unterhaltungsindustrie bietet andererseits Reaktionsschablonen an, in denen der einzelne selbst dies noch am Körper ausdrücken kann. Die Ästhetisierung des Sich-bedeckt-Haltens in der Menge stellt auf der personalen Ebene einen subtilen Versuch der Selbstbehauptung gegen die Überforderung der Moderne dar. Im Hinblick auf die Generierung von sozialer Aufmerksamkeit kann der Coole mit seiner bedeckten Expressivität funktional äquivalente Leistungen im Vergleich zu jenen mehr oder weniger aufdringlichen Formen der Körperpräsentation hervorrufen, die bisher behandelt worden sind.

Um das Bild körperbezogener Reaktionen auf Modernität abzurunden, soll das nächste Kapitel einen Komplex analysieren, der die räumliche, touristisch motivierte Absetzbewegung aus den Städten beschreibt und zudem diejenigen Paradoxien entwickelter Industriegesellschaften exemplarisch aufzeigt, die unmittelbar entstehen, wenn letztere durch eine Aufwertung von Körperlichkeit und spaßbezogener Kommunikation auf sich selbst reagieren. Ein für komplexe Gesellschaften typischer Anpassungsmechanismus, der das Verhältnis von Körper und Gesellschaft maßgeblich beeinflußt, kommt damit in das Untersuchungsraster hinein: die Zurichtung von Gegenbewegungen durch die Wirtschaft. Im Rahmen einer Fallstudie sollen die Kolonisierung des Körpers durch die Ökonomie am Beispiel einer Organisation der Freizeit- und Tourismusindustrie und die in diesem Kontext ablaufende Aufwertung von Animation und Spaßkultur angesprochen werden. Die Ausführlichkeit und die Detailliertheit der Analyse liefern ein gutes Anschauungsmaterial und helfen dabei, eine Balance herzustellen zwischen abstrakten und theoretischen Erörterungen einerseits und »handgreiflichen« Belegen andererseits.

8 Animierte Körper und spaßbezogene Kommunikationen. Eine Fallstudie zur Club-Bewegung

Im Gegensatz zu vorindustriellen Zeiten, in denen der Raum jenseits des eigenen Horizontes als bedrohlich erschien, und ohnehin auch nur von einer Minderheit bereist werden konnte, hat die Ferne heutzutage ihre Unheimlichkeit weitestgehend verloren.[144] Ganz im Gegenteil scheint es einen Mythos der Ferne zu geben, der auf der Grundlage bezahlter Urlaubstage dann auch von breiten Bevölkerungsschichten alljährlich »erlebt« werden kann. Die Tourismusbranche nutzt, fördert und profitiert von diesem Drang in die Ferne, kapitalisiert ihn, indem sie Transport, Unterbringung und Animation besorgt.

Mag die Befriedigung des Fernwehs zur Erklärung der starken Reiselust in entwickelten Industriegesellschaften in vielen Fällen ausreichen, genügt der alleinige Hinweis auf individuelle Bedürfnisdispositionen nicht zur Einordnung und Plausibilisierung einer besonderen Organisationsform im modernen Tourismus, der sog. Cluburlaube. Was hier erfolgreich vermarktet wird, legt vielmehr Zeugnis ab, was im Laufe des europäischen Zivilisationsprozesses zunächst verschüttet wurde, mit der Heraufkunft von Freizeit und Tourismus den Urlaubern von bestimmten Wirtschaftsunternehmen mit bemerkenswerten Erfolgen als Inklusionsangebote unterbreitet wird.

Es zeigt sich nämlich, daß die von der Wirtschaft in die Wege geleiteten Inklusionsversuche breiter Bevölkerungsschichten anhand der semanti-

144 | Sieht man von den berufsbedingten Fernreisen der Händler, Entdecker, Mönche und Soldaten sowie von den Raumfluktuationen höfischer Kreise aus Gründen der sozialen Kontrolle und des Vergnügens einmal ab, so zählen die Bildungsreisen junger Adeliger, die Wanderjahre der Gesellen und die Badereisen des städtischen Bürgertums in der ersten Hälfte des 19. Jahrhunderts zu den Frühformen des Tourismus in Europa. Der Massentourismus im Sinne einer zeitlichen und räumlichen Verdichtung des Reisens und einer breiteren sozialen Streuung der Reisenden über bestimmte Schichten hinweg konnte sich erst auf der Grundlage eines allgemeinen Wohlstandes, einer finanzierten temporären Freisetzung von der Berufsarbeit und einer Ausdifferenzierung eines korrespondierenden Dienstleistungssektors durchsetzen. Insofern ist der Massentourismus ein Phänomen des späten 20. Jahrhunderts – und damit auch ein Reflex auf fortgeschrittene gesellschaftliche Modernisierung und Urbanisierung. Vgl. Erwin K. Scheuch, Ferien und Tourismus als neue Formen der Freizeit, in: ders. und Rolf Meyersohn (Hg.), Soziologie der Freizeit, Köln 1972, S. 304ff.

schen Kategorisierung von Künstlichkeit versus Natürlichkeit und Industriegesellschaft versus Natur erfolgen. Die in das Bewußtsein der Menschen gedrungene und durch die Massenmedien auch präsent gehaltenen Probleme entwickelter Industriegesellschaften könnten, so der Anspruch, durch gezielte Aktivitäten und ein Mehr an unverfälschter Natur temporär kleingearbeitet werden. Für die Außendarstellungsstrategien der damit befaßten Freizeitindustrie ein Beispiel: »Tiefblaue Buchten und goldfarbene Strände. Landschaften, von Sonne und Klima verwöhnt. Länder voller Geschichte und Erlebnis: Das ist der Club. Mit hundert Clubdörfern rund um den Globus, die sich harmonisch in ihre jeweilige Umgebung einfügen. Als Hüttendörfer, Bungalowdörfer oder Club-Hotels. Von ›rustikal‹ bis elegant, lebhaft oder ruhig, schnell zu erreichen oder in exotischer Ferne. Für Aktiv-Urlauber, die Spaß daran haben, in ihren Ferien einmal ›ganz anders‹ zu leben. Ein Ferienparadies für Individualisten und ein Königreich für Kinder. Eine Welt ohne Zwänge, in der die einfachsten Dinge allein durch ihre Ursprünglichkeit faszinieren. Eine Welt, in der man alles tun kann – aber nicht muß [...] Im Club können Sie vom ersten Augenblick an entspannen. Denn alles, was Sie davon abhalten könnte, erledigt der Club für Sie: Von der gesamten Organisation Ihrer Ferien und Ausflüge bis zu praktischen Details. Sie machen einfach das, wozu Sie Lust haben – und wählen unter den zahlreichen Sportmöglichkeiten, Veranstaltungen und Rundreisen aus. Der Club berät Sie gerne dabei [...] Alles ist eben irgendwie anders. Genauso, wie Sie sich das vorgestellt haben. Und jetzt kann es beginnen: Ihr paradiesisches Clubleben – mit einem Hauch von ›Dolce far niente‹ und dem sprichwörtlichen ›Savoir vivre‹, das eben nur der Club bieten kann.«[145]

Vornehmlich das veränderte Körperbewußtsein in spätmodernen Gesellschaften wird hierbei in eigener Sache geschickt genutzt. Der Körper der Urlauber wird diesen gegen ein entsprechendes Honorar als Konsumobjekt zur gesundheitsfördernden, geselligkeitsherstellenden und natürlichkeitsgenerierenden Überarbeitung in veränderter Umgebung angeboten. In räumlich segregierten Feriendörfern wird der gestreßte oder auch gelangweilte Urlauber überfallartig mit Hilfe von Sport, Spiel, Musik, Theater, Tanz und Naturerleben durch eigens hierauf spezialisierte Funktionsträger in Schwung gebracht.[146] »Nette Geister« (Animateure) produzieren Frohsinn und Spaß von morgens bis spät in die Nacht. G.O.'s (gentil organisateurs) sorgen in diesen Körper-Ghettos für ein schnelles, abwechselungsreiches Erleben in exotischer Natur, fröhlicher Du-Gemeinschaft, mit guter Küche, Mimikry, aufgelockerter Atmosphäre und erhöhten Kontaktmöglichkeiten in einer künstlich hergestellten, überschaubaren Öffentlichkeit.

Die räumliche Segregation der Clubdörfer in fernen Landen ist ein oft

145 | Siehe Werbeprospekt des Club Méditerranée.

146 | Vgl. Klaus Finger, Animation im Ferienclub, in: Horst W. Opaschowski, Methoden der Animation. Praxisbeispiele, Regensburg 1981, S. 137-145.

anzutreffendes Kennzeichen dieser Art von organisierter Urlaubsfreizeit. Die nationalen Kulturen der Organisationsträger (Club Med/französisch; Robinson-Club/deutsch) werden in die Fremde exportiert – mit dem großen »Vorteil«, daß die Urlauber in der eigenen Sprache kommunizieren, gleichzeitig aber auf Distanz zum Gastland bleiben können. Einheimische tauchen, wenn überhaupt, höchstens als Subjekte auf, die Konsumierbares ihrer Kultur darstellen oder feilbieten, oder irgendwelche Dienstleistungen erbringen – keimfreie exotische Einsprengsel, die den Genuß der Urlauber erhöhen sollen.

In ihrer phänomenologisch ausgerichteten, bisweilen süffisanten, aber auch selbstkritischen Analyse des modernen Tourismus urteilen Bruckner und Finkielkraut wie folgt: »Die Urlauber brauchen zu ihrem Glück das Licht, die Schönheit, den Zauber eines Klimas, aber in gefilterter Form, ohne daß die Widerspenstigkeit von Eingeborenen, ohne daß irgendeine nicht in das Licht sich fügende, anstößige menschliche Gegenwart einen Schatten auf die süße Ruhe der liebenswürdigen Clubmitglieder wirft. Der Club M. ist eine Insel, von der man Ausflüge aufs Festland unternimmt (in Form von Exkursionen, Abenteuern, Expeditionen), eine Insel, die durch ihre Ufer definiert wird, das heißt durch das, was sie ausschließt. Und wenn sie ein bißchen Andersartigkeit zuläßt – einheimisches Personal, einheimisches Handwerk, einheimische Sonne, einheimische Palmen –, so nur um sie besser dem tröstlichen Universum des Daheim einverleiben zu können. Im Grunde ist es ein Nirgendwo, ein universeller Ort, die extreme Verkörperung des Lokalpatriotismus, die vollkommene Ehe von Exotik und Chauvinismus [...] Es gibt einen Feudalismus der Reiselust, der die Menschen immer nach Fernen suchen läßt, die archaischer sind als die Wirklichkeit, nach einem mythischen Jenseits der Zeit, wo größte historische Distanz für größte Unwirklichkeit sorgt.«[147]

Die Tourismusindustrie expandiert in den letzten Jahren genau dort, wo der Urlauber durch gelungene Synthesen in ein neuartiges, den normalen Alltag transzendierendes Erleben und Handeln hineinversetzt werden kann. In einer ansonsten entsinnlichten Gesellschaft ist es unter den oben genannten Umständen ausgesprochen profitabel, die Sinne – Augen, Oh-

147 | Selbstkritisch ist diese Analyse insofern, als sie das auf »feine Unterschiede« ausgerichtete Naserümpfen des Intellektuellen gegenüber dem modernen Massentourismus mitreflektiert. Siehe Bruckner und Finkielkraut, a.a.O., S. 59. In der Pressemitteilung des Clubs heißt es zur Exploration der Umwelt wie folgt: »The villages are ideal starting points to explore the surrounding countryside. Traditional: by plane or bus to wellknown sites such as monuments of great civilizations. Adventurous: by landrover or car driven by G.M.'s themselves for a different type of contact with the country. Athletic: by camel, bicycle, boat, horse, elephant, or on foot, yet another way to discover the unknown through the club. The sea is also a sphere of activity where Club Med Members can sail off in the wind to explore the beaches and ports of small islands inaccessible by land.« Siehe Press file, Club Med., o.O., S. 10.

ren, Nase, Tast- und Geschmackssinn etc. – anzusprechen und zu sensibilisieren. Durch Cluburlaube mit umfassender Animation oder Abenteuerreisen wird der Körper durch spezifische, differenzerzeugende Maßnahmen thematisiert und neu in Szene gesetzt. Die Tourismusbranche kann die Freizeit insofern kommerzialisieren, als sie das im Trend der Zeit liegende Kompensationsbedürfnis – vornehmlich der White-collar-Mittelschicht – durch entsprechende, dem Zivilisationsprozeß entgegenarbeitende Angebote aufgreift und ökonomisch zu nutzen versucht. Die aufgrund der bestehenden psychosozialen Bedingungen vorhandene Angst vor Krankheit, Alter und Einsamkeit ist eine zentrale Legitimationsbasis für die von der Freizeitindustrie offerierten Angebote. Der Club Med ist ein *Reservat zur Befriedigung physischer, psychischer und sozialer Bedürfnisse, die in komplexen Gesellschaften knapp geworden sind.* Hier können Erfahrungen gesammelt werden, die so im Alltag nicht gemacht werden können.

Natürlichkeit, Freiheit, Gemeinschaft und Naturnähe werden im Club Med konfektioniert und kommerzialisiert. »Natürliches Leben, das Sie vielleicht überraschen mag. Eine Freiheit, die Ihnen aber sicher gefallen wird, wenn Sie zur Urform des Urlaubs zurückfinden wollen. Da sind die berühmten Hütten im polynesischen Stil aus geflochtenem Bambus und mit Strohdächern. Das Mobiliar besteht aus zwei Betten und einem Möbel für die Kleidung. Die sanitären Anlagen befinden sich außerhalb der Hütten [...] Und alles inmitten von Blumen und Grünanlagen. Handtücher werden nicht gestellt. Zurück zur Natur in ihrer einfachsten Form.«[148] Neue Erfahrungswelten lassen sich hier erschließen. Dies hat seine guten Gründe: Bei wachsender Versportlichung der Gesellschaft – nahezu jedermann kann inzwischen auch auf heimischen Gewässern surfen oder in der nächsten Halle Tennis spielen – stehen Ferienclubs in der Gefahr, ihre Exklusivität zu verlieren. Andere zeitgemäße, außersportliche Themen müssen in Form interner Anpassungsstrategien in das eigene Programm aufgenommen werden. Aktualität ist tagtäglich zu beweisen. Neben der Befriedigung sog. »Urbedürfnisse« steht gegenwärtig, unter dem Eindruck der neuen industriellen Revolution, die Einbeziehung moderner Technologien an. Selbst die Vermittlung von Computer-Kenntnissen läßt sich als Abenteuer verkaufen: »Elektronische Datenverarbeitung? Daran haben Sie sicher großes Interesse. Der Club hat Ihnen da viel zu bieten. 20 Dörfer sind mit den neuesten Kleincomputern, Farb-Bildschirmen, Lesegeräten für Disketten, Druckern etc. ausgestattet [...] Spezialisierte und erfahrene GO werden Ihnen die Geheimnisse der Computerwelt enthüllen und Ihnen helfen, ein eigenes Programm zu erstellen beim ›Abenteuer Datenverarbeitung‹.«[149]

Die Transzendierung des Alltags steht im Mittelpunkt der Clubaktivitäten. Als Organisationsgrundlagen dienen, wie bereits bemerkt, diejenigen Folgekosten, die durch die Heraufkunft der Moderne entstanden sind. Das

148 | Siehe Press file, a.a.O., S. 8.

149 | Ebenda, S. 17.

Spontane als schnelle Reaktion auf bestimmte Stimuli, das ohne weitschweifende Umwege über Logik, Intellekt und den dämpfenden Kodex gutbürgerlicher Sitten zur Sache geht, kommt im Normalalltag komplexer Gesellschaften durch die Dominanz der Gefühlsbeherrschung, Selbstdisziplinierung und Selbstkontrolle wenig zum Zug.[150] Durch die Teilhabe an jenen intermediären Instanzen, die sich zwischen Individuum und Gesellschaft herausgebildet haben, die Organisationen, wird die individuelle Lebensführung zweckrational geprägt. Spontane Gefühlsreaktionen und Körperäußerungen werden typischerweise durch den Primat von Leistungseffektivität und Bedürfnisvertagung unterdrückt und diskreditiert. Wie der Symbolische Interaktionismus und die Ethnomethodologie herausgearbeitet haben, sind spontane Körperreaktionen in formal definierten sozialen Situationen primär Anlässe des Sich-Schämens.[151]

Die Fremdkontrolle durch Organisationen und Institutionen wird zur Selbstkontrolle in dem Sinn, daß Gefühlsreaktionen, die der einzelne in Hinblick auf bestimmte Personen, Sachverhalte etc. entwickelt, zurückzudrängen und zu kaschieren sind. Die von Elias im Rahmen seiner Zivilisationstheorie erhobenen Befunde zeigen, daß die Selbstkontrolle – zunächst als Internalisierung der höfischen zeremoniellen Fremdkontrolle – vornehmlich auf der Fähigkeit beruht, Gefühle zu verbergen, Spontaneität zu unterdrücken oder nicht vorhandene Gefühle als vorhanden zu deklarieren. Die Angst des einzelnen, in der Öffentlichkeit angesprochen und in ihr entblößt zu werden, führt im Alltag zu individuellen, dennoch aber kollektiven Defensiv- und Vermeidungsstrategien. Man entschuldigt sich, wenn man einen Fremden auf der Straße anspricht, um eine Auskunft einzuholen, senkt die Augen im Fahrstuhl, um Blickkontakte zu vermeiden und Harmlosigkeit zu signalisieren, unterbricht ein Gespräch, wenn Dritte hinzutreten und auf Hördistanz kommen. Eigene Gefühle und Körperäußerungen sind zu unterdrücken, um sich selbst als Person nicht zu dekuvrieren.

Gegen diese Angst, sich selbst in der Öffentlichkeit zu präsentieren und das Gesicht zu »verlieren«, wird Spontaneität angeboten und geübt. Lachen und Scherzen als konsensherstellende Ereignisse werden im Club bewußt genutzt, um die Atmosphäre locker und die Statusunterschiede zwischen den Urlaubern latent zu halten. »One of the secrets of the club's success in a world where human relations are increasingly difficult, is its forms on interpersonal communication. In a village, everything is designed to allow free

150 | Die Forderung nach einer Freisetzung von Spontaneität, Diffusität und einer verstärkten Berücksichtigung des Lustprinzips hat einer vornehmlich studentisch geprägten Subkultur den Namen gegeben, den »Spontis«. Vgl. unsere Ausführungen zur Gegenfigur des coolen Typen in Kap. II.7.

151 | Vgl. beispielsweise E. Groß und G. P. Stone, Verlegenheit und die Analyse der Voraussetzungen des Rollenhandelns, in: Auwärter/Kirsch/Schröter (Hg.), a.a.O., S. 275-306.

and informal relationships.«[152] Die individuelle Scheu, die Menschen in entwickelten Industriegesellschaften, sieht man von den sportspezifischen Möglichkeiten des Sich-Auslebens einmal ab, ansonsten nur im Karneval oder bei vergleichbaren Festen sozial legitimiert ablegen können, wird in den Club-Freizeiten durch Gemeinschaftsaktivitäten und Spaßkommunikationen gezielt abgebaut. Im Karneval wird die Negation kontrollierter Manieren, dominanter Werte und Verhaltensweisen geradezu emphatisch zelebriert. Alljährlich bricht das Vergnügen auf diese Weise in unzivilisierter Weise in zivilisierte Gesellschaften ein. Die Wirklichkeit wird, wie die Wahl von Karnevalsprinzen und -prinzessinnen zeigt, auf den Kopf gestellt.[153] Bei diesem Fest, das Statusunterschiede nivelliert, weil in der Lust am relativ unkontrollierten Genuß ein gemeinsamer, demokratisierender Nenner vorhanden ist, wird Körpernähe bewußt hergestellt. Der Spaß am Karneval ist weiterhin die Lust am Eintauchen in eine feiernde Öffentlichkeit auf Straßen, Plätzen und in Sälen. Im Karneval dürfen Menschen Binnenzensur und Selbstkontrolle temporär außer Kraft setzen. Hier tut man mit Hilfe von Kostümierung und Alkohol, was sich ansonsten nicht gehört. Nicht das kulturell Verfeinerte, sondern das Grobschlächtige, direkt auf Bedürfnisbefriedigung Herauslaufende steht im Vordergrund. Der Karneval als »kollektives Ausflippen« ist eine festive Aktivierung von Körperlichkeit auf der Stufe des Ent-Raffinierten und der direkten, freigesetzten Lust. Hinter der Maske und im Suff lassen sich Wünsche, Träume und Begierden ausleben und die Regeln des guten, zivilisierten Benehmens überschreiten. Was der Club Med organisiert, ist ein touristischer Dauerkarneval.

Hinzu kommt ein weiterer Aspekt: Die räumliche Abschottung der Clubdörfer macht es möglich, Öffentlichkeit bewußt herzustellen und als Kontaktmedium zu nutzen. Wo Menschen täglich Sport treiben, gemeinsam lachen, Theater spielen und das Abenteuer erwarten, wird jene Sozialität künstlich arrangiert, die mit der Heraufkunft der Industriegesellschaft in den Großstädten immer mehr verschwunden ist: die gemeinsame Öffentlichkeit. Daß Kontakt und Geselligkeit gesucht werden, Menschen auf Nahdistanz gehen und ihren Urlaub nicht in Einsamkeit und Isolation verbringen wollen, wie man es auf den ersten Blick als Kontrastprogramm zur sog. »Massengesellschaft« erwarten könnte, trifft insofern zu, als der Alltag in der Regel eben nicht persönlich, sondern in überwiegendem Maße anonym und formal-rational organisiert abläuft. Der einzelne lebt infolgedessen in seinen individuellen Lebensbezügen rollenmäßig parzelliert und wird in seiner diffusen Gesamtheit in außerfamilialen Bereichen nicht nachgefragt. Das Unpersönliche ist das Typische, wobei – wie Sennett kürzlich konstatierte – die Familiensituation auch eine Form intimer Tyrannei sein kann, aus der man sich bisweilen in die Öffentlichkeit rettet.

152 | Siehe Press file, S. 4.

153 | Vgl. Dietz-Rüdiger Moser, Fastnacht – Fasching – Karneval. Das Fest der »verkehrten Welt«, Graz 1986.

Der Ferienclub ist in diesem Sinne durchaus als eine Sonderöffentlichkeit zu werten, die man zeitlich begrenzt aufsucht, um knappe soziale und sachliche Bedürfnisse zu befriedigen, die im normalen Alltag ansonsten nicht befriedigt werden können oder dürfen. Der bei Intellektuellen mit Nasenrümpfen quittierte Umstand, daß Menschen »en masse« die Strände bevölkern oder zu Tausenden bestimmte Feriendörfer füllen, findet hier seine Erklärung. Im Urlaub wird auf den Campingplätzen auf eine rudimentäre Art und Weise[154], ebenso wie am Strand oder in besagten Feriendörfern, jene Isolation durchbrochen, die zu Hause oftmals erlebt wird. Für viele Menschen ist der Urlaub zudem mit Hoffnungen auf ein Abenteuer überfrachtet. Das Außeralltägliche wird deswegen so angestrebt, weil es einen hohen Erlebnis- und Erinnerungswert für die Eintönigkeit und Routine des Alltags hat. Die moderne Tourismusindustrie ist in dieser Hinsicht ein Wirtschaftssektor, der knappe Erfahrungen und Erlebnisse anbietet und verkauft. Wo Langeweile durch Aktion, Körperverdrängung durch Körperaufwertung und Vereinzelung durch Gemeinschaft gegengesteuert werden, ist die Herstellung von Differenzerfahrungen am Schematismus Normalität/Gegenalltag das zentrale Prinzip zur Steigerung von Genuß und Vergnügen. In einer Gesellschaft, die psychosozialen Streß produziert, stellt dies wahrlich eine Grundlage dar, die sich leicht kapitalisieren und Kritik ohne größere Probleme ins Leere laufen läßt.

Mit Hilfe einer unter die Haut und in die Sinne fahrenden Zurück-zur-Natur-Theorie erfährt das Lustprinzip eine komplikationslose Renaissance. Der Werbeslogan, mit dem der Club Med in den USA wirbt, bringt dies deutlich zum Ausdruck: »Club Med vacation – the antidote to civilization«. Indem Essen, Trinken, Schlafen, Wohnen und die zahlreichen Sport- und Freizeitaktivitäten von damit befaßten Animateuren und Freizeitmanagern organisiert und für einen hohen Gästedurchlauf standardisiert werden, wird der Urlauber auf eine reizvolle Art und Weise seiner Alltagspflichten enthoben. Die Daseinsfreude erhöhende Erlebnisse werden am laufenden Band zustande gebracht. Der klassische, nicht in Ferienclubs organisierte Urlaub, der den Normalalltag bereits durch lokale und soziale Veränderung vergessen läßt, produziert seine Höhepunkte in Abhängigkeit von der individuellen Fähigkeit des Urlaubers zu Selbstorganisation und -stimulierung. Die Club-Bewegung unterbreitet demgegenüber vielfältige Angebote. Wer auf seine – nicht geringen – Kosten kommen will, wird dauerhaft auf Trab gehalten.

Spaßkommunikationen, die als Gegenpol zur Rationalität der Arbeits-

154 | Insofern sind die Gründe, die Scheuch für die Heraufkunft der Campingkultur nennt, nämlich (1) Kostengründe, (2) Vorteile eines eigenen »Ferienhäuschens«, (3) Distanz zum eigenen Alltag, zu ergänzen. Es geht (4) um ein Leben in unterkomplexen Situationen und (5) um den Genuß von Öffentlichkeit. Vgl. E. K. Scheuch, Ferien und Tourismus als neue Formen der Freizeit, in: Scheuch/Meyersohn (Hg.), a.a.O., S. 311.

welt gelten, arten in derartigen Erlebnisurlauben so bisweilen in eine Tyrannei der Spontaneität und des Mitmachens aus. Die zur Verfügung stehende knappe Zeit wird in den Clubdörfern auf eine subtile Weise ökonomisiert. Niemand wird zu irgendwelchen Aktivitäten gezwungen, aber: Wo das Vergnügen wartet und lockt, kommen Psyche und Körper oftmals nicht zur Ruhe. Wie Clubreisende immer wieder bestätigen, muß anschließend Urlaub vom Urlaub genommen werden. Die offiziell verdammte Zweckrationalität der Arbeitswelt wird hinter dem Rücken der Akteure in die Freizeit eingeschleust und feiert hier unter dem Vorzeichen von Animation und Spaßkultur neuartige Triumphe.

Genußfähige Themen müssen, damit sie ökonomische Marktinteressen über einen längeren Zeitraum binden können, organisierbar und reproduzierbar sein. Wo Monotonie durch täglich wiederkehrende Ereignisse verhindert werden soll, wird Langeweile oft nur durch eine Monotonie der Abwechselung substituiert. Intimität wird im Club Med organisatorisch angestrebt und bisweilen auf eine rauhbeinige, direkt zur Sache kommende, normierte Weise hergestellt. Animateure helfen dabei, individuelle Hemmnisschwellen zu überspringen und kollektive Intimitätssituationen zu ermöglichen. Annäherungen finden statt – allerdings mit der Besonderheit, daß die für intime Situationen notwendige diffuse Wärme und Vertrautheit durch das mechanische Zusammenrücken der Urlauber nicht zustande kommen können. Äußerlich durch viel Tam-Tam stimuliert und innerlich durch Abwechselung auch bewegt, erfährt der einzelne nicht im Gesamt seiner Persönlichkeit eine Nachfrage, sondern in Hinblick auf seine Folgebereitschaft. Unter Gleichgesinnten läßt es sich schneller spontan sein als unter Ungleichgesinnten. Indem die Phantasie real zu ihrem Recht kommt, Außeralltägliches gelebt werden kann, lassen sich kurzzeitige Solidareffekte und Wir-Gefühle herstellen und die Distanzen zum eigenen kontrollierten Selbst verringern. Wer beim Jubeln und Fröhlichsein nicht mitmacht, wird allerdings schnell ausgeschlossen und als gruppenfeindlicher Individualist abgestempelt.

Zum Standardrepertoire organisierter Cluburlaube gehört die Freisetzung von Spaß und Frohsinn. Mit Hilfe von Exotik, Erotik, Mimikry, Theater, Tanz und den in den mittleren und oberen sozialen Schichten verbreiteten Freizeit- und Sportaktivitäten werden die Gäste aus ihrer zivilisatorischen Reserve (Selbstkontrolle) herausgelockt: »Und wenn es dann am Abend heißt: ›Showtime‹ und Bühne frei für Variete und Theater – wenn Sie das GO-Team in zauberhafte Welten entführt, mit viel Spaß und Witz – dann, ja dann werden Sie an sich selbst entdecken, daß Sie von der Begeisterung mitgetragen werden [...] und plötzlich werden Sie Dinge mitmachen, die für Sie vorher ›nicht in Frage gekommen wären‹.«[155]

Distanzüberbrückende Spiele und das Spektakel am Abend mit anschließender Strandpartie sollen Ungezwungenheit und Ursprünglichkeit

155 | Siehe Club Med Magazin, Heft 2, 1985, S. 25.

herstellen. Mythen der Freiheit, des individuell gestaltbaren, naturnahen und geselligen Lebens stehen im Mittelpunkt. Einfachheit wird gelebt. Eine eigene Perlenwährung sorgt für komplikationslose Austauschprozesse. Die Freizeitindustrie transformiert auf diese Weise Alltagsträume von außereuropäischen Zivilisationen in Urlaubsabenteuer – und banalisiert sie dadurch. Bereits in Utopia, dem Land »Nirgendwo« von Thomas Morus[156], dann auch in Campanellas »civitas solis« wurde Geld zugunsten einer Wiedereinführung des direkten Tauschhandels abgeschafft. Ein handfester, die Distinktion unterstreichender Anti-Materialismus gehört auch im Club mit zur Inszenierung: das Leben in der Bambushütte, der Kleiderhabitus von Südseeinsulanern, die archaischen Tauschmedien gering differenzierter Gesellschaften. Die Reduktion auf das Einfache, Transparente und Körperorientierte soll Ent-Naturalisierte gleichsam renaturalisieren.

Die Pseudo-Gemeinschaft, die die Freizeitindustrie hier in Szene setzt, ist eine Interessengemeinschaft, eine Zweckassoziierung des Genießens, die vornehmlich durch folgende Bedingungen so erfolgreich sein kann: (1) Die Urlauber befinden sich außerhalb ihrer Normalität auf einer »Insel«, die für Außeralltägliches eingerichtet ist. (2) Indem man, räumlich zusammengerückt, gleichen Aktivitäten folgt, können unter ansonsten Heterogenen gemeinsame Situationsdefinitionen hergestellt werden. Diese lassen sich wiederum als Konsensgrundlage für ein gemeinsames Genießen nutzen. (3) Jedermann weiß, daß man anschließend auch wieder auseinandergeht und daß die gezeigte Offenheit anderen gegenüber insofern konsequenzenlos bleibt. Die Flüchtigkeit des Urlaubs stellt demzufolge eine wichtige Bedingung für die Freisetzung von Spaß und Spontaneität dar.[157] Indem die Privatheit nach dem Urlaub wieder winkt, lassen sich Offenheit und bisweilen auch Haltlosigkeit und Vulgarität temporär stabilisieren und gegenüber dem sonst kontrollierten Selbst legitimieren. (4) In der Neutralität eines fremden, fernen Raumes fällt es leichter, aus sich herauszugehen, Konventionen abzulegen und kleinkarierte Spießigkeiten und Überspanntheiten zu vergessen. Was die alljährliche Fahrt des Kegelvereins oder der Karneval für den einen darstellt, ist der alljährliche Urlaub in einem Clubdorf für den anderen.

Die sozial-integrative Funktion der gemeinsamen Mahlzeit wird bewußt eingesetzt, um zwischenmenschliche Kontakte zwischen den Gästen zu ermöglichen – wechselnde Tischbesetzung – und die Zugangsschwellen der

156 | Vgl. unsere Ausführungen auf den nächsten Seiten.

157 | Vgl. die Aussagen von Georg Simmel über die verbindende Funktion des Wanderns in: ders., Soziologie, a.a.O., S. 500/501. Vgl. ebenso seine Ausführungen über die »seltsame Offenheit« unter gemeinsam Reisenden in seiner Studie über Scham und Ekel. Siehe ders. »Zur Psychologie der Scham (1901)«, in: ders., Schriften zur Soziologie. Eine Auswahl. Herausgegeben und eingeleitet von Heinz-Jürgen Dahme und Otthein Rammstedt, Frankfurt a.M. 1983, S. 145f.

gehemmten Stadtmenschen niedriger zu setzen.[158] Die kulinarischen Genüsse, die nicht nur den Magen füllen, sondern auch das Auge erfreuen und den Gaumen reizen sollen, ergänzen die sportliche, spielerische, handwerkliche und gruppendynamische Auseinandersetzung mit Körper und Psyche. Durch ein buntes, mit Früchten, Salaten, Fischen und anderen Köstlichkeiten gedecktes Büffet werden die sinnlichen Empfindungen gezielt angesprochen, gewissermaßen nach dem Motto: ein guter Urlaub hat auch durch Auge, Nase und Magen zu gehen. Das Essen wird zum vergnüglichen Abenteuer, zu einer Entdeckungsreise ins Land der Farben, Gerüche, des Aromas und der verschiedenen Geschmäcker.[159]

Der Club kultiviert das Kulinarische in verfeinerter Form. Fouriers Vorstellungen von einer harmonischen Gesellschaft, in der die Liebe und der

158 | Zur Funktion von Essen und Trinken für die Integration von größeren Gruppen äußerte sich Simmel wie folgt: »Je mehr Menschen aber zusammenkommen, desto geringer wird die Wahrscheinlichkeit, daß sie in jenen wertvolleren und intimeren Wesensheiten koinzidieren, desto tiefer muß der Punkt gesucht werden, der ihren Antrieben und Interessen gemeinsam ist. In demselben Maße aber, in dem die Quantität der Elemente dem höheren Individuell-Seelenhaften keine Stätte mehr gibt, muß man das Manko dieser Reize durch Steigerung der äußerlichen und sinnlichen auszugleichen versuchen. Zwischen der Vielheit festlich zusammenbefindlicher Personen und dem Luxus, der bloßen Sinnenfreude ihres Zusammen hat stets ein enger Konnex bestanden [...] Wenn Essen und Trinken von jeher das Vereinigungsmittel weiter Kreise ist, für die eine einheitliche Stimmung und Interessiertheit anderer Richtung schwer erreichbar wäre, so wird nun eine Gesellschaft rein wegen ihres Quantitätsmomentes, das die Gemeinsamkeit und Wechselbeziehung der feineren und geistigeren Stimmung ausschließt, diese sensuellen und deshalb mit größerer Sicherheit Allen gemeinsamen Freuden um so stärker betonen müssen.« Siehe G. Simmel, Soziologie, a.a.O., S. 51 (Hervorhebung KHB). Vgl. ders., Soziologie der Mahlzeit, in: ders., Brücke und Tür, Stuttgart 1957, S. 243-250; vgl. auch Gert Mattenklott, Geschmackssachen. Über den Zusammenhang von sinnlicher und geistiger Ernährung, in: D. Kamper/Chr. Wulf (Hg.), Das Schwinden der Sinne, a.a.O., S. 179-190 (bes. S. 183ff); zur Mahlzeit als Grundsituation siehe Hans-Peter Thurn, Der Mensch im Alltag, Stuttgart 1980, S. 129ff.

159 | In einem Werbeprospekt des Club Med heißt es: »Der Name sagt's, die Küche unterstreicht es auf das Köstlichste – der Club Med ist französischer Herkunft. Und dazu bekennt er sich mit seinen legendären Büffets auf geradezu verführerische Weise. Da kann man sich an einer Fülle verschwenderischer Finessen delektieren. Und landestypische Spezialitäten kennenlernen. Da kann man tafeln soviel man mag und kann [...] Ein Restaurant unter freiem Himmel – im Schatten der Pinien oder großer Sonnenschirme, mit Blick auf Meer und Berge – auch das ist die Clubtafel: Hier werden Sie jeden Tag von einer freundlichen Hosteß zu einem anderen Tisch geführt, an dem sich jeden Tag aufs Neue acht nette Leute kennenlernen. Die Clubtafel: internationaler Treffpunkt zur freundschaftlichen Runde.«

Geschmack dominieren, scheinen hier in die Wirklichkeit eines real existierenden, auf der Egalität der Teilhaber aufbauenden Paradieses übersetzt worden zu sein.[160] Nuancenreichtum und Unerschöpflichkeit als zentrale Elemente der Fourierschen Gastrosophie steigern die Differenz zur Normalität. Die Lust am Genuß und am stilisierten Geschmack, nicht an der maßlosen Völlerei, sind in der Tat Qualitätsmerkmale, die an der Speisetafel des Club Med zelebriert werden. In exotischer Umgebung, am Strand, eingerahmt vom Blau des Meeres und vom Grün der Natur, zwischen irgendwelchen Aktivitäten gereicht, können Auge, Mund, Nase und Magen jederzeit mit ausgewählten Speisen und Getränken angesprochen und verwöhnt werden.[161] Nicht die Knappheit der Güter, sondern der Überfluß des sonst Knappen wird vorgeführt und gefeiert. Die Fiktion des beliebig zur Verfügung stehenden Überflusses würde gestört, wenn der Urlauber für jeden Service direkt an Ort und Stelle bezahlen müßte. Man erhöht den Preis vorher und kann so Freigiebigkeit und Überfluß fingieren. Ferienclubs dieser Art gewinnen, wie aus unseren bisherigen Überlegungen ersichtlich geworden ist, ihr kommerzialisierbares Profil aus ihrer Fähigkeit, die innerweltliche Askese und das für die Mittelschichten typische »deferred gratification pattern« temporär außer Kraft zu setzen. Der Club predigt nicht die Verneinung des Genusses, sondern die Befriedigung von Lust. Da dies nicht einfach und voraussetzungslos herstellbar ist, sind Spezialisten für Spaß, Sport, Freude und Kontaktherstellung vonnöten, die entsprechende Anleitungen und Transformationsregeln geben.

Die Sozialfigur des Animateurs ist in dieser Hinsicht die personifizierte Repräsentanz von Elan, Lebensfreude, Körperlichkeit und Jugend. Wo Spontaneität gepflegt, Isolation überwunden und Spaßmotivationen hergestellt werden sollen, sind entsprechende Akteure zu rekrutieren. Das äußere Erscheinungsbild hat die Ziele und Aufgaben im wahrsten Sinne des Wortes zu verkörpern. »Braungebrannt, muskulös und lächelnd trägt er auf seinem Körper die perfekte Verwirklichung der Urlaubswerte zur Schau. Er induziert Verlangen, ist der Versucher, der zur Flucht reizt, ein Versprechen von Dynamik und körperlichem Wohlgefühl. [...] Er ist der neue, totale Mensch, der modegerechte Körper, der Schönheitsmaßstab und Lustspen-

160 | Vgl. Ulrich Raulff, Chemie des Ekels und des Genusses, in: Kamper/Wulf (Hg.), Die Wiederkehr des Körpers, a.a.O., S. 241-258. Wer »Industriemenschen« temporär vom Streß befreien und auf andere Gedanken bringen will, kann dies in der Tat nur in einer egalitären Atmosphäre durchsetzen, in der gesellschaftliche Statushierarchien vor der Tür bleiben. »Das Meisterstück dieser Institution (gemeint ist der Club Med, KHB): Sie schickt ihr Personal genauso wie ihre Gäste in den Urlaub. Man wird nicht von ihm (dem GO, KHB) bedient, man verbringt die Ferien mit ihm.« Siehe Press file, Juni 1985, S. 3.

161 | Vgl. Charles Fourier, Theorie der vier Bewegungen und der allgemeinen Bestimmungen, Frankfurt a.M. 1966.

der, der in der Sommermythologie vom Bademeister den Nimbus der Unwiderstehlichkeit geerbt hat.«[162] Wer nicht lachen kann, nicht aufgeschlossen und weltoffen ist oder Schwierigkeiten hat, gruppendynamische Prozesse in die Wege zu leiten, ist hier fehl am Platze. In der Rolle des Animateurs wird die rigide Trennung zwischen Gast und Personal geschickt aufgehoben bzw. subtil entformalisiert.[163]

Animateure leisten eine Sonderform von Gefühlsarbeit. Um Spontaneität herzustellen und soziale Verkrampfungen zu lösen, ist ein hohes Maß an emotionellen Steuerungsvorgaben aufzuwenden. In Ferienclubs werden die Urlauber auf freiwilliger Basis fremdbeeinflußt: mit Musik, entsprechender verbaler Intonation und attraktiven Beschäftigungsprogrammen. Als saisonal arbeitende Amateurspezialisten bringen Animateure externe Ressourcen ein, die die Freizeitwirtschaft profitabel nutzt. Durch Kooptierung setzt sich die Cluborganisation im Rahmen einer bewußten Dauerfluktuation in die Lage, neue und billige Mitarbeiter heranzuziehen, um deren Talente, Motivationen, Erfahrungen und Eitelkeiten gegen ein relativ geringes Entgelt zu nutzen.[164]

In der Selbstdarstellung und Eigenlegitimation der Freizeitindustrie spielt interessanterweise der Glücksbegriff eine zentrale Rolle.[165] Das individuelle Glück, das schon die Philanthropen zur Funktionsbestimmung der Erziehung nutzten, wird anthropologisiert und auf ein Glück in einer überschaubaren Gemeinschaft bezogen. Als subjektives Gefühl des Menschen

162 | Siehe Bruckner und Finkielkraut, a.a.O., S. 59.

163 | In der Selbstsicht des Club Med wird dies wie folgt dargestellt: »Sharing day-to-day life with the Members, doing the same things, eating together, living in the same housing, the G.O.'s are at their Service without being servants. The G.M's are not customers, but privileged guests, while the G.O.'s are the heart of the village, personifying happiness and the joys of life.« Siehe Press file, a.a.O., S. 3.

164 | Der Animateur hat, auch wenn er Jahre in diesem Beruf tätig gewesen ist, keine sichere Position inne. Ein derart körperbezogener Beruf, für den Fitneß, jugendliche Ausstrahlung, sportliche Fähigkeiten etc. erforderlich sind, scheint aufgrund seines Anforderungsprofils eine besondere Art von Menschen anzuziehen. Neben jenen, die Spaß an Sport, Spiel, Selbstdarstellung und einem Nachgefragt-Werden haben, scheinen vermehrt auch jene angezogen zu werden, die im Normalleben nicht zurechtkommen, Mißerfolge in anderen Berufen hatten oder keine andere Arbeit finden. »Viele Animateure haben keine Aussichten, keine Wurzeln mehr daheim, es sind abgebrochene Studenten, gescheiterte Gastwirte, alternde Lebenskünstler darunter, die, das Mikrophon, die Bühne, den Beifall gewohnt, Mühe haben, im Alltag wieder Fuß zu fassen. Der Ruhm im Ferienclub läßt sich nicht importieren.« Siehe Sibylle Zehle und Jo Röttger, Blaue Tage für die Seele, in: Zeitmagazin, Nr. 34, 16.8.1985, S. 27.

165 | Vgl. zum Beispiel Eva Brandenburg, Vom menschlichen Glück und einer erlebbaren Demokratie, in: Club Med Magazin, H. 1, o.J., S. 16-19.

soll es durch das Herbeizitieren von archetypischen Erinnerungen an eine paradiesische, konfliktfreie Dorfgemeinschaft wahrscheinlich gemacht werden.

Daß gerade archaische, segmental differenzierte, lokal in Stämmen organisierte Gesellschaften mit einer überaus bedrohlichen sozialen und ökologischen Umwelt konfrontiert waren und mit einem ungleich höheren Daseinsrisiko zu leben hatten als entwickelte Industriegesellschaften, bleibt in diesen Selbstbeschreibungen ungesagt. Daß Glück und Daseinsfreude gerade in der gegenwärtigen Situation komplexer Gesellschaften als Gegenbegriffe zur technischen Rationalität und zivilisatorischen Affektkontrolle über den Körper eine Verwendung finden, kommt nicht von ungefähr: Die Freizeitsemantik stellt sich mit korrespondierenden Schemata darauf ein, daß die gängigen Orientierungsmuster – Arbeit als zentrale Sinnkategorie; rigide Berufsrollenorientierung etc. – immer mehr an Bedeutung verlieren. Symbolische, am individuellen Glück orientierte Codes sollen nun kommunikative Leistungen für ein neuartiges Erleben und Handeln in körperdistanzierten und affektkontrollierten Gesellschaften erbringen. Die Weltsicht wird umthematisiert, indem Mythen und Archetypen reaktiviert und – was zu kaschieren ist – auf eine durchaus zeitgemäße Art und Weise organisiert, instrumentalisiert und vermarktet werden. Die Sehnsucht nach einem früheren, scheinbar unkomplizierteren Leben wertet das Vergangene, so aber nie Dagewesene, zur Genußsteigerung in der Gegenwart nostalgisch auf.

Versatzstücke utopischer Entwürfe verlassen ihre vormaligen Denkkontexte und fließen in die als anti-zivilisatorisch verkaufte Realität der Clubdörfer ein. Jedermann ist in dieser Gemeinschaft der Urlauber und Animateure per definitionem gleich. Dies zeigt sich in der Fiktion, daß Privateigentum während der Urlaubszeit keine Bedeutung zu haben hat. Schon dadurch, daß jeder Urlauber das gleiche Tuch um die Hüften wickelt, kommt es zur symbolischen Nivellierung von Rang-, Prestige-, Wohlstands- und Standesunterschieden. Bilder erleben eine Nachfrage, die bereits Thomas Morus vor mehr als 450 Jahren in seinem Klassiker »Utopia« entwickelt hatte. In Amaurotum, der Hauptstadt Utopias, gab es kein Privateigentum, was sich etwa darin dokumentierte, daß die Häuser Gemeingut waren und deswegen auch nicht abgeschlossen wurden. Interessanterweise gehört es zum Erscheinungsbild des Club Med, daß die Wohnhütten der Urlauber und G.O.'s keine Türen aufweisen und so prinzipiell für jedermann zu jeder Zeit offen sind.

Es ist nicht verwunderlich, daß die Organisatoren von Ferienclubs besonders auf diejenigen Utopien zurückgreifen, die Ende des 18. und Anfang des 19. Jahrhunderts in einer Phase formuliert wurden, in der der Frühkapitalismus sich zu entwickeln begann und erste Konsequenzen zu Tage traten: Pauperisierung und Verelendung der Arbeiterschaft, Kinderarbeit, Kriminalität, Prostitution und allgemeine soziale Desorganisation riefen Reaktionen der Gesellschaft auf sich selbst hervor. Es entstanden Gegenbilder und Alternativwelten im Bereich der literarischen und politischen Kommunikation. Die Herstellung von Glück war für Robert Owen ein zentrales Anliegen, das er vornehmlich in Hinblick auf die englische Arbeiterschaft formuliert hatte. Die Durchsetzung einer harmonischen Gesellschaftsordnung als letzte Stufe nach den Phasen Wildheit, Patriarchat, Barbarei und genossenschaftliche Ordnung (»Garantismus«) stand für Charles Fourier in Gestalt sog. »Phalangen« (kleine, autarke Agrarkommunen) im Vordergrund, mit dem Lustprinzip an erster Stelle.[166]

Clubdörfer sind als naturnahe Inseln konzipiert. Ihre Binnenräume bevölkern und bewohnen – so die Konzeption – spontane, freundliche, unkomplizierte, aufeinander eingehende, gleiche Menschen in einfachen, unzeitgemäßen Behausungen. Der Inselcharakter, der in der relativen Abkapselung von der Außenwelt zum Vorschein kommt, und den die Organisatoren auch bewußt pflegen und herstellen, regt die Phantasie an. Traumbilder von einsamen Inseln, Palmen, blauem Meer, weißen Stränden und schönen Frauen haben sich im Konzept des Club Med deutlich niedergeschlagen. Die Stichworte, die für diese Organisationsform zutreffen und letztlich den Reiz ausmachen, lauten Entdifferenzierung und Unterkomplexität.[167] In einer lokalen Gemeinschaft, in der die funktionale Ausgliederung moderner Gesellschaften auf der Urlauberseite nicht zum Zuge kommt, weil alle auf das Lustprinzip eingeschworen und damit oberflächlich egalisiert und nivelliert werden, kristallisiert Unwahrscheinliches sich zu einer real gewordenen Fiktion. Die Attraktivität dieser seit mehr als 50 Jahren am Markt vorhandenen Einrichtungen ist insofern nur folgerichtig. Die Wirtschaft nutzt die Kritik an der Moderne in Gestalt einer den urbanen Alltag transzendierenden Urlaubsorganisation und arbeitet sie gegen bare Münze klein. Kollektive Daseinsvorstellungen von einem besseren Leben werden im bezahlten Urlaub in die Realität eingeführt und temporär von einer darauf spezialisierten Tourismusindustrie befriedigt.

Hier sind keine Utopisten am Werk, sondern clevere Geschäftsleute, die eine kollektive Nachfrage stimulieren und entsprechend befriedigen. Nicht die Neuordnung eines Staates, von Erziehungsinstitutionen, von Wirtschaft, Politik, Arbeit und Familie ist das Ziel. Die von gesellschaftlichen Umbauprozessen beeinflußten physischen, psychischen und sozialen Bedürfnisse werden mit Hilfe körper- und spaßorientierter Interaktionen einer besser verdienenden Mittelschicht zeitgemäß auf eine unzeitgemäße Weise angedient. Ideen utopisch-frühsozialistischer Denker erzeugen eine unideologische Resonanz, weil sie entpolitisiert nach den Regeln des Kapitalertrags genutzt werden. Es zeigt sich sehr deutlich, daß wirtschaftliche Inklusionsprozesse ablaufen, die vormals gesellschaftlich Ausgeschlossenes, Latentes, Nichtaktiviertes einzubeziehen trachten, wenn es in die

166 | Vgl. A. Hahn, H.-A. Schubert und H.-J. Siewert, Gemeindesoziologie, Stuttgart u.a. 1979, S. 138ff.

167 | Vgl. Kap. I.1.

Marktlogik der Ökonomie hineinpaßt. Der Körper ist im Club Med oder ähnlichen Organisationen primär Thema wirtschaftlicher Kommunikationen.

Über die soziokulturelle Zurichtung von Körper und Psyche sagt dieser Zusammenhang viel aus. Die Gesellschaft bekommt im Spiegel dieser Einrichtungen einiges von sich selbst und ihren Wirkungen zu sehen. Die starke Nachfrage nach Spontaneität, Fröhlichkeit, Unbeschwertheit und Körperlichkeit macht auf zivilisatorisch Verschüttetes, Verdrängtes und Wegdefiniertes aufmerksam. Die Kolonisierung des Körpers durch den Club Med erfolgt somit auf der Grundlage individueller und kollektiver Folgen fortgeschrittener Modernität. Der psychische und somatische Streß, aber auch die Langeweile infolge einer für breite Bevölkerungsschichten durchgesetzten und institutionell abgesicherten Lebensweise sind wichtige Bedingungen der Möglichkeit für derartige Inklusionsmaßnahmen. Daß es Cluburlaube dieser Art erst nach dem 2. Weltkrieg gibt, kommt nicht von ungefähr: Der Prozeß der gesellschaftlichen Modernisierung ist seit dieser Zeit immer massiver abgelaufen und hat gerade seit Anfang der 70er Jahre des letzten Jahrhunderts eine neuartige Qualität erreicht.

Aber: Expressivität, Spontaneität und Körperlichkeit lassen sich in einem Urlaubsschnellkurs nicht ohne Konsequenzen instrumentalisieren. Der Versuch, Nichtalltägliches für Urlauber zu veralltäglichen, kann nur auf der Basis der zeitlichen Knappheit des bezahlten Urlaubs gelingen. Dauerspontaneität wird nach vierzehn Tagen langweilig, ebenso wie die Gefühlsarbeit der Animateure fade wird, wenn der Gleichklang und das Unpersönliche der Animation, besonders deutlich im Rahmen der elaborierten »Welcome- und Goodbye-Rituale«, ins Bewußtsein dringen. Der Club ist darauf spezialisiert, die Fassade einer anderen Wirklichkeit aufrechtzuerhalten. Er braucht hierfür eine straff organisierte Logistik, die hinter den Kulissen arbeiten muß, damit keine Entmythologisierungseffekte entstehen. Das ökonomische Interesse darf nicht zu Tage treten. Es wird verschleiert, damit der Widerspruch das Geschäft nicht stört.

Wie in Kapitel I bereits deutlich wurde, kann die Körper- und Spaß-Revolte immer nur unter den Kontextbedingungen von Gesellschaft ablaufen. Sie läuft damit auf Widersprüche hinaus. Dies läßt sich am Beispiel des Club Med anschaulich herausarbeiten. Das gesamte Arsenal der notwendigen Kaschierungstechniken und der hinter dem Rücken der Urlauber ablaufenden Logistik deutet darauf hin. Hier zeigt sich die Gradwanderung von Organisationen, die Widersprüche zu verhindern trachten. Sie laufen in der Regel in Paradoxien hinein. Den Körper direkt als Wirtschaftsthema anzusprechen ist prekär. Das semantische Mäntelchen der Anti-Zivilisation hilft dabei, seine rigorose ökonomische Kolonisierung zu verbrämen. Dies gilt in gleicher Weise für die Kommerzialisierung psychosozialer Bedürfnisse. Die Club-Bewegung entparadoxiert sich, wie es scheint, durch die Kommunikation von Nicht-Authentizität – und wirkt dadurch auf eine subtile Weise authentisch. Jeder Urlauber weiß, daß alles nur Show ist. Die

Aufwertung von Körper und Spaßkommunikation in der verführerischen Atmosphäre einer Inselgemeinschaft, scheinbar fernab von jeglicher Zivilisation, bleibt ein Zivilisationsprodukt, das die Industrie als Anti-Programm gegen ein entsprechend hohes Entgelt an betuchte Mitbürger verkauft.

Die Sehnsucht nach Überschaubarkeit, Diffusität, Öffentlichkeit und intensivem Erleben, die auf seiten der Konsumenten zu Tage tritt, findet in den Verhältnissen der realen Gegenwart, in der Lebenswirklichkeit urbanisierter Gesellschaften ihre Differenzgründe. Traumbilder, die sich aus diesem Zusammenhang heraus entwickeln, werden in modernisierter Form in die Urlaubsgegenwart transponiert, und zwar in einem überzogenen Rückgriff auf Gesellungsformen und Aktivitäten vergangener Gegenwarten, die es so nie gegeben hat, und die sich auf diese Weise nur in den Enklaven moderner Industriegesellschaften künstlich produzieren und durchspielen lassen.[168] Die traditionellen Lebens- und Gemeinschaftsvorstellungen, die die Ferienclubs an den Mann bzw. die Frau bringen, kontrastieren das scheinbar Banale des Durchschnittsalltags mit Hilfe veralltäglichter Mythen von Gemeinsamkeit, Gleichheit, Körperlichkeit, Glück, Überfluß und Rausch.

Die Gesellschaft reagiert, wie man sehen kann, mit Mythenbildung und Mythenreaktivierung, Kulturkritik und mit der Vergegenständigung von alternativen Kunstwelten auf sich selbst und ihre Defizite. Sie experimentiert mit sich selbst und sammelt Erfahrungen mit den Erfahrungen, die sie macht und laufend reproduziert. Auf der Grundlage bereits stabilisierter Unwahrscheinlichkeiten – bezahlter Urlaub, weltweiter Flugverkehr etc. – können Wirtschaftsunternehmen Nischen öffnen und soziokulturell durchsetzen, ohne daß ein umfangreiches zynisches Wissen diese real gewordenen Fiktivwelten zerstören könnte.[169] Die Gesellschaft verschafft ihren Mitgliedern, wenn auch nur in Gestalt von nicht jedermann zugänglichen touristischen Einrichtungen, diejenigen Fluchtmöglichkeiten, die sie anscheinend brauchen, um mit ihrem Tagesgeschäft ansonsten fortfahren zu können. Vormodernes wird hierfür nostalgisch thematisiert, damit die Personenumwelt vom »Projekt der Moderne« nicht abgeschleudert wird.

168 | Der Stadtflüchtling, der die angestammten urbanen Räume verläßt, um der Zivilisation und ihren Folgen zu entgehen, hilft paradoxerweise mit, das zu zerstören, was er liebt. Es kommt zu einer Eskalation insofern, als derjenige, der dem Mechanismus von der individuellen Entdeckung außerurbaner Räume und ihrer anschließenden touristischen Aneignung entgehen will, in immer exotischere Gegenden abgedrängt wird. Er sorgt so dafür, ohne es zu wollen, daß die Aura dieser Räume durch die Demokratisierung des Reisens aufgehoben und zerstört wird.

169 | Vgl. Fred H. Goldner und R. Richard Ritti, The production of cynical knowledge in Organizations, in: American Sociological Review, Aug. 1977, Vol. 42, No. 4, S. 539-551.

9 Ausblick

Die in diesem Kapitel versammelte Auswahl neuerer Formen der Körpernutzung gibt Aufschluß über das veränderte Verhältnis von Individuum und Gesellschaft in der Phase fortgeschrittener Modernität. Um die psychischen, somatischen und sozialen Kosten des Zivilisierungs- und Modernisierungsprozesses gegenzusteuern oder Protesthaltungen ihnen gegenüber auszudrücken, wird der Körper als Fluchtpunkt für die unterschiedlichsten »signalling activities« in Anspruch genommen. Am Körper werden Kommunikationen besonderer Art ausgestrahlt, die ohne eine derartige Einbeziehung der physisch-organischen Umwelt geringere Chancen hätten, sozial wahrgenommen und beobachtet zu werden. Der Körper ist infolge seiner gesteigerten Nachfrage in der Öffentlichkeit präsenter geworden als zu früheren Zeiten. Selbst wenn all das nicht ausgeführt wird, was Menschen nach außen hin über Sport-, Jugendlichkeits-, Gesundheits-, Oppositions- und Indifferenzsymbole oder Zeichen der allgemeinen Lebensbereitschaft zu tun vorgeben, handelt es sich um Botschaften, die über die Relationierung von Subjekt und Gesellschaft etwas aussagen sollen. Sie sind insofern ernstzunehmen.

Es kommt insgesamt zu einer verstärkten Thematisierung des Körpers und zu einer breit gestreuten Ausdehnung der signalhaften Betonung von Körperlichkeit. Was für innerstädtische Bewegungs- und Darstellungskünste wie Jogging, Skateboardfahren, Breakdancing, Flanieren, Speedwalking, die Körperpräsentation durch sonnengebräunte, sportlich trainierte, fit getrimmte, coole oder neokynisch stilisierte Körper auf öffentlichen Plätzen und Wegen gilt, trifft besonders auch für jene Reaktionsformen zu, in denen Körper und Psyche im Rahmen urlaubsmäßig ermöglichter Eskapismen jenseits der Städte gesundheits-, spaß-, einsamkeits-, geselligkeits- oder abenteuerbezogen thematisiert werden. Gegenüber der Inanspruchnahme des Körpers im Rahmen sportspezifischer Interaktionen kommt es in bestimmten Kreisen der Jugend- und Alternativkultur bisweilen zu einer Nutzung des Körpers unter gänzlich anderen Aspekten. Nicht Leistungsbereitschaft, Fitneß, Schönheit oder Jugendlichkeit stehen hier im Vordergrund. Häßlichkeit, Sinnlosigkeit, Ausstiegsbereitschaft oder Langsamkeit sind zu Leitformeln für eine Vielzahl unterschiedlichster Szenen geworden, die mehr oder weniger subtil auf Körperpräsentation setzen und Sinn über körperbezogene nonverbale Kommunikationen darstellen wollen.

Wie auch immer, der Körper wird theatralisch »zum Sprechen« gebracht und mit Bedeutungsinhalten gefüllt, die in der Gesellschaft in Reaktion auf die Folgen von Gesellschaft entstanden sind; sei es, indem er meditativ ruhiggestellt, vernachlässigt oder als Träger von Gewalt, No-future-Vorstellungen oder dandyhafter Extravaganz instrumentalisiert wird. In der Tat, der eine antwortet auf die Präponderanz einer entsinnlichten und körperdistanzierten Gesellschaft in dem modernistischen Ambiente eines Fitneß-Studios. Andere gehen mit Hilfe ihrer Körper auf Konfrontationskurs, indem sie diese mit grellen Farben schminken, mit Dessous ausstaffieren oder ihre Haut mit Nadeln durchbohren, um sich so den Nimbus einer Kreatur des Rinnsteins zu geben.

Es wird deutlich, daß der einzelne nicht allein in der Innerlichkeit seines Bewußtseins auf Gesellschaft reagieren kann oder sich nur über sprachliche Diskurse ausdrücken könnte. Der individuelle Akteur ist auch in der Lage, über seine Körperlichkeit zu kommunizieren, und zwar ohne sich hierüber notwendigerweise bewußt zu sein. Jeder kann sich selbst in der Öffentlichkeit als Kommunikationsangebot darstellen. Hierfür lassen sich viele Beispiele geben: Man treibt nicht nur einfach Sport und wirkt auf seinen Körper per Training ein, sondern kann Sportbegeisterung auch in jenen Fällen zeigen, in denen die Physis nicht durch korrespondierende Maßnahmen aktiviert wird. Symbole und Utensilien des Tätigseins, Sich-Bemühens und Trainierens sickern in die Alltagsmode, werden bewußt am Körper getragen oder in Gestalt von Piktogrammen an den Außenflächen von Fahrzeugen zur Schau gestellt.

Eine ganze Sticker-Kultur hat sich inzwischen darauf spezialisiert, die typischen Bewegungen und Körperhaltungen diverser Sportarten oder anderer Körperaktivitäten stilisiert und gleichsam eingefroren zu präsentieren. Neben den Tennisschlägern auf der Hutablage, den Surfbrettern auf dem Autodach, den Sportschuhen am Arbeitsplatz, der braunen Haut in sonnenarmer Zeit, den Rennrädern im Straßenverkehr, dem Jogging auf den Straßen, den Marathonläufen in den Innenstädten, dem demonstrativen Konsumverhalten auf öffentlichen Plätzen und dem genüßlichen Vorzeigen des Körpers aus Gründen der Abschreckung wird so deutlich, daß sich im Verhältnis von Körper und Gesellschaft Neuartiges ereignet hat. In Reaktion auf die Folgen der Moderne wird der Körper nicht nur vermehrt eingebracht, um die gestiegene Indifferenz der Gesellschaft zu ihrer personalen Umwelt durch ein gezieltes body-processing gegenzubalancieren. Es ist auch eine Symbolik entstanden, in der sich die gestiegene Bedeutung des Körpers niederschlägt. Indem sich Menschen an ihren Körpern in sie hineinbegeben, wird sie beobachtbar und für gesellschaftliche Kommunikationen anschlußfähig gemacht. Die Symbole – Turnschuhe, Sportkleidung, sportive Handlungen, Geländewagen, gebräunte Haut, alternative Kleidung – stellen wiederum einen Bedarf her, so daß ein sich selbst verstärkender Kreislauf entsteht, an dem der einzelne an beliebiger Stelle einsteigen kann. Es zeigt sich, daß die Spezialität des Körperthemas in diesem Kreislauf auch vernachlässigt werden kann. Nicht immer ist dort, wo ein Sportsymbol aus Statusgründen vorgeführt wird, auch ein Körperbezug inhärent.

Das Typische der Körperaufwertung in komplexen Gesellschaften ist nicht die Einseitigkeit, sondern die Pluralität heterogener Angebote. Eine Vielzahl von Selbsterfahrungs-, Glücks-, Gesundheits- und Authentizitätsprogrammen fluktuiert in mehr oder weniger ausgeprägter Form auf dem Markt der Körpermoden. Die Thematisierung des Körpers auf rein sportliche Aspekte zu verdünnen, hieße somit, die Geschichte des Körpers in der

Moderne verkürzt zu rekonstruieren. Der Sport stellt mit seinen diversen Modellen nur einige unter vielen Möglichkeiten zur Gestaltung des Verhältnisses von Körper und Gesellschaft dar. Daß er im Hinblick auf die Akzeptanz seiner Kommunikationen und Handlungen eine große Dauerresonanz hervorrufen kann und nach seiner Ausdifferenzierung in eine Reihe unterschiedlicher Subsysteme zu einer Referenzgröße für andere gesellschaftliche Funktionsfelder geworden ist, verweist sowohl auf sportartspezifische Möglichkeiten, Leistungen und Arrangements als auch auf gesellschaftlich induzierte Motive und Bedarfsumstände, wie sie sich im Verlauf der soziokulturellen Evolution nach Umstellung auf das Prinzip der funktionalen Differenzierung ergeben haben. Es zeigt sich, daß Menschen durch den Rückgriff auf ihre körperliche Nahwelt eine Sicherheits- und Erlebnisgrundlage anstreben, die entwickelte Industriegesellschaften aufgrund der Abstraktheit ihrer Kommunikationen immer weniger überzeugend bereitstellen können.

Wir haben in diesem Kapitel einzelne Facetten der körperbezogenen Reaktion auf Modernität vorgestellt und die Gleichzeitigkeit des Gegensätzlichen und Paradoxen anhand zahlreicher Beispiele herausgearbeitet. Diese Synthese aus einer Analyse lebensweltlicher Materialien einerseits und einer systemtheoretischen Methodologie andererseits soll im folgenden auf einen Bereich ausgedehnt werden, in dem Körperlichkeit massiv auftritt und zentrale Operationsgrundlage eines eigenständigen Sozialsystems ist, den zeitgenössischen Hochleistungssport. Damit fügen wir der bisherigen Argumentation etwas Besonderes und Wichtiges hinzu. Es geht nicht um beiläufige, modisch orientierte Formen der Inszenierung von Körperlichkeit im Rahmen bestimmter sozialer Gruppierungen oder um individuelle Formen von Opposition oder Anpassung über den Körper. Mit dem Hochleistungssport steht vielmehr dasjenige teilsystemspezifische Korrelat der Moderne im Vordergrund, das sich mit einer entsprechenden Fortschrittsrationalität darauf spezialisiert hat, eine Steigerung des körperlich und psychisch Möglichen systematisch durchzusetzen.

Mit Blick auf eine noch auszuformulierende allgemeine Theorie der gesellschaftlichen Differenzierung unternehmen wir den Versuch, den Prozeß der funktionalen Ausdifferenzierung dieses körperorientierten gesellschaftlichen Teilsystems zu rekonstruieren. Dies ist insofern von besonderer theoretischer Relevanz, als es sich mit dem modernen Spitzensport um den Sonderfall eines gesellschaftlichen Nachzüglersystems handelt, welches nach dem allgemeinen Durchbruch des Strukturprinzips der funktionalen Differenzierung diesen grundlegenden Prozeß der gesellschaftlichen Evolution mit Verspätung wiederholt. Uns werden die Details interessieren, mit denen dieser Absonderungsprozeß verläuft und dieses Sportmodell Elemente von Körperlichkeit unter Sonderbedingungen versammelt, spezialisiert und steigert, und Sportlichkeit, Körperbewußtsein und hochstehende Körperleistung zu einem gesellschaftsweiten Kommunikationsthema macht.

III Zum oberirdischen Körperprojekt der Moderne: der Fall des Hochleistungssports

In diesem Kapitel steht eine für komplexe Gesellschaften typische Sonderform der Körperthematisierung im Vordergrund – der auf Steigerung, Wettbewerb und Erfolg ausgerichtete Hochleistungssport. Im Handeln der hier engagierten Sozialfiguren kommen Sinnimplikationen wie Spezialisierung, Körperbeherrschung, Progression und Zweckrationalität unter Absehen sinnunspezifischer Gesichtspunkte wie in keinem anderen körperorientierten Sozialbereich explizit zum Tragen. Der »Geist« der Moderne hat sich in diesem Handlungsfeld im wahrsten Sinne des Wortes in extenso niedergeschlagen, gleichsam korporalisiert. Die leistungs- und wettbewerbsorientierte Ausgestaltung der Körperlichkeit wird im Spitzensport nicht nur in extremer Weise betrieben, sie läßt sich auch besonders gut in ihren Konsequenzen beobachten. Immer kleinere Leistungsverbesserungen sind mit immer mehr Aufwand zu erkaufen. Der Anspruch gegenüber dem Körper der Athleten und Athletinnen wird ins Unwahrscheinliche getrieben, weil im Perfektionsideal dieses Sozialsystems selbst keine Stoppregeln eingebaut sind. Spitzensportliches Handeln fällt infolgedessen immer voraussetzungsvoller, riskanter und konsequenzenreicher aus.

Der Fortschrittsbegriff ist so auch im Hochleistungssport problematisch geworden, nicht etwa, weil das Zuschauen plötzlich keinen Spaß mehr machte oder das Gewinnen langweilig geworden wäre. Vielmehr sind der für die Leistungserzielung notwendige Mitteleinsatz und dessen Folgen in einen zunehmenden Widerspruch zu allgemein akzeptierten gesellschaftlichen Werten und Normen geraten. Der unhinterfragte Nimbus früherer Zeiten ist, wie es scheint, im Spitzensport verlorengegangen, weil Tendenzen zu Tage getreten sind, die auch in anderen gesellschaftlichen Bereichen Unbehagen, Proteste, sogar Krisenstimmung auslösen. Die Aura des zweckfreien Sports, die sich dieser im Rahmen seiner Selbstbeschreibungsversuche und Reflexionstheorien über Jahre hinweg mit Erfolg verschrieben hatte, ist unter dem Druck seiner zunehmenden Vergesellschaftung zerstört und banalisiert worden. Am Beispiel der obsessionell betriebenen Ausrichtung auf Wachstum und Steigerung des sportlich Möglichen wird deutlich, daß dieses Teilprojekt des allgemeinen Körperprogramms der Moderne die Fiktion projiziert, daß es ein Schneller, Höher, Stärker und Besser immer geben wird.[1] Fortschrittsphantasmen dieser oder vergleichbarer Art treiben alle Leistungssektoren der modernen Gesellschaft an.

Der Kunstsektor hörte auf zu existieren, wenn in ihm die Idee transportiert würde, daß es eine Grenze zum Neuen, Innovativen gäbe.[2] Ein Künstler, der nur Altes reproduzierte und auf individuelle Gestaltung und Ergänzung des bereits Vorhandenen verzichtete, wäre Handwerker, Duplikator, aber kein Künstler. Vergleichbares zeigt sich in der Ökonomie. Die Vorstellung von einem jährlich um bestimmte Prozentzahlen steigerbaren Bruttosozialprodukt ist das wirtschaftliche Pendant zum olympischen Motto des Hochleistungssport (citius, altius, fortius). Eine Wissenschaft, die nicht versuchte, neue Erkenntnisse zu sammeln und ihr Auflöse- und Rekombinationsvermögen ohne Rücksicht auf außerwissenschaftliche Überlegungen zu steigern, brächte sich in vormoderne Zeiten zurück, in Verhältnisse, in denen religiöse und kosmologische Überlegungen und Sinnkriterien Wahrheit definierten und begrenzten. Ein Erziehungsbereich, der auf eine immer bessere Erziehung verzichtete und nicht am Raster von Gleichheitspostulaten Programme für kompensatorische Maßnahmen o.ä. durchzusetzen trachtete, wäre schlichtweg »unmodern«.[3] Religiöse Vereinigungen, die die Transzendenz nicht durch passionierte Devotion und Hingabe mit entsprechenden Diakonie- und Inklusionsinteressen für die Noch-nicht-Gläubigen anstrebten, kämen in Kollision mit ihren eigenen Sinnkriterien und Missionsgedanken.[4]

Die Aufzählung der unterschiedlichen Steigerungsambitionen mag genügen, um die Analogie zwischen den verschiedenen Teilprojekten der Moderne aufzuzeigen. Wir werden nun nachverfolgen, in welchen Momenten das Körperprojekt des Spitzensports sich abgewickelt hat, in welchen Teilaspekten dieses Kommunikationssystem seine Autonomie gewinnen und warum es zu einem derart stark nachgefragten Leistungsanbieter für andere

1 | Die generelle Charakterisierung des Projekts der Moderne aus der Sicht der neueren soziologischen Systemtheorie erfolgte bereits in der Einleitung.

2 | Vgl. Niklas Luhmann, Ist Kunst codierbar? In: Siegfried J. Schmitt (Hg.), »schön«: Zur Diskussion eines umstrittenen Begriffs, München 1976, S. 60-95; ders., Das Kunstwerk und die Selbstreproduktion der Kunst, in: Gumbrecht/Pfeiffer (Hg.), Stil, a.a.O., S. 628ff.

3 | Zu einer systemtheoretischen Analyse des Erziehungs- und Bildungssystems siehe beispielsweise Niklas Luhmann und Karl Eberhard Schorr, Reflexionsprobleme im Erziehungssystem, Stuttgart 1979.

4 | Vgl. Niklas Luhmann, Funktion der Religion, Frankfurt a.M. 1977; auch unsere Aussagen in Kap. IV.1.

Sozialbereiche werden konnte. Welche Kosten durch die selbstreferentielle Ausrichtung des Systems auf der personalen Ebene entstehen, soll nicht ausgeklammert werden. Denn wie in den anderen im gesellschaftlichen Modernisierungsprozeß wahrscheinlich gewordenen Unwahrscheinlichkeiten kommt es auch im Spitzensport zu wildwüchsigen Steigerungsbestrebungen, die sich von innen nicht mehr kontrollieren lassen – mit ähnlich destruktiven Effekten im Hinblick auf Körper und Psyche, die auch in anderen Bereichen zu beobachten sind.

Die Annahme von der Paradoxie einer gleichzeitig ablaufenden Körperdistanzierung und -aufwertung bekommt im Leistungssektor des Sports eine bemerkenswerte Kontur. Der Möglichkeitshorizont für den Körpergebrauch wird durch Spezialisierung erheblich erweitert, dadurch aber auch gleichzeitig verengt. Einerseits wird der Körper in Dimensionen hineingesteigert, die noch vor Jahren nicht für möglich gehalten worden wären. Andererseits tritt hierin eine Rationalität zu Tage, die ihren Sinn in der Übermächtigung und Beherrschung des Körpers, in rigider, jahrelanger und energieintensiver Reduktion auf Bestimmtes sieht.

In der Tat ist der Hochleistungssport ein typisches und markantes Beispiel für die Aneignung und elaborierte Schulung spezifischer Körper- und Psychotechniken unter dem Primat einer auf Erfolg und Fortschritt ausgerichteten Zweckorientierung. Die mit dem Siegeswillen einhergehende Versachlichung des Handelns im Rahmen einer innerweltlichen Askese, in der Entbehrungen normal sind und das ungezügelte Einbringen anderer Lebensweisen verpönt ist, fällt auf und beeindruckt ebenso wie das hohe Maß an zielspezifischer Identifikation auf seiten der unmittelbaren Handlungsträger.[5]

In seiner Ausrichtung auf Wettbewerb und Erfolg zeigt sich der Leistungssport als ein Sozialbereich, in dem die Belohnungen typischerweise aufzuschieben sind. Ein Austausch kommt in der Regel erst, wenn überhaupt, über lange Zeitdistanzen zustande. Erstaunliches an Zeit, Geld, Energie und eventuell verpaßten Chancen in anderen Sozialzusammenhängen ist von den Athleten und Athletinnen zu investieren, ohne daß die einzelnen wissen könnten, ob ihre Rechnung in Erfolgswährung einmal aufgehen wird. Der Leistungssport wird deshalb nicht nur von »Schulmännern« als Paradebeispiel für Einsatzfreude, Selbstdisziplin und eine allgemeine Einstellung zum Leben zitiert und hochstilisiert. Inzwischen hat allerdings der Verdacht der Körper- und Personenfeindlichkeit auch dieses Sozialsystem ereilt. Die explizite Ausrichtung auf eine Steigerung der phy-

5 | Zur biographietheoretischen Aufarbeitung von Sportlerkarrieren in der Rhythmischen Sportgymnastik, im Gewichtheben, Tennis sowie im Zehnkampf siehe Karl-Heinrich Bette, Uwe Schimank, Dominik Wahlig, Ulrike Weber, Biographische Dynamiken im Leistungssport. Möglichkeiten der Dopingprävention im Jugendalter, Köln 2002.

sischen und psychischen Fähigkeiten von Menschen zum Zwecke der sportlichen Leistungsverbesserung folgt Gesetzmäßigkeiten und Steuerungsprinzipien, deren Konsequenzen problematisch sind.

1 Aspekte der Ausdifferenzierung

Die Ausdifferenzierung komplexer Sozialsysteme vollzieht sich nicht beliebig, sondern folgt einem Verlaufsschema, das mit der Festlegung funktionsspezifischer Situationen und der Ausprägung hierauf spezialisierter Rollenbeziehungen beginnt. Diese fungieren als Katalysatoren und sind typischerweise reziprok aufeinander bezogen. Von einer systemmäßigen Ausdifferenzierung läßt sich in der Tat nur reden, wenn eine differenzierte Rollenstruktur existiert, in der entsprechend spezialisierte Akteure einen bestimmten Problemanfall kleinarbeiten. Was für den Spitzensport die Trainer/Athlet-Beziehung darstellt, ist die Arzt/Patient-Relation für das Gesundheitssystem und das Priester/Gläubiger-Verhältnis für den Zusammenhang religiöser Kommunikation. Der Wirtschaftssektor entwickelt seine Dynamik an der Differenz zwischen Erzeuger und Konsument, die Wissenschaft am Unterschied zwischen Forscher und Wissensempfänger. Das Erziehungssystem ist orientiert an der Beziehung zwischen Erzieher und Zögling bzw. Lehrer und Schüler, die Politik an der Politiker/Wähler-Relation. Es geht demnach nicht nur um die Herausbildung funktionsspezifischer Rollen für Experten, die bestimmte Leistungen zu bestimmten Anlässen erbringen, sondern auch um die Ausprägung von Klienten-, Publikums- und allgemeinen Bedarfsrollen, die diese Leistungen nachfragen und eine generalisierte Unterstützungsbereitschaft zur Verfügung stellen. In allen Formen der Ausdifferenzierung sozialer Systeme kommt dieser Unterscheidung zwischen Experten und Laien eine zentrale Bedeutung zu.

Wichtige Unterschiede zwischen den einzelnen Sportmodellen lassen sich auf dieser Ebene bereits verorten. Geht es im Freizeit- und allgemeinen Breitensport eher um relativ diffuse Orientierungen, die beiläufig erledigt werden und keine ausgeprägte Rollenspezialisierung erfordern, ist im modernen Hochleistungssport eine differenzierte Rollenstruktur auf der Basis korrespondierender Werte, Normen und Organisationen anzutreffen.[6] Athleten, Trainer und andere begleitende Spezialisten kooperieren intentional und nicht zufällig miteinander, um psychische und physische Leistungen für sportliche Zwecke vor einem interessierten Publikum zu steigern. Um dieses Muster sozio-evolutionär durchzusetzen und zu stabilisieren, ist die Ausgliederung eines eigenen und unverwechselbaren *System-*

6 | Vgl. hierzu die Gegenüberstellung der strukturell-funktionalen Kennzeichen der Volksspiele und des modernen Sports bei Eric Dunning, The Structural-Functional Properties of Folk-Games and Modern Sports, in: Sportwissenschaft, 3. Jg., 1973/3, S. 215-232.

codes erforderlich. Die Ausgliederung selbstreferentieller Sinnzusammenhänge impliziert insofern immer Beschränkung auf Bestimmtes, sprich Spezialisierung, und Verzicht auf multifunktionale Redundanz.[7] Die Verselbständigung läuft auf allen Dimensionen des menschlichen Erlebens und Handelns ab. Es kommt zu einer Ausdifferenzierung einer spezifischen, mit eigenen Vergangenheiten und Zukünften operierenden Systemzeit, einer Spezialisierung auf bestimmte Sachthemen und zu einer Autonomie auf der Sozialdimension.

Wir werden im folgenden zeigen, daß sich der auf virtuose Körperleistung ausgerichtete Spitzensport in bestimmten Belangen in einer durchaus mit den dominanten gesellschaftlichen Primärsystemen vergleichbaren Weise ausdifferenziert hat, in einem wichtigen Aspekt aber keine Autonomie durchsetzen konnte: Er hat kein eigenständiges symbolisch generalisiertes Steuerungsmedium ausprägen können. Der Spitzensport hat damit jene Qualität nicht erreicht, die Wirtschaft, Politik, Recht und Wissenschaft durch die Existenz ihrer Medien Geld, Macht, Gerechtigkeit und Wahrheit etablieren konnten. Es scheint, daß der Sport keine für den gesamtgesellschaftlichen Reproduktionsprozeß unverzichtbare Funktion ausübt, sondern seine Systemqualität vornehmlich als Leistungsträger für andere Sozialbereiche gewinnt. Stellt man die Nullhypothese – Was wäre, wenn es den Sport nicht gäbe? –, wird schnell deutlich, daß zwar Wichtiges wegfiele, aber Existentielles nicht verlorenginge. Diese Einschätzung deckt sich mit Befunden über den faktischen Verlauf der Ausdifferenzierung des Sports aus einer diffusen lebensweltlichen Matrix über eine Nutzung in den Bereichen Militär, Gesundheit und Erziehung[8] bis hin zu einem relativ auto-

7 | Ausdifferenzierung impliziert einen »Redundanzverzicht«. So Niklas Luhmann in: ders., Die Religion der Gesellschaft, Frankfurt 2000, S. 1. Gemeint ist damit der Umstand, daß ein Funktionssystem nicht für andere »einspringen« kann, sondern Sicherheit nur für sich selbst erzeugt. Der Sport kann nicht gegen die Imponderabilien von Politik oder Wirtschaft eingesetzt werden. Ebensowenig sind politische Kommunikationen in der Lage, Sicherheit für den Ausgang eines sportlichen Wettkampfes abgeben zu können. In einem olympischen Endlauf entscheiden nicht politische Machtverhältnisse. Andererseits bleibt eine politische Wahl dem Wählervotum überlassen, und hängt nicht von der Kontraktionsfähigkeit eines Muskels ab. Dies heißt nicht, daß der Sport nicht auch Politik oder Wirtschaft in eigener Sache nutzt, oder die Politik darauf verzichtet, den Sport für politische Zwecke einzusetzen. Interventionen werden letztlich erst prekär, wenn sie über die Programmebene des Systems hinausgehen und den Code betreffen. Selbstreferenz würde durch Fremdreferenz ersetzt. Vgl. Kap. III.1.1 und Kap. IV.

8 | Aufschlußreich in diesem Zusammenhang Uwe Schimank, Grenzen systemischer Ausdifferenzierung in funktional differenzierten Gesellschaften: Der Fall des Sports, Ausarbeitung eines Vortrags auf der Arbeitstagung »Analysen zum Sport und soziologische Theorien« der Sektion »Soziologie des Sports« der Deutschen Gesellschaft für Soziologie am 4.2.1987 in Köln, Manuskript S. 10ff.

nomen Teilsystem, das die Leistungsbezüge nicht kappt, sondern selbstreferentiell verstärkt.

Wenn wir dieses Sondermodell des Sports dennoch als ein gesellschaftliches Funktionssystem ansprechen, ist diese Einschränkung mitzudenken. Der Leistungssport bleibt auf Hilfskonstruktionen angewiesen und zeigt sich damit als extrem abhängig von den dominanten Symbolsprachen Geld, Macht und Wissen. Die relativ einfache Intervention politischer und wirtschaftlicher Instanzen auf der Programmebene des Systems ist aus dieser Perspektive heraus verständlich und keineswegs überraschend. Nicht die Intervention ist verwunderlich, sondern die Verwunderung über die Intervention. Im Hinblick auf die Grenzen der Ausdifferenzierung (Kap. III.2) werden wir auf diesen für die Differenzierungstheorie interessanten Aspekt noch einmal gesondert eingehen. Der Sport stellt einen in der bisherigen Diskussion übersehenen Sonderfall für die Etablierung eines Funktionssystems dar, das kein gesamtgesellschaftliches Primat für die Abarbeitung einer Funktion ausprägen konnte.

Die Frage, warum der Sport über kein eigenständiges symbolisch generalisiertes Steuerungsmedium verfügt, sich dennoch erfolgreich als relativ autonomes gesellschaftliches Teilsystem etablieren konnte, verweist auf sportspezifische Möglichkeiten und Grenzen. Um zu zeigen, daß der Spitzensport als die Speerspitze der Ausdifferenzierung dasjenige Teilsystem darstellt, das die Steigerungs- und Fortschrittsrationalität der Moderne gleichsam pur auf den Körper ausgedehnt hat, sollen die wesentlichen Aspekte seiner Verselbständigung und Spezialisierung im folgenden rekonstruiert werden. Für diesen Zweck gehen wir im ersten Kapitel auf den Umstand ein, daß der moderne Hochleistungssport (1) einen eigenständigen Code ausgeprägt[9] hat und sich (2) über das Erlebniskorrelat seiner Leitdifferenz, nämlich Spannung, fest als Thema gesellschaftlicher Kommunikation installieren konnte. Um eine angemessene Umsetzung seiner kommunikativen Vorgaben in Handeln zu ermöglichen, hat er (3) korrespondierende Sondersituationen und Interaktionssysteme ausgegliedert und entsprechende normative Sicherungen eingebaut. Eine Sondermoral sorgt (4) für eine adäquate Handhabung der eigenen Selbstreferenz. Hierzu gehört es (5), interne Positionen öffentlich nach äußerst rigiden Selektions- und Leistungskriterien zu hierarchisieren. Weiterhin: Die Entfaltung des fokalen Systems und die Steigerung des Körpers als Thema gesellschaftlicher Kommunikation sind nur mit Hilfe der modernen Verbreitungsmedien durchsetzbar gewesen. Wir werden diese Instanzen (6) unter dem Aspekt der Resonanzverstärkung ansprechen. In einem zweiten Hauptkapitel stehen die Grenzen der Ausdifferenzierung im Vordergrund. An ihnen läßt sich zeigen, an welchen Punkten das vom Spitzensport getragene Körperprojekt der Moderne abgebremst wird.

9 | Nicht zu verwechseln mit einem eigenständigen symbolisch generalisierten Steuerungsmedium.

1.1 Codierung

Eine wichtige Bedingung der Möglichkeit einer Ausdifferenzierung selbstreferentieller Kommunikationszusammenhänge besteht in der Ausgliederung eigenständiger Codes. Evolutionär erfolgreich waren in dieser Hinsicht das Rechtssystem mit seinem Code von Recht/Unrecht, die Wirtschaft mit ihrer Präferenzregel für Eigentum/Nichteigentum, die Politik mit ihrem Dualschema mächtig/unterlegen bzw. Regierung/Opposition, die Wissenschaft mit ihrer Primärorientierung für Wahrheit und Unwahrheit und die Familie mit ihrem Liebescode.[10] Auch der den Prinzipien der Moderne nahestehende Spitzensport strukturiert seine Kommunikationen nicht beliebig, sondern operiert unter einem binären Code – dem von Sieg und Niederlage oder, übersetzt in die Leitsemantik des Systems, dem von überlegener/unterlegener Leistung. Anhand dieser Orientierungsregel werden im Rahmen wiederkehrender Anlässe Situationen hergestellt, in denen komplementär aufeinander bezogene Akteure Differenzen erzeugen und Erlebniskorrelate freisetzen. Wie die sozio-kulturelle Evolution gezeigt hat, konnte dies in Richtung auf Selbstreferentialität gesteigert werden – bis hin zum Faktum eines real existierenden Sozialsystems mit der Aufgabe, diese Differenzen zu prozessieren. Unter Ausschluß dritter Möglichkeiten verarbeiten codegesteuerte Sozialsysteme Informationen nach Positiv/Negativ-Unterscheidungen und schematisieren entsprechend ihre internen Vorgänge. Jede Position in dieser binären Logik profiliert sich nicht in sich selbst, sondern nur als Negation des jeweils anderen Wertes. Über Wahrheit zu reden, ohne den Gegenpol von Falschheit mitzudenken, ist wissenschaftlich unsinnig. Ebenso gewinnt Recht erst vor dem Hintergrund von Unrecht wichtige Konturen.[11]

Über einen Code kontinuiert und reproduziert sich ein System zweiwertig und versetzt sich in einem Akt der Exklusion in die Lage, eine hohe interne Komplexität aufzubauen und anschließend inklusorisch tätig werden zu können.[12] Es exkludiert sich mit bestimmten Vorlieben, die in anderen Bereichen fehl am Platze wären, und setzt sich so von der Umwelt ab

10 | Siehe Niklas Luhmann, Ökologische Kommunikation. Kann die moderne Gesellschaft sich auf ökologische Gefährdungen einstellen? Opladen 1986, S. 75ff; ebenso die Literaturangaben in Kap. I.2, Anm. 45.

11 | Zur Ausdifferenzierung des Rechts an der Differenz von Recht/Unrecht siehe Niklas Luhmann, Ausdifferenzierung des Rechts. Beiträge zur Rechtssoziologie und Rechtstheorie, Frankfurt a.M. 1981.

12 | Vgl. unsere Ausführungen in Kap. I.1. In seiner auf Spitzenleistung ausgerichteten Version wird der moderne Sport in zweierlei Hinsicht inklusorisch tätig, nämlich (1) im Rahmen von Talentsuch- und -förderungsprogrammen und (2) bezüglich der Zuschauer- und Konsumentenrolle. Wo virtuose Leistungen erbracht und verlangt werden, besteht ein Inklusionsbedarf sowohl auf der Erbringer- als auch auf der Abnehmerseite.

und gewinnt darüber eine eigenständige Systemidentität. In einem Schönheitswettbewerb geht es nicht um wissenschaftliche Wahrheit und in einem Rechtsstreit nicht um passionierte Liebe. Im Sport soll nicht Wahrheit produziert, Recht gesprochen oder Kunst hergestellt werden. Mit dem Spezialcode von Sieg und Niederlage erzeugt dieses körperorientierte Sozialsystem eine spezifische Differenz, mit deren Hilfe es wachsen und eine erstaunliche innergesellschaftliche Resonanz auslösen kann. Leistungsangebote gegenüber anderen Sozialbereichen können unterbreitet, Anschlußselektionen hergestellt werden.

Codierungen schlagen sich mit ihren Präferenzstrukturen sprachförmig nieder. Sie kondensieren in Sondersemantiken und verdichten sich bisweilen zu wortgewaltigen Ideologien. Auf der Basis teilsystemspezifischer Orientierungen kommt es in allen ausdifferenzierten Funktionssystemen zur Herausbildung von Sondersprachen, so in Politik, Wirtschaft, Erziehung, Kunst, Recht, Religion und Wissenschaft. Auch der Sport hat auf die Tatsache seiner gesellschaftlich lizensierten Freisetzung mit der Ausprägung einer Spezialsemantik reagiert, die auch in außersportlichen Bereichen nachhaltige Wirkungen entfalten konnte.[13] Selbst Intiminteraktionen werden bisweilen unter der Kautele sportlichen Sinns abgehandelt.

Durch Spezialisierungsprozesse steigen die Anforderungen an die Sprache. Sondersemantiken sorgen für ein erhöhtes Tempo der Kommunikation und für Präzision. Umgangssprachliches reicht für eine erfolgreiche Kommunikation unter Experten nicht mehr aus. Die Sportsprache bezieht sich mit eigenen kommunikativen Regeln auf allgemeine sportliche Sinnprinzipien, bestimmte Einzelereignisse und spezifische Handlungen in den einzelnen Disziplinen, die mit Fachtermini erfaßt und begleitet werden. Sie ruft Gefühle hervor und schematisiert Vorlieben und Antipathien. Ihre Existenz ist insgesamt ein wichtiger Indikator für Spezialisierung und Autonomisierung.

Interessante Anknüpfungspunkte zeigen sich zu jenen gesellschaftlichen Teilbereichen, die ihre Operationen unter ähnlichen Leitdifferenzen organisieren und abwickeln. Die Ausrichtung auf Sieg und Niederlage stellt ein Prinzip dar, das auch den Krieg als Code regelt. Insofern findet sich in

13 | Vgl. E. Hildenbrandt, Sprache und Bewegung. Zur Verbalisierung von Bewegungsphänomenen, in: Sportwissenschaft, 1, 1973, S. 55-69; Helmut Digel, Sprache und Sprechen im Sport, Schorndorf 1976; Bero Rigauer, Soziale Interaktion im Sport. Ein Beitrag zur sportsoziologischen Handlungstheorie, in: M. Quell (Hg.), Sport, Soziologie und Erziehung, Berlin 1980, S. 140-163; ders., Sportsoziologie. Grundlagen, Methoden, Analysen, Reinbek bei Hamburg 1982, S. 194f; zu nationalen Besonderheiten siehe beispielsweise E. Beyer, Die amerikanische Sportsprache, Schorndorf 1964; P. Recke, Die französische Sportsprache, Schorndorf 1971. Vgl. auch W. Haubrich, Die Bildsprache des Sports im Deutsch der Gegenwart, Schorndorf 1965.

der Sportsemantik das gesamte Kriegs- und Kampfvokabular (Angriff, Verteidigung, Überrollen, »am Boden zerstören«, »vernichtende Niederlagen beibringen« etc.) – allerdings auch umgekehrt (kriegerische Auseinandersetzungen, die als sportähnliche Abenteuer aufgefaßt werden; Beispiel: Fairneßgedanken in den Luftkämpfen des 1. Weltkrieges als Anwendung eines Prinzips, das aus der auf Gleiche ausgerichteten Oberschichteninteraktion stammt).

An dieser Stelle lassen sich die Besonderheiten und Gesetzmäßigkeiten der Kommunikation und der Entwicklung von Sondersemantiken deutlich machen. Für den Sport heißt dies, daß sein Semantikapparat primär durch seinen binären Code strukturiert wird. Wo ein Code, wie im Sport, nicht trennscharf formuliert werden kann, ergeben sich Überschneidungen und semantische Überlappungen mit anderen Funktionsfeldern. Der Fairneßbegriff ist beispielsweise heute nicht nur dort anzutreffen, wo im Rahmen sportlicher Wettbewerbe Konkurrenten aufeinandertreffen. Fair hat auch der Partner gegenüber seiner Partnerin zu sein, wenn passionierte Liebesbeziehungen in den Niederungen des Alltags durch banale Austauschprozesse abzustützen sind. Veränderungen in der Umweltsituierung des codeverwendenden Systems führen in der Regel zu Varianzen und Anpassungen innerhalb seines semantischen Apparats.[14] Begriffe werden »umplausibilisiert« oder gänzlich aufgegeben, wenn sich die Komplexität des betreffenden Systems unter dem Druck gesellschaftlicher Wandlungsprozesse erhöht. Trenn- und Abgrenzungsbegriffe, die vormals allgemeine Gültigkeit beanspruchen konnten (Beispiel: der Amateurbegriff als Bestandteil der Distanzrhetorik des Sports gegenüber der Wirtschaft), verlieren an Bedeutung und Steuerungskraft und verkommen, wenn sie noch benutzt werden, zu reinen Leerformeln.

1.2 Spannung als Erlebniskorrelat

Das Sportsystem befindet sich zwar aufgrund seiner Codierung in einer gewissen Nähe zum Krieg, zum echten Waffenwettkampf[15], es leitet seine Leitdifferenz aber in eine gänzlich andere Rationalität um. Gegenüber dem kriegerischen Schematismus geht es eben nicht um Überleben oder Sterben, sondern um sportliche Siege oder Niederlagen. Das Erlebniskorrelat des Sportcodes, die Einheit der Differenz von Sieg und Niederlage im Sport

14 | Zur Transformation der Liebessemantik siehe Niklas Luhmann, Liebe als Passion. Zur Codierung von Intimität, Frankfurt a.M. 1982; vgl. ders., Gesellschaftsstruktur und Semantik. Studien zur Wissenssoziologie der modernen Gesellschaft Bd. 1 und 2, Frankfurt a.M. 1981.

15 | Vgl. besonders diejenigen Disziplinen, die ihre Herkunft unmittelbar aus militärischen Funktionsübungen ableiten: Moderner Fünfkampf, Fechten, asiatische Kampfsportarten.

ist Spannung. Sie ist das personale Gefühlsresultat derjenigen, die sich auf die Ungewißheit sportlicher Konkurrenzsituationen einlassen. Dies gilt sowohl für die unmittelbar Handelnden als auch für die über Identifikation erlebenden Zuschauer. Sportspezifische Spannung stellt gegenüber den Wettkampf- und Spannungssituationen in anderen Sozialbereichen etwas Besonderes dar. Auch in Wirtschaft, Politik oder Wissenschaft gibt es »Wettkämpfe« (wissenschaftliche Preisschriften, Nobelpreis-Konkurrenzen, ökonomische Wettbewerbe, Wahlen). In diesen Funktionsfeldern handelt es sich aber um andere Rationalitäten und Codierungen. Wie bereits dargestellt, ist die Rationalität eines wissenschaftlichen Wettbewerbs auf Wahrheit/Unwahrheit ausgerichtet, in politischen Wahlen geht es um die Zuteilung von Regierung und Opposition und in der Konkurrenzsituation von Wirtschaftsunternehmen stehen Gesichtspunkte von Profit und Nonprofit im Vordergrund. Im Sport geht es nicht um ähnlich existentiell wichtige Aspekte für die Steuerung komplexer Gesellschaften, sondern »nur« um ein besonderes, Harmlosigkeit signalisierendes Erleben: Spannung. Über die Generierung dieser Erlebnisressource wird der Sport zu einem Unterhaltungsfaktor.

Sicherlich, auch ein guter Kriminalroman kann Spannung erzeugen. Der Ausgang steht dort aber bereits fest. Er läßt sich auf den letzten Seiten des Buches nachlesen. Die Spannung im sportlichen Wettkampf hingegen ist nicht fiktiv. Sie wird von tatsächlich vorhandenen Menschen im Rahmen eines offen bleibenden »real-life-event« künstlich erzeugt. Indem der sportliche Wettkampf hochqualifizierte Fertigkeiten fordert, strategisches Können verlangt, Zufallskomponenten enthält und formale Gleichheitsorientierungen strukturell eingebaut hat, können Gefühle der Spannung und Anteilnahme bei Teilnehmern und Beobachtern hervorgerufen werden, nicht nur für den Erfolgreichen, sondern auch für den Verlierer. Der Erfolg läßt die Sieger jubeln und Ehrenrunden drehen – und die Verlierer niedergeschlagen sein und bisweilen weinen. Die individuelle Enttäuschung des besiegten Athleten ist ein konstitutiver Bestandteil der Selbstreproduktion des Spitzensports.

Über die zweiwertige Schematisierung nach überlegener/unterlegener Leistung eröffnet sich für den Sport die Möglichkeit, daß außersportliche Opponenten ihre Rivalitäten symbolisch in diese Konkurrenzsituation hineinprojizieren und ihre Gegnerschaft unter den Prämissen der sportlichen Rationalität auskämpfen (Beispiel: der Ost/West-Konflikt). Der Sport hat dieser Möglichkeit der stellvertretenden Konfliktübernahme durch bestimmte Wettkampfkonstruktionen Rechnung getragen (Städtevergleiche, Länderkämpfe, Erdteilkämpfe, Nationenwertung etc.). Die verstärkte Förderung des Spitzensports durch die Politik im Rahmen einer symbiosegleichen Verquickung läßt sich in diesen Zusammenhang einordnen. Die Reduktion auf eine binäre Opposition erzeugt Spannung und ruft nicht nur Resonanz auf der personalen Ebene hervor. Sie kann auch komplexe Sozialsysteme in Schwingung bringen, die über den Sport ihre eigenen Möglichkeiten zu steigern trachten.[16]

Die Gelegenheiten für ein intensives, emotionsgeladenes und positiv besetztes Spannungserleben sind in hochkomplexen Gesellschaften knapp geworden. Die zunehmende innere und äußere Kontrolle der Gefühlswelt durch Institutionalisierung und Bürokratisierung führt zu einer umfassenden Routinisierung des alltäglichen Lebens.[17] Vor diesem Hintergrund kann der wettbewerbsorientierte Sport seine spannungsgenerierende Fähigkeit entfalten. Er stellt in dieser Hinsicht eine erlaubte, sozial legitimierte Spannungsquelle dar, die die Möglichkeit bietet, aus dem normalen, spannungsarmen Leben auszubrechen. »The quest for excitement, for the Aristotelian ›entusiasm‹, in our leisure activities is complementary to the control and restraint of excitement in our ordinary life.«[18] Daß Spannung, und nicht in jedem Fall der Sieg im Spitzensport zählt, wird spätestens dann deutlich, wenn beispielsweise eine Mannschaft aufgrund ihres außergewöhnlichen Könnens Erfolge am laufenden Band produziert – und damit die Zuschauer aus den Stadien treibt. Ein zu großer Leistungsunterschied unterläuft die Codierung des Systems insofern, als jeder vorher schon weiß, wer später gewinnt.

Das Potential des Leistungssports, Spannung zu erzeugen, wird im Lichte der von Elias konzipierten Zivilisationstheorie plausibel. Mit dem Verlust von Spannungsherden durch den europäischen Zivilisationsprozeß vom Mittelalter zur Neuzeit nimmt die komplementäre Bedeutung von Sport, Spiel, Abenteuer, Musik, Tanz, Film etc. zu.[19] »The pleasurable play-excitement which people seek in their leisure hours, thus represents at the same time the complement and the antithesis to the periodic tendency toward staleness of emotional valencies in the purposeful, the ›rational‹ routines of life; while the structure of mimetic organizations and institutions themselves represents the anti-thesis and the complement to that of formally impersonal and task-directed institutions which leave little room for passionate emotions or fluctuations of mood.«[20]

16 | Zur Funktion der Massenmedien als Resonanzverstärker siehe Kap. III.1.6.

17 | Zur positiven Funktion der Routine siehe Niklas Luhmann, Lob der Routine, in: ders., Politische Planung. Aufsätze zur Soziologie von Politik und Verwaltung, Opladen 1971, S. 113-142.

18 | Siehe Norbert Elias und Eric Dunning, The quest for excitement in unexciting societies, in: Günther Lüschen (Hg.), The Cross–Cultural Analysis of Sport and Games, Champaign 1970, S. 32.

19 | Elias und Dunning nennen dies eine »Zunahme mimetischer Freizeitaktivitäten«. Siehe ebenda. Die hierfür zu veranschlagenden Bedingungen sieht Elias in der Staatenbildung, der Gewaltmonopolisierung, der zunehmenden verwalterischen Zentralisierung, der fortschreitenden gesellschaftlichen Ausdifferenzierung und in den wachsenden Interdependenzen zwischen den einzelnen Teilbereichen.

20 | Siehe Elias und Dunning, a.a.O., S. 36.

Spannung als ein sozial in die Köpfe individueller Akteure induziertes Gefühl verweist auf Gegenwart und Vergegenwärtigungsbedürfnisse. Je mehr der Differenzierungsmodus die Gesellschaft so dynamisiert und beschleunigt, daß diese in ihrer Zeitausrichtung auf Zukunft hin orientiert ist, und die Gegenwart infolgedessen eine Entwertung erlebt, desto wahrscheinlicher wird die Ausdifferenzierung von Sozialbereichen, die die Gegenwart als Verweilstadium zwischen Vergangenheit und Zukunft aufwerten.[21] Die entwickelten Industriegesellschaften haben in Gestalt einer Aufwertung der Spaß- und Unterhaltungskultur auf den Umstand einer Temporalisierung und Futurisierung ihrer Komplexität bei gleichzeitiger Freisetzung ihrer personalen Umwelt für eine Freizeit bereits reagiert.

Mit der Spannung stellt der Leistungssport endogen eine Ressource her, die sich zwar nicht als ein eigenständiges Steuerungsmedium eignet – in vergleichbarer Qualität zu Geld, Macht, Wahrheit, Liebe oder Vertrauen –, aber in extremer Weise dazu ausgelegt ist, Aufmerksamkeit hervorzurufen und zu binden. Der Sport produziert damit Ereignisse, die die Zeithorizonte Vergangenheit und Zukunft im individuellen Erleben und Handeln weitestgehend ausblenden. Das Zeitbewußtsein wird in der Gegenwart in Beschlag genommen, durch eigenes Handeln und die wahrnehmungsbasierte Beobachtung des Handelns anderer Akteure beansprucht und gebunden. Daß die Uhr läuft, physikalische und soziale Zeit verrinnt, gilt gerade für den Sport. Daß gleichzeitig eine Fixierung des subjektiven Empfindens in der Gegenwart stattfindet, ist eine vielbestätigte Tatsache für Spiel, Sport und anderweitige Formen der Selbst- und Fremdunterhaltung. Indem spannende, das Zeiterleben von Menschen beeinflussende Ereignisse hergestellt werden, kommt die Zeit in der Gegenwart über Handeln zur Ruhe[22], besonders wenn dieses Handeln abwechselungsreich und im Nichtkalkulierbaren kalkulierbar ist.[23]

Unter bestimmten Sonderbedingungen kann bei den Akteuren das Gefühl von Zeitlosigkeit in einer permanent andauernden Gegenwart hervorgerufen werden. Handlung und Bewußtsein verschmelzen und gehen in-

21 | Vgl. unsere Ausführungen in Kap. I.1.

22 | Vgl. die Analyse der Rousseauschen Glücks- und Zeitreflexion »Rêveries d'un promeneur solitaire (5me promenade)« in: Niklas Luhmann, Zeit und Handlung. Eine vergessene Theorie, in: ders., Soziologische Aufklarung Bd. 3, a.a.O., S. 107.

23 | Selbst Sportarten, die auf den ersten Blick als monoton und langweilig erscheinen, können dem subjektiven Erleben einen durchaus spannungsvollen Genuß vermitteln. Von nicht wenigen Langstreckenläufern beispielsweise wird die zyklische Sonderform ihrer Fortbewegung zu einer individualisierenden Gegenwartskunst hochstilisiert, in der der Körper zu Äußerungen und das Bewußtsein zu rauschartigen Erlebnissen geführt werden, die die Zeit vergessen machen. Ein Teil der Kunst besteht darin, diese Äußerungen wahrzunehmen und für das Bewußtsein zu decodieren.

einander über, ohne daß Gedanken weitere Gedanken anstoßen. Indem der einzelne sich auf ein bestimmtes Tätigkeitsfeld konzentriert und durch diese Selektivität andere Reize wegfiltert, verschwimmen die Zeithorizonte mit der Besonderheit, daß die Kontrolle über die Situation dennoch nicht verlorengeht. Die Gegenwart wird durch Entzeitlichungseffekte aufgewertet. Sozialsysteme wie der Sport, die durch ihre Inszenierung von Spannung und Dramatik Aufmerksamkeit hervorrufen, werden zu wichtigen Repräsentanten von Gegenwart in futurisierten Gesellschaften.

Die wichtigste theoretische Arbeit auf der Grundlage empirischer Daten stammt in diesem Zusammenhang von Mihaly Csikszentmihalyi. Mit seinen Aussagen hat er, ohne es selbst zu bemerken, wichtige Anregungen zu einer Theorie körperorientierter Sozialsysteme geliefert. Indem er die Bedingungen anspricht, unter denen Fließerfahrungen[24] zustande kommen (auch in außersportlichen Situationen), sagt er implizit etwas über die sozio-evolutionäre Chance von Spiel, Sport und Tanz. Folgende Bedingungen scheinen von besonderer Bedeutung zu sein: (1) Handlung und Aufmerksamkeit müssen zusammenfallen. »A person in flow has no dualistic perspective: he is aware of his actions but not aware of the awareness.«[25] Fließerfahrungen hören auf, wenn der Akteur sich seiner selbst von außen bewußt wird. Ein Autofahrer, der dreißig Kilometer auf der Autobahn fährt, keine Fahrfehler begeht, durch das Fahrmanöver eines anderen aber »geweckt« wird und sich anschließend fragt, wie er in dem vorher beschriebenen Zustand unfallfrei fahren konnte, gibt ein Beispiel für eine Fließerfahrung im alltäglichen Leben, für Ablauf, Beendigung, Zeitstillstand und Wiedereintritt in das erlebte Zeitkontinuum. Eine Voraussetzung für diese in asiatischen Meditationstechniken genutzte Erfahrung besteht darin, daß die betreffende Aktivität das eigene Leistungsniveau treffen muß. Liegt es darunter, kommt Langeweile auf, liegt es darüber, wird sie als gefährlich definiert. Angst wäre kontraproduktiv, weil das Bewußtsein aktiv mitläuft und den Handelnden in der Situation von außen mitreflektiert. In beiden Fällen – Überforderung und Unterforderung – kämen keine Fließerfahrungen zustande. Ein Bergsteiger, der einen Hügel hinaufwandert, wird keine Fließerfahrungen sammeln können. Steigt er in eine Wand, die seinen eigenen Leistungsvorstellungen nicht entspricht, weil sie ihn überfordert, werden seine Gefühle von der Gefährlichkeit der Situation bestimmt werden. Angst wäre das entsprechende Erlebniskorrelat.

24 | Kurz formuliert: Fließerfahrungen entstehen im Bewußtsein als Reaktion auf die Einheit von Mensch und Situation.

25 | Siehe Mihaly Csikszentmihalyi, Beyond boredom and anxiety. The experience of play in work and games, San Francisco u.a. 1975, S. 38. Zur motivationspsychologischen Aufarbeitung dieser Arbeit vgl. Hartmut Gabler, Grenzerfahrungen im Hochleistungssport aus motivationspsychologischer Sicht, in: NOK/BISP/Max-Planck-Gesellschaft (Hg.), Olympische Leistung. Ideal, Bedingungen, Grenzen. Begegnungen zwischen Sport und Wissenschaft. Eine Dokumentation, o.J., S. 248-259.

Das handelnde Subjekt muß sich (2) auf ein bestimmtes »Stimulusfeld« einlassen und konzentrieren. Dazu gehören: die Zentrierung der Aufmerksamkeit in der Zeitdimension auf die unmittelbare Gegenwart, auf Sonderräume (Berg, Tor, Schachbrett, Spielplatz, Fernsehen) und auf Sonderpartner in der Sozialdimension (Mitspieler, Zuarbeiter). Der einzelne muß (3) durch seine Aktivität in seiner Aufmerksamkeit so beansprucht werden, daß Selbstreflexion nicht zustande kommt. Indem das eigene Selbst gleichsam vergessen wird, kann der Handelnde im Vollzug seines Handelns aufgehen. Spielregeln oder berufsbedingte Verhaltens- und Verfahrensweisen übernehmen in diesem Zusammenhang wichtige Entlastungsfunktionen. Der Grund: Aushandlungsprozesse in bezug auf das eigene Selbst sind unnötig. »Since they (die Fließerfahrungen ermöglichenden Handlungen, KHB) are based on freely accepted rules, the player does not need to use a self to get along in the activity. As long as all the participants follow the same rules, there is no need to negotiate roles. The participants need no self to bargain with about what should or should not be done.«[26]

Die Abwesenheit von Selbstreflexion bedeutet nicht, daß derjenige, der sich in einer Fließerfahrung befindet, seinen Körper vergessen würde. Das Gegenteil, ein gesteigertes Körpererleben, ist der Fall. Eine weitere Bedingung der Möglichkeit von Fließerfahrung ist (4) das subjektive Gefühl, das eigene Handeln und die unmittelbare Umwelt kontrollieren zu können. Was für den einen eine lebensbedrohliche Situation ist, die zum Herztod führen würde, kann für den anderen Anlaß höchster Glücksgefühle sein. Es ist (5) notwendig, daß die Handlungsanforderungen eindeutig, in sich schlüssig strukturiert und untereinander kompatibel sind (Beispiel: Sportregeln) und unmittelbare Rückkoppelungen zulassen. Wenn ich einen Mitspieler falsch angespielt habe und die gegnerische Mannschaft in den Ballbesitz kommt, ist eine direkte Rückmeldung erfolgt. Fließerfahrungen im Sport unterscheiden sich von ähnlichen Alltagserfahrungen dadurch, daß (6) Regeln im Spiel sind, die die Aufmerksamkeit zentrieren und das Handeln auf Bestimmtes hin fokussieren, in Situationen, die überschaubar und für Spezialisten beherrschbar sind. Fließerfahrungen bekommen dadurch (7) einen ausgeprägten autotelischen Selbstzweckcharakter. Auch wenn externe Belohnungen für bestimmte Aktivitäten möglich sind, müssen diese nicht das Bewußtsein bestimmen.

Was im Wettkampfsport und in den modernen, auf Selbstvergewisserung, Körperlichkeit und Identität ausgerichteten Abenteueraktivitäten wie Bergsteigen, Drachenfliegen, Fallschirmspringen, Wildwasserfahren oder ähnliches geschieht[27], ist die künstliche Herstellung, das freiwillige Aufsu-

26 | Ebenda, S. 42/43.

27 | In den USA werden seit einigen Jahren Kriegsspiele inszeniert, in denen der Kampf Mensch gegen Mensch in einem Naturparcours simuliert wird. In diesen modernen Versionen des Räuber- und Gendarm- oder Cowboy- und Indianerspiels

chen von Sondersituationen, in denen die Aufmerksamkeit auf Bestimmtes, Spannungsreiches gerichtet und Indifferenz gegenüber Langeweile arrangiert werden. Das Abenteuer wird als Bewährungserlebnis bewußt aufgesucht.[28] Der Akteur bringt sich in Gefahr, bewältigt sie und leitet aus dieser Bewältigung eine Ich-Bestätigung ab. Indem das Bewußtsein die Gegenwart unmittelbar beansprucht, lassen sich innere Zerrissenheit und Disharmonie in der alltäglichen Lebensführung punktuell vergessen.[29]

geht man, mit einem entsprechenden Tarnoutfit versehen, auf eine »spielerische« Menschenjagd – geschützt mit einer Schutzbrille und mit Pistolen ausgerüstet, die rote Farbkugeln verschießen. Man lauert auf den Gegner, dringt in dessen Territorium ein, läßt andere in die Falle laufen und gibt gezielte Schüsse ab. »Blut« kann vergossen werden, ohne daß anschließend die Polizei kommt.

28 | Vgl. Ulrich Aufmuth, Risikosport und Identitätsproblematik. Überlegungen am Beispiel des Extrem-Alpinismus, in: Sportwissenschaft, 13. Jg., 1985/3, S. 249-270; ders., Die Lust am Aufstieg. Was den Bergsteiger in die Höhe treibt, Weingarten 1984.

29 | Viele Freizeitbeschäftigungen haben in mehr oder weniger starker Ausprägung einen Abenteuercharakter. Dies indiziert die Dringlichkeit in der Suche individualisierter Akteure in beschleunigten Gesellschaften nach Momenten der Selbstvergewisserung von Identität und den Bedarf nach Diskontinuität, Außeralltäglichkeit, Authentizität und Gegenwärtigkeit im eigenen Erleben und Handeln. Die verschiedenen Versuche der Selbst- und Seinsvergewisserung stellen Handlungssyndrome dar, in denen Menschen bewußt und nicht zufällig Kontingenz- und Differenzerfahrungen zu sammeln trachten. In die Kategorie des Abenteurers fallen nicht nur jene besonders spektakulär wirkenden Spannungsvirtuosen, die sich – oft berufsmäßig – auf die unterschiedlichste Art und Weise in Gefahr bringen, um hieraus ihren »Thrill« zu ziehen. Auch jene sind zu nennen, die in Gestalt gewöhnlicher, banaler und oft anzutreffender Alltagsabenteuer Ausbruchsversuche unternehmen, um sich selbst im Moment der Spannung zu erleben. Die Pflege bestimmter Hobbys, der Discobesuch am Freitagabend, Urlaubsreisen, Flirts und Erotikabenteuer fallen hier ein. Vgl. Stanley Cohen und Laurie Taylor, Ausbruchsversuche. Identität und Widerstand in der modernen Lebenswelt, Frankfurt a.M. 1977 (erstmals London 1976). Abenteuer können, so ließe sich ergänzen, sowohl in der psychischen Innenwelt als auch in der körperlichen Außenwelt gesucht werden. Spezialisten für Seelenwanderungen, Meditation und spirituelle, im Kopf ablaufende Abenteuertrips sorgen mit Hilfe von Drogen, Psycho- und Körpertechniken für die Herstellung von Transzendenzerfahrungen. Andere Experten rufen Spannungszustände hervor, indem sie sich selbst oder ihre Abenteuerklientel in außeralltägliche Situationen hineinversetzen: zu Wasser, zu Lande und in der Luft. In all diesen Versuchen tritt der Glaube bzw. die Hoffnung zutage, ein authentisches Selbst jenseits von Routine und Alltag gewinnen zu können. Unter den Bedingungen entwickelter Industriegesellschaften werden sowohl die Gefühle des Nicht-Authentischen und der Entfremdung als auch – komplementär hierzu – die Bedürfnisse nach Freiheit und Ausbruch strukturell erzeugt und befriedigt.

Nicht umsonst arbeiten Therapeuten und Pädagogen deshalb mit ausgesuchten Abenteuererlebnissen und -situationen.[30]

Ohne auf die Bedeutung des Körpers bei der Selbst-Thematisierung eingegangen zu sein, machte bereits Georg Simmel zu Anfang des letzten Jahrhunderts auf wichtige Sinnelemente des Abenteuers aufmerksam. Der Abenteurer ist für ihn der typische »Gegenwartsmensch«. Unter analoger Einbeziehung der Phänomene Traum, Spiel, Sexualität und Kunstwerk würde das Abenteuer zu einer Allegorie des Lebens: »Wo unsere irdische Laufbahn als ein bloßes Vorstadium der Erfüllung ewiger Geschicke ist, wo wir auf der Erde nur einen flüchtigen Gastaufenthalt, aber keine Heimat haben, da liegt offenbar nur eine begrenzte Färbung des allgemeinen Gefühls vor, daß das Leben als Ganzes ein Abenteuer ist; womit eben nur ausgedrückt ist, daß die Symptome des Abenteuers in ihm zusammenrinnen: daß es außerhalb des eigentlichen Sinnes und stetigen Ablaufes der Existenz steht und dieser doch durch ein Schicksal und eine geheime Symbolik verbunden ist, daß es ein fragmentarischer Zufall ist und doch nach Anfang und Ende wie ein Kunstwerk geschlossen, daß es wie ein Traum alle Leidenschaften in sich sammelt und doch wie dieser zum Vergessenwerden bestimmt ist, daß es wie das Spiel sich gegen den Ernst abhebt und doch wie das Va banque des Spielers auf die Alternative eines höchsten Gewinns und der Vernichtung geht.«[31]

Das Abenteuer symbolisiert für Simmel das explizite, gewaltsame »Hineinreißen von Welt«, die »erobernde Kraft« und das »rasche Ergreifen der Chancen« im Spannungsverhältnis von Sicherheit und Unsicherheit. Das Risiko des Scheiterns läuft permanent mit, wenn Abenteuer in Szene gesetzt werden. Wo das Dasein als leer und bedrückend empfunden wird, Gefühle der Langeweile das Selbst belasten, verspricht die permanente Aktion oder die visuelle und auditive Teilhabe an der Aktion anderer Abhilfe. Auch die Handlungen anderer, beispielsweise auf dem Fernsehbildschirm, können das Zeitbewußtsein bestimmen. Der Sport reproduziert die Gegenwart in diesem Sinne durch immer wiederkehrende Ereignisse, »von Moment zu Moment«. Spannungserlebnisse kommen im Sport in der Tat nicht zufällig zustande. Sie sind nicht einmalig, sondern werden durch die Bereitstellung spezifischer Situationen strukturell erzeugt. Die zeitlich dauerhafte Reproduktion und Inszenierung von Spannung sind wichtige Bedingungen der Möglichkeit der relativen Autonomie des Spitzensports. Wir wollen diesen Zusammenhang einer systemischen Herstellung und Steigerung von Körperlichkeit und Spannung im nächsten Kapitel näher analysieren. Es zeigt sich, daß der Körper im Kontext spitzensportlicher Ereignisse

30 | Die pädagogische Nutzung des Abenteuers untersucht W. Schleske, Abenteuer – Wagnis – Risiko im Sport. Struktur und Bedeutung in pädagogischer Sicht, Schorndorf 1977. Vgl. hierzu auch das Programm der sog. Kurz-Schulen.

31 | Siehe Georg Simmel, Philosophische Kultur. Über das Abenteuer, die Geschlechter und die Krise der Moderne, Berlin 1983 (erstmals 1911), S. 17.

nicht nur in seiner physisch-organischen Faktizität nachgefragt und gesteigert wird, sondern auch zu einem zentralen Thema gesellschaftlicher Kommunikation wurde.

1.3 Sondersituationen und normative Sicherungen

Spitzensportliche, spannungsgenerierende Leistungen kommen nicht ohne umfangreiche Voraussetzungen zustande. Sie werden langfristig geplant und im Rahmen wiederkehrender Ereignisse von Experten systematisch hergestellt. Ein sozialstrukturelles Korrelat auf dem operativen Niveau des Systems ist die Ausgliederung einer *Vorbereitungs-* und einer *Vollzugsebene* mit korrespondierenden Situationstypen, Rollen und Organisationen. Eine thematische Engführung der Interaktion erfolgt im Leistungssport konsequenterweise in zwei institutionalisierten Situationen, nämlich in Training und Wettkampf. Beide setzen sich auf Spitzenniveau wechselseitig voraus. Sie werden zwar getrennt voneinander abgewickelt, sind aber sequentiell eng aufeinander bezogen. Ohne Training keine Teilnahme an relevanten Wettkämpfen und ohne Wettkämpfe und die Aussicht auf dortige Erfolge kein Anreiz für ein jahrelanges, entbehrungsreiches Training.[32]

Der Output des Trainingssystems ist gleichsam der Input, der im Wettkampf zur Disposition von Leistungs- und Konkurrenzkommunikationen und -handlungen gestellt wird. D.h.: Im Kontext systemisch definierter Rationalitätsansprüche wird das Steigerungsgeschäft durch die Ausgliederung eines eigens auf Vorbereitung spezialisierten Interaktionszusammenhanges besorgt. Ein habitualisiertes Wiederholungshandeln soll Wirkungen und Effekte am oder über den Körper bewirken. Der Athlet wird so intentional zur Anpassung an bestimmte vorliegende Leistungsstandards veranlaßt und hierfür von einem Zustand in einen anderen hineinverändert und -verbessert. Daß das forcierte Sporttreiben unter Leistungsgesichtspunkten nicht nur durch die Trainer, Sportlereltern oder Sportfunktionäre angeleitet, sondern von den Athleten auch selbst gewollt wird, auch für Spitzenleistungen gewollt werden muß, setzt ein hohes Maß an kognitiver Freiwilligkeit und Spaßmotivation voraus. Die hohen Investitionen, die der einzelne in den Sport hineingibt, wären ansonsten kaum verständlich. Sie durch ein »falsches Bewußtsein«, rein pekuniäre Überlegungen oder bestehende Abhängigkeitsverhältnisse erklären zu wollen, reicht sicherlich nicht aus.

Es kommt zum Aufbau eines physisch wie psychisch stark belastenden Handlungssystems, in dem entsprechende Routinisierungsprozesse und elaborierte Programme die Komplexität und Kontingenz des Wettkampfes durch geplante Vorabmaßnahmen vorbereiten und durchspielen. Hier wird deutlich, daß der Sport – wie der Gesundheitssektor – einen Sozialbereich

32 | Die Sportsemantik hat für diejenigen, die ein intensives spitzensportliches Training absolvieren, an Wettkämpfen aber nur gelegentlich oder wenig erfolgreich teilnehmen, einen eigenen Begriff ausgeprägt: Trainingsweltmeister.

darstellt, der primär nicht für das Prozessieren von Kommunikationen, sondern für ein *people- und body-processing* ausdifferenziert wurde. Er rückt damit auch in die Nähe des Erziehungssystems.

Wie andere Funktionsfelder hat der Spitzensport zwei unterschiedliche Ebenen der Verhaltenssteuerung voneinander getrennt: Codierung und Programmierung.[33] Steckt der Code unter Ausschluß dritter Positionen die Bedingungen ab, unter denen das System operiert und Informationen verarbeitet, ordnet die Programmebene »richtiges Verhalten« zu – mit der Besonderheit, daß der im Code ausgeschlossene Dritte auf der Programmebene wieder eingeschlossen werden kann.[34] Die Programmierung, die im Leistungssektor des Sports zur Durchsetzung des Systemcodes entwickelt worden ist, folgt, wie es bisweilen von innen und außen beklagt wird, denjenigen planerischen Maßnahmen, die auch in anderen codegesteuerten Sozialsystemen zur Erreichung bestimmter Ziele eingesetzt werden (Beispiele: Theorien und Methoden, um über wissenschaftliche Wahrheit/Unwahrheit entscheiden zu können; pädagogische Programme zur »richtigen« Erziehung).

Trainingspläne als Sonderprogramme des Spitzensports repräsentieren die Sachdimension dieses Sportmodells und reflektieren damit dessen Hypostasierung am Leistungsbegriff und Siegescode. Sie artikulieren, reproduzieren und generalisieren Verhaltenserwartungen – obwohl sie hochindividualisierte Programme darstellen. Mit ihrer Hilfe werden Trainingssituationen gesteuert. Sie sind insofern wichtige Bestandteile der allgemeinen Handlungsprogrammatik des Systems. Sie organisieren sich gleichsam an der Differenz von physischer und psychischer Belastung und Entlastung und sorgen dafür, daß der Sinngehalt des Spitzensports in die Köpfe bzw. Körper der Akteure hineingebracht wird. Sie sind Belege und Anleitungsvorgaben für die am Körper vollzogenen bzw. zu vollziehenden Maßnahmen. Unter Zuhilfenahme ausgeklügelter Techniken und Taktiken wird mit ihrer Hilfe auf die menschliche Psyche und Physis eingewirkt.

Es zeigt sich, daß die Rationalisierung im Sinne einer genau festgelegten Zweck-Mittel-Rationalität nicht nur Angelegenheit einer wirtschaftlich orientierten Arbeitsethik ist, sondern im Gefolge der Heraufkunft der Moderne auch andere Sozialbereiche erfaßt hat, so auch den Sport. Jedes ausdifferenzierte Funktionssystem, ob Wirtschaft, Wissenschaft, Kunst oder Politik, verfügt über einen Leistungssektor, der nicht jedermann voraussetzungslos zugänglich ist, weil dieser eigenständige Mitgliedschaftsregeln und Programme besitzt. Der Wissenschaftler, der den Hochleistungssport kritisiert, hat selbst Karrieremustern zu folgen und Reputationskriterien zu genügen, die durchaus sportähnlich strukturiert, sequenziert und durchra-

33 | Am Beispiel des Erziehungssystems siehe Niklas Luhmann, Codierung und Programmierung. Bildung und Selektion im Erziehungssystem, in: H.-E. Tenorth (Hg.), Allgemeine Bildung, a.a.O., S. 154ff.

34 | Siehe detaillierter Kap. IV.2 und IV.3.

tionalisiert sind. Auch er muß produzieren und sich einem Wettbewerb um knappe Güter – Positionen, Zutritt zu Fachzeitschriften und Zitationskartellen – stellen. Im Gegensatz zum Leistungssport läuft dieser Wettbewerb aber, wie die Hochschullandschaft überdeutlich zeigt, nicht öffentlich ab und ist auf der Leistungsdimension schwieriger zu operationalisieren. Über wissenschaftliche Wahrheit/Unwahrheit läßt sich nicht wie in einem sportlichen Wettkampf entscheiden. So wurde es in nicht wenigen Fällen möglich, daß andere Prinzipien – beispielsweise Loyalität, Geschlechtszugehörigkeit, Akquisitionsfähigkeit von Drittmitteln – wissenschaftsinterne Leistungskriterien außer Kraft gesetzt und substituiert haben. Auch Reputation als Zweitcode des Wissenschaftssystems dient oftmals als Ersatz für Wahrheit und drängt den Primärcode in den Hintergrund.[35]

Die Bezugspunkte, an denen sich der auf Training spezialisierte Interaktionszusammenhang orientiert, sind die individuellen physischen und psychischen Kapazitäten der Athleten und Athletinnen, für die das System in den ersten Phasen der »Behandlung« den Talentbegriff semantisch eingeführt hat. Die Fähigkeiten des einzelnen sollen an jene Standards angenähert oder darüber hinaus entwickelt werden, die auf nationaler und internationaler Wettkampfebene erreicht und definiert werden. Die Schulungsprozesse zielen auf die Verbesserung motorischer Eigenschaften, technischer, taktischer und motivationaler Fähigkeiten. Körper und Psyche sind auf eine sportartspezifisch variierende Weise darauf ausgerichtet, ein exklusives, hochspezialisiertes Können und Expertentum unter Konkurrenzbedingungen zu entfalten.

In dem so charakterisierten Trainingssystem kommt es zur Ausgliederung von *Lehr- und Lernrollen*, die asymmetrisch aufeinander zugeschnitten sind, damit bestimmte Themen der Kommunikation effektiv und nicht zufällig umgesetzt werden. Indem Trainer und Athleten sich auf Bestimmtes ausrichten und jahrelang spezialisieren, können sie sportliche Leistungen stimulieren und steigern.[36] Durch die strategische Ausschließung beliebi-

35 | Vgl. Niklas Luhmann, Selbststeuerung der Wissenschaft, in: ders., Soziologische Aufklärung Bd. 1, Opladen 1970, S. 237.

36 | Durch die Alters- und Leistungshomogenität von Trainingsgruppen kommt es zu besonderen Peer-group-Konstellationen, die nicht nur für Heranwachsende eine hohe Attraktivität besitzen – zumal sie meist auch homogene, um bestimmte Sportarten zentrierte Geschlechtergruppen darstellen. Ingroup- und Outgroup-Effekte kommen zustande. Ein gruppenspezifischer Jargon bildet sich heraus, der selbst dann noch aktiviert wird, wenn die Gruppe nach ihrem Auseinanderfallen nach Jahren zusammentrifft. Es erfolgt ein Anknüpfen an eine Geschichte gemeinsam erinnerter Situationen in Training und Wettkampf, die für diejenigen, die mit dabei waren, einen hohen Memorierungswert besitzen. Eine spezifische Gruppensprache scheint sich vor allem in denjenigen Gruppen auszubilden, die jahrelang räumlich und sozial verdichtet zusammen trainiert haben und Sportarten vertreten, die sich mit dem Nimbus des Außergewöhnlichen ausgestattet haben. In einem

ger Möglichkeiten und die Konzentration auf einige wenige erfolgsträchtige Maßnahmen kommt es zu einer enormen Dynamisierung im Hinblick auf das Erleben und Handeln der beteiligten Akteure. Für die Durchsetzung des Sinns ist Training unentbehrlich. Wer nicht trainiert und diesen Zustand jenseits von Ruhe und Regeneration über längere Zeit aufrechterhält, handelt untypisch im Sinne des Spitzensports und muß diesen über kurz oder lang verlassen.

Training und Wettkampf erscheinen als Strukturen eines Systems, das auf die Steigerung psychischer und körperlicher Leistungen ausgerichtet ist. Im Unterschied zu Wirtschaft, Politik, Recht oder Wissenschaft, die ihre Funktionsausrichtung kommunikativ-diskursiv zu verbessern trachten, hat Kommunikation auf der unmittelbaren Handlungsebene des Sports keine besonders wichtige Bedeutung. Dies bringt den Sport in die Nähe eines anderen, ebenfalls mit Körperlichkeit befaßten Sozialbereichs, des auf Krankenbehandlung spezialisierten Gesundheitssystems. »Hier muß der Arzt auch dann helfen können, wenn der Patient aus körperlichen oder psychischen Gründen zur Kommunikation nicht in der Lage ist. Das Ziel wird normalerweise definiert als etwas, was nicht durch Kommunikation allein erreicht werden kann [...] Aber der Funktionsvollzug läuft mehr oder weniger schweigend ab. Er hat jedenfalls sein Kernproblem nicht in der Kommunikation, sondern in richtiger Diagnose und richtiger Therapie.«[37] In vergleichbarer Weise lassen sich sportliche Leistungen durch Kommunikation alleine nicht verbessern. Diese kann höchstens Vorgaben geben, nach denen Handeln sich einrichtet und Athleten diejenigen Rollenerwartungen erfüllen und inkorporieren, »die sie von sich aus nicht gewählt hätten.«[38] Kommunikation in körperorientierten Sozialsystemen zielt demnach primär auf eine Anleitung zur physischen und psychischen Selbständerung ab. Im Sport heißt dies in erster Linie: Einflußnahme auf den Körper am selektiven Anforderungsraster einzelner Sportarten.[39] Verbale Kommunikation, die in der asymmetrischen Trainer-Athlet-Beziehung hauptsächlich vorkommt, erfolgt nicht um ihrer selbst willen, sondern soll sozial bewertete Körpererfolge stimulieren.

Der sportliche Wettkampf stellt ein zeitlich, sachlich, sozial und räumlich ausdifferenziertes Interaktionssystem dar, in dem die Entscheidung über die Zuteilung der Codewerte stattfindet. Er ist derjenige reproduktive

Kraftraum, in dem Werfer ihre Muskeln trainieren, wird ein anderer Jargon gepflegt als in einer leichtathletischen Läufergruppe.

37 | Siehe Niklas Luhmann, Medizin und Gesellschaftstheorie, in: Medizin, Mensch, Gesellschaft, 8, 1983, S. 172.

38 | Ebenda.

39 | Der Athlet tritt aus Funktionssteigerungsüberlegungen auch in einen Dialog mit sich selbst, immer eng gekoppelt an den eigenen Körper und das subjektive Befinden, so beispielsweise im mentalen Training oder in der »naiven« Psychoregulation.

Mechanismus, mit dessen Hilfe die interne Polarisierung in Erfolgreiche und Verlierer stattfindet. Nicht nur der Träger des positiven Codewertes wird festgelegt, sondern auch der des negativen. Weder der eine noch der andere Wert können eine eigenständige Bedeutung bekommen. Eine nur positive Zuschreibung nach dem Motto »jeder ist der Sieger« wäre systemuntypisch und schlichtweg langweilig. Der Zugriff auf den Code ist damit nicht beliebig. Er wird auch nicht dem Zufall überlassen, wie es im Glücksspiel der Fall ist, sondern er erfolgt vielmehr über körperfundierte Leistungen – und damit über Ereignisse, die im Wettkampf selbst strukturell erzeugt und kontrolliert werden.

Auf eine eigentümliche Art und Weise wird über die Inszenierung von Wettbewerbsinteraktionen eine eigene, autonome Systemzeit konstituiert, nicht nur, weil die Stoppuhr läuft und die Konkurrenz anschließend beendet ist. Es geht vielmehr um die Etablierung einer eigenen Systemgeschichte, die vornehmlich als Wettkampfgeschichte erinnert und von externen Spezialisten – besonders Sportjournalisten – in entsprechenden Situationen aufbereitet wird. Ein körperorientiertes Sozialsystem wie der Spitzensport findet in den Speichermöglichkeiten der Verbreitungsmedien sein primäres, gleichsam ausgelagertes Gedächtnis. Mit Hilfe von Ton, Bild und Film läßt sich die vergangene Gegenwart von Wettkämpfen für die gegenwärtige Gegenwart aktualisieren und nutzen.[40]

Da sowohl Training als auch Wettkampf auf der Basis organisatorischer Generalisierungsleistungen abgewickelt werden, wäre es verfehlt, sie als »einfache Sozialsysteme« zu bezeichnen. Training und Wettkampf kommen in diesem Sportsektor eben nicht, wie die Schlange vor einer Kinokasse, ad hoc zustande. Sie werden vielmehr kontinuierlich aufrechterhalten, sind intentional ausgerichtet und funktional spezifiziert. Die Mitgliedschaft definiert sich nicht über zufällige Anwesenheit und gegenseitige Wahrnehmung, sondern über die Anerkennung bestimmter Sinnkriterien. Selbstreferenz läuft dabei permanent mit und wird laufend aktualisiert. Letztlich kann man erst an einem Wettkampf erkennen, was das Besondere des Spitzensports ausmacht. Was dort per Regel ausgeschlossen wird, sind Redundanzen. Nicht alles, was beispielsweise mit einem Ball gemacht wer-

40 | Temporalisierungsversuche dieser Art unternimmt allerdings auch der organisierte Sport selbst. Sehr deutlich wird dies in Gestalt der Anstrengungen, die US-amerikanische Sportfachverbande an den Tag legen, wenn sie sog. »hall of fames« einrichten. Hier wird die Geschichte des Sportsystems als eine sportartspezifische Teilgeschichte mit Hilfe von Fotos, Ergebnislisten, Wettkampfgeräten, Erfolgsaccessoires und anderen Memorabilien und Devotionalien abgelegt und präsent gehalten. Der Status einzelner Sportstars oder Mannschaften wird so konserviert. All diese Versuche können nicht vergessen machen, daß der Hochleistungssektor des Sports ein Kommunikations- und Handlungssystem darstellt, das eine zeitliche Autonomie zugunsten der Gegenwart ausprägen konnte. Es wird von seinen externen Bezugsgruppen vornehmlich in der Systemgegenwart nachgefragt.

den kann, darf in einem Sportspiel ausgeführt oder gleichzeitig vollzogen werden. Dadurch entsteht ein Überschuß an Möglichkeiten, der latent bleibt. Spielgeräte oder -materialien sind in diesem Zusammenhang als Artefakte zu verstehen, die die Aufmerksamkeit vieler auf einen Punkt hin zentrieren und Redundanz zügeln, aber nicht ausschließen. Die Wettkampfregeln fungieren als Selektoren für Wahrnehmung, Kommunikation und Handlung.[41] Der Spitzensport strebt das Okkasionelle zwar bewußt an, kann es aber nur in Grenzen zulassen.

Wettkämpfe sind Interaktionssysteme, die für eine Entscheidungsfindung unter künstlichen, regelhaften Bedingungen ausdifferenziert worden sind. Die Entscheidung, die hier angestrebt wird, ist die Beantwortung der Frage: »wer hat gewonnen bzw. verloren?«, wobei die Beantwortung im Gewand ähnlicher Fragen erfolgen kann: »wer springt am höchsten, läuft am schnellsten, ist der Stärkste, stößt am weitesten oder trifft am häufigsten das gegnerische Tor?« Jeder Wettkampf bekommt in Abwicklung dieser Fragen einen Prozeß- und Verfahrenscharakter. Die beteiligten, zur Entscheidungsfindung angetretenen Akteure/Mannschaften assoziieren sich am Raster bestimmter Prinzipien, um die prinzipielle Offenheit des Ausgangs zu ihren Gunsten zu beeinflussen. Legitime und illegitime Mittel – letztere müssen kaschiert werden und geheim bleiben – dienen dazu, die Ungewißheit über den Ausgang zu eigenen Gunsten in Gewißheit zu transformieren.

Das Besondere des Wettkampfes besteht darin, daß Kontingenz als die Möglichkeit des Andersseins bewußt inszeniert wird. Hierdurch entsteht eine Riskiertheit, die auch in anderen (Prüfungs-)Situationen immer dann zustande kommt, wenn bestimmte Regeln Handeln unter Kontingenzdruck setzen. Die Wahrscheinlichkeit, daß ein Ball nicht ankommt, steigt, wenn er nur mit den Füßen gespielt werden darf oder mit einem Schläger über ein Netz zu spielen ist. Die Ungewißheit in der Interaktion unter Anwesenden wird künstlich erhöht, wenn mindestens zwei Parteien um ein knappes Gut rivalisieren, nämlich den sportlichen Sieg.

Wettkämpfe sind demzufolge sozial definierte Konkurrenzsituationen, die Handeln mit Hilfe von Regeln unter Entscheidungszwang stellen. Die Wettkämpfer werden gezwungen, auf sich selbst und das Relationierungspotential des von ihnen konstituierten Konfliktsystems zu reagieren. Hierbei entstehen kombinatorische Möglichkeiten, die schwierig zu kalkulieren sind und durch die Qualität ihrer Verknüpfungen korrespondierende Gefühle von Spannung oder auch Langeweile hervorrufen. Wo Entscheidungen schnell zu treffen sind und dauerhaft an den einzelnen herangetragen werden, wird ein Gegenwartserleben par force erzeugt. Gerade funktional differenzierte Sportarten – beispielsweise Sportspiele – haben im Gegensatz zu segmental differenzierten Disziplinen – man denke an die Koaktion im

41 | Vgl. Helmut Digel, Stichwort: Regeln, in: Hans Eberspächer (Hg.), Handlexikon Sportwissenschaft, Reinbek bei Hamburg 1987, S. 321-330.

Rudern – oder Individualsportarten das Problem selbsterzeugter sozialer Komplexität zu lösen. Die Schwierigkeit der Auswahl unter vielen Handlungs- und Verhaltensalternativen ist im Handball viel größer als bei einem Marathonläufer, der zyklisch, in immer wiederkehrenden Bewegungen Distanzen überwindet.[42] Ein Großteil der Trainingsarbeit in funktional differenzierten Sportarten besteht dann auch darin, entsprechende Muster und Dekompositionsregeln in Form von Spielschemata, Taktik- und Strategieanweisungen zu entwerfen, durchzuspielen und einzustudieren. Komplexität und Kontingenz werden künstlich hergestellt, dann aber unter der Prämisse einer angestrebten Chancenminimierung der jeweils anderen Partei für eine Reduktionsarbeit freigegeben.

Die Herstellung von Ungleichheit ist *das* Systemziel des Spitzensports. Exklusives Können auf der Grundlage von Technik, Taktik und hochspezialisierter Körperlichkeit dient dazu, genau dies sicherzustellen. Der Athlet, der seinen Wettbewerb gewinnen möchte, will nicht Gleichheit, sondern Ungleichheit auf der Rangebene des Systems. Nicht von ungefähr wird die Hierarchie der Sportler untereinander nach Beendigung des Wettkampfes symbolisch gehaltvoll auf einer Hierarchietreppe nach innen und außen demonstrativ vorgeführt. Das pyramidenförmig abgestufte Siegerpodest ist die veräußerlichte Objektivation des Siegescodes. Es symbolisiert ein zentrales Sinnelement des Spitzensports, nämlich die Ausrichtung auf rigide Rangskalierung anhand der binären Schematisierung von Sieg und Niederlage. Der wettkampforientierte Sport stellt demnach durchaus etwas Unzeitgemäßes dar: Gleichheit wird nicht nur gefordert, sondern auch formal durchgesetzt, damit sich Ungleichheit im Hinblick auf den Wettkampfausgang ergeben kann. Athleten sind darauf spezialisiert, diese Situation durch Eigenleistung kontrolliert zu halten.

Im Kontext des Sports meint Gleichheit nicht Gleichheit im Sinne eines verfassungsrechtlichen Grundsatzes. Es geht auch nicht darum, daß Menschen Körper haben und dadurch auf dieser Ebene gleich wären.[43] Diese

42 | Zur system- und rollentheoretischen Analyse des Handballspiels siehe Klaus Cachay, Sportspiel und Sozialisation, Schorndorf 1978.

43 | Das vom Bürgertum formulierte Gleichheitspostulat weichte die Hierarchieansprüche einer ständisch strukturierten Gesellschaft auf und wurde in der Folgezeit zu einer wichtigen Voraussetzung für die eigentümliche Entfaltung des Leistungsprinzips und die Neumodellierung von Körper- und Herrschaftsvorstellungen. Indem die Körper aller als gleich definiert wurden, konnten die Überlegenheitsmythen im Hinblick auf Adelige und deren Körper zerschlagen werden. Die Destruktion des vorherrschenden Geburtsprinzips beinhaltete gleichzeitig auch die Aufhebung bestimmter Körperbilder, die sich durch entsprechende Begabungs- und Vererbungstheorien perpetuiert hatten und insofern gesellschaftsrelevante Wirkungen zeigten, als auf ihnen soziale Hierarchien begründet wurden. Auf der Grundlage dieser seit der Aufklärung durchgesetzten Körpervorstellungen wäre allerdings – so Gebauer – eine neue, bürgerliche Ungleichheit der Körper auf den Weg gebracht worden. Der

Art der Egalität ist keine Besonderheit des Sports: Alle Funktionssysteme können an den Menschen als organische und psychische Einheit ankoppeln. Menschen sind in der Umwelt sozialer Systeme angesiedelt. Dies gilt auch für den Sport. In der im Sport vorfindbaren Gleichheitsidee geht es vielmehr um kommunikativ geltende und ausgehandelte Bedingungen, die den Wettkampf als soziales System kennzeichnen und sowohl ein Miteinander als auch ein Gegeneinander ermöglichen. Die im Sport vollzogene Ausprägung der Gleichheitsidee beinhaltet eine Indifferenz gegenüber denjenigen Aspekten, die gemeinhin als Faktoren für Ungleichheit wahrgenommen werden. Die interne Hierarchisierung der Athleten untereinander erfolgt nicht nach Geburts-, Alters-, Religions- oder Standeskriterien, sondern nach dem *Leistungsprinzip*. Erst durch eine formal abgesicherte Gleichheit der Wettkämpfer untereinander kann jene Institutionalisierung der Konkurrenz zustande kommen, um die herum sich dieses Sportmodell aufbaut.[44] Zur Regelung von Wettkampfsituationen anhand der Gleichheitsorientierung gehört (1) die Festlegung bestimmter Maßeinheiten, nach denen Erfolg und Nichterfolg zugeschrieben werden können. Die Leistungszurechnung muß (2) im Sinne eines reduzierten, aber allgemein anerkannten Kausalplans erfolgen und hat (3) unter komparativen Bedingungen in einem öffentlichen Vergleich stattzufinden. Eine soziale Kontrolle der beteiligten Akteure mit Hilfe eines allgemein akzeptierten Sanktionsinstrumentariums sichert (4) all dies ab.

In Konkurrenzsituationen, die vom Gedanken der formalen Gleichheit leben, kommt man nicht umhin, *normative Sicherungen* einzubauen. Strukturelle Mechanismen dieser Art bieten nicht nur einen Schutz gegenüber äußeren Anforderungen und Infiltrationen, sondern bauen auch eine Schwelle der Indifferenz nach innen auf. Sie kontrollieren das große Persönlichkeits- und Motivpotential der Beteiligten, immunisieren deren überschüssige Handlungsoptionen und sind gleichsam Wellenbrecher gegenüber der Subjektivität und Spontaneität der partizipierenden Akteure.

Der *Schiedsrichter* als vermittelnder Dritter besorgt die Themenkontrolle, wacht über die Mittelwahl der beteiligten Parteien und deren Konflikttoleranz und stellt mit Hilfe der in einem Regelwerk eingespeicherten Institutionen des Strafens und Büßens – beispielsweise gelbe und rote Karten – eine Balance her, wenn diese durch Fouls aus dem Gleichgewicht geraten

Körper und seine Inszenierung über Mode, Ernährung, Aussehen, Wohnen und Sport wären zu einem Unterscheidungsmerkmal zwischen den verschiedenen sozialen Schichten geworden. Siehe Gunter Gebauer, Ausdruck und Einbildung. Zur symbolischen Funktion des Körpers, in: Kamper/Wulf (Hg.), Die Wiederkehr des Körpers, a.a.O., S. 313f. Vgl. Pierre Bourdieu, Die feinen Unterschiede. Kritik der gesellschaftlichen Urteilskraft, a.a.O., S. 405ff.

44 | Vgl. Christian Graf von Krockow, Sport und Industriegesellschaft, München 1974 (erstmals 1972).

ist. Interne Störungen lassen sich so mit eigenen Bordmitteln beheben.[45] Der Schiedsrichter setzt die Handlungsabfolge durch seine Intervention wieder in Gang, verkettet damit einen Sozialzusammenhang, der strukturell dazu tendiert, aus dem Lot zu geraten. Denn: Die eine Mannschaft ist berechtigt, die Kontinuität der Wettkampfhandlungen der anderen Mannschaft zu eigenen Gunsten zu diskontinuieren. Ein besonders markantes Beispiel für diese Art des Mit- und Gegeneinander findet sich in der Kontaktsportart Boxen, in der es um einen sozial legitimierten Angriff auf die physische Integrität des Gegners geht – mit dem Ziel, über deren temporale Schädigung einen Sieg sicherzustellen.

Durch das Fairneßgebot, abstützende Regeln und die Anwesenheit intervenierender Dritter wird die Unwahrscheinlichkeit der Kommunikation und des gemeinsamen Handelns unter den künstlich hergestellten Kontingenzbedingungen des sportlichen Wettkampfes in die Wahrscheinlichkeit eines Miteinanders trotz Konkurrenz transformiert. Disbalancierende Einflüsse von innen oder außen könnten ansonsten ungehindert die Sinngrenzen des Systems überschreiten und dessen Selbstreferentialität aufheben. Ohne einen Schiedsrichter könnte diese codespezifische Situation schnell zum Erliegen kommen. Die im Rahmen der Systemgeschichte ausgeprägte Fair-play-Moral sorgt nur für ein Mindestmaß an Assoziierungsbereitschaft.

Das Fairneßpostulat übernimmt unter Bezugnahme auf eine früher auch für andere Sozialbereiche formulierte Gleichheitsmoral[46] eine Steuerungsfunktion für die im Wettkampf ablaufenden Handlungen, und zwar sowohl in Gestalt einer Selbstbindung der Sportler durch Innenkontrolle und Affektdämpfung als auch durch die bewußte Einbeziehung Dritter im Sinne einer internen Außenkontrolle. Fair zu spielen heißt für die Athleten, Selbstkontrolle anhand einer systemeigenen Funktionsethik auszuüben. In einer Situation, die sich über die Differenz von Sieg und Niederlage konstituiert, werden Situationen hergestellt und permanent reproduziert, die leicht eskalieren können. Fairneß und Fair-play-Forderungen sorgen insofern für eine Anschlußfähigkeit der im Wettkampf ablaufenden Operatio-

45 | Wie die Dopingproblematik zeigt, reicht das zeitlich und räumlich auf den Wettkampf begrenzte Kontrollmandat der Schiedsrichter zur Sicherstellung von Gleichheit schon seit geraumer Zeit nicht mehr aus. Das Sportsystem hat auf diesen Umstand mit der Ausdifferenzierung von neuen Regeln und Überwachungsmechanismen reagiert. Interessanterweise fand im Hinblick auf die Dopinganalytik eine Delegation der Kontrolle an außenstehende Spezialisten statt. Die Analysen werden von einem »Dopingbeauftragten der Bundesregierung« durchgeführt.

46 | Vgl. E. Jost, Die Fairneß, Ahrensburg bei Hamburg 1970; neuerdings auch Allen Guttmann, Ursprünge, soziale Basis und Zukunft des Fair Play, in: Sportwissenschaft, 17. Jg., 1987/1, S. 9-19; zur sozialphilosophischen Diskussion siehe John Rawls, Gerechtigkeit als Fairneß, Freiburg, München 1977; ders., Eine Theorie der Gerechtigkeit, Frankfurt a.M. 1979.

nen. Ohne Fairneß und Kontrolle der Fairneß bekäme der sportliche Wettkampf einen Risikogehalt, der in einer zivilisierten Gesellschaft nicht legitimierbar wäre.

Der Überschuß an Handlungsmöglichkeiten kann nicht – wie im Freizeit- und Breitensport – den Athleten selbst überantwortet werden. Der Wettkampf als ein unter hohem Innen- und Außendruck stehendes Interaktionssystem würde ansonsten schnell kollabieren.[47] Der Schiedsrichter ist derjenige Spezialist, der durch Sanktionen Stoppregeln im System einbauen darf. Damit ein Überhandnehmen des Konkurrenzgedankens die Wettkampfsituation nicht blockiert, erfolgt eine Delegation von Macht an Unparteiische. Personelle Zwischeninstanzen dieser Art verhindern eine Eskalation und ein Aufschaukeln in Form von Reaktion und Gegenreaktion. Dritte *objektivieren, entpersönlichen* und *finalisieren*[48] Konflikte – und dies gilt nicht nur für den sportlichen Wettkampf, sondern auch für Verhandlungen in anderen Konfliktbereichen.[49] Sportmoral muß nichtsdestotrotz postuliert werden. Der Fairneßbegriff erscheint als semantisches Surrogat eines Interaktionssystems, das sich selbst unter komparative, hierarchisierende Bedingungen gesetzt hat und eine entsprechende Moral benötigt, um dies auf der Wert- und Normebene zu stabilisieren.

Die im Wettkampf ablaufenden Selektions- und Hierarchisierungsprozesse erfolgen mit Hilfe raffinierter Beobachtungs- und Meßschemata. Eigens hierfür ausgebildete – meist ehrenamtliche – Experten bewerten, benoten und fremdbeurteilen die Leistungen. Die Codierung des Sports bringt Meßprobleme mit sich, wenn Leistungen nach Kriterien zu beurteilen sind, die außerhalb des ZGS-Systems – Zentimenter, Gramm und Sekunde – liegen. Wie läßt sich die rangmäßige Hierarchisierung in einem Wettkampf plausibel legitimieren, wenn es um die Bewertung eines ästhetischen Ausdrucks oder künstlerischer Qualitäten geht? Es ist nicht verwunderlich, daß die Meßrationalität des Wettkampfsports hier an ihre Grenzen stößt und bisweilen nicht umhin kommt, mit Meßbarkeits- und Objektivitätsfiktionen zu arbeiten. Illegitime Interventionen durch Preisrichter oder andere Funktionsträger sind dort am häufigsten anzutreffen, wo keine

47 | Dies ergibt sich aus dem Umstand, daß der sportliche Sieg in nicht wenigen Disziplinen profitabel für Aushandlungs- und Tauschprozesse in außersportlichen Funktionsbereichen genutzt werden kann. Wie viele Athleten zeigen, läßt sich noch lange nach Beendigung der Sportkarriere mit dem sportlichen Lorbeer wuchern.

48 | D.h.: sie bringen Konflikte zu einem Schluß.

49 | Zur Funktion des Dritten vgl. Georg Simmel, Untersuchungen über die Formen der Vergesellschaftung, Berlin 1968 (5. Auflage), S. 75ff; ebenso die neueren gruppen- und konflikttheoretischen Arbeiten von Friedhelm Neidhardt, Das innere System sozialer Gruppen, in: KZfSS, 31. Jg., 1979, 4, S. 656 und Vilhelm Aubert, Interessenkonflikt und Wertkonflikt: Zwei Typen des Konflikts und der Konfliktlösung, in: Walter L. Bühl (Hg.), Konflikt und Konfliktstrategie, München 1973, S. 199ff.

ZGS-Bewertungen möglich sind, so typischerweise in den kompositorischen Sportarten Turnen, Eiskunstlaufen und Rhythmische Sportgymnastik.

Wettkämpfe finden nicht irgendwann ad hoc an beliebigen Orten statt, sondern werden zu festgelegten Terminen von hierauf spezialisierten Organisationen[50] im Rahmen der systemeigenen Zeit an bestimmten Orten festgesetzt und abgewickelt. Nicht jeder kann mitmachen, bleiben und darf mit den Mitteln motiviert werden, die diesem Sozialsystem von seinen institutionellen Bezugsgruppen zur Verfügung gestellt werden. Es kommt vielmehr zu einer deutlichen Trennung zwischen aktiver und passiver Teilnahme. Akteur und Zuschauer werden voneinander getrennt, bleiben aber aufeinander bezogen. Letztere können nur durch die Artikulation von Beifall oder Mißfallensäußerungen an der Interaktion partizipieren. Sie sind ansonsten für Wahrnehmung freigesetzt.

Die Athleten kommunizieren miteinander im Rahmen eines generalisierten Interaktionsmusters, das durch Regeln, Rollendefinitionen zwischen erlaubten und nicht erlaubten Handlungen diskriminiert.[51] Nicht Sprache ist hierbei wichtig, sondern Wahrnehmung und nonverbale Kommunikation stehen im Vordergrund. Die gegenseitige Wahrnehmung erfolgt vornehmlich am Raster des Spiel- und Wettkampfgedankens, in der Konzentration auf das, was als wesentlich angesehen wird und sich sinnhaft im Regelwerk niedergeschlagen hat. Verbales kommt nur hochselektiv zum Einsatz. Um Handlungsketten schnell und effektiv zu bilden und Anschlußoperationen ohne Umwege herzustellen, sind Diskurse fehl am Platze. Sie sind zu langsam und zu aufwendig.

Der Wettkampf ist diejenige freiwillig aufgesuchte Situation, in der die Codierung des Systems in einen geregelten, relativ einfach konstruierten sozialen Konflikt übersetzt wird. Es geht nicht um eine hochkomplexe, intransparent bleibende Konfliktsituation, in der die Ursachen des Konflikts auf andere Parteien ausgedehnt werden. Es handelt sich vielmehr um die Inszenierung einer kausalen Eindeutigkeit. Was in den Sportarenen gezeigt wird, ist eine reduzierte, auf Wettbewerb und Gegnerschaft ausgerichtete Wirklichkeit, die ihre Dynamik freiwillig offenlegt und selbst bewertet. Auf-

50 | Das Trainingssystem findet seine logistische Basis in den jeweiligen sportinternen Vereinigungen und Organisationen, allen voran: der deutsche Verein, der trotz neuerer Entwicklungen und Anforderungen nach wie vor der zentral bedeutsame Ort für spitzensportliches Trainieren ist – allerdings meist in einer symbiotischen Ergänzung und Abstützung durch andere Instanzen (Leistungszentren, Stützpunkte etc.).

51 | Vgl. Gunnar Drexel, Zur Ethik des Täuschens im Sport. Eine theoretische Studie, insbesondere zu den Täuschungshandlungen ›Finte im Sport‹ und ›Lüge im Alltag‹, in: Klaus Cachay, Helmut Digel, Gunnar Drexel (Red.), Sport und Ethik, a.a.O., S. 89-114; zum Thema »Täuschung« vgl. auch Burkhard Sievers, Geheimnis und Geheimhaltung in sozialen Systemen, Opladen 1974.

grund der Beobachtbarkeit der Konkurrenz stellt der Sport eine Transparenz her, die in einer hochabstrakten Gesellschaft selten ist. Erst vor dem Hintergrund der zunehmenden Intransparenz vieler Funktionssysteme wird die Offenheit sportlicher Wettkämpfe, wie es scheint, zu einem zeitgemäßen Faszinosum. Was auch immer hinter den Kulissen der Vereine und Verbände abläuft, auf dem Parcours eines Tennisplatzes entscheidet sich vor den Augen der Anwesenden, wer der bessere, und wer der schlechtere Spieler ist. Die Interaktion der Konkurrenten darf nur in der Öffentlichkeit stattfinden. Sie würde ansonsten, ähnlich wie bei geheimen Absprachen zwischen konkurrierenden Wirtschaftsunternehmen jenseits des offiziellen Marktes, blockiert und sanktioniert.

Da sportliches Handeln körperbezogen abläuft, ist es relativ einfach visualisierbar.[52] Es ist insofern ein über Wahrnehmung leicht nachzuvollziehendes Handeln. Die relative Überschaubarkeit erleichtert so auch die Inklusion der Zuschauer. Diese können bewirkte Wirkungen sehen und selbst beurteilen. In abstrakten Gesellschaften ist diese Fremdbeobachtung keineswegs selbstverständlich. Weder Politik, noch Wirtschaft oder Wissenschaft wickeln ihre Operationen so offen ab, wie es für den sportlichen Wettkampf zutrifft. Das Interesse am Sport ist aus dieser Perspektive heraus auch ein Interesse am Konkreten, am Nachvollziehen- und Verstehenkönnen, und zwar in einer Gesellschaft, in der dies immer unwahrscheinlicher wird.

Der sportliche Wettkampf gewinnt auf dieser performativen Grundlage einen Teil seiner Attraktivität für Beteiligte und Konsumenten. In einer Zeit, in der die Eindeutigkeit von Ursache und Wirkung durch die Ausdehnung der Kausalrelationen bis ins Zirkuläre relativiert wird, ist die Eindeutigkeit im sportlichen Wettkampf wohltuend.[53] In Analogie zur Generalisierung dieser Sondersituation ist der Dissens zwischen den konkurrierenden Parteien zudem zeitlich, räumlich, sachlich und sozial begrenzt. Eine

52 | Indem die eigenen Operationen über den Körper, und nicht über Sprache ablaufen, werden auch keine sprachlichen Barrieren aufgebaut, die bestimmte soziale Schichten düpieren könnten. Was dann allerdings zutrifft, ist der Umstand, daß die unterschiedliche Körpernutzung in den verschiedenen Sportarten die Zuschauer bisweilen abschreckt. Das Boxen als eine vornehmlich von der Unterschicht betriebene Disziplin erzeugt in den mittleren und oberen sozialen Schichten bisweilen Unbehagen und Abscheu. Es verstößt gegen die dort vorherrschenden Körperstandards.

53 | Die Attribuierung von erbrachter/nicht erbrachter Leistung und die damit verbundene Möglichkeit, Erfolg und Mißerfolg rückzukoppeln, geschehen im Sport durchaus künstlich. Auch die individuell von einem Athleten erbrachte Leistung bei irgendwelchen Meisterschaften ist Produkt eines arbeitsteiligen Prozesses, an dem Trainer, Eltern, Freundin etc. beteiligt sind. Über die Zuordnung von Erfolg entbrennen in aller Regelmäßigkeit erbitterte Konflikte, so typischerweise zwischen Heim- und Bundestrainern.

Gegnerschaft, die auf Beobachter übergreift und aus der Wettkampfsituation herausspringt, ist offiziell nicht vorgesehen.

Sich auf einen sportlichen Wettkampf einzulassen, heißt, sein eigenes Handeln unter komparativen Gesichtspunkten öffentlich aufzuführen. Der Wettbewerb um das knappe Gut »Sieg« ist dabei nach dem Nullsummenprinzip konstruiert. Der Verlust der einen Partei ist der Gewinn der anderen. Die Konkurrenz kann in einer Auseinandersetzung zwischen zwei oder mehreren Akteuren bestehen, im Rahmen von Mannschaftsvergleichen stattfinden, mit materialen Bedingungen der ökologischen Umwelt zu tun haben oder in der Bewältigung künstlicher Artefakte bestehen. Mischformen sind möglich und werden praktiziert. Die konfligierenden Parteien sind im Hinblick auf ihre Leistungsfähigkeit relativ homogen. Alters-, geschlechts- und leistungsspezifische Abstufungen und Maßnahmen – Beispiel: Ligenbildung – sorgen dafür, daß keine krassen Leistungsunterschiede auftreten und die prinzipielle Offenheit des Wettkampfausgangs vorab außer Kraft setzen.

Durch die funktionsspezifische Trennung von Training und Wettkampf vollzieht und stabilisiert der Sport eine interne Differenzierung. Eine vertikal und horizontal um Training und Wettkampf herumorganisierte Infrastruktur sorgt inzwischen für ein hohes Maß an Binnenkomplexität. Die wichtigsten im fokalen System ausdifferenzierten Sozialfiguren – Athlet, Trainer, Funktionär, Zuschauer – lassen sich mit je spezifischen Funktionen den genannten Situationen zuordnen. Mit der Ausgliederung einer Vorbereitungs- und Vollzugsebene sowie eines organisatorischen Überbaus kann der Hochleistungssport seine Komplexität steigern und das Körperprojekt der Moderne nach Maßgabe seiner Möglichkeiten beschleunigen. Bestimmte Akteure spezialisieren sich auf besondere Probleme und arbeiten selbstverschriebene Aufgaben ab.

Im Rahmen dieser durch eine umfangreiche Logistik getragenen Vorkehrungen reproduziert der Spitzensport Ereignisse am laufenden Band. Strukturen transformieren unstrukturierte in strukturierte Komplexität. Neues wird in Permanenz erzeugt, weil die Elemente, die das System ausmachen, nämlich sportspezifische Kommunikationen und Handlungen, im Moment ihres Auftretens bereits zerfallen, zur Vergangenheit gehören. Ohne Maßnahmen der Selbstreproduktion in spezifischen Situationen würde der Hochleistungssport ansonsten aufhören, als soziales System zu existieren. Nicht irgend etwas wird hergestellt, sondern Spezifisches wird durch Korrespondierendes in ähnlich bleibender Weise evoziert.[54]

Hierfür sind Erwartungen zu formulieren und eindeutig festzuschreiben. Spitzensportliches Handeln ist insofern ein erwartbares und erwartetes Handeln, selbst wenn die Akteure Außergewöhnliches anstreben. Ansonsten hätten Athleten-, Trainer-, Funktionärs- und Publikumsrollen nicht

54 | Siehe Niklas Luhmann, Soziale Systeme, a.a.O., S. 382ff.

entwickelt und voneinander getrennt werden können. Erwartungen, die das fokale System immer wieder normativ herstellt und herstellen muß, damit es nach dem nächsten Wettkampf nicht aufhört zu existieren, werden in Gestalt von Forderungen, Bleibebedingungen, Austritts- und Förderungskriterien – Beispiel: Kaderkriterien – artikuliert und bisweilen vertragsmäßig fixiert. Erwartungen können allerdings, wie das tägliche Leben zeigt, enttäuscht werden. Je präziser Erwartungen artikuliert werden, desto unsicherer ist die Erfolgsaussicht. Wer einen Regenschauer am 11.11. um 11 Uhr 11 über dem Kölner Dom erwartet oder seinen Gegner genau in der 7. Runde k.o. schlagen will, überlastet seinen Erwartungshaushalt, weil er sich auf unbestimmte Komplexität und Kontingenz einläßt: die Sonne kann scheinen oder die Faust des Gegners kann die eigenen Erwartungen zunichte machen.

Sozialsysteme, die Verhaltenserwartungen an die eigenen Mitglieder stellen, »ambiguisieren« deshalb ihre Soll-Forderungen. Sie bauen in ihre Erwartungsstrukturen Rückzugsmöglichkeiten ein, Bremszonen, die es ermöglichen, gestellte Erwartungen auf einem Handlungskontinuum zu erfüllen. Für selbstreferentielle Systeme gilt, daß sie Erwartungen nur so weit präzisieren, wie sie ein Anschlußverhalten sichern können.[55] Die über Verhaltensgeneralisierungen abgespeicherten Erwartungen sind wichtige Bedingungen der Möglichkeit eines anschlußfähigen Handelns und Verhaltens. Die Anschlußfähigkeit systemisch produzierter Ereignisse ist Kernbestandteil der Theorie autopoietischer Sozialsysteme. Es geht vorrangig nicht darum, daß Ereignisse immer wiederholt werden, sondern daß sie sich aneinanderkoppeln lassen, also Kettenbildung ermöglichen. Anschlußfähiges Handeln sichert die autopoietische Selbstreproduktion derjenigen Elemente, die ein System ausmachen und es von der Umwelt abgrenzen. Im Rahmen der operativen Geschlossenheit selbstbezüglich orientierter Sozialsysteme wird dies über Strukturen sichergestellt. Gerade in denjenigen Funktionsfeldern, die Spitzenleistungen erwarten, entstehen Spezialinstanzen, in denen die hochgezüchteten Erwartungen in Alltagsoperationen übersetzt und durch ein entsprechendes Unterstützungsmilieu verstärkt werden.[56] Wer verloren hat, kann sich nicht damit entschuldigen, daß er Fördergelder von der Sporthilfe bekam.

55 | Siehe ders., a.a.O., S. 418.

56 | Im bundesdeutschen Hochleistungssport sind dies Einrichtungen, die Training und Wettkampf ermöglichen und tragen: Vereine, Verbände, Stützpunkte, Leistungszentren, Sportinternate, Stiftungen, Förderkreise etc. Im Wettkampf selbst muß zudem die Teilnahmemotivation in Gestalt von Assoziierungsritualen nicht nur für die Gewinner erhalten werden, sondern vor allem auch für die Verlierer. In einer komplexen Gesellschaft, die über komplexe Medien gesteuert wird, reicht die Assoziierungsbereitschaft für das Aufrechterhalten des Wettkampfsystems allerdings nicht mehr aus, sondern muß über komplexe Medien kompensiert werden, vornehmlich über Geld oder geldwerte Mittel, beispielsweise Zutrittschancen.

Wo Organisationen Erwartungen immer höher schrauben, sind Mechanismen zu entwickeln, die eine Erwartungserfüllung wahrscheinlich machen. Dies gilt besonders für Sozialbereiche, die ihr Handeln bewußt risikoreich inszenieren. Sie müssen dauerhafte und kalkulierbare Strukturen ausprägen und institutionalisieren, damit ihre inneren Umwelten – hier: die Athleten und Athletinnen – nicht überfordert werden und unter der Erwartungslast zusammenbrechen. Dadurch, daß Training und Wettkampf stark körperbezogen konstituiert sind, ergeben sich zudem aus der physisch-organischen Umwelt entsprechende Beeinflussungs- und Störmöglichkeiten. Bei der Durchführung der dem Code zugeordneten Programme ist die Mitberücksichtigung dieser inneren Systemumwelt als Daueraufgabe abzuarbeiten. Nicht umsonst sind für die personalen Aspekte des Trainings- und Wettkampfsektors entsprechende Einrichtungen entwickelt und etabliert worden. Ein starker Innenweltdruck läßt sich in der Regel nicht ignorieren. Gerade Leistungssektoren stehen in Gefahr, diejenigen Bestandteile der Person rigide auszuschließen, die über die Rolle nicht erfaßt werden. Dies gilt nicht nur für den Spitzensport, sondern beispielsweise auch für die auf Spitzenleistung ausgerichteten Handlungsfelder in Wissenschaft, Kunst oder Politik.[57]

Über den Sinn einer sportspezifischen Handlung kann nicht durch Rekurs auf ein Einzelereignis entschieden werden. Was zählt, ist die Relationierung mit anderen Ereignissen. Ein Speerwurf selbst sagt noch nichts über die Zugehörigkeit zum Sport. Erst durch die Einbeziehung des Kontextes – Stadion, Wettkampf, sportspezifische Kommunikationsvorgaben – und den Rückbezug von Kontext auf Handlung ist sportspezifischer Sinn rekonstruierbar. Training und Wettkampf stellen in diesem Zusammenhang diejenigen vom System ausdifferenzierten Situationen dar, in denen sportspezifischer Sinn – kommunikativ angeleitet – über Ereignisse handlungsmäßig vollzogen wird. Zu diesem Vollzug gehört es, daß das sportliche Handeln zu einem Ende kommt.[58] Die bewußte und auch angestrebte Finalität sportlicher, temporalisierter Handlungen tritt bei Wettkämpfen in den Anfangs- und Beendigungsriten vordergründig zutage, sehr deutlich bei spitzensportlichen Großveranstaltungen. Hier bringt das System sich temporär selbst zu Ende, vertagt sich auf neue Ereignisse und bringt dies durch rituelle Handlungen für Innen- und Außenbeobachter überhöht zum

57 | Spricht man von der Ausdifferenzierung des Spitzensports, gilt es, das Motiv der Integration als Komplementärphänomen theoretisch einzubeziehen. Für den Freizeit- und Breitensport, der einen leichten Zutritt und einen schnellen Abgang erlaubt, ist Integration weniger dringlich als für den Hochleistungssport, der Zeit und Energie wesentlich intensiver bindet. Vgl. zur Integrationsproblematik Karl-Heinrich Bette, Strukturelle Aspekte des Hochleistungssports in der Bundesrepublik. Ansatzpunkte für eine System-Umwelt-Theorie des Hochleistungssports, Sankt Augustin 1984.

58 | Vgl. das Ereignis-Struktur-Konzept bei Niklas Luhmann, a.a.O., S. 387ff.

Ausdruck. Ereignisse werden gleichsam auf Ereignisse eingestellt – mit der Besonderheit, daß der Körper als die zentrale Bezugsinstanz dieses Sozialbereichs permanent als Nebenthema mitzuführen ist.

1.4 Sondermoral

Sozialsysteme, die sich an einem eigenständigen Code ausdifferenzieren und emanzipieren können, prägen korrespondierende Sondermoralen aus, um die eigene Selbstreferenz handhaben zu können. Die Hypostasierung der eigenen Funktion wird gleichsam durch eine die Eigenlogik abstützende, sinnverdichtende Konstruktion untermauert. Als eine Kappvorrichtung für Reflexivität und Selbstproblematisierung puffert sie die selbstkonstruierte Realität ab und dient als Richtfeuer für die eigenen Operationen. Externe Rücksichten werden zugunsten der Fixierung des Systems auf sich selbst und seine Differenzsetzung aufgegeben. Sozialbereiche, die sich über Kommunikationen reproduzieren und Menschen lediglich als Außenaspekte behandeln, erhöhen durch Ausdifferenzierung ihre Indifferenz gegenüber ihren relevanten Umwelten. Die Frage, was mit der personalen Außenwelt passiert, wenn ein relativ autonomes Sozialsystem einen eigenen Code mit einer entsprechenden Sondermoral ausprägt und anschließend die eigenen Möglichkeiten durch die Bereitstellung geeigneter Situationen steigert, soll im folgenden am Beispiel des Spitzensports beantwortet werden. Wir beschränken unsere Ausführungen auf den Körperaspekt insofern, als die Handhabung der physisch-organischen Umwelt durch dieses hochspezialisierte Sozialsystem ein bezeichnendes Licht auf die Instrumentalisierung des Körpers in der Moderne wirft.

Es hat sich nämlich gezeigt, daß dort, wo körperliche Spitzenleistungen zustande kommen – und Geld, Macht, Prestige, Ruhm und kurze Zeithorizonte[59] im Spiel sind –, der Körper oft übergangen und in seinen natürlichen, »hauseigenen« Reaktionen zum Schweigen gebracht wird. In der Sondermoral des Spitzensports taucht der Körper als Ressource auf, die es für das eigene Prozessieren optimal zu nutzen gilt. Diese Steigerungsausrichtung pur zeigt sich in vielerlei Gestalt. Das Anforderungsprofil der einzelnen Sportarten rekrutiert angemessene Körper, um die eigenen Möglichkeiten auszuschöpfen. Basketballspieler der Spitzenklasse sind in der Regel keine kleinen Menschen, Kugelstoßerinnen keine zierlichen Damen. Oder: Die Ausrichtung auf humane Körperperfektion tritt in den komposi-

59 | Nachdem kommerzielle Überlegungen in zunehmendem Maße in den Spitzensport eingedrungen sind und dessen Zeitmanagement mitbestimmen, wird der Körper in rigoroser Weise in überfordernde Zeitpläne eingebaut. Körpersignale müssen bisweilen vernachlässigt werden, damit das ökonomische Kalkül – auch das der Athleten – aufgeht. Im Hinblick auf Abweichung bedeutet die Einbettung in bestimmte Umweltbezüge: Ereignisse von außen können innen eine Anpassung durch Abweichung stimulieren.

torischen Sportarten in Gestalt einer ästhetisch aufgeladenen Fiktion von Mühelosigkeit auf. Physische und psychische Anstrengungen sind im Wettkampf vor den Augen der Kampfrichter zu verheimlichen.[60] Der Körper soll sich in Auseinandersetzung mit Musik, Zeit, Raum, Gerät und Gegner steigern, ohne daß er sich in seinen normalen Ausdrucksmöglichkeiten – Ermüdung, Schweiß etc. – präsentieren dürfte. Er wird zu einem lebensweltlich distanzierten Kunstkörper.

Ein besonders drastisches Beispiel für die hochselektive Körpernutzung findet sich im sog. Kinderhochleistungssport. Hier wird die spezifische Belastbarkeit und Physiognomie des kindlichen Körpers für die Durchführung aufwendiger Schulungsmaßnahmen und das Eintrainieren komplizierter Übungsabfolgen, denen Erwachsenenkörper so nicht mehr genügen können, rigoros ausgenutzt, und zwar unter Absehen allgemein akzeptierter Verhaltensstandards im Umgang mit dem kindlichen Körper. Daß Pädagogen als konzessionierte Sachwalter des Subjekts in diesem Zusammenhang auf die Barrikaden gegangen sind und aus ihrer Perspektive heraus den Vorwurf der Kinderarbeit ausgerufen haben, ist ebenso verständlich wie die Immunreaktion der mit Spitzensport befaßten Funktionsträger in den betreffenden Vereinen und Verbänden.[61]

Der codespezifisch angeleitete Umgang mit dem Körper führt in einem allgemeineren Sinne dazu, daß der Körper »nur« unter Sonderbedingungen eine Nachfrage erfährt.[62] Hierzu gehört es, Signale, mit denen er sich im Bewußtsein meldet, zu unterdrücken, wenn sie einer sportlichen Erwartungserfüllung im Wege stehen. Der Verzicht auf Wehleidigkeit in Training und Wettkampf und die Härte im Umgang mit der eigenen physischen

60 | Vgl. die Aussagen einer »Betroffenen«: Anke Abraham, Anmut und Angst, in: Michael Klein (Hg.), Sport und Körper, Reinbek bei Hamburg 1984, S. 78.

61 | Vgl. beispielsweise die Resolution zum Thema »Kind im sportlichen Training« von der Deutschen Gesellschaft für Erziehungswissenschaft (in: Olympische Jugend, 4, 1981, S. 4) und die Antwort eines Vertreters des BA-L (Bundesausschuß Leistungssport). Siehe Eduard Friedrich, Lächerlich bis ärgerlich! Was soll das? Eine Resolution und ihre ketzerische Kommentierung, in: Olympische Jugend, 4, 1981, S. 8-9.

62 | Für einen 100m-Läufer ist es unwichtig, gut oder schlecht tanzen zu können, es sei denn, diese Fähigkeit würde sein Laufen fördern oder hemmen. Eine Enttäuschung – meist nur bei Fremdbeobachtern – über nicht genutzte, brachliegende Körperlichkeit ist insofern immer vorprogrammiert, wenn ein System sich über einen binären Code ausdifferenziert und seine Körperumwelt danach rekonstruiert und thematisiert. Dies gilt nicht nur für den modernen Hochleistungssport, sondern, bei unterschiedlicher Codierung, auch für den gesundheits- oder spaßorientierten Sportsektor. Hier entsteht bisweilen Enttäuschung darüber, daß der Körper nicht zum Schwitzen gebracht wird und daß Leistungs- und Konkurrenzhandeln ausgeblendet werden. Das Klagen über Verarmung und Beherrschung des Körpers in der Moderne ist ein Klagen über Codierung und Programmierung. Vgl. hierzu Kap. IV.

Nahwelt sind ebenso spezifische Merkmale der spitzensportlichen Körpernutzung wie die Hellhörigkeit, mit der Athleten in ihre Körper hineinlauschen. Wie die eskalierende Entwicklung der letzten Jahre allerdings zeigt, ist es bei dieser besonderen Robustheit nicht geblieben. In nicht wenigen Fällen werden Körpersignale mit Hilfe dem Leistungssport verpflichteter Mediziner im wahrsten Sinne des Wortes »weggespritzt«. Infolge der immer größeren Investitionen, die in diesen Sozialbereich hineingehen, und der hieraus resultierenden Instrumentalisierung der menschlichen Physis, hat der Sport in seinem Leistungssektor die Legitimationsformel für die eigene Handlungsausrichtung ändern müssen. Es geht nicht mehr um Gesundheit, sondern um nationale Repräsentation und das Abenteuer der Leistungssteigerung. Die Freiwilligkeit, mit der die Athleten sich der Codierung und Programmierung des Systems unterwerfen, geht bisweilen so weit, daß sie körperliche Langzeitschäden und soziale Defizite wider besseres Wissen zugunsten sportlicher Erfolge in Kauf nehmen.[63]

Der Spitzensport hat, wie die genannten Beispiele zeigen, sowohl auf seine eigene Codierung als auch auf seine gesellschaftliche Situierung reagiert, und zwar durch die Herausbildung einer entsprechend differenzierten *Sondermoral*. Anders formuliert: Indem der Hochleistungssport sich zu einer eigenen Handlungsfähigkeit emanzipieren konnte und in die Gesellschaft hinausgreift, um diese für sich zu erschließen, wird er gleichsam dazu gezwungen, Differenzierungen in seine teilsystemspezifische Sondermoral einzubauen. In (1) einer über normative Setzungen artikulierten offiziellen Binnenmoral wird festgelegt, wie sportliches Handeln ablaufen sollte. Zentrale Bestandteile sind das Fairneßpostulat und die Kodifizierungen im Regelwerk der einzelnen Disziplinen. Im Rahmen einer (2) subversiven, notwendigerweise intransparent und geheim bleibenden Untergrundmoral erfolgt eine rücksichtslose Durchsetzung des eigenen Codes. Strategien und Taktiken finden Anwendung, die sportliche Siege bei hoher Kontingenz sicherstellen sollen. Das System entmoralisiert sich durch eine starke Gleichgültigkeit gegenüber externen, beispielsweise ethischen, pädagogischen oder medizinisch-gesundheitlichen Ansprüchen. Diese erzeugen höchstens ein Umweltrauschen. Das heißt: auf der Grundlage einer Entmoralisierung kommt eine bizarre, selbstreferentiell orientierte Moralisierung des spitzensportlichen Handelns zustande, die den einzelnen Athleten unter Anpassungsdruck setzt. Sie wird von außen als normwidrig und verwerflich, innen aber als zweckmäßig und systemrational gewertet.

Doping, abweichendes Handeln durch Betrug und Täuschung und an-

63 | Auf die Gleichgültigkeit gegenüber dem eigenen Körper machte vor einigen Jahren der spektakuläre Todesfall einer Siebenkämpferin aufmerksam. Bei ihrer Autopsie wiesen die Gerichtsmediziner mehr als hundert verschiedene Medikamente gleichzeitig in ihrem Körper nach. Siehe N. N., Rutschbahn in den legalen Drogensumpf, in: Der Spiegel, Nr. 37, 41. Jg., 7.9.1987, S. 228-253.

dere Formen einer »brauchbaren Illegalität«[64] sind Ausdruck dieser Teilmoral, die den Systemcode ernstnimmt und auf externe Rücksichtnahme verzichtet. Sie arbeitet in einer Grauzone, ist sehr oft innovativ und erfolgreich, weil sie durch Normabweichung und Nutzung illegaler Mittel eine schnellere und effektivere Anpassung an Innen- und Außenerwartungen durchsetzen kann.[65] Da die Untergrundmoral, meist zynisch, gegen normative Setzungen in Hinblick auf den erlaubten Mitteleinsatz verstößt, ist sie ein gleichzeitig erwünschter und nicht erwünschter Außenseiter des Systems im System. Diejenigen, die dieser Untergrundmoral folgen, entwikkeln Mechanismen und treffen Vorkehrungen, um nicht erwischt zu werden.[66] Nischen, die der Spitzensport noch nicht normativ in den Griff genommen hat und die erst mit Verzögerung verboten werden, dienen als Experimentierfelder für riskante Operationen. Die codebedingte Existenz, Funktion und Auswirkung dieser subversiven Teilmoral muß der Hochleistungssport vor sich selbst abdunkeln. Das abweichende Handeln der Akteure wird typischerweise nicht dem System und dessen Umfeld zugeschrieben, sondern es wird personalisiert, moralisiert und dem übersteigerten Siegeswillen der Athleten attribuiert.[67]

Es entsteht (3) eine nach außen gerichtete, mit der offiziellen Binnenmoral diffus verschränkte Umweltmoral, die Maßnahmen der Untergrundmoral kritisiert und sanktioniert. Ihre meist halbherzige Aktivierung erfolgt immer dann, wenn die dem Sport zugeschriebenen Werte durch publik gewordene Indiskretionen oder Skandale Achtungsverluste erlitten haben. Diese Teilmoral artikuliert ihre eigenen Standards unter Mitberücksichtigung personaler Innenaspekte (Athlet, Körper). Da sie den Reflexionsstopp der Untergrundmoral aufhebt, die Operationen des Systems abbremst und damit eine Steigerung des sportlich Möglichen bisweilen verhindert, wird sie im System als Parasit – im Sinne von Michel Serres – wahrge-

64 | Siehe Niklas Luhmann, Funktionen und Folgen formaler Organisationen, Berlin 1976 (erstmals 1964), S. 304ff; auch Helmut Willke, Entzauberung des Staates. Überlegungen zu einer sozietalen Steuerungstheorie, a.a.O., S. 99.

65 | Zur soziologischen Rekonstruktion des Dopingphänomens siehe ausführlicher Karl-Heinrich Bette und Uwe Schimank, Doping im Hochleistungssport. Anpassung durch Abweichung, Frankfurt a.M. 1995; dies., Doping als Konstellationsprodukt, in: Michael Gamper/Jan Mühlethaler/Felix Reidhaar (Hg.), Doping als gesellschaftliches Problem, Zürich 2000, S. 91-112; ebenso Karl-Heinrich Bette, Uwe Schimank, Dominik Wahlig, Ulrike Weber, Biographische Dynamiken im Leistungssport. Möglichkeiten der Dopingprävention im Jugendalter, Köln 2002.

66 | Parallel kommt es zur Karriere einer sportspezifischen Enthüllungs- und Selbstbezichtigungsliteratur.

67 | Vgl. Thomas Kutsch und Karl-Heinrich Bette, Doping im Hochleistungssport, in: Thomas Kutsch/Günther Wiswede (Hg.), Sport und Gesellschaft: Die Kehrseite der Medaille, Königstein 1981, S. 71-87.

nommen und beobachtet. Es ist nicht verwunderlich, daß sie keine umfassende Resonanz im Sport erzeugen kann und so zu einer bigotten Vorzeigemoral für Zuschauer und externe Bezugsgruppen verkommt, die immer dann hervorgeholt wird, wenn die Außendarstellung des Spitzensports in Gefahr steht, entmystifiziert und als falscher Schein entlarvt zu werden. Die diversen, nach bekanntgewordenen Verstößen gegen die offizielle Binnenmoral formulierten Erklärungen und Leitlinien zum Kinderhochleistungssport und Doping-Problem fallen in diese Rubrik einer nach außen gerichteten Umweltmoral.

Um den Positivwert des Codes, den Sieg, wahrscheinlich zu machen, setzt sich so eine dominierende, kompromißlose Funktionsmoral durch, in der erlaubt ist, was sonst verboten ist. Gängige Umgangsformen mit dem eigenen Körper verlieren an Geltung, weil sie mögliche Leistungen ansonsten blockieren könnten. Athleten setzen ihre eigene Gesundheit und die anderer bewußt aufs Spiel. Das Motto »der Sieg ist alles« scheint in dem Maße für Trainer und Athleten den Gesundheitswert verdrängen zu können, in dem außersportliche Medien, vornehmlich Geld, die eigenen Leistungsperspektiven noch verstärken. Der Sonderumgang dieses Sportmodells mit der Körperumwelt spricht für eine weit fortgeschrittene Verselbständigung. Ein Teil jener Medikamente, die Athleten heutzutage zu sich nehmen, dient dazu, das individuelle Rollenhandeln mit den gestiegenen Selbst- und Fremdanforderungen kompatibel zu machen. Es kann nicht überraschen, wenn in einem Sozialsystem, das sich auf die selektive Behandlung des Verhaltensorganismus seiner Mitglieder spezialisiert hat, und diesen in neuartige Leistungsdimensionen hineinzusteigern trachtet, an genau dieser (Körper-)Stelle herumexperimentiert wird. Die Maßnahmen, die hierbei Anwendung finden, sind abenteuerlich und gefährlich zugleich und stoßen in der sozialen Umwelt oft auf Ablehnung. Die Kontrolle, die der Körper gegenüber sozialen Erwartungen ausübt, wird ausgesetzt und überspielt. Medikamente helfen dabei, die individuellen Grenzen des körperlich und geistig Machbaren – auch mit Hilfe der Sportwissenschaft – ins Unwahrscheinliche hinauszuschieben. Körperschäden erscheinen als »normale« Reibungskosten auf dem Weg zum Sieg. Der Körper kontrolliert aber auch dort, wo er augenscheinlich überrumpelt wurde. Indem er mit natürlichen Reaktionen antwortet, sich verweigert und streikt, teilt er seiner personalen und sozialen Umwelt mit, daß er nicht mehr kann.[68] In Gestalt von körperlichen und psychischen Fernwirkungen kann er sich überraschenderweise zurückmelden und soziale Aufmerksamkeit erregen.

Daß Sportler sich dopen, unphysiologische Mittel einnehmen oder physiologische Substanzen zur sportlichen Leistungssteigerung zu sich nehmen, macht deutlich, daß in den typischen spitzensportlichen Situationen der Bedarf nach einer funktionsfähigen Körperlichkeit mit den gestiegenen

68 | Dieses Bild ergibt sich zumindest aus der Sicht des wissenschaftlichen Fremdbeobachters.

Erwartungen co-variiert. Eine Leistung, die noch vor 20 Jahren ausgereicht hätte, um auf internationalem Niveau mithalten zu können, würde heute noch nicht einmal genügen, um in die nationalen Endkämpfe vorzustoßen.

Je weiter die Ausdifferenzierung des Spitzensports fortschreitet und die systemtypischen Situationen Training und Wettkampf dynamisiert werden, desto höher wird der Bedarf nach einer verstärkten Mitberücksichtigung derjenigen Referenzgröße, ohne die Spitzenleistungen im Sport nicht möglich sind, des Körpers. Was für den Zusammenhang von Ausdifferenzierung und Integration im Sinne einer Rückbindung gesellschaftlicher Funktionsfelder allgemein gilt, trifft in ähnlich dringlicher Weise für das Verhältnis von Sozialsystem und personaler Umwelt zu. Wird die psychische und somatische Umwelt mit Hilfe überzogener (Leistungs-)Theorien instrumentalisiert, sind Gefährdungen nicht zu vermeiden. Der Körper reagiert auf hypertrophierte soziale Anforderungen in Training und Wettkampf mit Krankheit und Streßerlebnissen, das Bewußtsein mit Motivationsverlust, Angst und sportspezifischem Desinteresse.

1.5 Selektion und Leistung

Der sportliche Wettkampf stellt, wie wir gezeigt haben, ein spezialisiertes Interaktionssystem dar. Am binären Schematismus von Sieg und Niederlage werden auf eine unverblümte Art und Weise soziale Selektionen und entsprechende Hierarchisierungen und Plazierungen vorgenommen. Die Zuweisung interner Positionen erfolgt nach internen, vorab akzeptierten Kriterien – nicht heimlich, sondern öffentlich, von außen und innen einsehbar. Gesichtspunkte der Selbstselektion stehen damit im Vordergrund, obwohl Aspekte der Fremdselektion sicherlich auch Wirkungen hervorrufen. Sie werden als Pech- oder Zufallskomponenten wahrgenommen und zugeschrieben. Der auf Erfolg und Konkurrenz ausgerichtete Sport führt den Aspekt der Selbstselektion demonstrativ vor und wird dadurch für Athleten und Zuschauer interessant. Im Gegensatz zum Erziehungssektor, wo Selektionsprozesse ebenfalls ablaufen, das System sich aber durch »Intransparenz deblockiert«[69], entblockiert sich der Sport sowohl durch Transparenz als auch durch die Fixierung der eigenen Operationen an den Gedanken der formalen Gleichheit und das Leistungsprinzip. Er macht sich

69 | Ich beziehe mich hier auf eine Wendung von Niklas Luhmann in seiner Analyse des Zusammenhanges von Codierung und Paradoxie. Letztere entsteht, wenn binäre Codierungen auf sich selbst angewendet werden. Um Paradoxien dieser Art und Blockaden systemeigener Operationen hierdurch zu verhindern, müssen selbstreferentielle Systeme sich entparadoxieren. Im Erziehungssektor geschieht dies durch Intransparenz oder die Asymmetrierung von Fremd- und Selbstbeurteilung. Siehe Niklas Luhmann, Codierung und Programmierung. Bildung und Selektion im Erziehungssystem, in: Heinz-Elmar Tenorth (Hg.), Allgemeine Bildung. Analysen zu ihrer Wirklichkeit, Versuche über ihre Zukunft, Weinheim, München 1986, S. 166.

deshalb bei denen verdächtig, die Selektionsprozesse insgesamt ablehnen, weil sie von idealisierten Freiheits- und Gleichheitsvorstellungen ausgehen. Leistung als Komplementärbegriff für Selektion wird im Spitzensport zu einer semantischen Einheitsformel für die Aufwendungen und Bemühungen, die der einzelne zeigen muß, wenn er erfolgreich sein will.

Das *Leistungsprinzip* greift im Wettkampf vor den Augen einer zuschauenden Öffentlichkeit in der Tat diskriminierend und rücksichtslos individualisierend zu. Es ist nicht verwunderlich, daß es sich in der Selbstbeschreibung des Systems entsprechend prominent niedergeschlagen hat (Leistungs- oder Hochleistungssport, top athletics oder elite sport). Mit seiner Hilfe erfolgen die Zuteilung der Codewerte (Sieg oder Niederlage), die Vergabe knapper Positionen und Güter (Kaderplätze und Wettkampfplazierungen) sowie die Legitimation des System vor sich selbst und seinen relevanten Bezugsgruppen. Die Transparenz auf der Interaktionsebene des Wettkampfes sorgt für Entlastungseffekte. Wer die 100m langsamer gelaufen ist als die Konkurrenz, kann anschließend nicht behaupten, schneller und leistungsfähiger gewesen zu sein als der Sieger.

Leistung ist das zentrale Zutritts- und Bleibekriterium des Spitzensports. In seiner Rigidität ist es gesellschaftsweit ohne Konkurrenz. Kein anderer Sozialbereich ist so kompromißlos auf dieses Prinzip abgestellt und eingeschworen wie dieses Sportmodell. Weder in Wissenschaft und Kunst noch in anderen Sozialbereichen, die über Leistungssektoren verfügen, geht es ähnlich erfolgs- und wettbewerbsorientiert zu. Diese sind insofern gnädiger, als sie andere Kriterien mit zulassen (Beispiel: Frauen- und Behindertenförderung im Wissenschaftssystem). Die Selektionsfreudigkeit des Spitzensports ist einzigartig. Die ausschließliche Orientierung auf Leistung beweist selbstreferentielle Qualitäten. In einem 100m-Lauf siegt nicht der wirtschaftlich Reichste, der ästhetisch Schönste, der politisch Mächtigste, der wissenschaftlich Klügste oder der sozial Depriviertestе. Es gewinnt vielmehr der sportlich Schnellste.

Über Leistung wird der Zutritt sowohl zum Trainings- als auch zum Wettkampfsystem gesteuert. Bei Olympischen Spielen kann nicht jedermann starten, sondern nur diejenigen, die sich jahrelangen internen Sortierungsprozessen unterworfen haben und über eine »Endkampfchance« verfügen. Die Mitgliedschaft in beiden Interaktionsbereichen wird traditionellerweise in Kaderzugehörigkeiten ausgedrückt. Die untereinander hierarchisch gestaffelten Kader sind mit verschiedenen Belohnungsmöglichkeiten gekoppelt und auf unterschiedliche Aufgaben ausgerichtet (international, national, Landes-, Nachwuchs- oder Sonderkader). Die Mitgliedschaft in diesen knappen Verweilsystemen drückt aus, wo der einzelne Sportler leistungsmäßig angesiedelt wird. Eine Binnendifferenzierung der eigenen Mitglieder nach Kompetenz – in Verbindung mit Alter, Geschlecht und Perspektive – steigert zudem die Aussicht auf eine homogene Trainingsarbeit, die sich selbst stimuliert.

Die Erwartungen gegenüber einem Nachwuchssportler sind nicht identisch mit denen, die ein A-Kaderathlet zu erfüllen hat. Parallel zur Staffelung der Kader erfolgt eine Staffelung der Erwartungen und Anforderungen. Durch die Einrichtung von Hierarchiestufen versetzt der Spitzensport sich in die Lage, selbst Kontrolle auszuüben, Stimuli zu setzen, aber auch Ruhezonen einzurichten. Ebenso wie andere Kommunikations- und Handlungsbereiche zur Steigerung der eigenen Möglichkeiten sortieren und nach internen Kriterien diskriminieren, haben die verschiedenen Trägerorganisationen, um Wettkampferfolge der eigenen Athleten zu ermöglichen und Niederlagen zu vermeiden, Binnenlimitationen in Gestalt von Wartezeiten und Bewährungsphasen eingeführt. Die Bewertung erfolgt in der Regel nach der Saison in Form von Bleibe- oder Versetzungsmaßnahmen in Würdigung gezeigter oder nicht gezeigter Leistungen. Systemsinn läuft hierbei permanent mit und wird auf Folgebereitschaft bei Trainern und Athleten überprüft. Der sportliche Wettkampf stellt sich als das zentrale Selektions- und Plazierungsinstrument dar, mit dessen Hilfe sportspezifischer Sinn ausgeübt und am Leben erhalten wird. Sportkarrieren auf der Grundlage sportlich erbrachter Leistungen sind nur über die Teilnahme am Trainings- und Wettkampfsystem möglich.

Was die Schule über Notengebung, Zeugnisse, Lob, Tadel, Versetzung oder »Hängenbleiben« abwickelt, die Wissenschaft über Veröffentlichungen und Reputationserfolge oder -verweigerungen und die Vergabe knapper Positionen in Forschung und Lehre steuert, läuft im Hochleistungssport über öffentliche Sporterfolge, Niederlagen, Kaderwechsel, Pokale, Urkunden, Medaillen und silberne Lorbeerblätter.[70] Die genannten Sozialbereiche intervenieren mit diesen Maßnahmen in sich selbst und verfügen über die Zuteilung eigener Ressourcen.[71] Sie stellen Programme zur Bewältigung der eigenen Komplexität auf und versuchen Situationen zu schaffen, in denen dies nach Maßgabe eigener Sinnkriterien umgesetzt wird.

Ein System, das Bewertungen, Zurechnungen und Messungen öffentlich vornimmt, Rangskalierungen ausspricht und belohnt, individualisiert diejenigen, die an diesen Selektionsprozessen partizipieren. Ein Sozialbereich wie der Hochleistungssport, der erbrachte Leistungen auf eine unerbittliche Art und Weise komparativ, d.h.: im Hinblick auf die Leistung anderer bestimmt, individualisiert die eigenen Mitglieder auf der Sozialdimension in extremer Weise. Dies verschafft sowohl Plausibilität, Anerkennung und Legitimation als auch Kritik.[72] In der Tat, die Selektionspraxis

70 | Letztere Vergabe ist präziserweise eine öffentliche Reaktion des politischen Systems auf die Tatsache sportlicher Erfolge.

71 | An diese internen Ressourcen können externe angekoppelt werden, beispielsweise Geld. Auch der Sport findet, ähnlich wie das Wissenschaftssystem, in der Reputation die Zweitcodierung zu seinem Dualschema von Sieg und Niederlage. Über Reputation lassen sich externe Medien ansteuern und gegebenenfalls außersportliche Karrieren einleiten.

72 | Individualisierung über Leistung hat für diejenigen, die Leistung nicht wie

im Spitzensport begründet temporal begrenzte körperorientierte Leistungseliten, die dann auch jene Kritik auf sich ziehen, die gegenüber Eliten in anderen Zusammenhängen und Kommunikationssystemen in ähnlicher Weise geäußert wird. Die Kritik der Selektion und ihrer Folgen hat den Leistungssport allerdings relativ unberührt gelassen. Die Freiwilligkeit von Zutritt und Abgang, das in der Öffentlichkeit ausgeübte Prinzip der formalen Gleichheit, die relativ breite Streuung von Talentförderungseinrichtungen und die Identifikationsbereitschaft mit Siegern ließen die Kritik ins Leere laufen.

Wo eindeutige Kriterien der Leistungsmessung vorliegen und zudem eine Selbstbewertung durch die Athleten möglich ist, sind Legitimationskrisen auf dieser Ebene unwahrscheinlich. Durch den Wettkampf verschafft sich der Hochleistungssport den Anschein einer technischen, neutralen Rationalität, wie sie für Überprüfungssituationen insgesamt typisch ist. Akzeptanz kann so generiert werden. Das Postulat der Chancengleichheit dient hierbei als zentrale Legitimationsgrundlage zum Prozessieren des Leistungsprinzips. Der heimliche Lehrplan dieses Sozialsystems kommt in diesem Zusammenhang zum Vorschein.[73] Die Anerkennung zentraler gesellschaftlicher Prinzipien und Orientierungen wie Leistung, Konkurrenz und Wettbewerb sowie die Einpassung und Einordnung in soziale, über diese Prinzipien ausgestaltete Hierarchien werden im Spitzensport auf eine relativ harmlose Weise vermittelt. Das teilnehmende Subjekt lernt, seinen Rang in der Hierarchie auf seine individuelle Leistungsfähigkeit zurückzuführen. Sportliche Wettkämpfe sind insofern Objektivitätsrituale, die Ein-

gewohnt zeigen – hier gibt der Spitzensport ein schönes Beispiel ab –, bisweilen gravierende Konsequenzen. Außeralltägliche Leistungen heben heraus und schreiben den einzelnen als Besonderheit fest – mit der Konsequenz, daß nicht erbrachte Leistungen übelgenommen werden und vormals stabile Selbstkonzepte ins Wanken geraten.

73 | Zur primär pädagogisch orientierten Theorie des »heimlichen Lehrplans« siehe beispielsweise Jürgen Zinnecker (Hg.), Der heimliche Lehrplan. Untersuchungen zum Schulunterricht, Weinheim und Basel 1975; einen strukturell-funktionalen Ansatz in der Tradition von T. Parsons wählte Robert K. Dreeben, Was wir in der Schule lernen, Frankfurt a.M. 1980 (erstmals 1968); vgl. auch den Versuch der Einbeziehung systemtheoretischer Denkkategorien im Gefolge von N. Luhmann bei Alfred K. Treml, Theorie struktureller Erziehung. Grundlagen einer pädagogischen Sozialisationstheorie, Weinheim und Basel 1982; zur Diskussion des heimlichen Lehrplans im Sport bzw. Sportunterricht siehe G. Landau, Ordnung im Sportunterricht, Schorndorf 1979; ders. und Heide K. Maraun, »Morgen haben wir Sport«. Gedanken zur ersten Sportstunde, in: Die Grundschule, 1977, S. 458-462; Klaus Cachay, Strukturen als vorgegebene Bedingungen für Sozialisationsergebnisse, in: Peter Becker (Hg.), Sport und Sozialisation, Reinbek bei Hamburg 1982, S. 83-102; auch Eckhard Meinberg, Hauptprobleme der Sportpädagogik. Eine Einführung, Darmstadt 1984, S. 128ff.

verständnis bei denjenigen voraussetzen oder herstellen, die an ihnen teilnehmen.

Der sportliche Sieg ist dasjenige knappe Gut, um das Anwesende konkurrieren. Der einzelne Athlet kann es nicht irgendwie für sich und seine Zukunft verbuchen. Es wird erwartet, daß derjenige, der zu gewinnen antritt, andere um den Gewinn dieser Ressource bringen will und dafür bereit ist, sich auf Training – Vorbereitung – und Wettkampf – Vollzug und Selektion – einzulassen. Letzterer wird damit zu einer systemischen Vorkehrung für soziale Exklusion. Die im vorhergehenden Abschnitt dargestellten normativen Sicherungen lassen diesen Akt der Exklusion kalkulierbar werden. Warum sollten sich Athleten auf einen Wettkampf einlassen, wenn es nicht einen Schiedsrichter und ein Mindestmaß an Fairneß gäbe? Auch Geld könnte nicht kompensieren, wenn der Gegner plötzlich ein Messer aus der Tasche zöge. Fairneß läßt Wettkampfhandlungen kalkulierbar ausfallen. Jeder weiß, daß Fouls wahrscheinlich sind, aber jeder Athlet kann auch davon ausgehen, daß Foulende mit Sanktionen von seiten des Schiedsrichters zu rechnen haben.

Nach der bisherigen Darstellung von Ressourcen, Situationen und Steuerungsmechanismen stellt sich nun die Frage nach der gesellschaftlichen Anschlußfähigkeit sportspezifischer Kommunikationen und Handlungen. Da dem Sport ein eigenständiges Steuerungsmedium fehlt, ist er auf externe Instanzen und deren technische Hilfe angewiesen. Dies verweist unmittelbar auf die modernen Massenmedien. Ohne ihre Verbreitungsfunktion wäre es nicht möglich gewesen, daß der Sportkörper zu einem derart erfolgreichen Thema gesellschaftlicher Kommunikation avancieren konnte. Da der Prozeß der Körperaufwertung durch die Massenmedien eine besondere Kontur bekommen hat, lohnt es sich, die Bedeutung dieser Instanzen für die oberirdische Geschichte des Körpers nachzuverfolgen.

1.6 Resonanzverstärker: die Massenmedien

Körperfundierte Wettkampfinteraktionen, die nach ihrem Auftreten zerfallen und in die Vergangenheit und Vergessenheit katapultiert werden, lassen sich mit Hilfe von Sprache durch diejenigen, die dabei waren, an einen begrenzten Hörerkreis mitteilen. Sie können durch die Zweitcodierung von Sprache, durch Schrift, gedächtnisunabhängig gespeichert werden. Aber erst durch die gedruckte Schrift, das Radio und die elektronischen Medien können derartige Interaktionen an breite Populationen weiterkommuniziert werden und sich in der Art verselbständigen, daß sie an anderen Orten, zu anderen Zeiten und von anderen Zuschauern gesehen und gehört werden können.

Zu einer Steigerung des Körpers als Thema gesellschaftlicher Kommunikation haben paradoxerweise Instanzen beigetragen, die gleichgültig gegenüber physischer Anwesenheit sind, die modernen Massenmedien.[74] Was von ihnen transportiert und verstärkt wird, ist der Hochleistungssektor, weniger der Normalbereich des Sports. Die Gründe liegen in den Selektionsstandards der Medien. Sie zielen auf das Außergewöhnliche, Spannende, Konfliktträchtige und Nichtalltägliche ab. Sie verbreiten die körperorientierten Leistungs- und Wettkampfinteraktionen des Sports und werden dadurch zu wichtigen Bedingungen der Möglichkeit, daß Anschlußofferten und Folgekommunikationen stattfinden.[75] Erst durch Funk, Fernsehen und die schreibende Presse wird ein fernes Miterleben der Zuschauer durchsetzbar[76], was wiederum die Nachfrage nach hochstehenden Körperleistungen auf seiten der Athleten und Athletinnen enorm gesteigert hat und zu Überforderungen eigener Art führte.

Durch das Vermittlungsgeschäft der Massenmedien ist es für den Spitzensport nicht mehr erforderlich, daß der Zuschauer vor Ort dabei ist. Der Kontakt zwischen Leistungsträgern und -abnehmern läuft immer weniger über eine gemeinsame Anwesenheit.[77] Spitzensportliche Ereignisse sind primär Medienereignisse, mit der Konsequenz, daß Wettkämpfe zu weltweit konsumierbaren Gütern geworden sind und die Internationalisierung und Globalisierung des Spitzensports beschleunigt wurden. Indem die eng begrenzte Lokalität der spitzensportlichen Sondersituationen mit Hilfe der Medien übersprungen wird, lassen sich Wettkampfoperationen relativ un-

74 | Vgl. Niklas Luhmann, Veränderungen im System gesellschaftlicher Kommunikation und die Massenmedien, in: ders., Soziologische Aufklärung Bd. 3, a.a.O., S. 309-320.

75 | Zur Funktion der Massenmedien im Austauschprozeß zwischen dem Hochleistungssport und dessen relevanten Umwelten siehe Karl-Heinrich Bette, Strukturelle Aspekte des Hochleistungssports in der Bundesrepublik. Ansatzpunkte für eine System-Umwelt-Theorie des Hochleistungssports, a.a.O., S. 47ff.

76 | Dies bezieht sich nicht nur auf den Sport. Mit Hilfe der elektronischen Massenkommunikationsmittel wird inzwischen jedwedes Funktionssystem visualisiert. Medien-Gottesdienste, die über eigene Radio- und Fernsehstationen als religiöse Spektakel inszeniert werden, sind in den USA gang und gäbe. Politik, Wirtschaft, das Gesundheitssystem und auch die Wissenschaft werden mit Hilfe der Medien popularisiert. Selbst die Musik als ein ursprünglich reines Ohrvergnügen wird immer mehr zu einem Seherlebnis. So hat die Popmusik durch die Video-Clips eine neue Darstellungsdimension erhalten. Die Musik wird in raschen Schnittfolgen in Bewegung, Tanz und Licht umgesetzt. Schnell wechselnde Bilder lassen das Auge nicht zur Ruhe kommen.

77 | Indem der Sport sich mit Hilfe der Medien auf die größere Anzahl der nicht anwesenden Zuschauer eingestellt hat, wird seine Indifferenz gegenüber den faktisch im Stadion Anwesenden erhöht. Durch Arrangements mit Sponsoren als denjenigen, die als »Trittbrettfahrer« Werbung in den Medien betreiben, werden die zahlenden Zuschauer immer unwichtiger. In erwarteter Werbewirksamkeit kommt Geld durch Sponsoren auch ohne sie in die Kasse.

abhängig von der faktischen Präsenz gleichzeitig und gleichräumlich vorhandener Menschen vollziehen und vorführen. Schichtspezifische Barrieren verlieren an Bedeutung, die Inklusion breiter Bevölkerungskreise an der Peripherie wird durchsetzbar. Parallel zur Ausdifferenzierung der spezifischen Interaktionssysteme für Training und Wettkampf und der Festlegung von Mitgliedschaftskriterien entsteht als Komplement ein interessiertes *Publikum*, eine Klientel, die die Inszenierung eines öffentlichen, überlokal präsentierbaren Dramas nachfragt, das Höhepunkte, Idole und Helden, Körperlichkeit, Gemeinschaftserlebnisse, Sieg und Niederlage und vielfältige Identifikationsmöglichkeiten bietet. Die Teilhabe am Spitzensport läuft somit auf der Zuschauerseite in erster Linie über *Wahrnehmung*, nicht über Wahlakte wie in der Politik oder über Kaufentscheidungen, wie sie für den Ökonomiesektor zutreffen, oder eine aktive Auseinandersetzung mit dem eigenen Körper in Gestalt von Training, wie es für den Freizeit- und Breitensport typisch ist.[78]

Der vornehmlich in den Massenmedien konsumierte Spitzensport ist ein Indiz für die gleichzeitige Steigerung von Körperdistanzierung und Körperaufwertung. Durch den Fernsehgenuß wird nicht der eigene Körper bewegt, sondern die spezialisierte Körperlichkeit anderer beobachtbar und konsumierbar. Massenmedien als entkörperlichende Instanzen kultivieren nicht die Nah-, sondern die Fernsinne.[79] Mit Hilfe ausgelagerter elektronischer Augen und technischer Ohren können die Gesellschaftsmitglieder körperorientierte Differenzerfahrungen sammeln, die ihnen ansonsten nicht zur Verfügung stünden.

Durch die Einbeziehung physisch Abwesender erhalten die Kommunikationen und körperstimulierenden Handlungen des Sports eine gänzlich neue Qualität. Der Sport kann seine kommunikative Reichweite in der Gesellschaft ausdehnen und sich selbst als Thema gesellschaftlicher Kommunikation installieren. Körperfundierte Interaktionen können nun auch jene in einem Zustand der höchsten Spannung und Erregung goutieren, die körperlich inaktiv sind und das Geschehen zu Hause oder in der Kneipe mitverfolgen. Geselligkeitsorientierte Kommunikationen lassen sich auf der

78 | Das ausgeprägte Publikumsinteresse am Leistungssport machte diesen in der Kulturkritik rasch verdächtig. Der Verdacht, der vornehmlich in der Neuen Linken im Sport aufkam, bestand darin, daß die Zuschauer durch die Spannung sportlicher Wettbewerbe selbst von sportlichen Aktivitäten und den »echten« Alltagsproblemen abgelenkt würden und in eine Scheinwelt hineinkämen, die eine Veränderung der Wirklichkeit durch Zerstreuung nicht zuließe. Der Vorwurf, der Hochleistungssport würde ein falsches Bewußtsein fördern, lag dann nicht fern.

79 | Vgl. Dietmar Kamper und Christoph Wulf, Blickwende. Die Sinne des Körpers im Konkurs der Geschichte, in: dies. (Hg.), Das Schwinden der Sinne, a.a.O., S. 9-17; Chr. Wulf, Das gefährdete Auge. Ein Kaleidoskop der Geschichte des Sehens, in: a.a.O., S. 21-45; U. Raulff, Image oder Das öffentliche Gesicht, in: a.a.O., S. 46-58; C.-D. Rath, Die öffentliche Netzhaut: Das fernsehende Auge, in: a.a.O., S. 59-74.

Grundlage der sozialen Harmlosigkeit und des Spannungsgehalts sportlicher Wettbewerbe relativ einfach anschließen.

Medien ermöglichen nicht nur eine Teilhabe an Ereignissen, die jenseits des Horizontes ablaufen, sondern erzeugen hierdurch auch die Fiktion von einer homogenen Kommunikationsgemeinschaft psychischer Monaden, die, räumlich voneinander getrennt, im Sehen und Hören dennoch vereint, ein gemeinsames Zuschauen und Miterleben kultivieren könnten. Die im Zivilisationsprozeß verlorengegangene Öffentlichkeit stratifizierter Gesellschaften läßt sich, wie es scheint, mit Hilfe eines entkörperlichenden Mediums paradoxerweise wiederbeleben. Die visuell Beteiligten partizipieren in ihrer Privatheit an einem öffentlichen Fest – Sportfest –, über das sie später im Rahmen geselliger Kommunikation reden können. Ein öffentlich inszeniertes Drama wird ins Haus gebracht und mit der Intimität privater Situationen verkoppelt. Das Fernsehen ist hierbei kein Hintergrundgeräusch. Eine gemeinsam wahrgenommene Spannung verbindet ähnlich wie Angst, weil sie die Aufmerksamkeit vieler gleichzeitig auf Bestimmtes zentriert. Der Zuschauer kann zwar selbst nicht mitmachen – wer sich nicht relativ ruhig verhält, bekommt weniger mit –, er kann aber auf Distanz genießen, mitzittern und sich entrüsten. Das Fernsehen macht den Zuschauer zu einem Voyeur, der per Knopfdruck über die »gefräßigen Augen« (Mattenklott) der Kameras am Geschehen teilhaben kann. [80]

Die Massenmedien erzeugen nicht nur Resonanz in der »lebensweltlichen« Kommunikationssphäre, sondern auch in den primären Funktionssystemen. Nicht nur Menschen werden durch die Medien auf den Sport aufmerksam gemacht. Auch Sozialsysteme können dadurch angeregt werden, daß die Verbreitungsmedien dem Sport eine fortgesetzte Aufmerksamkeit entgegenbringen, weil dieser ein weltweites Zuschauerinteresse hervorruft und dadurch hohe Einschaltquoten erreichen hilft. Das Interesse und die Förderung durch Politik und Wirtschaft wären ohne die Massenmedien schwerlich zu erklären. Funktionssysteme werden durch sie nach Maßgabe ihrer kommunikativen Fähigkeiten stimuliert und versuchen ihre Möglichkeiten über den medial verbreiteten Sport zu steigern. Die Ökonomie beispielsweise nutzt den Sport, um neue Märkte zu erschließen und den Bekanntheitsgrad von Produkten durch Werbung zu erhöhen. Wirtschaftliche Chancen eröffnen sich für den Sport erst dann, wenn sich über die mediale Darstellung jene Kräfte anhängen, die mit seiner Hilfe Imagepflege, Produktdarstellung und nationale Repräsentation betreiben wollen.

80 | Mit der Verbreitung und Weiterentwicklung der elektronischen Medien ist – folgt man der von Neil Postman formulierten Medienschelte – ein Verfall des öffentlichen Diskurses im Hinblick auf Bedeutung und Inhalt die Folge. Was seit Mitte des letzten Jahrhunderts zu beobachten ist, ist in der Tat ein Wechsel von einer »wortbestimmten« in eine »bildbestimmte Kultur«. Vgl. Neil Postman, Wir amüsieren uns zu Tode. Urteilsfindung im Zeitalter der Unterhaltungsindustrie, Frankfurt a.M. 1985.

Massenmedien sorgen dafür, daß die sportspezifischen Ereignisse fortgesetzt beobachtet werden können, und zwar nicht nur im Moment ihres Auftretens, sondern auch wenn sie sich bereits ereignet haben und faktisch zerfallen sind. Fremdbeobachter können festhalten, wie der Sport operiert, anhand welcher Differenzen er sich mit welchen Konsequenzen steuert. Die zentrale sportliche Sondersituation für den Vollzug der eigenen Operationen, der Wettkampf, kann zwar auch ohne die Anwesenheit der Medien stattfinden, wie viele Sportfeste immer wieder zeigen. Auf der Abnehmerseite wäre das System aber mittel- und langfristig extrem geschädigt. Bereits erreichte Ausdifferenzierungsgrade im Hinblick auf Werte, Rollen und Programme könnten nicht mehr aufrechterhalten bleiben, sondern müßten zurückgefahren werden. Das überaus starke Interesse von Wirtschaft und Politik ginge ohne die Verbreitungsmedien schnell verloren. Es zeigt sich damit, daß massenmedial verbreitete Wettkämpfe für die Ausdifferenzierung des Spitzensports von zentraler Bedeutung sind. Das elektronische Auge des Fernsehens und die Sportseiten in den Zeitungen ermöglichen eine dauerhafte Rezeptionsgemeinschaft auf der Konsumentenseite. Die räumliche Isolierung sportlicher Sondersituationen wäre ansonsten nicht zu überwinden.

Das Fernsehen als ein Gleichzeitigkeit und Raumüberbrückung ermöglichendes Technikmedium temporalisiert den Sport primär für die Gegenwart. Wettkämpfe, deren Ausgang man bereits kennt, haben einen geringeren Aufmerksamkeitswert als Konkurrenzen, die anstehen oder gerade ablaufen. Von einer Temporalisierung läßt sich in einem weiteren Zusammenhang sprechen: Erst durch das konservierende Fernsehauge bekommt ein Sozialsystem, das schnellzerfallende Körperereignisse herstellt, eine erlebbare, visuell beobachtbare Vergangenheit. Indem die Speicherfähigkeit des Films die sportlichen Leistungen selbst bereits vergangener Gegenwarten in die Gegenwart zurückprojiziert, wird es möglich, Vergangenes nostalgisch zu nutzen.

Der Spitzensport paßt mit seinem Sieg/Niederlage-Code in extremer Weise in die Eigenrationalität der Medien hinein. Die Differenz zwischen überlegener und unterlegener Leistung erzeugt ein Erlebniskorrelat, das zur Vermeidung von Langeweile (= Abschalten) gerade für die visuellen Medien bedeutsam ist. Die Fähigkeit des Sports, Spannung herzustellen und Aufmerksamkeit zu binden, ist der primäre Grund für die Resonanz, die er beim Publikum, in den Medien und über die Medien hinaus in anderen Bereichen erzeugt. Die Eigeninteressen dieser Instanzen beeinflussen hierbei das Übertragungsgeschäft. Auch sie folgen dem Resonanzprinzip insofern, als sie Bestimmtes selektiv darstellen und verstärken, anderes wiederum ausblenden oder abdunkeln. Die Bedingungen des jeweiligen Mediums legen fest, welche Beobachtungskapazitäten für wie lange welchen Themen gewidmet werden. Leistungs- und wettbewerbsorientierte Kommunikationen und Handlungen gehören, wie die Medienwirklichkeit zeigt, zu den bevorzugten Themen. Sport im Leistungsbereich war immer schon Unterhaltung, Show, Drama und mythische Inszenierung. Er ist dadurch zu einem festen und zentralen Bestandteil der Freizeit- und Unterhaltungsindustrie geworden.

Die Leistungen, die der moderne Spitzensport für andere Sozialsysteme erbringt, konnten erst unter Mitwirkung der Massenmedien auf den Weg gebracht und wirksam durchgesetzt werden, und zwar mit Konsequenzen sowohl für den Spitzensport als auch für die Medien.[81] Letztere sind erst durch den Transport des Sportspezifikums für weite Bevölkerungskreise interessant geworden. Durch die verstärkte Heraufkunft der elektronischen Technologie in den 50er und 60er Jahren konnte insbesondere das Fernsehen mit Hilfe eines immer weiter entwickelten Raffinements – erst in schwarz/weiß, dann in Farbe, Zeitlupe und mit einem »instant replay« – eine neue Realität inszenieren. Sportereignisse werden nicht nur einfach abgebildet und an interessierte Rezipienten befördert. Sie werden vielmehr telekratisch aufbereitet und augen- und ohrengerecht serviert. Indem Helden und Idole »gemacht« und durch Legendenbildung und Medienpräsenz abgestützt werden, können breite Massen in den Bann dieses Mediums geschlagen werden, und zwar über sämtliche soziale Schichtdifferenzen hinweg.

Die Durchführungsbedingungen und Darbietungsüberlegungen der elektronischen Medien bestimmen immer mehr die Art und Weise des sportlichen Handlungsvollzugs und der Körperverwendung, vor allem dort, wo sie kommerziell organisiert sind. Ein drastisches Beispiel ist der amerikanische Profi-Football. Er hat unter dem Druck der Medien signifikante Veränderungen in seinem Regelwerk und in seiner Organisationsstruktur

81 | Die Genese des Sports in die Erscheinungsformen und Teilmodelle hinein, mit denen er sich heute präsentiert, zeigt sich insgesamt durch technologische Neuerungen stark beeinflußt, besonders wie sie sich vor allem in der 2. Hälfte des 19. Jahrhunderts durchzusetzen begannen. Wissenschaftliche Innovationen und wirtschaftliche Expansionsprozesse blieben nicht ohne Konsequenzen auf den kommunikativen Erfolg des Sports. Am Beispiel der USA in der Zeit von 1850-1900 zeigte Betts beispielhaft, wie die prinzipielle und faktische Einbeziehung breiter Bevölkerungskreise in das sich herausbildende Funktionsfeld des Sports durch bestimmte technologische Veränderungen beeinflußt wurde. Die Kapitalisierung einzelner Sportdisziplinen und die Institutionalisierung sportlichen Leistungshandelns unter Einbeziehung einer interessierten Sportöffentlichkeit wären ohne die Verbesserungen im Beförderungs- und Transportwesen, neuartige Kommunikationsmittel (Telegraph, Telefon, Fernschreiber etc.) und Produktions- und Distributionsformen sportbezogener Konsumgüter undenkbar gewesen. Siehe hierzu John R. Betts, The technological Revolution and the Rise of Sport, in: John W. Loy/Gerald S. Kenyon (Hg.), Sport, Culture and Society, London 1971 (erstmals 1969), S. 145-166. Zu den Auswirkungen des modernen Hochleistungssports auf die Medien siehe Susan L. Greendorfer, Sport and the mass media, in: G. Lüschen/G. H. Sage (Hg.), Handbook of Social Science of Sport, Champaign Ill. 1981, S. 174ff.

erfahren. Neue Wettkampfmärkte wurden geschaffen, immer mehr Konkurrenzsituationen erfunden. Die Sanktionsformen (two minute warning) wurden mediengerecht verändert. Auszeiten sorgen dafür, daß sich die Wettkampfpausen werbewirksam vermarkten lassen.[82]

Das altehrwürdige Golfspiel als eine vormals reine Beschäftigung der Oberschicht ist ein anderes Beispiel, wie eine Sportart durch die Massenmedien beeinflußt und zu einem weltweit konsumierbaren Gut werden konnte. Der Einsatz fortgeschrittener technologischer Mittel ermöglichte die Reduzierung und Verringerung zeitlicher und räumlicher Distanzen im Wettkampf und half dabei, den Schichtstatus – zumindest auf der Athleten- und Zuschauerseite – zu durchbrechen, einen hohen Unterhaltungswert in einer vormals als langweilig geltenden Sportart zu produzieren und – last but not least – die Pausen mit Werbung zu füllen.[83] In öffentlich-rechtlich organisierten Medien stellt sich die Situation anders, aber durchaus ähnlich dar.

Die Medien erscheinen in dieser Hinsicht als Spezialinstanzen für die Herstellung/Übermittlung von Differenzerfahrungen. Das Neue, das sich vom Alten, Bekannten und »Normalen« absetzt, hat Vorrang. Das Sensationelle, Außeralltägliche wird transportiert und mit Aufmerksamkeit belohnt, weil es in den Wahrnehmungsfilter des Mediums und der Nichtanwesenden besser hineinpaßt als das Alltägliche, das sich im Gleichlauf der Dinge schneller abnutzt. Damit das gegenwärtig Aufmerksamkeitsträchtige zu einem späteren Zeitpunkt immer noch sensationell ist, muß es mit immer neuen Ereignissen stabilisiert werden. Dies setzt eskalierende Effekte auch auf der Ebene der Athleten und Athletinnen frei, weil diese Körperspezialisten nun nahezu rund um die Uhr zu funktionieren haben.

Das Sensationelle des sportlichen Wettbewerbs kommt mitunter auch dadurch zustande, daß die Medienunternehmen untereinander um die

82 | James A. Michener berichtet in seiner Analyse des amerikanischen Sports von der medieninduzierten Ausweitung des Kontroll- und Anzeigesystems wie folgt: »It was to serve broadcasters that a linesman was added, holding a flag to indicate the spot from which a team takes over possesion of the ball [...] One other official has been added, this one not in uniform and not listed in the program. He is the television network man, often wearing an irresdescent orange vest, who instructs the real officials when arbitrary time-outs are to be called for advertisement. It is his job to see that the game is halted often enough to enable the network to unreel its commercials [...] But at this point the television man in the orange vest started signalling frantically that he had three more commercials to squezze in.« Siehe ders., Sports in America, Connecticut 1976, S. 369f.

83 | Das jüngste Beispiel, wie die Unwahrscheinlichkeit der visuellen und auditiven Partizipation an einigen sportlichen Wettbewerben mit Hilfe der Medien wahrscheinlich gemacht wurde, liefert der Segelsport. Durch die Installation von Kameras auf den Rennyachten und den Einsatz von Helikoptern konnten Bilder per Satellit direkt übertragen werden.

Gunst des Zuschauers in einem scharfen Wettbewerb stehen. Wer regelmäßig hohe Einschaltquoten erreichen will, muß spannungsträchtige Ereignisse in das eigene Programm hineinnehmen. Zuschauer schätzen in der Regel keine Langeweile. Der sportliche Wettkampf erscheint bezüglich der Herstellung von Aufmerksamkeit funktional äquivalent zu jenen anderen Medienspektakeln zu sein, die in ähnlicher Weise Differenzerfahrungen erzeugen: Krimis, Ratespiele, Musiksendungen etc.

Die modernen Massenkommunikationsmittel als Resonanzverstärker für sportspezifische Kommunikationen haben den Spitzensport, mit disziplinspezifischen Unterschieden, in die Freizeit- und Unterhaltungsbranche hineingebracht. Die Zweischneidigkeit liegt für das fokale System darin, daß es hierdurch sowohl seine Abhängigkeit als auch seine Unabhängigkeit steigern konnte. Die Verberuflichung von Trainern und Athleten wird einerseits erst dadurch möglich, daß eine Nachfrage auf der Abnehmerseite vorhanden ist und dauerhaft stimuliert wird. Die psychischen und physischen Kosten bei den Sportlern wachsen andererseits stark an, der Zugriff von Sponsoren, Medienunternehmen oder Zuschauern wird immer hemmungsloser.[84] Das Zeitbudget und der Sozialhaushalt des Spitzensports unterliegen in zunehmendem Maße den eskalierenden Vermarktungsbestrebungen einer auf die Ökonomisierung humaner Ressourcen ausgerichteten Freizeit- und Unterhaltungsindustrie.

Sporttreiben in der Ausrichtung auf internationale Meriten bekommt einen Rollenzuschnitt durch Bezugsgruppen, die nicht nur ein diffuses Interesse artikulieren, sondern handfest belohnen und sanktionieren. Athleten sind insofern Sozialfiguren eines exklusiven Sinnsystems, in welchem die Konturierung der Rollen von außen stark mitbetrieben wird. Die Früchte des gestiegenen Interesses externer Instanzen an dem, was der Spitzensport leistet, zeigen sich in dem Gewinn von Ausdifferenzierung, nämlich in der weiter fortschreitenden Spezialisierung der beteiligten Akteure. Die Athleten sind in der Lage, immer neue Rekorde zu produzieren; Trainer können sich verberuflichen; Zuschauer bekommen immer ausgeklügeltere Techniken, Taktiken und Kampfinszenierungen zu sehen.

Unsere bisherigen Ausführungen hatten das Ziel, detailliert vorzuführen, wie ein als Prototyp für Körperlichkeit geltendes Sozialsystem sein Körperprojekt betreibt und sich in die Dimensionen hineinentwickeln konnte, in denen es heute nachgefragt und kritisiert wird. Es ist offensichtlich, daß der moderne Spitzensport Körperlichkeit nicht beliebig, sondern nur unter Sonderbedingungen zuläßt. Der hochspezialisierte Leistungskörper, der dort in einem typisch modernen Sinne modelliert wird, setzt sich vom Alltagskörper ab, weil eine Steigerung des sportlich Möglichen anson-

84 | Zur theoretischen Einordnung der Sponsorenschaft siehe Karl-Heinrich Bette, Zum Verhältnis von Spitzensport und Wirtschaft in modernen Industriegesellschaften – Das Beispiel der Sponsorenschaft, in: Klaus Heinemann (Hg.), Texte zur Ökonomie des Sports, Schorndorf 1984, S. 72-90.

sten nicht zustande käme. Der Sportkörper erzeugt mit seiner lebensweltlichen Distanziertheit eine Resonanz, die über den Rahmen sportspezifischer Situationen hinausweist. Mit Hilfe der Verstärkerfunktion der Verbreitungsmedien ist es möglich geworden, daß im gesellschaftlichen Kommunikationspanorama trotz physischer Nichtanwesenheit über diesen sportlichen »Sonderkörper« kommuniziert wird. Das sozio-evolutionär erfolgreiche Körperprojekt, das im Spitzensport abgelaufen ist, wäre allerdings unvollständig beschrieben, wenn seine Grenzen nicht auch dargestellt würden.

2 Grenzen der Ausdifferenzierung

Indem der Spitzensport anhand eines eigenständigen Codes mit hierauf bezogenen Programmen die Elemente reproduziert, die das System ausmachen, konnte er sich aus der diffusen Einbettung in allgemeine lebensweltliche Bezüge und aus externen Leistungsverpflichtungen absetzen und eine eigene Sinnwelt durch Grenzsetzung stabilisieren. Nachdem das vorhergehende Kapitel abgeklärt hat, in welchen Aspekten der Sport sich verselbständigen konnte, läßt sich wie folgt festhalten: Dem Sport, vornehmlich seinem Leistungssektor, ist eine Ausdifferenzierung in Einzelmomenten gelungen. Eine Autonomie, wie sie die primären gesellschaftlichen Funktionssysteme Wirtschaft, Politik, Wissenschaft oder Recht durchsetzen konnten, ist im Sport nicht zu erwarten. Das Körperprojekt dieses Teilsystems wird demnach an entscheidenden Stellen abgebremst und blockiert.

Der Spitzensport steht damit in einem Spannungsverhältnis, in dem er einerseits auf eine noch stärkere, von außen konzessionierte Verselbständigung gedrängt wird – im Sinne einer *Entfesselung eigener Sinnbezüge* durch Kommerzialisierung, Medialisierung, Politisierung, Verrechtlichung und Verwissenschaftlichung. Er ist andererseits in ein Bedingungsgefüge eingelassen, das ihn in bestimmten Momenten zurückhält und an einem Zugewinn weiterer Autonomiegrade hindert. Die für seine begrenzte Ausdifferenzierungsfähigkeit maßgeblichen Gründe und Restriktionen sollen im folgenden (Kap. III.2.1) unser Thema sein. In einem letzten Abschnitt (Kap. III.2.2) wollen wir einen Ausblick wagen.

Eine Analyse der Grenzen von Ausdifferenzierung verweist in einem allgemeineren Sinne auf differenzierungstheoretische Leerstellen. Dies zeigt sich darin, daß körper- und personenorientierte Sozialsysteme in der neueren Systemtheorie merkwürdig unterbelichtet erscheinen. Schwierigkeiten der Einordnung ergeben sich insofern, als ihnen der Status von »Funktionssystemen« deswegen nicht zugesprochen wird, weil sie keine für den gesellschaftlichen Reproduktionsprozeß unverzichtbaren Funktionsprimate durchsetzen konnten.

2.1 Bremsfaktoren

Retardierende Momente, die eine weitere Verselbständigung des Spitzensports verhindern, zeigen sich (1) in seiner Unfähigkeit, einen eigenständigen Mediencode auszuprägen. Der enge Körperbezug der Systemoperationen resultiert (2) in dem Umstand, daß eine lebenslange Professionalisierung der Hauptakteure nicht zustande kommen kann. Der natürliche Zerfall der körperlichen Leistungsfähigkeit und die damit verbundenen geringen Chancen einer Langzeitverberuflichung der Athleten zwingen dem System Abstimmungsnotwendigkeiten und Synchronisierungserfordernisse auf. (3) Im Rahmen der notorischen Strukturkonflikte zwischen dem Breiten- und dem Leistungssport sowie der Ehren- und Hauptamtlichkeit wird der Spitzensport auf eine urwüchsige Weise an einem Zugewinn weiterer Autonomiegrade gehindert. Die massive staatliche Förderung wirkt sich (4) nicht nur fördernd, sondern auch hemmend aus.

ad 1: Der Spitzensport als das am weitesten rationalisierte und durchstrukturierte Sportmodell hat seine Eigenlogik nicht in bezug auf ein eigenständiges, unverwechselbares Steuerungsmedium wie Geld, Macht, Gerechtigkeit, Liebe oder Wahrheit etablieren können. Er substituiert vielmehr die Ordnungsfunktion des Mediums durch eine Aufwertung seiner Interaktionstypen, Sondersituationen und des Erlebniskorrelats seiner Leitdifferenz. Mit der resonanzverstärkenden Hilfe der modernen Verbreitungsmedien wird es ihm möglich, seinen auf der Grundlage körperorientierter Ereignisse ablaufenden Sonderdiskurs in die gesellschaftliche Kommunikation einzuspielen und Anschlußofferten auszulösen.

Der Sport bleibt aus diesem Grunde abhängig von relevanten Umwelten, die ihn nahezu beliebig fördern oder beschneiden können. Die ihm oftmals unterstellte Qualität, ein an und für sich »überflüssiger« Sozialbereich zu sein, der für die Existenz der Menschen nicht notwendig sei, gründet – ohne daß es den betreffenden Kritikern bewußt gewesen wäre – in diesem strukturellen Defizit des Sports, einen eigenen Mediencode auszugliedern.[85] Daß Kommunikationen in diesem Sozialsystem nichtsdestotrotz ablaufen, um eine Personen- und Körperänderung auf seiten der Sportler und Sportlerinnen zu veranlassen, verweist auf Hilfskonstruktionen und das Vorhandensein von Mechanismen, die Ereignisse produzieren und eine Anschlußfähigkeit der basalen Operationen herstellen bzw. stellvertretend übernehmen. Der Sport ist gerade dort, wo er sich aufgrund in-

85 | Vgl. beispielsweise Christian Graf von Krockow, Sport und Industriegesellschaft, München 1974 (erstmals 1972), S. 92. Hier heißt es: »Sportler sind Nichtsnutze. Sport ist überflüssig. Wo immer man versucht, Nutzen und Notwendigkeit zu begründen – oder mit umgekehrtem Vorzeichen den Nutzen als Schädlichkeit zu verrechnen –, da beginnt die ideologische Verzerrung, die Verfälschung. Wo immer man Nutzen und Notwendigkeit herbeizwingt, da beginnt der Mißbrauch.«

terner Bedingungen und externer Interessen relativ weit verselbständigen konnte, extrem bezugsgruppenabhängig.

Im Kanon der bisher ausgegliederten Funktionssysteme nimmt er durch die Nichtexistenz eines Symbolmediums insofern keine Sonderstellung ein, als er auf analoge Schwierigkeiten in all jenen Sozialsystemen verweist, die auf ein people- und body-processing spezialisiert sind. Auch das Erziehungs- und das Krankheitssystem haben keine eigenen Medien ausprägen können und müssen dies »durch vorausgesetzten Kooperationswillen und direkt interaktionsfähige Symbolik kompensieren (im Schulunterricht vor allem ›Texte‹; in der Arzt/Patient-Situation vor allem verabreichte oder verschriebene Medikamente mit unverständlichem Namen und Sorgfalt symbolisierenden Gebrauchsanweisungen).«[86] Wo Sozialsysteme sich explizit auf den Umweltfaktor Mensch ausrichten und damit Greifbares, Konkretes und Lebendiges in den Vordergrund der eigenen Operationen stellen, können sich keine hochabstrakten Steuerungsmedien bilden.

ad 2: Die Schwierigkeit, ein eigenes Steuerungsmedium auszuprägen, und der enge Körperbezug des Systems wirken sich in einem weiteren Sinne restriktiv auf die Ausdifferenzierungsfähigkeit des Sports aus: es kommt zu Problemen bei der Professionalisierung der Hauptakteure (Trainer und Athleten). Dieser Zusammenhang ergibt sich wie folgt: In allen primären Funktionsbereichen existieren in Gestalt von professionalisierten Rollen wichtige Strukturen, an denen das jeweilige System sich abstützen und gesamtgesellschaftlich wichtige Funktionserfordernisse abarbeiten kann. Alle klassischen Professionen wie Ärzte, Priester, Juristen, Lehrer, Wissenschaftler oder Offiziere haben sich dauerhaft als Gralshüter gesamtgesellschaftlicher Aufgaben etablieren können. Ärzte sind Sachwalter der Gesundheit, Priester gelten als Betreuer des menschlichen Seelenheils, Juristen dienen der Gerechtigkeit, Wissenschaftler treten als Spezialisten für Wahrheit auf, Lehrer sind verantwortlich für Bildung und Erziehung, und Offiziere sind Sicherheitsexperten, die vor Übergriffen auf Leib und Leben schützen sollen.

Alle genannten Experten haben eine Spezialausbildung genossen, über deren Zugang formale Kriterien entscheiden. Nicht jeder wird zugelassen. Die Ausbildung dient nicht nur der Vermittlung von Spezialwissen, sondern auch einem Training in berufsspezifischen Werten, Normen, Verhaltensweisen und Berufsidealen. Eine Standesvertretung sorgt durch Rekurs auf ein Berufsethos für eine Kontrolle nach innen und eine Autonomie nach außen. Die Übernahme gesamtgesellschaftlich wichtiger Funktionen geht einher mit der Übernahme spezifischer Risiken. Diese werden von »Profis« stellvertretend und gesellschaftlich lizensiert übernommen und

86 | Siehe Niklas Luhmann, Anspruchsinflation im Krankheitssystem. Eine Stellungnahme aus gesellschaftstheoretischer Perspektive, in: Philipp Herder-Dorneich/Alexander Schuller (Hg.), Die Anspruchsspirale, Stuttgart u.a. 1983, S. 41.

berufsmäßig konturiert. Freiheiten sind hierbei zu konzedieren. Vor Fehlbarkeit in prekären Fällen schützt eine professionelle Kontrolle. Experten werden nur von Experten beurteilt, nicht von Laien.[87]

Was der Priester für den religiösen Glauben, der Rechtsanwalt oder Richter für das Rechtssystem, der Arzt für den Gesundheitssektor, der Wissenschaftler für intersubjektive Wahrheit und der Politiker für den politischen Machteinsatz ist, ist sicherlich in ähnlicher Weise der Athlet/die Athletin für den Spitzensport. Besonderheiten ergeben sich insofern, als – neben der Erfolgsorientierung, der Öffentlichkeit und Fristigkeit des Rollenhandelns – in der Körperabhängigkeit ein Spezifikum des Sports existiert, das sich einer Professionalisierung auf der Akteursebene der Athleten widersetzt.[88]

Körperlichkeit unter den Bedingungen des Hochleistungssports unterliegt dem Problem einer künstlichen Verknappung. Das System trifft Arrangements, nur angemessene Körper zuzulassen. Das heißt: Ein konstitu-

87 | Vgl. Talcott Parsons, The Professions and Social Structure, in: ders., Essays in Sociological Theory. Pure and Applied, Glencoe 1958 (erstmals 1939), S. 34-49; ders., Professions, in: International Encyclopedia of the Social Sciences, Vol. 12, 1968, S. 536-547.

88 | Zu den strukturellen Hindernissen, die einer Professionalisierung der Trainerrolle im Weg stehen, siehe Karl-Heinrich Bette, Die Trainerrolle im Hochleistungssport, Sankt Augustin 1984. Interessanterweise wird der Professionalisierungsbegriff in der Sportwissenschaft unter dem Eindruck neuerer Entwicklungen im Sport (Kommerzialisierung) relativiert und verwässert, und dadurch seiner theoretischen Aussagekraft beraubt. Spannende und wichtige Folgefragen werden aus der Diskussion herauskatapultiert, wenn generell und apodiktisch davon ausgegangen wird, daß eine Professionalisierung bereits abgelaufen wäre. Wie es scheint, paßt sich die sportwissenschaftliche Theorie den alltagssprachlichen, vornehmlich sportjournalistischen Vorstellungen von einem Profitum im Sport an. Die zweifellos vorhandene Besonderheit der Verberuflichung zentraler Steuerungspositionen in einem körperbezogenen, auf Wettkampf, Erfolg und Konkurrenz ausgerichteten Sozialsystem wird wegnivelliert und derartig unterkomplex interpretiert, daß nur noch eine Begriffshülse übrigbleibt. Vgl. hierzu beispielsweise Friedhelm Neidhardt, Professionalisierung im Sport – Tendenzen, Probleme, Lösungsmuster. Text eines Vortrags auf dem 23. Magglinger Symposium zum Thema »Hat der Spitzensport (noch) eine Zukunft?« vom 17. – 21.9.1984. Auch bei den mit der Verberuflichung von Trainern befaßten Funktionsträgern der Verbände, Landesleistungs-Ausschüsse etc. scheint der Wunsch nach Professionalisierung – und nicht die Realität – die Feder zu führen. Siehe hierzu exemplarisch am Beispiel der Landestrainer Edwin Gahai und Peter Holz, Zur Rolle des Trainers im Leistungssport, Köln 1986. Insgesamt gilt, daß Professionalisierung nicht mit »Verberuflichung« gleichzusetzen ist, sondern andere Qualitäten jenseits von Verberuflichung anspricht: Autonomie der Rollenführung, Professionskontrolle, geringe Konkurrenz untereinander, Existenz eines ethischen Codes und formale Zugangsregelungen.

tives Element dieses Sportmodells besteht in dem körperlichen Zerfall der Leistungsfähigkeit auf seiten der hauptsächlichsten Handlungsträger, der Athleten. Die Kurzzeitigkeit spitzensportlichen Leistungshandelns ist ein Datum, mit dem in den Sportorganisationen kalkuliert werden muß. Für Sozialbereiche, die die eigenen Operationen nicht primär über Kommunikationen, sondern personen- und körperbezogen abwickeln, und dies noch unter Leistungsdruck setzen, entstehen eigentümliche Folgeprobleme. Da die Mitgliedschaft der Athleten temporär begrenzt ist und nicht, wie im Freizeit- und Breitensport, lebenslänglich erworben werden kann, wird die Bewältigung der hohen Mitgliederfluktuation und -rekrutierung zu einer wichtigen Aufgabe. Die Schwierigkeiten, die in diesem Zusammenhang auftauchen, handelt der Sport traditionellerweise unter den Stichworten »Talentsuche und Talentförderung« ab.

Die Folgekomplexität, die im Spitzensport als Reflex auf das körperorientierte Prozessieren seiner inneren Abläufe kleinzuarbeiten ist, stellt eine restriktive Bedingung für seine weitere Ausdifferenzierung dar. Indem dem einzelnen Sportler durch die Abwicklung von Training und Wettkampf physische und psychische Leistungen abverlangt werden, die seine individuelle Lebensführung in Zeitumfang und Engagement stark absorbieren, müssen die Sportorganisationen gesamtbiographische Gesichtspunkte einbeziehen und Synchronisierungsleistungen für die außersportlichen Rollenbezüge ihrer Athleten organisieren. Die Bezugsgruppen – vornehmlich in den Bereichen Familie, Beruf, Schule und Ausbildung – sind ausgesprochen bedeutsam. Hieraus resultiert, daß der Spitzensport seine Funktionsinteressen zwar steigern kann, in diesem Bestreben aber stark umweltbezogen agieren muß, will er nicht die Qualität einer »greedy institution« (Coser) erreichen. Indem das knappe Gut »körperliche Leistungsfähigkeit« eine lebenslange Verberuflichung der Sportler verhindert, und somit eine lebenslange Professionalisierung nicht zustande kommen läßt, wird ein Abstimmungsbedarf mit den Funktionserfordernissen umliegender Sozialbereiche erzeugt. Die Personen- und Körperorientierung des Hochleistungssports, die hier zutage tritt, erschwert einen Zugewinn an weiteren Autonomiegraden.

Im Hinblick auf den zeitlichen Aufenthalt zeigt sich ein deutlicher Unterschied zwischen den verschiedenen Sportmodellen. Die Kurzzeitigkeit der körperlichen Leistungsfähigkeit, die für den wettkampforientierten Spitzensport zutrifft, dort karrierebegrenzend wirkt, spielt im Freizeit- und Breitensport keine sonderlich bedeutsame Rolle. Hier werden gerade diejenigen zu einem lebenslangen sportlichen Engagement animiert, deren Körper oftmals nur begrenzt leistungsfähig sind. Den Freizeitsport kann man nahezu lebenslang betreiben, auch mit wettkampfmäßigen Komponenten. Die Karriere im internationalen Leistungssport hingegen ist auf wenige Jahre limitiert. Die Berufsmöglichkeiten der Athleten unterliegen den restriktiven Bedingungen, die der eigene Körper und die hohen Leistungsanforderungen des Systems setzen. Ausnahmen sind jene Fälle, in denen der Körper bei der Erbringung sportlicher Höchstleistungen keine besondere Rolle spielt. Wenn Maschinen (Rennsport) oder Tierkörper (Reitsport) im Spiel sind, kann ein anderer Professionalisierungsgrad erreicht werden als im 100m-Sprint. Langzeitkarrieren sind in den relativ körperunabhängigen Sportarten so auch häufiger anzutreffen. Der prekäre Status eines Sportstars im Gegensatz zu einem Kunstvirtuosen oder Spezialisten in den klassischen Funktionssystemen siedelt sich genau hier an: Er spiegelt in seiner Labilität den begrenzten Ausdifferenzierungsgrad des Systems wider. Der Künstler kann virtuos bis ins hohe Alter sein, Spätwerke produzieren und seine Karriere lebenslang gestalten und auskosten.[89] Demgegenüber muß der Sportstar sein Expertentum und seine Virtuosität auf wenige Jahre beschranken. Eine lebenslange Verberuflichung ist nicht möglich.[90]

Indem Athleten aufgrund ihrer zeitlich begrenzten Mitgliedschaft und den ohnehin differentiellen Kommerzialisierungsmöglichkeiten der einzelnen Sportarten keine langfristige Existenzsicherung betreiben können[91], sind der Ausdifferenzierung des Sports entsprechende Grenzen gesetzt. Eine rigide und ausschließliche Konzentration auf das sportlich Mögliche ist unter diesen Bedingungen schwer durchzusetzen und wäre pädagogisch auch nicht wünschenswert. Indem eigene Aspirationen zurückgenommen werden müssen, weil Abstimmungsnotwendigkeiten zu wichtigen Bezugsgruppen einzubringen sind, werden die Bestrebungen des Systems, eine verstärkte Autonomie durchzusetzen, abgebremst und Ausdifferenzierungsprozesse integrativ rückgebunden.

89 | Dies trifft allerdings nur für jene Kunstsparten zu, in denen das Künstlerische relativ indifferent zum Körper herstellbar ist (Beispiele: Pablo Picasso, Henry Moore und Henry Miller). Je mehr Körperlichkeit in die Produktion von Kunst eingeht, desto prekärer werden die Status- und Berufsprobleme der Künstler. Ein Spitzentänzer hat insofern vergleichbare Karriereprobleme wie ein Spitzensportler. Bei letzterem kommt die direkte, auf Meßbarkeit ausgerichtete Wettkampfkomponente noch erschwerend hinzu. Mit 35 Jahren gehört man auch als Tänzer in der Regel schon zum »alten Eisen«. Entweder man verläßt das System, wechselt in eine andere Kunstsparte (Beispiel: Pina Bausch und ihr Tanztheater) oder wird als Lehrer tätig.

90 | Mag das Abtreten erfolgreicher Sportler nach dem Höhepunkt ihrer körperlichen Leistungsfähigkeit nicht nur für sie selbst, sondern auch für ihre Trainer oder das Publikum bedauerlich sein (Verlust eines liebgewonnenen Identifikationsobjektes), für den Hochleistungssport entspringt aus der hohen Umschlagquote auf der Athletenseite auch eine gewisse Funktionalität: Dadurch, daß immer neue Gesichter auftauchen, immer neue Talente in Training und Wettkampf hereingezogen werden, wird das System auf der personellen Ressourcenseite enorm dynamisch. Es macht sich attraktiv für Bezugsgruppen, die Veränderungen und Neuigkeiten nachfragen. Die Erzeugung von Spannung, die für den sportlichen Wettkampf entscheidend ist, kann dadurch zeitlich, sachlich und sozial auf Dauer gestellt werden.

91 | Viele Sportarten erreichen ihr optimales Höchstleistungsalter bereits in der Kindheits- und Jugendphase.

ad 3: Die Grenzen, in denen der Spitzensport sich verselbständigen kann, werden durch Bedingungen mitdefiniert, die – auf nationaler und internationaler Ebene mit variierenden Schwerpunkten – sowohl von innen als auch von außen gesetzt werden. An den Strukturproblemen, mit denen sich die Schulungsorganisationen des Systems konfrontiert sehen, sind weitere Restriktionen ablesbar.[92] So zeigt sich, daß eine über das bisherige Niveau herausgehende Autonomisierung des Leistungssektors unter den derzeitigen Bedingungen der bundesdeutschen Förderorganisationen nicht zu erwarten ist. Die Instanzen, die den Spitzensport in der Bundesrepublik tragen und ermöglichen, sind in Spannungsfelder eingelagert, die Brems- und Integrationseffekte auf eine urwüchsige, nicht geplante Art und Weise herstellen. Konstellationen, die die Absetzbewegung des Spitzensports aus dem allgemeinen Sportpanorama verzögern[93], ergeben sich (a) aus dem Strukturkonflikt zwischen dem Breiten- und dem Spitzensport. Obwohl eine deutliche Loslösung zwischen beiden Sportmodellen auch auf der Organisationsebene zu verzeichnen ist[94], bleibt der Spitzensport auf den Breitensport angewiesen. Er bekommt seine ehrenamtlichen Mitarbeiter, seine Talente aus der Breitensportbewegung, muß die Hallen und Finanzen mit ihr teilen und kann breitensportliche Interessen deswegen nicht einfach übergehen. Die leistungsorientierten Vereinssparten sind auch in einer Zeit, in der die Kommerzialisierung einiger Sportdisziplinen weiter fortschreitet, nach wie vor auf die finanzielle Mitunterstützung durch die Mehrheit der Breitensportler angewiesen – trotz der gegenwärtig zahlreichen Autonomisierungsversuche durch Industrieanlehnungen, Trainings- und Startgemeinschaften, Förderkreise, Sponsoren und Mäzene.

Der Spitzensport wird weitere Unabhängigkeits- und Abhängigkeitsgrade hinzugewinnen können. Eine gänzliche Trennung vom Breitensport ist unwahrscheinlich, da die Folgeprobleme im Hinblick auf die Talentbasis, die ehrenamtliche Mitarbeit und die staatliche Bezuschussungspraxis zu gravierend wären.[95] Das in der sozialen Wirklichkeit zu beobachtende Auseinanderdriften von Breiten- und Leistungssport ist insgesamt als eine interessante Lösung der Praxis selbst zu beurteilen. Unterschiedliche Motive und Schwerpunkte setzen sich voneinander ab, spezialisieren sich, wer-

92 | Vgl. Karl-Heinrich Bette und Friedhelm Neidhardt, Förderungseinrichtungen im Hochleistungssport. Strukturen und Probleme, Schorndorf 1985, S. 115ff.

93 | Vgl. Kap. IV.2 zur internen Differenzierung des Sportsystems.

94 | Beispiele: reine Spitzensportvereine, Stützpunkte, Leistungszentren, Sportinternate etc.

95 | Gelingt es dem Spitzensport, sich von denjenigen Strukturen zu lösen, die auch den Breitensport mittragen, werden die Kleinvereine weiterhin unverzichtbar bleiben. Ihr Los wird darin bestehen, Talente zu entdecken und in der ersten Phase auch zu fördern. Das Ressourcengefälle wird anschließend dafür sorgen, daß Abwanderungsprozesse zugunsten der »reichen« Großvereine stattfinden. Dort hilft vornehmlich Geld, die eigenen Talentdefizite zu kompensieren.

den gesteigert, aber bleiben an bestimmten Punkten voneinander abhängig. Distanzen haben sich ergeben, aber werden auch limitiert.

Eine weitere restriktive Bedingung besteht darin, daß der Spitzensport seine Unterstützungslogistik zu einem großen Teil auf der Basis des Breitensports aufgebaut hat und (b) durch die Ehrenamtlichkeit der Mehrzahl seiner Funktionsträger in seinen Bestrebungen nach Leistungssteigerung urwüchsig kontrolliert wird. Er nutzt damit eine Ressource, die in der Tradition des deutschen Vereins- und Verbandswesens seit jeher fest verankert ist.[96] Auch wenn dieses Steuerungs- und Rekrutierungsprinzip nicht mehr das alleinige Basiselement des modernen Breiten- und Spitzensports darstellt, werden wichtige Leistungen in Training und Wettkampf nach wie vor von ehrenamtlichen Akteuren erbracht. In den Hierarchien des Schulungssystems sind infolgedessen Rollenträger eingelassen, deren Engagement zeitlich begrenzt ist und deren Fähigkeiten, Motivationen und Kompetenzen oft nicht den Anforderungen einer leistungssportorientierten Praxis genügen. Die Ehrenamtlichkeit bringt zudem Zeithorizonte in den Spitzensport, die tendenziell auf Gemächlichkeit ausgerichtet sind. Wo bestimmte Rolleninhaber ihren Zeitbetrag mehr oder weniger selbst bestimmen können, entstehen temporale Defizite gegenüber denjenigen, die ihre Leistungen schon per Vertrag zeitintensiver zu erbringen haben. Es kommt im wahrsten Sinne des Wortes zu chronischen Spannungen, mit der Konsequenz, daß vorhandene Ausdifferenzierungschancen nicht genutzt werden können. Für Training, Wettkampf und Betreuung ist die begrenzte zeitliche Disponibilität der Ehrenamtlichen zwar unverzichtbar. Ihre begrenzten zeitlichen Möglichkeiten müssen aber ein System, das zeitintensiv die Ressourcen der eigenen Leistungsträger nutzen will, konsequenzenreich verlangsamen. Die auf Steigerung ausgelegte Dynamik sportlichen Handelns erfährt dadurch, daß einige wollen, andere aber nicht können, eine seltsame Drosselung des möglichen Tempos. Weiterhin: Die Hauptamtlichen als Vertreter der zentralen Verbandsinteressen stoßen sich mit Akteuren, die tendenziell mehr dem nationalen Sport, den Vereinsinteressen und deren Zeitperspektiven verpflichtet sind. Was potentiell an Verselbständigung möglich wäre, kann dadurch nicht zustande kommen.

Durch die Mischung des Ehrenamtskomplexes mit der Hauptamtlichkeit wichtiger Positionen entstehen in der Zusammenarbeit sonderbare Konstellationen, die in anderen Funktionssystemen so nicht mehr anzutreffen sind: Ehrenamtliche fungieren als Arbeitgeber von Hauptamtlichen. In Handlungsfeldern, in denen Ehrenamtliche Kontrollfunktionen ausüben

96 | Zum Problem der Ehren- und Hauptamtlichkeit in den Sportverbänden vgl. Joachim Winkler und Ralf-Rainer Karhausen, Verbände im Sport. Eine empirische Analyse des Deutschen Sportbundes und ausgewählter Mitgliedsorganisationen, Schorndorf 1985, S. 106ff, ebenso Heinz-Dieter Horch, Strukturbesonderheiten freiwilliger Vereinigungen. Analyse und Untersuchung einer alternativen Form menschlichen Zusammenarbeitens, Frankfurt a.M., New York 1982, S. 141ff.

und gegenüber Hauptamtlichen das Sagen haben, werden deren Entfaltungsmöglichkeiten strukturell beschnitten. Konflikte werden virulent und erzeugen Reibungskosten, die bis auf die unterste Ebene, das Trainings- und Wettkampfsystem, durchschlagen. Der Ruf nach mehr Kompetenzen und Freiräumen, wie er von Hauptamtlichen immer wieder zu vernehmen ist, und der Vorwurf, in wichtigen Entscheidungen durch Ehrenamtliche behindert und blockiert zu werden, machen auf Hindernisse aufmerksam, die die Steigerungsambitionen eines Sozialbereichs, der unter dem Motto eines »Schneller, Höher, Stärker« antritt, wirksam beschneiden.[97]

Ehrenamtliche erhalten ihre Positionen in den Vereinen und Verbänden durch demokratische Entscheidungsprozesse. Ihre demokratisch legitimen Interessen, wiedergewählt zu werden, führen bisweilen dazu, daß Leistungsorientierungen vornehmlich in denjenigen Verbänden ins Hintertreffen geraten, die ihre Mitgliederbasis nicht im Leistungs-, sondern im Breitensport besitzen. Die Belange des Leistungssektors werden auf diese Weise leicht majorisiert. Wahltaktische Überlegungen zugunsten der breitensportlichen Mehrheit und deren Interessen können autonomiehemmende Wirkungen hervorrufen.

Dies führt zu Kollisionen mit Funktionsträgern, die eigene Ansprüche auf Handlungsfreiräume stellen, hierbei aber auf knappe Güter verwiesen bleiben, die ihnen nur Ehrenamtliche zur Verfügung stellen können. Hinzu kommt, daß diese eine subtile, aber sehr wirksame Machtquelle besitzen: Durch die Freiwilligkeit und Unentgeltlichkeit ihres Engagements besitzen sie ein hohes Verweigerungspotential, das sie oft mit dem Recht auf Irrtum und Langsamkeit verbinden. Ihre Macht können sie beispielsweise dadurch entfalten, daß sie wichtige, unter Zeit- und Entscheidungsdruck stehende Aufgaben vertagen oder überhaupt nicht durchführen.

Auf der Trainerebene führen die notorischen Reibereien zwischen der Ehren- und der Hauptamtlichkeit oftmals zu Kollisionen zwischen Verbandspolitik und trainingsfachlichen Notwendigkeiten. Suboptimale Leistungen der Athleten sind in nicht wenigen Fällen die hieraus resultierenden Konsequenzen. Der Sport »hinkt« in seinem Leistungssektor durch den Ehrenamtskomplex hinter allgemeinen gesellschaftlichen Trends hinterher.

97 | Für die Sportpädagogik stellt sich in diesem Zusammenhang die Frage, ob eine Ausdifferenzierung in dem oben beschriebenen Sinne überhaupt wünschenswert ist. Wenn mit einer forciert betriebenen Leistungssteigerung eine weitere Vernachlässigung außersportlicher Aspekte einherginge, wäre sie zu verneinen. Sie wäre zu bejahen, wenn integrative Begleit- und Nachsorgeverfahren entwickelt würden, so daß die eigenen leistungssteigernden Maßnahmen die humane Qualität des Spitzensports nicht ins Abseits drängten. Die Anzeichen sprechen allerdings dafür, daß der Hochleistungssport aufgrund von Beobachtungs- und Reflexionsdefiziten nicht in der Lage ist, sich selbst im Verhältnis zur Umwelt angemessen zu thematisieren und zu steuern. Seine normativen Sicherungen werden durch externe Instanzen und interne Ambitionen zu stark unter Druck gesetzt.

Denkt man an andere Funktionsbereiche, die sich im Laufe ihrer Genese aus freiwilligen Assoziierungen und deren strukturellen Merkmalen von Freiwilligkeit der Mitgliedschaft, Ehrenamtlichkeit der Funktionsträger und formaler Satzung mit expliziten Zielen entwickeln konnten, nämlich an politische Parteien und Verbände, fällt der ›time lag‹ auf, mit dem die Selbstverwaltung durch ein Ehrenamt gegen ein Berufsfunktionärstum im Sport bisher verteidigt werden konnte. Hierin zeigt sich sowohl eine gewisse Funktionalitat im Hinblick auf die soziale Kontrolle dieses Sozialsystems als auch eine Dysfunktionalität, wenn man an die Steuerungsdefizite denkt, die durch die strukturell zugelassene Beliebigkeit und Diffusität ehrenamtlichen Handelns entstehen. Das gegenwärtige Kleinhalten der Hauptamtlichkeit macht auf die Schwierigkeiten aufmerksam, die im Hinblick auf die Dosierung von Ehren- und Hauptamtlichkeit noch zu überwinden sind.[98]

Auf den Bremsfaktor der Ehrenamtlichkeit zu verzichten, wäre allerdings nicht nur aus finanziellen Gründen fatal. Die relative Autonomie des Gesamtsystems kann, so paradox es klingt, nur durch die unbezahlte Indifferenz eines Großteils seiner Mitglieder aufrechterhalten bleiben. Müßten die ehrenamtlich erbrachten Leistungen in Geldwährung bezahlt werden, hieße dies für den Spitzensport, einige Sportarten aus dem eigenen Förderkanon herausstreichen zu müssen oder außersportliche Interessen vermehrt zu berücksichtigen. Die Ehrenamtlichkeit verhindert demnach, daß der Spitzensport sich abkapselt. Sie stellt damit ein dedifferenzierendes Element dar. Der Dilettantismus, der ihr auf weiten Strecken zu eigen ist, sichert eine Repräsentanz allgemeiner lebensweltlicher Interessen.

ad 4: In einem letzten Punkt soll eine Bedingung vorgestellt werden, die das nationale Leistungssportsystem maßgeblich ermöglicht, gleichzeitig aber auch differenzierungsbegrenzend wirkt – gemeint ist die massive staatliche Förderung des nationalen Spitzensports. Diese trägt dazu bei, daß sich der Spitzensport verstärkt autonomisieren und aus der vormals fusionierten Gesamtbewegung des Sports absetzen konnte. Der Staat tritt allerdings nicht nur als Hauptunterstützer, sondern auch als ein subtiler Nachfrager auf, der eine gesamtstaatliche Repräsentation gewährleistet sehen will.[99]

98 | Unter den Bedingungen vorhandener Reflexionsprobleme des Sportsystems wäre es sportpädagogisch ratsam, dafür zu plädieren, daß die Ehrenamtlichkeit im Spitzensport in dosierten Maßen erhalten bliebe. Die Funktion ehrenamtlichen Handelns bestünde dann darin, eine weitere Verselbständigung des Spitzensports, die immer mit Spezialisierung und zunehmender Lebensweltferne zu tun hat, zu verhindern oder zumindest zu verlangsamen. Die Ehrenamtlichkeit, die oft nur als ein dysfunktionales Element für die leistungssportlichen Ambitionen denunziert wird, erscheint in dieser integrationstheoretischen Perspektive in einem gänzlich anderen Licht: Ehrenamtliche sind dann nicht als Störfaktoren zu bewerten. Sie sichern vielmehr einen sozialen Rückbezug zur allgemeinen Lebenswelt. Vgl. Karl-Heinrich Bette, Die Trainerrolle im Hochleistungssport, a.a.O., S. 70f.

99 | Im »Leistungssportprogramm der Bundesregierung« heißt es: »Aufgabe

Was staatliche Stellen für die Durchsetzung spitzensportlicher Funktionserfordernisse leisten, ist im Hinblick auf Kompetenz, Finanzbewilligung und Steuerung beeindruckend. Der bundesdeutsche Spitzensport und seine Organisationsträger werden hierbei allerdings mit geteilten Gewalten und Zuständigkeiten auf kommunaler, Länder- und Bundesebene konfrontiert. Da sie auf die politische Vermittlung knapper Güter angewiesen sind, können sie dieser Konfrontation nicht einfach aus dem Wege gehen. Die Situation des Sports ist in dieser Hinsicht durchaus mit der anderer ausdifferenzierter Sozialbereiche zu vergleichen, die in ähnlicher Weise auf staatliche Steuerungsleistungen zurückgreifen müssen, weil sie ihre Strukturen und Prozesse ansonsten nicht erhalten bzw. durchführen könnten. Dies gilt beispielsweise für die Sozialbereiche Wissenschaft, Erziehung, Kunst und Gesundheit.

Die Dezentralisierung von Macht, die nach den folgenschweren Erfahrungen mit einem politischen Zentralismus in Gestalt des föderalistischen Prinzips in der Bundesrepublik installiert wurde, schafft in dem Prozeß der Güterzuweisung ungleiche Voraussetzungen und ruft Steuerungs- und Kompetenzprobleme hervor. Die hohen Autonomiegrade der verschiedenen politischen Ebenen und Instanzen, die bezüglich der Streuung von Befugnissen und Machtauslösungschancen politisch wichtig, notwendig und für ein demokratisches Gemeinwesen auch nützlich sind, haben direkte Konsequenzen für den Sport und dessen Funktionieren. Die unterschiedlichen Differenzierungsebenen des politischen Systems – Bund, Länder und Gemeinden – schieben sich ineinander und arbeiten bisweilen auch gegeneinander.

Für den Spitzensport entstehen so oftmals gerade dort Blockierungseffekte, wo eine schnelle Konsensbildung der Beteiligten notwendig wäre. Der Instanzenweg in der für den Leistungssport zuständigen Begleitbürokratie macht bisweilen Handlungsketten erforderlich, die effektivitätsorientierten Zeit- und Handlungsperspektiven zuwiderlaufen. Mit der Erfahrung der

des Bundes ist primär die Förderung des Hochleistungssports (Nationalkader der Bundessportfachverbände). Die Bundesregierung läßt sich dabei von der Bedeutung des Leistungssports als eines Mittels gesamtstaatlicher Repräsentation, für Verbreitung und Entwicklung des Sports insgesamt sowie für die Förderung der internationalen Beziehungen leiten.« Die öffentliche Hand, die auf der Basis des Subsidiaritätsprinzips auf der Ebene Bund, Länder und Kommunen Träger der Förderung ist, hilft (1) bei der finanziellen Unterstützung der Sportfachverbande und -vereine, (2) beim Sportstättenbau, (3) bei der Förderung der Sportwissenschaft und (4) bei »flankierenden Maßnahmen (z. B. Gesetzgebung)«. Die vom Bund mitfinanzierten Bereiche sind (a) Talentsuche/ Talentförderung, (b) Schulungsmaßnahmen für Hochleistungssportler, (c) Wettkämpfe, (d) Trainer und (e) Verwaltung und Organisation des Hochleistungssports. Siehe Leistungssportprogramm der Bundesregierung, abgedruckt in: Karl-Heinrich Bette und Friedhelm Neidhardt, Förderungseinrichtungen im Hochleistungssport. Strukturen und Probleme, Schorndorf 1985, S. 157ff.

eingeschränkten Steuerbarkeit, die für ein föderalistisches Prinzip durch vorab eingeplante Sollbruchstellen typisch ist, kommen hiermit korrespondierende Frustrationen und Diskrepanzerlebnisse bei den betroffenen Akteuren auf. Die Folgekomplexität, die durch den Demokratisierungsprimat entsteht, läßt die Zeit knapp werden. Der Grund: Über Wichtiges und Unwichtiges müssen verschiedene Gremien und Instanzen entscheiden. Die Enttäuschungsquote ist hierbei oftmals höher als die Befriedigungsquote.

Durch die verfahrensmäßige Anwendung der Demokratisierungsprämisse entsteht eine Komplexität, die sich für die Durchsetzung sportlicher Belange bisweilen als hemmend erweist. In Situationen, in denen schnelle Entscheidungen nötig wären, zeigt sich die Demokratie als Entscheidungsprinzip als nur begrenzt anwendbar. Die breite zeitbindende Streuung von Kompetenz und Steuerungsmacht stößt sich oft mit den Zeitperspektiven spitzensportlichen Handelns. Diese Situation diversifizierter Verantwortungen im politischen System wird angereichert und mit potenzierenden Effekten aufgeladen durch die Ebenengliederung des Sports in eine Vielzahl von Vereinen, Landes-, Spitzenverbänden und Landesleistungsausschüssen.[100]

Die Vereins- und Verbandsautonomie verweist auf eine interne segmentale Differenzierung. Der hohe Dezentralisierungsgrad, der hierdurch vorhanden ist, multipliziert sich gleichsam auf Verbandsebene. Wenn der Bund, die einzelnen Länder und Gemeinden dem Sport ungleiche Rahmenbedingungen setzen und die hierbei entstehenden Abstimmungsprobleme durch die interne Fraktionierung des Sports potenziert werden, drückt dies erheblich seine Autonomisierungs- und Steuerungschancen. Der organisierte Sport ist so auch tendenziell dazu angelegt, sich selbst urwüchsig und nicht-intentional zu steuern.

Da der Sport aber per se ein ressourcenarmes System darstellt, könnte die Entstaatlichung seiner Strukturen und Prozesse nur durch vermehrte Eigenleistungen oder eine zunehmende Ökonomisierung aufgefangen werden. Der Nutzen, den der bundesdeutsche Spitzensport aus dem Politiksektor abzieht, scheint gegenüber den Kosten, die er in Form von Loyalitätsbekundungen und Leistung aufzubringen hat, gegenwärtig größer zu sein. Sie fallen ihm leichter als die Abdeckung wirtschaftlicher Erwartungen. Der Staat als diejenige Instanz, die in einer Rahmenverantwortung für die Gesamtgesellschaft steht, hat auch dort Leistungen zu erbringen, wo eine Förderung nach wirtschaftlichen Rationalitätsüberlegungen unwirtschaftlich wäre.

2.2 Ausblick

Nachdem wir die wichtigsten Bedingungen genannt haben, die den Spitzensport in seiner Ausdifferenzierung hemmen, soll im folgenden eine Eva-

100 | Vgl. Winkler und Karhausen, Verbände im Sport, a.a.O., S. 170ff.

luation versucht werden. Allgemeine Hindernisse der Ausdifferenzierung ergeben sich besonders aufgrund der untypisch engen Anbindung an den Körper, damit an Prozesse des Alterns, der Verletzbarkeit und nachlassenden Leistungsfähigkeit. Die Verselbständigung dieses Sozialbereichs in den Grenzen des dann noch Möglichen hat sich, wenn man die gegenwärtigen Trends in Rechnung zieht, nicht homogen entwickelt. Tatsächlich gibt es Sportarten, die der Breitensportbewegung näher stehen als andere. Die entscheidende Randbedingung, die hier hereinspielt und eine einheitliche Entwicklung letztlich verhindert, ist die ungleiche Marktgängigkeit der einzelnen Sportdisziplinen. Da nicht jede Sportart durch ihre Wettkampfstrukturen Spannung hervorruft und einen hohen Unterhaltungswert für zuschauende Massen besitzt, läuft die Ausdifferenzierung des Spitzensports differentiell ab. Sie wird sich in jenen Disziplinen am weitesten entwickeln können, in denen eine ökonomisch nutzbare Breitenwirkung zustande kommt.[101] Die hohen Aufwendungen für Training und Wettkampf können infolgedessen über Geld oder geldwerte Mittel kompensiert werden, so daß die Sportler in ihrer kurzen Mitgliedschaftsphase eine ausreichende Höhe an Kapital für nachsportliche Karrieren erwirtschaften. Tennis und Golf erscheinen in diesem Zusammenhang als Paradedisziplinen, denen es gelungen ist, sich sowohl im Breitensport als auch im Spitzensport zu etablieren und sich gegenüber den traditionellen Trägern, den Vereinen und Verbänden, zu distanzieren.[102]

Die Rolle der Spitzensportler bekommt in den wenigen vermarktbaren Disziplinen ganz neuartige Konturen. Athleten, die jährlich mehrere hunderttausend Dollar an Preis- und Werbegelder einnehmen, sind auf die gewachsenen Strukturen des Spitzensports nicht mehr angewiesen. Sie können sich eigene Trainer, Manager, Masseure und Animateure leisten und ihre Wettkampfrhythmik, Trainingsorte und Erholungsphasen selbst bestimmen. Sie geraten andererseits aber auch in neuartige Abhängigkeiten hinein. Wo hohe Siegprämien permanent winken, ist die Gefahr für die Athleten, sich selbst freiwillig zu verschleißen, entsprechend hoch.

Die klassische Sportmoral ist im zeitgenössischen Spitzensport weitestgehend durch eine professionsähnliche Sportethik ersetzt worden, in der die Spannungsbefriedigung der Zuschauer und die Allokation von Geld zentrale Elemente darstellen. Der Wettkampf muß hierbei nicht konsequenterweise den Charakter einer abgesprochenen Inszenierung bekommen. Dies wäre insofern »unprofessionell«, als dadurch künftige Leistungsabnehmer düpiert würden. Elemente der klassischen Sportmoral müssen gleichsam ökonomisch verwertbar bleiben. Ohne die sozialisierende Anwe-

101 | Dies gilt für die entwickelten Industriegesellschaften westlicher Prägung.

102 | Wenn der Manager eines berühmten und erfolgreichen Tennisspielers dem Deutschen Tennisverband eigene, wirtschaftlich motivierte Wettkampfüberlegungen diktieren kann, indiziert dies die weit fortgeschrittene Autonomisierung einer Disziplin auf der Grundlage von Werbeträchtigkeit und Publikumswirksamkeit.

senheit von Fairneßgesichtspunkten würde der Wettkampf unter dem Druck der enorm hohen Geldsummen ansonsten zu einem rabiaten Geschäft verkommen.

Die Fairneß als zentrale Kategorie der traditionellen Sportethik wird in den weit ausdifferenzierten Disziplinen weniger als innere Qualität im Sinne einer ritterlichen Haltung wichtig werden. Sie wird vielmehr in ihrem Steuerungspotential zur Ermöglichung eines Wettkampfes eine instrumentelle Nachfrage erleben. Insofern ist ein gänzlicher Verlust sportspezifischer Tugenden mit der fortschreitenden Verselbständigung einiger Disziplinen nicht zu erwarten. Der Verlust wird augenscheinlich dort geringer ausfallen, wo die Wettkampfinteraktionen »auf Distanz«, ohne direkten Körperkontakt, ablaufen. Aber auch in denjenigen Sportarten, in denen körperliche Handgreiflichkeiten zum alltäglichen Geschäft gehören, werden Maßnahmen zu beobachten sein, die die Idol- und Heldenfähigkeit der Athleten aus den unterschiedlichsten Gründen zu erhalten trachten. Sporthelden sind schließlich aufgrund ihrer Außeralltäglichkeit sowohl wirtschaftlich und politisch als auch medial nutzbare »Güter«.

Der Hochleistungssport stellt in bezug auf erreichte und erreichbare Autonomiegrade kein einheitliches Phänomen dar. Die Trennung zwischen den publikumswirksamen und -unwirksamen Sportarten wird mit Hilfe der Massenmedien weiter zunehmen. Mit dieser internen Absetzbewegung im Leistungssektor wird die Ausprägung unterschiedlicher Wertmuster einhergehen. Die am weitesten verselbständigten Disziplinen werden, so läßt sich vermuten, aufgrund ihrer Nähe zu Wirtschaft und Massenmedien vermehrt ökonomische und mediale Rationalitätsaspekte in die eigene Programmatik übernehmen. Jene Sportarten, die Training und Wettkampf ohne größeren Zuschauerzuspruch abwickeln, werden eine engere, distinguierende Verbindung zur klassischen Sportmoral aufweisen, sich zu den Hütern traditioneller Werte erklären und ihre geringe Marktgängigkeit tugendhaft verbrämen.

Disziplinen, die ihre Leistungsmessung nicht an das ZGS-System gekoppelt haben, besitzen den Vorteil, daß die Athleten – weil diese ihre Leistungen auch suboptimal, und von den Zuschauern insofern unkontrolliert, erbringen können – relativ indifferent gegenüber komparativen Ansprüchen sind. Wie oft ein Sportler oder eine Sportlerin pro Saison in der Lage ist, Spitzenleistungen zu erbringen, läßt sich bei einem Leichtathleten einfacher überprüfen als bei einem Tennisspieler. Für letzteren existieren keine Weltrekorde, ersterer muß sich immer an absoluten Maßen messen lassen. Hinzu kommt, daß ein Leichtathlet auf eine relativ kurze Wettkampfphase im Sommer angewiesen ist, weil er die Restzeit für Regeneration und Aufbau braucht. Ein Golfer hingegen kann sich während des ganzen Jahres wettkampfmäßig präsentieren und vermarkten. Die Verselbständigung der Leichtathletik wird deshalb auch nicht so weit voranschreiten wie in den genannten Disziplinen. Alle Versuche, einen Profi-Zirkus der Leichtathleten dauerhaft zu etablieren, sind bislang gescheitert. Hierbei wird deutlich, daß die Verselbständigungsgrenzen im Sport auch durch die Aus- und Durchführungsregeln der Sportarten selbst gesetzt werden.

Soweit diese Ausführungen zu dem vom Spitzensport getragenen Teilprojekt der Moderne und der von ihm durchgesetzten Inanspruchnahme von Körper und Psyche. Wie die gegenwärtige Sportlandschaft verdeutlicht, ist es bei diesem Teilprojekt nicht geblieben. Es hat sich nämlich gezeigt, daß die körperbezogenen Reaktionen der Gesellschaft auf sich selbst sich nicht auf die Resonanz beschränken, die über die in Wettkämpfen hergestellte und von den Massenmedien technisch übermittelte Spannungsressource bei Zuschauern hervorgerufen wird. Aufgrund seines spezifischen Zugriffs auf Person und Körper erzeugt der wettkampforientierte Leistungssport Folgeprobleme sowohl bei denen, die ihn betreiben, als auch bei denen, die ihn nicht betreiben. Die oberirdische Geschichte des Körpers wird größtenteils nicht nur *in* diesem System (mit-)gestaltet, sondern auch als *Reaktion auf* dieses Sportmodell.[103]

Die Expansion der »neuen« Bewegungs- und Körperkultur, in der die traditionellen Orientierungen auf Leistung, Erfolg und Wettbewerb hinterfragt und mit diversen Gegenbildern konfrontiert werden, deutet auf Entwicklungen hin, die das Verhältnis von Individuum und Gesellschaft im allgemeinen und die Relation zum etablierten Sportsektor im besonderen betreffen. Wir wollen im folgenden Kapitel die Analyse der Unwahrscheinlichkeit und Paradoxie einer Körperaufwertung in körperdistanzierten Gesellschaften mit Blick auf neuere körperorientierte Sozialbewegungen weitertreiben. Dieser von der Praxis eingeschlagene Weg läßt sich mit dem methodologischen Instrumentarium der Theorie sozialer Systeme plausibel rekonstruieren. Das folgende Kapitel rundet die Arbeit mit einer theoretischen und empirischen Behandlung einiger Folgeprobleme der Verfaßtheit moderner Gesellschaften ab. Hier steht die Einsicht im Vordergrund, daß auch körperorientierte Sozialsysteme, die sich im Rahmen der sozio-kulturellen Evolution erfolgreich etablieren konnten, auf ihre eigenen Zustände reagieren und dadurch Gegenbewegungen, Brüche und paradoxe Folgen von konstituierenden Paradoxien hervorrufen. Der Sport, der in der modernen Gesellschaft für eine *Wiederversammlung des Körpers unter Sonderbedingungen* ausdifferenziert worden ist, beginnt nach seiner rasanten Verselbständigung in einer Weise auf sich selbst zu reagieren, wie dies andere Subsysteme ganz analog auch schon vorher getan haben.

103 | Vgl. unsere Ausführungen zum Verlaufsplan dieser Arbeit in der Einleitung.

IV Die Wiederkehr des ausgeschlossenen Dritten. Zur Heraufkunft neuer körperorientierter Sozialbewegungen

Im Rahmen einer über Kommunikation ablaufenden Selbstbeobachtung kondensiert die Kritik der Gesellschaft an sich selbst in erster Linie an den Folgen der Ausdifferenzierung ihrer Teilsysteme. Wirtschaft, Politik, Recht, Kunst, Familie, Erziehung, Militär, Sport und das Gesundheitssystem haben insofern parallel zu ihrer selbstreferentiellen Etablierung nicht nur immer schon Kritik auf sich gezogen, sondern diese durch ihre Codierungen, Programmierungen, Organisationsformen und humanen Wirkungen miterzeugt und -provoziert. Wo die zweiwertige Strukturierung der Informationsverarbeitung dritte Positionen wirksam ausschließt, können diese zum Anlaß für konkurrierende Spezialisierungen werden.[1] Die vorhandenen Funktionssysteme mit ihren jeweiligen Steigerungsambitionen und Externalitäten werden dann als Abstoßpunkte genutzt, an die soziale Gegenbewegungen anknüpfen können, um alternative Experimente zu realisieren. Diese in allen gesellschaftlichen Funktionsbereichen ablaufende Entwicklung läßt sich seit den 70er Jahren des letzten Jahrhunderts auch verstärkt im Sport beobachten. Damit wird deutlich: Durch die Fähigkeit der Gesellschaft, sich selbst kommunikativ zu beobachten und Erfahrungen mit den Konsequenzen durchgesetzter Ausdifferenzierungen zu sammeln,

1 | In der neueren französischsprachigen Systemtheorie taucht der Gedanke vom ausgeschlossenen Dritten immer wieder auf. Siehe beispielsweise Henri Atlan, Entre le cristal et la fumée: Essai sur l'organisation du vivant, Paris 1979; auch Jean Pierre Dupuy, Ordres et Desordres: Enquête sur un nouveau paradigme, Paris 1982; Edgar Morin, La Méthode Bd. II, Paris 1980; Yves Barel, Le paradoxe et le système: Essai sur le fantastique social, Grenoble 1979; ebenso Stein Bråten, The Third Position – Beyond Artificial and Autopoietic Reduction, in: Kybernetes, 1984, Vol. 13, S. 157-163.

reagiert die Gesellschaft nicht nur mit einer Steigerung des Körpers als Thema von Kommunikation auf die Tatsache der von ihr durchgesetzten Körperverdrängung. Sie beobachtet auch ihre eigenen Reaktionen in Gestalt körperbezogener Thematisierungsversuche und Sozialsysteme, so auch die des Sports.

Um den neuen Pluralisierungs- und Differenzierungsschub im Sport angemessen erklären und einordnen zu können, soll ein Rückgriff auf strukturelle und prozessuale Analogien den Sachverhalt von sozialer Bewegung und Gegenbewegung deutlich machen. Denn: Was im Sport und an dessen Peripherie abläuft, wie und worauf Menschen reagieren, läßt sich durchaus mit Entwicklungen in außersportlichen Funktionsfeldern vergleichen. Die älteren, bereits früher ausdifferenzierten Sozialbereiche lassen sich für eine Bewertung sportspezifischer Veränderungen unmittelbar nutzen. Die Reaktionen auf die im Spitzensport gemachten Erfahrungen sind in dieser Perspektive durchaus »normal« und stellen nichts Einzigartiges dar.

Wir werden in diesem Zusammenhang die Vorteile der funktionalen Vergleichstechnik nutzen. Mit ihrer Hilfe läßt sich Verschiedenartiges unter dem Aspekt der funktionalen Äquivalenz beobachten und analysieren.[2] Problemlösungen, die soziale Systeme für sich selbst entwickelt haben, um widersprüchliche Anforderungen abzuarbeiten, erscheinen in einem anderen Licht, wenn analoge Prozesse in anderen Bereichen durch den strategischen Einsatz komparativer Verfahren nachweisbar sind. Der Erkenntnisgewinn der funktionalen Analyse liegt in der Erweiterung der Perspektive.

Um den begrenzten Horizont des Sports zu überschreiten und Vergleichsgesichtspunkte zu gewinnen, soll deswegen zunächst das Verhältnis zwischen politischen Parteien und Bürgerinitiativen einerseits und etablierten Amtskirchen und religiösen Sekten andererseits analysiert werden. In einem Folgeschritt sprechen wir die Binnendifferenzierung des Sports durch die exemplarische Thematisierung einer Reaktion an, die dieses Funktionssystem in den letzten Jahren erlebte und auf die seine Organisationen mit internen Anpassungsstrategien geantwortet haben, die sog. New-Games-Bewegung. In einem abschließenden Kapitel folgt eine knappe Zusammenschau der Erkenntnisse.

1 Komparative Aspekte

Widersprüche und Abwehrstrategien gegenüber bereits ausdifferenzierten Sozialbereichen ergeben sich in der Regel aus dem Umstand, daß diese durch die Fixierung auf ihre Leitdifferenzen in ihrer Anpassungsfähigkeit

2 | Vgl. Niklas Luhmann, Funktionale Methode und Systemtheorie, in: ders., Soziologische Aufklärung Bd. 1, Opladen 1970, S. 31-53; auch ders., Soziale Systeme. Grundriß einer allgemeinen Theorie, Frankfurt a.M. 1984, S. 83ff.

und Flexibilität strukturell eng begrenzt sind. Innovationen und veränderte Bedürfnisse können nur nach Maßgabe vorgegebener Kommunikations- und Handlungsmöglichkeiten wahrgenommen und berücksichtigt werden. Wo zweiwertige Codes Informationen hochselektiv verarbeiten und prozessieren und dritte Möglichkeiten konsequenterweise keinen Zutritt erhalten, liegt es nahe, Gegenpositionen zu aktivieren, die sich auf das Exkludierte und Nicht-Zugelassene spezialisieren. Mit Michel Serres ließe sich dann im Hinblick auf den zweitcodierten Relevanzbereich behaupten, daß die Position des eingeschlossenen ausgeschlossenen Dritten die Qualität eines Parasiten gewinnt, der mit Hilfe von kritisierender und moralisierender Kommunikation Lärm erzeugt[3] und auf dieser Grundlage Anti-Programme provoziert und evoziert. Zwei Beispiele sollen diesen Sachverhalt verdeutlichen:

(1) Die Heraufkunft von Bürgerinitiativen und Selbsthilfegruppen im außerparlamentarischen Raum steht in einem engen Zusammenhang mit den Strukturproblemen moderner politischer Parteien. Gesellschaftlich virulente Themen, die Bürgerinitiativen ad hoc aufgreifen und in den politischen Entscheidungsprozeß einbringen, fluktuieren in der gesellschaftlichen Kommunikationssphäre auch unabhängig von der Existenz politischer Parteien. Diese können kein Monopol für politisch interessante Themen aufbauen, wenngleich sie für die spätere Ausarbeitung von Lösungsprogrammen sicherlich wichtig und unverzichtbar sind. Von den strukturellen Problemen der Parteien als Bedingungen der Möglichkeit für die Heraufkunft von Selbsthilfegruppen und Bürgerinitiativen kann insofern aber die Rede sein, als die dominanten, traditionell eingeführten Parteien die Fähigkeit weitestgehend verloren haben, die sozialen Interessen der Bevölkerung authentisch wahrzunehmen und zu formulieren.[4]

Die Geschichte der bundesdeutschen Parteien macht deutlich, daß sich die klassischen Interessen- und die kämpferischen Klassenparteien unter dem Eindruck gesellschaftlicher Wandlungsprozesse einerseits und macht-

3 | Siehe Michel Serres, Der Parasit, Frankfurt a.M. 1981 (erstmals Paris 1980), S. 41ff. Vgl. auch Niklas Luhmann, Ökologische Kommunikation, a.a.O., S. 79, 191, 234.

4 | Vgl. hierzu die neuere systemtheoretische Diskussion über die »Entzauberung des Staates«, die Strukturprobleme der Parteien, den Neokorporatismus und die Codierung des politischen Systems, so beispielsweise bei Helmut Willke, Entzauberung des Staates. Überlegungen zu einer sozietalen Steuerungstheorie, Königstein/Ts. 1983. Vgl. die verschiedenen Beiträge in Manfred Glagow (Hg.), Gesellschaftssteuerung zwischen Korporatismus und Subsidiarität, Bielefeld 1984; auch Niklas Luhmann, Ökologische Kommunikation, a.a.O., S. 167ff. Einen diese Argumente aufgreifenden und theoretisch bemerkenswerten Diskussionsbeitrag lieferte der Schriftsteller Hans Magnus Enzensberger in einem Interview in: Der Spiegel, Nr. 4/1987, S. 67-83. Zum Thema Bürgerinitiativen siehe Bernd Guggenberger/Udo Kempf (Hg.), Bürgerinitiativen und repräsentatives System, Opladen 1978.

politischer Überlegungen andererseits in »Volksparteien« umgewandelt haben. Es entsteht infolgedessen ein »reaktiver Parteitypus«, an den bestimmte Erwartungen herangetragen werden. Diese durchlaufen den Filter von Verbänden und Standesvertretungen und werden am Raster der Ausrichtung dieser »pressure groups« vorgebracht und in Forderungen umgemünzt. Die in bestimmten gesellschaftlichen Funktionsbereichen vorhandenen Probleme und Bedürfnisse werden, wenn überhaupt, nicht unmittelbar und direkt, sondern aus sekundärer und tertiärer Hand mit entsprechenden Verzerrungen und Aufladungen in den politischen Kommunikationsprozeß eingespeist.[5]

Hinzu kommt, daß mit der Existenz eines vielschichtigen und hochkomplizierten Verwaltungsapparats dieser in zunehmendem Maße politisch relevant wird, weil er gegenüber den Verbänden eine Eigendynamik entwikkelt bzw. in gewisser Weise auch entwickeln muß, da er mit diesen zusammenzuarbeiten hat. »[...]; es geht dabei um die zunehmende politische Bedeutung des Verwaltungsapparats, den die Parteien kraft Regierungsmacht zwar in generalisierter Weise steuern, der aber zugleich als direkter Kooperationspartner der organisierten (Erwerbs-)Interessen fungiert, so daß zwischen Verbänden und Verwaltung zunehmend nicht nur politische Selektionsprozesse, sondern auch politische Legitimierung unmittelbar durchgeschaltet sind und den Parteien tendenziell nur noch die Funktion einer Harmonisierungs- und Legitimationsfassade vor dem Geflecht pluralistisch-fragmentierter Sozialadministration verbleibt.«[6] In einer parlamentarischen Demokratie, in der politische Parteien, Verbände, Korporationen und organisierte »pressure groups« vorhanden und am politischen Entscheidungsprozeß beteiligt sind, entstehen geradezu zwangsläufig Initiativen bei denjenigen, deren Bedürfnisse nicht oder nur verzerrt wahrgenommen werden, und die nun ihre Sonderinteressen mit Hilfe solidarischer Zusammenschlüsse und Aktionen angemessen berücksichtigt sehen wollen.[7]

Bürgerinitiativen werden daher als spontane, zeitlich in der Regel begrenzte, lockere Zusammenschlüsse von einzelnen »Bürgern« definiert, »die sich von politischen Maßnahmen, öffentlichen Planungen oder Unterlassungen, von Mißständen und befürchteten Fehlentwicklungen in der sozialkulturellen wie in der natürlichen Umwelt meist persönlich betroffen wähnen, und die sich, sei es im Wege der unmittelbaren Selbsthilfe oder sei

5 | Siehe Th. Schiller, Bürgerinitiativen und die Funktionskrise der Volksparteien, in: a.a.O., S. 188-208; vgl. E. Eppler, Bürgerinitiativen kontra Parteipolitik? In: a.a.O., S. 209-212.

6 | Siehe Th. Schiller, a.a.O., S. 195. Vgl. die instruktiven Ausführungen von Renate Mayntz, in: dies., Soziologie der öffentlichen Verwaltung, Heidelberg, Karlsruhe 1978, S. 60ff.

7 | Vgl. Wolfgang Jäger, Bürgerinitiativen – Verbände – Parteien, in: Guggenberger/Kempf (Hg.), a.a.O., S. 213-222.

es durch Ausübung politischen Drucks infolge öffentlicher Meinungswerbung, um Abhilfe im Sinne ihres meist ganz konkreten, bewußt begrenzten Anliegens bemühen.«[8]

Entwickelte Industriegesellschaften westlicher Prägung produzieren in dieser Hinsicht genügend Folgeprobleme, die nahezu jedermann bewußt sind, aber von den dominanten politischen Parteien aufgrund von Codierung, Programmierung, Machtinteressen, Parteikonkurrenz oder Wiederwahlgesichtspunkten strukturell vernachlässigt werden. Umweltschutz, Kernenergie, Bildung, Städtebau sind beispielsweise Themen, die Bürgerinitiativen in diesem Zusammenhang immer wieder als Anlaß für Aktionszusammenschlüsse nutzen. All dies indiziert, daß die Strukturen der politischen Parteien Reaktionen innerhalb und außerhalb des politischen Systems hervorrufen – bisweilen unterstützend, modifizierend oder, im Extremfall, ablehnend.

(2) Daß die Strukturen des organisatorisch vorhandenen und gefestigten Religionssystems wichtige Bedingungen der Möglichkeit für die Ausprägung von Alternativen sind, zeigt sich wie folgt. Als Ausgangspunkt für unsere Überlegungen wählen wir die Funktion von Dogma und Orthodoxie für etablierte Amtskirchen: Die Ausprägung eines religiösen Dogmas durch eine Amtskirche dient der Vermeidung von Abweichung auf der Laienseite. Indem die Dogmatik die Glaubensinhalte hochabstrakt einarbeitet, setzt sie sich relativ indifferent gegenüber devianten Deutungsversuchen. Kann dieser Kontrollmechanismus nicht mehr greifen, weil Überzeugungskraft und Integrationsfähigkeit nicht mehr angemessen genug ausfallen, um Konsens herzustellen, und reichen zudem die internen Anpassungsstrategien in Gestalt von Ordensgründungen, gezielter Sozialisation, organisatorischer Mittelstraffung und Orthodoxieausprägung nicht aus[9], um religiöse Glaubensbedürfnisse zu kanalisieren, entstehen Gegenbewegungen und Sekten, die sich dieser Bedürfnisse und Hoffnungen mehr oder weniger annehmen. Gerade die in Orthodoxie transformierte Dogmatik, die mit einem »gesellschaftsweiten Anspruch auf Richtigkeit der Meinung« antritt, produziert und provoziert automatisch ihre Gegenbilder.

Was die formal organisierten Kirchen nicht mehr leisten und durch Militanz und Diakonie auch nicht mehr durchsetzen können, ist die Ver-

8 | Siehe das Klassifizierungsschema zur Einordnung von Bürgerinitiativen, das zwischen (1) Entstehungsweise, (2) Sozialstruktur/Mitgliederrekrutierung, (3) Organisationsgrad, (4) Dauer, (5) Aktionsfeldern, (6) verfassungspolitischer Einstellung, (7) Adressaten, (8) politischer Einschätzung, (9) aktiv oder reaktiv, (10) Programmspektrum, (11) Politikebene, (12) Aktionsformel, (13) Erfolgsgrad, (14) klassenpolitischer Zuordnung und (15) Stellung zum Produktionsprozeß unterteilt und diese positiv (Stärke, Vollzug) und negativ (Schwäche, Mangel, mögliche Gefahren) bewertet. Siehe Ebenda, S. 14/15.

9 | Vgl. Niklas Luhmann, Funktion der Religion, Frankfurt a.M. 1977, S. 256ff.

quickung von Dogma und Glauben zwecks Herstellung einer einheitlichen Weltdeutung. Allein schon durch innergesellschaftliche Veränderungen werden heterogene Weltdeutungen und Daseinsanschauungen hervorgerufen, die Dogma und Glauben auseinandertreiben.[10]

Auch die Verwissenschaftlichung und Entmythologisierung der Lebenswelt im Sinne einer Steigerung von Beobachtungen zweiter Ordnung hintertreiben den Versuch, Einheit herzustellen. Wo eine allgemein akzeptierte Einheit in der Deutung von Diesseits und Jenseits aufgrund fortgeschrittener Differenzierung selbst nicht mehr möglich ist, finden Ablöseprozesse und Neugründungen auf anderen, weniger formal organisierten und alternativ fundierten Ebenen statt.

Die organisatorisch notwendigen Reduktionen, ohne die eine Amtskirche nicht entstehen und sich am Deutungsmarkt halten kann, sind Beschränkungen auf Bestimmtes – mit der durchaus alltäglichen Besonderheit, daß diese mit Werten, Normen, Glaubensinhalten und Rollensystemen operierende Selektivität sich in einer Gesellschaft, die massive Individualisierungsschübe freisetzt, selbst obsolet macht.

Die in diesem Kapitel nur knapp skizzierten Beispiele aus den Funktionsfeldern Religion und Politik machen auf parallel ablaufende Entwicklungen in anderen Sozialbereichen aufmerksam. Ebenso wie neuartige politische Gruppierungen und religiöse Zusammenschlüsse die klassischen Parteien und Amtskirchen unterlaufen und ergänzen, erfolgen innerhalb des Sports Reaktionen auf tradierte Formen der Körpernutzung und Organisation. Es zeigt sich, daß die Codierung ausdifferenzierter Sozialsysteme diskriminierend auf dritte Positionen wirkt. In welchem Maße zweiwertige Präferenzregeln eine generalisierte Ablehnungsbereitschaft auf sich ziehen und damit wiederum zu einem Auslöser für die Artikulation alternativer Möglichkeiten werden, wollen wir im folgenden am Beispiel der Binnendifferenzierung des Sports verdeutlichen.

10 | Luhmann nennt vier Reaktionsformen auf Orthodoxie: (1) Es kommt zu »regressiven Tendenzen, besonders mit Unterstützung angesehener Prediger und wissenschaftlicher Literatur« und zu einem »Wiederaufleben des Hexenglaubens«, (2) zu einem »antitheologischen gelehrten Freidenkertum in begrenzten Zirkeln intellektueller Kommunikation«, (3) zu einem »Rückzug von Religiosität aus der mit Defensivproblemen beschäftigten Orthodoxie in eine neue mystische Innerlichkeit, die sich zugleich als individuell zugänglich empfiehlt«, (4) »zu Bemühungen um eine die Orthodoxie transzendierende, notfalls außerreligiöse Einheitsfundierung in Moral und Humanität«. Siehe Niklas Luhmann, a.a.O., S. 259. Die hier genannten Reaktionsformen beziehen sich auf die »Vorgeschichte der Säkularisierung«.

2 Zur Binnendifferenzierung des Sportsystems

Ebenso wie das etablierte Parteienwesen, die Amtskirchen, die kapitalistische Geldwirtschaft, die schulmäßige Erziehung oder die Intimität der neueuropäischen Kernfamilie zum Anlaß für Bürgerinitiativen, Sekten, alternative Wirtschafts-, Schul-, Gesellungs- und Lebensversuche geworden sind, hat der traditionelle, auf Wettkampf, Konkurrenz und Überbietung ausgerichtete Sport Unbehagen und Gegenmodelle zu sich selbst hervorgerufen und stimuliert. Der simultan zur Körperdistanzierung abgelaufene Prozeß der Steigerung des Körpers ist demnach auch in Protest- und Oppositionshaltung gegenüber jenem Bereich zustande gekommen, der im Verlauf der soziokulturellen Evolution für eine Wiederversammlung des Körpers unter Sonderbedingungen ausdifferenziert werden konnte, dem traditionellen Sport.

Vornehmlich die rigide Sieg/Niederlage-Codierung des erfolgsorientierten Leistungssports, die hiermit korrespondierende Trainings- und Wettkampfpraxis sowie die Folgen seiner auf Fortschritt, Wachstum, Überbietung und Konkurrenz ausgerichteten Rationalität blieben zu einer Zeit, in der andere Funktionsfelder in ähnlicher Weise hinterfragt wurden, nicht ohne Kritik. Die Zweifel gegenüber den traditionellen Wettkampfsportarten und ihren Trägerorganisationen liegen demzufolge durchaus im Trend einer Zeit, in der Absetzbewegungen im Sinne eines »Weniger ist mehr« nahezu überall ablaufen. In erster Linie heißt dies, daß Distanz eingelegt wird zu der Steigerungsausrichtung ausdifferenzierter Funktionssysteme, die ihre Möglichkeiten rabiat, gleichsam selbstreferentiell-borniert, zu verwirklichen und zu verbessern trachten und demzufolge in einem Schneller, Höher, Rationaler, Wirtschaftlicher etc. ihren Sinn finden. Die Beobachtung der Folgen des vereins- und verbandsbasierten Leistungssports, seiner Reglementierung und Normierung von Bewegung, seiner unbarmherzigen Selektions- und Hierarchisierungspraxis, seiner gesundheitsgefährdenden Indifferenz gegenüber dem Körper und der Psyche der Sportler und Sportlerinnen, kurzum: seiner strukturellen Ein- und Ausschließungen, ist als eine wichtige Bedingung der Möglichkeit sportinterner Binnendifferenzierungsprozesse anzusehen[11], in der die Position des ausgeschlossenen Dritten in vielerlei Gestalt neuartige Formen des Erlebens und Handelns anmahnt und durchzusetzen trachtet.

Unter den rigiden Wettkampfbedingungen des Leistungssports darf die Körperlichkeit der Athleten und Athletinnen in der Tat nur hochselektiv zum Einsatz kommen. Bei einem Tennismatch geht es nicht darum, daß die Spieler den Ball zur Erhöhung irgendwelcher Spaß-, Gemeinschafts-

11 | Zum Konzept der Ein- und Ausschließungen von Strukturen im Hinblick auf erziehungs- und sozialisationstheoretische Fragestellungen siehe Alfred K. Treml, Theorie struktureller Erziehung. Grundlagen einer pädagogischen Sozialisationstheorie, Weinheim und Basel 1982.

oder Körpererfahrungen möglichst lange im Spiel halten. Auch die Ästhetik des Körpers beim Stabhochsprung oder die Angst des Torwarts beim Elfmeter sind aus dieser Perspektive heraus unwichtig und nebensächlich. All dies kann beeindrucken, die Gemüter faszinieren und sogar literarische Kommunikationen anstoßen. Im Hinblick auf den Sinngehalt des Wettkampfes bleiben die genannten Erfahrungsmöglichkeiten aber unbedeutend – es sei denn, daß beispielsweise ästhetische Gesichtspunkte, wie es in den sog. kompositorischen Sportarten der Fall ist, in die Vergleichs- und Bewertungsrationalität des Wettkampfsports hineingezogen werden. Selbst dann kommt ihnen nur eine sekundäre Bedeutung zu, da sie der Codierung von Sieg und Niederlage unterliegen, d.h. Erfolg und Leistungsverbesserung stehen deutlich im Vordergrund, beherrschen gleichsam den Aufmerksamkeitshorizont. Körpererfahrung und Spaß sind reine Begleitphänomene. Auch die berühmte und vielzitierte olympische Wendung vom reinen Mitmachen, das wichtiger sein solle als das Siegen, erscheint im Lichte der Leitcodierung des Spitzensports als eine überholte Legitimationsformel. Es leuchtet ein, daß ein Sozialbereich wie der leistungsorientierte Wettkampfsport, der sich nach einem derart trennscharfen binären Schematismus steuert, nicht nur permanent Verlierer, Kritiker und Enttäuschte produziert, sondern auch Zutrittsschwellen für diejenigen aufbaut, die seinen Kommunikations- und Handlungsvorgaben nicht folgen können oder wollen.

Die Erfahrung mit dem Schneller, Höher und Stärker des Sports hat Gegenbewegungen stimuliert, die nicht auf Schnelligkeit, Überbieten und zukünftige Erfolge ausgerichtet sind, sondern Kriterien wie Spaß, Geselligkeit, Bewegung, Verausgabung, Technikorientierung, Selbstinszenierung, Abenteuer oder Risiko favorisieren. Die Karriere der neueren Körper- und Sportmoden macht diesen Zusammenhang deutlich. Ausgeschlossenes ist in den neuen Sport- und Körperszenen eingeschlossen worden, bisher Eingeschlossenes wird hier ausgeschlossen. Der Wettkampfgedanke erfährt eine scharfe Problematisierung. Die vormals rigide Körpernutzung wird demonstrativ entdiszipliniert und auf Spaß und Erlebnis umgestellt. Unkonventionelle Formen der Sportpartizipation sind nun häufiger anzutreffen. Mit der Infragestellung der bislang geltenden Leistungsethik geht insgesamt der Versuch einher, verschüttete, brachliegende, wegdefinierte und nicht zugelassene Erlebnis- und Erfahrungsdimensionen wiederzubeleben.

Hierfür lassen sich einige Beispiele nennen. So konnte die im traditionellen Sport zu kurz gekommene und unterdrückte erotische Komponente des weiblichen Körpers im sog. Aerobic zu einem zentralen, selbstbewußt zur Schau gestellten Darstellungsprinzip reüssieren. Auch die neuere Diskussion in der Sportpädagogik, in der die Domestizierung des Schulsports durch den wettkampforientierten Leistungssport kritisiert wird[12], ist in

12 | Der Hauptvorwurf, der gegenüber dem Sportunterricht an den Schulen formuliert wird, betrifft die vermeintlich einseitige Einbeziehung wettkampforientier-

diesem Zusammenhang einzuordnen. Neben außereuropäischen Bewegungsformen und Meditationskünsten sind in ähnlicher Weise seit den 70er Jahren des letzten Jahrhunderts neuartige Sportarten, Spiel- und Darstellungsformen[13] auf breiter Basis in das Sinnpanorama des Sports hin-

ter Sportarten. Durch die Vermittlung vorgegebener, vorstrukturierter Bewegungsmuster würden – so die Vermutung – die schöpferischen Kräfte der betroffenen Schüler nicht aktiviert. Vielmehr leiste man einer Normierung und Determinierung der Aktivitäten Vorschub – mit der Konsequenz, daß Kreativität, Spontaneität und Selbstverwirklichung nicht zum Zuge kämen. Der Sportunterricht als Interaktionssystem des Schulsektors erscheint in diesen Aussagen als ein Hemmschuh für die Entfaltung des wahren Selbst, als eine Bedrohung für authentische Körpererfahrungen. Das sportlich strukturierte Bewegungsverhalten, wie es sich beispielsweise im Turnen, in der Leichtathletik oder in den Ballspielarten zeigt, wird pauschal als Ausdruck eines die Welt zerstörenden Rationalisierungs- und Entzauberungsprozesses präjudiziert, der auch den Sportunterricht erfaßt hätte. In einer künstlichen Auseinandersetzung mit überindividuellen Gütemaßstäben würde der Körper kontrolliert, auf Leistung ausgerichtet und generell als Maschine gedacht, die nur effektiv und rational zu arbeiten hätte. Der erzieherische Wert eines so verstandenen Sportunterrichts erscheint nicht wenigen Sportlehrern deswegen als fragwürdig. Die bisweilen rührend anmutenden Vorstellungen von einem harmonisierbaren, mit Hilfe fernöstlicher Meditationstechniken wieder herstellbaren Körper, der zu sich selbst finden könne, liegen im Trend einer Zeit, in der die Kritik an der Funktionssteigerung auch in anderen Bereichen »normal« ist. Auch wenn die Vermittlung von Yoga, T'ai-chi, das Anfassenlernen im Sportunterricht, Tanzen oder gemeinsame Saunagänge neue und auch wichtige Sensibilitäten in den Sportunterricht importieren könnten, blieben bestimmte Basisprobleme des Sportunterrichts an den Schulen bestehen. Der Versuch, den Schulsport auf ein kritisch-emanzipatorisches Fundament in der Art zu heben, daß nicht mehr geübt und trainiert würde, brächte den Kopf gegen den Körper in Anschlag und wäre deshalb als ein Akt der Verstärkung von Entkörperlichung zu werten. Vgl. Henning Eichberg, Körperlichkeit, Identität und Entfremdung. Überlegungen zu einer neuen Sozialwissenschaft des Körpers und des Sports, in: Sportpädagogik, 4, 1984, S. 9-13. Das Problem ist sehr viel grundsätzlicher. Es geht um jene Kritik, die seit Beginn der Institutionalisierung des Schulwesens gegenüber der bürokratischen Rationalität dieser Einrichtung an den Problemen Notengebung, Selektion und Leistung diskutiert wird. Einen interessanten Beitrag zur Schulsportdiskussion lieferte Klaus Cachay in Anwendung der »Theorie der strukturellen Erziehung« von A. K. Treml. Siehe Klaus Cachay, Strukturen als vorgegebene Bedingungen für Sozialisationsergebnisse, in: Peter Becker (Hg.), Sport und Sozialisation, Reinbek bei Hamburg 1982, S. 83-102. Zur Rehabilitierung der klassischen Sportarten siehe Gerhard Treutlein, Körpererfahrung in traditionellen Sportarten – am Beispiel der Leichtathletik, in: Michael Klein (Red.), Sport, Gesundheit und die »neue« Bewegungskultur, a.a.O., S. 93-109.

13 | Zum Beispiel Pantomime, Artistik, Clownerien. Vgl. Helmut Digel, Über den Wandel der Werte in Gesellschaft, Freizeit und Sport, Manuskript, S. 28.

eingekommen. Sie führten zu internen Anpassungsstrategien auf seiten der Vereine und Verbände, eröffneten aber auch alternativen Sportanbietern jenseits der alteingesessenen Organisationen und freiwilligen Vereinigungen Berufs- und Einkommenschancen. Prozesse der Versportlichung und Entsportlichung finden heute meist gleichzeitig statt. Sie erweitern das vormals schmale Repertoire der sportlichen Körpernutzung. Es zeigt sich damit auch, daß der Wettkampfsport in seiner traditionellen Vereinsorientierung nicht ausreichend Situationen zur Verfügung stellt, in denen sich diejenigen Motive angemessen umsetzen lassen, die die zeitgenössische Gesellschaft in Hinblick auf Körperlichkeit, Subjektivität, Selbstdarstellung, Abenteuer und Risiko hervorruft.[14] Am Beispiel der *New-Games-Bewegung* wollen wir unsere bisherige Gedankenführung präzisieren und erweitern. An ihr läßt sich der Zusammenhang zwischen Codierung, dem Ausschluß dritter Positionen und der *Inklusion des Exkludierten* verdeutlichen. Die im Sport ablaufende Segmentation in unterschiedliche Sondermodelle erhält auf der Grundlage dieses Erklärungsmodells ein hohes Maß an Plausibilität.[15]

In der New-Games-Bewegung hat der etablierte, vereinsorientierte Sport eine Reaktion auf sich selbst erlebt. Die *neuen Spiele* entstanden im Rahmen der Friedens- und Alternativszene Ende der 60er, Anfang der 70er Jahre an der Westküste der Vereinigten Staaten als eine Protestbewegung gegen den Vietnamkrieg, gegen soziale Ungerechtigkeit, Ungleichheit und die Sieger-Verlierer-Mentalität innerhalb und außerhalb des dominanten, institutionalisierten Sportbetriebs.[16] Nicht Konkurrenz, Leistung, Wettbe-

14 | Der Sport kann in seiner traditionellen Verankerung in den Vereinen die Bedürfnisse, die durch gesellschaftlich erzeugte Individualisierungsschübe hervorgerufen worden sind, allein nicht mehr abdecken. Die Chance kommerzieller Studios und die weite Verbreitung von Sportarten, die ohne eine Anlehnung an Verein, Verband, Studio etc. abgewickelt werden, lassen sich hieraus ableiten.

15 | Es handelt sich nicht um eine interne funktionale Differenzierung in dem Sinne, daß bestimmte Teilfunktionen ausgegliedert und auf ein Gesamtproblem hin arbeitsteilig akkordiert werden. Es geht vielmehr um eine Binnengliederung in unterschiedliche Teilmodelle.

16 | Vgl. Peter Kapustin, New Games und die Spielbewegung des Deutschen Sportbundes, in: Ommo Grupe/Hartmut Gabler/Ulrich Göhner (Hg.), Spiel – Spiele – Spielen. Bericht über den 5. Sportwissenschaftlichen Hochschultag der Deutschen Vereinigung für Sportwissenschaft in Tübingen 1982, Schorndorf 1983, S. 243-251; ebenso Werner Platzek, New Games und die Spielbewegung des Deutschen Sportbundes, in: a.a.O., S. 252-256; vgl. auch Michael Klein, »New Games« – auch ein Weg politischer Bildung? In: Bundeszentrale für politische Bildung (Hg.), Gesellschaftliche Funktionen des Sports. Beiträge einer Fachtagung, Bonn 1984, S. 231-243 und H. H. Berning, »Selbstfindung« als zentraler Inhalt neuer Bewegungs- und Körperkultur, in: Michael Klein (Red.), Sport, Gesundheit und die »neue« Bewegungs- und Körperkultur. Tagung der dvs-Sektion Sportsoziologie vom 29.11. bis

werb, Erfolgsorientierung und Überbietung sollten fortan im Vordergrund stehen. Die Aufmerksamkeit galt vielmehr den Aspekten Kreativität, Sensibilität, Toleranz, Selbsterfahrung, Kooperation und Spaß. Was die New-Games analytisch so interessant macht, ist ihr *expliziter Anspruch auf eine soziale, sachliche, zeitliche und auch räumliche Entdifferenzierung der vorherrschenden Sportpraxis.* Es geht nicht um die Wiederkehr des ausgeschlossenen Dritten in den Wettkampfsport, sondern um ein alternatives Spielmodell neben dem Wettkampfsport, in das ein Großteil all jener Gesichtspunkte versammelt bzw. reimportiert wird, die durch die binäre Codierung des Leistungssports und dessen Programmierung permanent herausseligiert werden. Genau dies ist gemeint, wenn wir von einer Binnendifferenzierung des Sportsystems und der Existenz unterschiedlicher Sportmodelle reden. Auf Spielfesten geht es in der Tat nicht um Sieg, Niederlage und zukünftige Erfolge, sondern um ein lustvolles, entspanntes, geselliges und partnerschaftliches Genießen der Jetzt-Zeit.

Die New-Games-Bewegung reaktiviert alte Spiele und Spielgeräte, reinterpretiert diese und ergänzt sie durch neue Spiele und Spielformen. Vor allem hebt sie die *soziale* Dichotomisierung zwischen Publikums- und Akteurrollen auf. Jeder Zuschauer kann mitmachen. Wenn jeder mit jedem spielen kann, sind konsequenterweise die traditionellen Kategorisierungen des Wettkampfsports nach Alter, Geschlecht und Leistungsfähigkeit überflüssig oder sogar kontraproduktiv. Neue Organisations- und Interaktionsformen haben sie deshalb ersetzt. Wo Egalitäts- und Integrationsgesichtspunkte den Sinnhorizont abstecken, fällt derjenige auf, der Leistungs- und Hierarchisierungsinteressen durchsetzen will. In der New-Games-Bewegung kommt es durch die Eliminierung von Spezialisten- und Expertenrollen insgesamt zu einer *Aufwertung von Laientum und Dilettantismus.* Jeder kann und soll alles mitmachen können. Dies beinhaltet die Einbeziehung von Leistungsschwächeren, Behinderten, Älteren, Kindern und sozialen Minoritäten. Die Zugangsschwellen zum Mitmachen werden insgesamt gesenkt.

Weiterhin werden die traditionellen Räumlichkeiten des Sports, wie Sport- und Spielplätze oder Schwimmbäder, für spielerische Zwecke umfunktioniert und durch *neue Lokalitäten* ergänzt.[17] Die natürliche Umge-

1.12.1985 in der Evangelischen Akademie in Bad Boll, Clausthal-Zellerfeld 1986, S. 40-56.

17 | Spaß als Erlebniskorrelat von Gegenwarts- und Augenblicksorientierungen hat inzwischen die Schwimmkultur erreicht und dort dafür gesorgt, daß die bisherigen Schwimmbäder vermehrt durch sog. Spaßbäder ergänzt wurden. Leistungsschwimmer haben hier nichts zu suchen. In einer kürzlich erschienenen journalistischen Stellungnahme heißt es zum neuen Bäderboom wie folgt: »Die Kommunen, die in den Jahren des Aufschwungs Tausende von genormten spartanischen Hallen- und Freibädern angelegt hatten, sahen sich in ihren chlorigen Containern bald allein gelassen mit zwangsweise vorgeführten Schulklassen und einigen hartnäckigen

bung wird bewußt in das spielerische Tun integriert, ebenso wie die Handlungsräume in Schule, Familie und Betrieb für spielerische Zwecke wiederentdeckt werden: Hinterhöfe, Klassenzimmer, Wohnungen und öffentliche Plätze erfahren eine spielerische Neubewertung. Außerdem werden die *zeitlichen* Begrenzungen des wettkampforientierten Sports in den neuen Spielen aufgehoben. Jedermann soll zu jeder Zeit mitspielen können. Dies macht ein festliegendes Regelwerk überflüssig. Der Spielgedanke kann prinzipiell geändert und den Bedürfnissen der Spielenden angepaßt werden. Konkurrenz wird zwar nicht eliminiert, aber reinterpetiert und umorganisiert. Auf Spielfesten kommt es nicht darauf an, einen dicken, schnellen und möglichst effektiven Muskel anzutrainieren oder das Herz-Kreislauf-System zu Anpassungsreizen zu stimulieren.

Das Paradoxe der New-Games-Bewegung besteht nun darin, daß sie, eben weil sie möglichst viele Menschen inkludieren möchte, nach der ersten Experimentier- und Erfolgsphase einen organisatorischen Überbau hervorrief, um genau dies zu leisten. Damit aber biß sich die Katze in ihren eigenen Schwanz. Denn wie läßt sich der Gedanke des Spontanen, Ungeplanten und Nicht-Institutionalisierten selbst wiederum institutionalisieren? Wie kann man organisieren, unorganisiert zu sein und ad hoc spielen zu wollen? Wie läßt sich Spontaneität institutionell erzeugen? Angesichts dieser Entwicklung ist die Geschichte der New-Games die Geschichte einer langsamen Entpolitisierung, Banalisierung, Pädagogisierung und organisatorischen Vereinnahmung einer Spielbewegung durch auf Massenzuwachs ausgerichtete Großverbände.

In der Bundesrepublik nahm sich der Deutsche Sportbund als der Monopolist in Sachen Sport dieser Bewegung 1978 in Gestalt der Spiel-mit-Aktion an. Spielfeste werden nach dieser institutionellen Enteignung am Raster organisatorischer Standards abgewickelt. Spielleiter trainieren in eigens hierfür eingerichteten Seminaren für den Praxiseinsatz. Spielausschüsse in den einzelnen Bundesländern sorgen für eine zweckrationale Abwicklung. Die sportwissenschaftlichen Institute der Universitäten bilden Freizeitspezialisten aus, die New-Games-Festivals organisieren und durchführen können. Die Idee des spontanen Spielens ohne Anleitung, Spezialistentum und organisatorischen Überbau verliert dadurch, daß sie von den Vereinen und Verbänden des traditionellen Sports vereinnahmt wurde, ihren anti-institutionellen Charakter und Impetus. Inzwischen finanzieren bereits Sparkassen schulische Spielfeste mit entsprechender Begleitwerbung.

Im Panorama des allgemeinen Sports gibt es, wie wir exemplarisch gezeigt haben, deutliche Indizien für interne Absetzbewegungen und Pluralisierungen. Abkoppelungsprozesse finden immer wieder statt und stimulie-

Bahnschwimmern; sie bibbern seitdem unter deprimierenden Defiziten. Das Volk ist zu Hunderttausenden zu den neuen ozonisierten, wohltemperierten Freizeit- und Erholungsbädern übergelaufen, mit denen der Kommerz vermehrt zum spielerischen Genießen lockt.« Siehe: Der Spiegel, Nr. 24, 41. Jg., 8.6.1987, S. 204.

ren wissenschaftliche Analysen.[18] Der starke Binnendifferenzierungsschub macht darauf aufmerksam, daß gemeinsame Sinnhorizonte im Sport immer mehr an Bedeutung verlieren und Disparatheit »normal« geworden ist. Die Vorstellung eines Zusammenhanges von Breiten- und Leistungssport in Gestalt eines aufeinandergeschichteten Pyramidenmodells geht, wie neuere Untersuchungen zeigen, an der Sportwirklichkeit vorbei.[19] Unterschiedliche Rekrutierungsverfahren, Sinnorientierungen, Karrierekanäle, Verweilzeiten, Bezugsgruppen, Bindungsformen und Ausstiegsmuster sprechen gegen die traditionelle Denkprämisse vom Breitensport als dem Schöpfreservoir des Leistungssports. Es fällt in der Tat schwer, die Heraufkunft der »neuen Körper- und Bewegungskultur« – in der es u.a. auch um eine Opposition gegen die traditionelle Arbeits- und Leistungsethik geht und in der Individual- und Gruppenerlebnisse ohne institutionalisierten Konkurrenzdruck im Vordergrund stehen – als Basisbewegung für den Leistungssektor anzusehen.

Die Gesellschaft setzt mit ihren internen Wandlungsprozessen Bedingungen, die sich im Sport in einer verstärkten Subsystembildung niedergeschlagen haben. Eine Auseinanderentwicklung ist erfolgt und Gründe, eine Einheit des Sports zu postulieren und zu deklamieren, sind beim Hauptinteressenten, dem Deutschen Sportbund, sicherlich vorhanden. Die Gemeinsamkeitsformeln und -beschwörungen lassen sich gerade in den Reden von

18 | Volker Rittner spricht von der Ausdifferenzierung von Spaß-, Leistungs- und Gesundheitsmodellen. Siehe ders., Soziale Differenzierungsprozesse. Zur Ausdifferenzierung von Leistung, Gesundheit und Spaß, in: Kurier. Informationen von der Deutschen Sporthochschule Köln, Nr. 6, Dez. 1982, S. 4 und 6; ders., Änderung der Sportmoral im modernen Sport komplexer Gesellschaften, in: Führungs- und Verwaltungsakademie des DSB e.V. (Hg.), Menschenwürde und Sportethos. Symposion vom 28.-30.1.1982, Akademieschrift 19, Berlin 1984; ders., Gesamtgesellschaftliche Entwicklungen und ihre Auswirkungen auf den Sport, in: Kultusministerium Nordrhein-Westfalen (Hg.), Sportentwicklung – Einflüsse und Auswirkungen, 1984, S. 44-51; ders., Sport und Gesundheit. Zur Ausdifferenzierung des Gesundheitsmotivs im Sport, in: Sportwissenschaft, 15. Jg., 1985/2, S. 136-154. Digel unterscheidet Leistungs-, Zirkus-, Freizeit-, Alternativmodelle und redet von einem instrumentellen Sport. Siehe Helmut Digel, Über den Wandel der Werte in Gesellschaft, Freizeit und Sport, in: Deutscher Sportbund (Hg.), Materialien zum Kongreß »Menschen im Sport 2000«, Schorndorf 1987, S. 39; ders., Gesellschaftliche Entwicklung und der Auftrag des Sportvereins, in: Kultusministerium Nordrhein-Westfalen (Hg.), a.a.O., S. 61ff. Heinemann geht von einem Vierermodell aus (expressives, wettkampfbezogenes, kommerzielles und funktionalistisches Sportmodell). Siehe Klaus Heinemann, Einführung in die Soziologie des Sports, Schorndorf 1983 (erstmals 1980), S. 37ff.

19 | Vgl. bereits Frank R. Pfetsch u.a., Leistungssport und Gesellschaftssystem. Soziopolitische Faktoren im Leistungssport. Die Bundesrepublik Deutschland im internationalen Vergleich, Schorndorf 1975, S. 143ff.

Sportfunktionären nachweisen. Das Auseinanderdriften ist nichtsdestotrotz zu beobachten und Legitimationsprobleme sind vorhanden. Die im Sport anzutreffenden Leerformeln sind insofern funktional, als sich durch den strategischen Einsatz semantischer Unbestimmtheiten zumindest auf der Symbolebene ein Zusammenhang konstruieren läßt, der in der gesellschaftlichen Wirklichkeit unter dem Druck gewandelter Bedürfnisse bereits nicht mehr vorhanden ist.

Die Binnendifferenzierung des Sports bringt Probleme eigener Art mit sich, und zwar nicht nur, wenn im Deutschen Sportbund der für den Breitensport ausgegliederte Bundesausschuß (BA-B) bei der Bewilligung knapper Ressourcen mit der für den Leistungssport zuständigen Abteilung (BL) aneinandergerät. Die Problematik läßt sich nicht auf die Rivalitätsstruktur einzelner Verbandsausschüsse reduzieren, sondern verweist im weiteren Sinne auf Möglichkeiten und Grenzen sportbezogener Formen der Körperthematisierung. Eine Ganzheitlichkeit der körperlichen Betätigung im Rahmen des Sports wird durch dessen fortschreitende Binnenspezialisierung immer unwahrscheinlicher. Wahrscheinlicher ist vielmehr eine Zerlegung des Ganzen in verschiedene Motive, die in einem typisch modernen Sinne mit- und auch gegeneinander gesteigert werden – selbst wenn es sich um die Durchsetzung gegenmoderner Ambitionen und Körpervorstellungen handelt. Es kommt auch im Sport zu einer »Wiederkehr des Körpers«, aber diese erfolgt nicht als ein Akt, in dem zivilisatorisch Verdrängtes ganzheitlich reimportiert werden könnte, sondern als eine hochdifferenzierte, immer weiter ausfächernde Bewegung, die sich in einer korrespondierenden Subsystembildung niederschlägt.

3 Ausblick

In einer Zeit, in der berechtigte Zweifel an den seit der Aufklärung projizierten Zukunfts- und Fortschrittsvorstellungen bestehen und die Folgen der gesamtgesellschaftlichen Rücksichtslosigkeit der einzelnen Funktionsbereiche verstärkt als Themen von Kommunikation behandelt werden, kommt es an deren Rändern vermehrt zu Entdifferenzierungsprozessen und lebensweltlichen Refusionierungsversuchen. Verengungen und Einseitigkeiten sollen aufgebrochen, subsystemische Prämissen geändert, Steigerungsambitionen zurückgefahren, funktionale Hypostasierungen zugunsten einer verstärkten Berücksichtigung innerer und äußerer Umweltperspektiven aufgehoben werden. In dieser Hinsicht waren die dargestellten Beispiele aus den Bereichen Sport, Religion und Politik aufschlußreich. Sie zeigen, warum etablierte Funktionssysteme Irritationen hervorrufen, kritische und moralisierende Kommunikationen auslösen, Gegenbewegungen stimulieren und Reaktionen auf sich selbst gleichsam automatisch erzeugen – bis hin zu internen Segmentierungsphänomenen und zur Etablierung alternativer Modelle. Ausdifferenzierte Sozialsysteme sind aufgrund ihrer restriktiven Kommunikationsmöglichkeiten nur begrenzt resonanz- und anpassungsfähig. Dies wiederum ist in besonderer Weise in den Externalitäten systemischen Handelns auf der Ebene von Körper und Psyche beobachtbar. Durch die Bindung an binär schematisierte Codes können Alternativen auf der Basis ausgeschlossener dritter Werte evoziert werden. Neue soziale Bewegungen – und hierzu kann man im weiteren Sinne die neueren Körper- und Sportmoden sowie den Therapieboom durchaus zählen – greifen auf die Duale bestehender Sozialbereiche zurück und gebrauchen diese als Abstoßpunkte in eigener Sache.[20] Indem sie dritte Positionen dadurch nutzen, daß sie vornehmlich die zeitlichen, sachlichen, sozialen und auch räumlichen Ausschließungen der binären Codes in ihr Sinnpanorama einarbeiten, ermöglichen sie Anpassung.

Gegenbewegungen in Wirtschaft, Politik, Familie, Kunst, Wissenschaft, Erziehung oder Sport sind demnach Reaktionen auf systemisch stabilisierte Kommunikationen, Selektionscodes und die mit ihnen korrespondierenden Programmierungen. Auf dem Bildschirm des individuellen Erlebens erscheinen diese invarianten Konstruktionen zur Strukturierung der Kontingenz eines Systems als Verknöcherungen und die Macht der Tradition. Alternativentwürfe sind in diesem Sinne wichtige Bedingungen der Möglichkeit eines gesellschaftlichen Lernens. Funktionssysteme können Lerneffekte

20 | Aufschlußreich ist in diesem Zusammenhang die sympathetische Beziehung zwischen politischer Orientierung und Sporteinschätzung. Die Grünen, die sich durch ihre Kritik an der auf Wachstum, Fortschritt und Leistung ausgerichteten Moderne in den Zyklus des politisch-parlamentarischen Systems hineinbrachten, artikulierten in einer sportpolitischen Stellungnahme die Position dritter Werte. Neben der Unterstützung des Breiten- und Freizeitsports, der Förderung »ausgegrenzter Minderheiten«, einem »Anprangern der Leistungssportfinanzierung«, einer »Kritik am sportbezogenen Kulturexport in die Dritte Welt« und einer »Bewußtmachung der Auswirkungen des Sports auf die Umwelt (sowohl auf die eigene körperliche Natur, als auch auf die äußere)« forderte der sportpolitische Sprecher der Bundestagsfraktion der Grünen, Walter Schwenniger, eine Wiederbelebung der »völkerverbindenden Idee des Sports«, »Möglichkeiten der Entkrampfung des Schulsports« sowie die »Verhinderung der umweltzerstörerischen Durchführung« großer Sportwettkämpfe. »Mein persönliches Engagement dient darüber hinaus der Unterstützung von Gruppen und Gemeinschaften, die sich der Entwicklung und der praktischen Erprobung einer veränderten Körperkultur widmen.« Siehe Olympische Jugend, 12, 1983, S. 5; vgl. hierzu die Stellungnahme von Heinz Schwarz, dem sportpolitischen Sprecher der CDU/CSU-Bundestagsfraktion, vornehmlich sein Bekenntnis zum Leistungsgedanken: »Leistung im Sport ist keine Fassade. Leistung, das Streben nach Leistung und die Förderung von Leistung sind natürliche Wesenszüge des Menschen, gerade des jüngeren Menschen. Mit der in den letzten Jahren offen praktizierten Diffamierung von Leistung muß Schluß gemacht werden. Wir treten für den Leistungssport ein, weil er begabten jungen Menschen die Möglichkeit gibt, sich selbst zu verwirklichen.« Siehe ebenda, S. 4.

dadurch erzielen, daß sie Reaktionen auf sich selbst hervorrufen und sich durch diese in ihren Operationen stören und aufschrecken lassen. Gegenbewegungen, die zuallererst als marginal oder gar zerstörerisch erscheinen, können sich »in the long run« als unverzichtbare Bedingungen der Möglichkeit für soziale Wandlungs- und Anpassungsprozesse erweisen. Randexistenzen, Alternativbewegungen, Gegen- oder Subkulturen erzeugen – im Sinne von Michel Serres – als Parasiten Lärm, schmarotzen am System, exerzieren damit aber etwas vor, worauf später zurückgegriffen werden kann. Sie vergrößern den »variety pool« der Gesellschaft, indem sie Kritik-, Moral-, Angst- und Protestkommunikationen erzeugen und diese in ihr Kommunikationspanorama einspeisen. Was auf den ersten Blick als dysfunktional und destabilisierend erscheint, kann zu einem wichtigen Motor für Innovationen und die Reformulierung überkommener Erwartungen werden.

Die Binnendifferenzierung des Sports in unterschiedliche Teilmodelle ist gemäß dieser theoretischen Perspektive eine Antwort auf allgemeine gesellschaftliche Wandlungsprozesse einerseits und die dominanten Kommunikationsmuster des traditionellen Sports und dessen begrenzte Resonanzfähigkeit andererseits. Der Prozeß der internen Systemdifferenzierung ist damit auch als ein Lösungsversuch zur Bewältigung des veränderten Verhältnisses von Individuum und Gesellschaft zu werten. Das Wegdriften des spaß-, gesundheits- oder abenteuerorientierten Freizeitsports vom wettkampfbezogenen Leistungs- und Spitzensport ist in einer Gesellschaft, die durch die Abstraktheit ihrer Kommunikationen die Distanz zu ihrer personalen Umwelt vergrößert und die gängigen Definitionen von Arbeit und Freizeit neu strukturiert hat, nur folgerichtig. Der auf Überbietung und Konkurrenz ausgerichtete Leistungssektor kann aufgrund seiner Sinnausrichtung all das, was an physischen, psychischen und sozialen Bedürfnissen in der Gesellschaft als Reaktion auf Gesellschaft entstanden ist, nicht abdecken. Seine Codierung und Programmierung lassen dies nicht zu. Die parallel ablaufende Ausprägung anderer Teilmodelle indiziert demzufolge eine Spezialisierung auf jene Aspekte, die der jeweils andere Sportsektor nicht einbringen kann oder will.[21] Damit kommt es zu einer Anpassung des Sports an soziokulturelle Veränderungen. Bisher inkompatible Motive werden nach Maßgabe der eigenen Möglichkeiten ein- und umgearbeitet. Die Variabilität des Sports erhöht sich dadurch. Bestimmtes wird jeweils

21 | Unter dem Gesichtspunkt der begrenzten Resonanzfähigkeit selbstreferentiell gesteuerter Systeme stellt sich weniger die Frage, wie der Sport reagieren sollte, wenn sich im Hinblick auf das Verhältnis von Körper und Gesellschaft akzeptierte Standards verändern. Die Frage ist vielmehr, wie er reagieren kann, wenn sich Bedürfnisverschiebungen ergeben haben, ohne sein dominantes Kommunikationsmuster aufzugeben. Die Antwort, die wir an dieser Stelle geben, lautet: nur durch Systemdifferenzierung! Auch ein Sozialbereich, der gleichsam als Prototyp eines körperorientierten Sozialsystems gilt, reagiert nicht beliebig, wenn sich Standards der Körpernutzung verändern.

weiterverfolgt und ausgebaut, andere Sinnaspekte hingegen werden vernachlässigt oder ausgeblendet.

Nicht Motive sind für sozialstrukturelle Veränderungen zu veranschlagen, sondern, genau umgekehrt, Transformationen gesellschaftlicher Situationen und Strukturen sorgen dafür, daß ein Motivwandel eintritt und ein entsprechender, den Wandlungsprozeß abstützender Semantikapparat ausgeprägt wird. Wenn Menschen beispielsweise verstärkt per Training auf ihre Körper einwirken oder sich in ihrem Habitus in Oppositionssignale hineinbewegen, sind die hiermit verbundenen Ideen und Motive nicht als Ursachen ihrer Handlungen zu werten. Sie sind vielmehr als bewirkte Wirkungen anzusehen, die durch gesellschaftliche Prozesse angestoßen wurden.

Der durch sozietale Veränderungen erzeugte Bedürfniswandel sickert, indem über sie kommuniziert wird, in die bestehenden Funktionssysteme ein und kann dort für einen Wiedereintritt bislang ausgeschlossener Positionen sorgen. Wie die Wirklichkeit allerdings zeigt, werden die Leitperspektiven der dominanten Funktionsfelder nicht etwa durch dreiwertige Logiken aufgehoben oder ergänzt. Dies wäre auch fatal. Die Wissenschaft hörte auf, Wissenschaft zu sein, wenn sie auf ihre Dualschematisierung verzichtete und dritte Möglichkeiten in ihrem Code zuließe. Wenn neben den komplementär aufeinander bezogenen Positiv- und Negativwerten von Wahrheit und Unwahrheit beispielsweise Halbwahrheit, Betroffenheit, politische Opportunität, Geschlechtszugehörigkeit oder religiöse Folgebereitschaft in die Codierung eingeführt würden, käme das »Projekt Wissenschaft« schnell zu seinem Ende. Auch der Erziehungs- und Bildungssektor könnte seiner innergesellschaftlichen Umwelt keine schulabhängigen Karrieren mehr zur Verfügung stellen, gäbe er seine Codierung nach Versetzung/Nichtversetzung, Lob/Tadel etc. auf und versetzte jedermann ohne vorherige Selektionsentscheidungen. Es hätte weiterhin weitreichende Konsequenzen, wenn das nach dem Code von Recht und Unrecht gesteuerte Rechtssystem moderner Gesellschaften seine zweiwertige Ausrichtung durch Kriterien wie Finanzmacht, physische Kampfkraft oder behauptete Gottesnähe ergänzte.

Ähnliches gilt auch für den Leistungssport. Spannung als Einheit seiner Leitdifferenz käme nicht zustande, wenn über den Wettbewerbserfolg nicht der binäre Schematismus von Sieg und Niederlage entscheiden würde, sondern jeder bereits durch eine reine Teilnahme ein Sieger wäre. Eine positive Zuschreibung für alle wäre systemuntypisch und schlichtweg langweilig. Wo Wettkämpfe nach dem Ordnungsmuster von überlegener oder unterlegener Leistung strukturiert und bewertet werden, haben dritte Positionen direkt keinen Zutritt. Sie würden die Selbstreferenz des Spitzensports durch Fremdreferenz überlagern und zerstören.

In zweiwertig codierten Sozialsystemen finden dritte Positionen nur in der Programmierung des betreffenden Systems eine Berücksichtigung.[22] Wenn schon eine dreiwertige Schematisierung das Dual Wahrheit/Unwahrheit parasitär nicht ergänzen kann, lassen sich wenigstens Forschungsprogramme entwickeln, um beispielsweise Betroffenheit, Angst und Feminismus zu thematisieren. Im Erziehungs- und Bildungssektor ist es möglich, Sonderprogramme für eine kompensatorische Erziehung oder Steilkurse für Begabte einzurichten, um die humanen Kosten des Selektionscodes abzumildern. Im Leistungssport können Sonderkader oder spezielle Warteschleifen denjenigen helfen, die noch nicht siegreich waren oder es aufgrund von Verletzungen nicht mehr sind. Aspekte wie Langsamkeit, Körpererfahrung etc. sind durchaus in der Lage, die Präferenzstrukturen des Spitzensports zu erreichen – aber nur im Rahmen seiner Programmierung. In diesem Zusammenhang zeigt sich deutlich, daß ausdifferenzierte Funktionsbereiche ihre Dualcodierungen durch die Einrichtung von Programmebenen nicht aufheben, sondern ausgeschlossene dritte Positionen in das System nur einführen, um ihre zweiwertige Strukturierung subtil durchzusetzen oder deren Konsequenzen zu entschärfen. Auf der Programmebene, und nur dort, besteht die Möglichkeit, Umfelderwartungen mitzuberücksichtigen.[23]

Aufgrund dieser restriktiven Bedingungen für die Einarbeitung dritter Möglichkeiten ist es erwartbar, wenn soziale Bewegungen, Alternativszenen oder Protestgruppierungen entstehen, die sich mit diesen begrenzten Möglichkeiten nicht zufriedengeben. Interne Segmentationsphänomene sind die Folgen. Wer sich mit seinem Körper nicht unter der Kautele von Erfolg und Niederlage befassen will, sondern sein Handeln nach Spaß-, Gesundheits-, Risiko-, Abenteuer- oder wettkampffreien und vereinsfernen Leistungsgesichtspunkten auszurichten gedenkt, kann dies tun – aber nur außerhalb des traditionellen Leistungssports, beispielsweise in eigens hierauf spezialisierten Sportmodellen.

Etablierte Orientierungen werden dadurch nicht aufgelöst, sondern lediglich ergänzt. Prozesse der internen Systemdifferenzierung laufen, wie es scheint, im Sport relativ komplikationslos ab. Am Körper kann man sich ohne Umwege mit den unterschiedlichsten Präferenzcodes auseinanderset-

22 | Siehe Niklas Luhmann, Codierung und Programmierung. Bildung und Selektion im Erziehungssystem, in: Heinz-Elmar Tenorth (Hg.), Allgemeine Bildung. Analysen zu ihrer Wirklichkeit, Versuche über ihre Zukunft, Weinheim und München 1986, S. 177; ders., »Distinctions directrices«. Über Codierung von Semantiken und Systemen, in: KZfSS, Sonderheft 27/1986, S. 145ff.

23 | Die Kritik am Leistungssport geht an der Realität vorbei, wenn sie nur auf die Codierung des Systems ausgerichtet ist, die Möglichkeit aber übersieht, daß auf der Programmebene dritte Positionen durchaus eingearbeitet werden können. Allerdings geschieht dies, wie wir gezeigt haben, nicht unabhängig vom Systemcode, sondern in Ergänzung hierzu.

zen. Wie die neueren Entwicklungen zeigen, können Orientierungen nach dem Ordnungsmuster schnell/langsam, schön/häßlich, Lust/Unlust, dick/dünn, Zivilisation/Natur, gesund/krank, spannend/langweilig oder konsumatorisch/asketisch ablaufen, differentielle Aufmerksamkeiten erzeugen und entsprechende Spezialisierungen oder Mischungen stimulieren. Unterschiedliche Motive lassen sich dann in eigens hergerichteten Situationen umsetzen. Die so hervorgerufenen, zunächst im Bereich des Informellen, Spontanen und Unstrukturierten bleibenden und untereinander rivalisierenden Sinnzusammenhänge schaffen ihre eigenen Differenzschemata und erzeugen damit notwendigerweise dritte Positionen, die wiederum auszuschließen sind.[24] Ein tägliches, nach zweckrationalen Effektivitätskriterien ausgerichtetes Training für die Teilnahme an Spaßwettbewerben oder Spielfesten wäre in der Tat ebenso unsinnig wie das Einbauen von konsequenzenlosen Spielkomponenten in einen auf Sieg oder Niederlage ausgerichteten Sportwettkampf.

In Anlehnung an die Metaphorik von Michel Serres läßt sich wie folgt festhalten: Kommt es in sozialen Alternativszenen und Protestgruppierungen dazu, daß diese in Opposition zu dominanten Funktionssystemen mit deren kontingenten Optionen, d.h. auch: mit deren ausgeschlossenen dritten Positionen auf einer sozial beobachtbaren Realitätsebene dauerhaft experimentieren, erhöht dies die Wahrscheinlichkeit ihrer Wiedereinführung als eingeschlossene ausgeschlossene Dritte. Der Parasit wird gleichsam an einen eigenen, eigens für ihn reservierten Tisch gesetzt und darf dort seine Mahlzeit nach Maßgabe seiner alternativen Eßkultur vereinnahmen. Er schmarotzt, schaut herüber, stört bisweilen durch seinen Lärm, gefährdet aber insgesamt nicht das Königsmahl seiner Gastgeber.

Gegenbewegungen und Revolten, die sich auf der Interaktions- und Organisationsebene stabilisieren, verringern nicht die Komplexität der Gesellschaft, sondern erhöhen diese vielmehr. Die interne Differenzierung der Teilsysteme führt zu neuartigen Formen der Pluralität. Der gesellschaftliche Möglichkeitsreichtum wächst und bringt den einzelnen in bislang unbekannte Dimensionen des Erlebens und Handelns hinein, setzt ihn aber auch unter Anpassungs- oder Verweigerungsdruck. Dieser Umstand wird in besonderer Weise an dem Phänomen der gleichzeitigen und paradoxen Steigerung von Körperverdrängung und -aufwertung deutlich. Es zeigt sich, daß aufgrund der begrenzten Resonanzfähigkeit der Gesellschaft und ihrer Teilsysteme beide Verlaufsformen durch das Labyrinth von funktional spezifizierten Kommunikationen, Codierungen und Programmierungen enggeführt werden und in dieser Behandlung unerwartete, bisweilen auch unerwünschte Konturen bekommen. Maßnahmen, die den Körper für sportliche Wettbewerbe steigern oder insgesamt eine »bessere« und »angemes-

24 | Erst in einer mit Organisationsbildung verbundenen Entwicklungsphase kann das Niveau einfacher Interaktionssysteme ergänzt, ausgeweitet und konsolidiert werden.

senere« Berücksichtigung des Körpers in körperdistanzierten Gesellschaften durchsetzen sollen, können so bisweilen auf eine subtile Art und Weise zu einer neuartigen Körperfeindlichkeit führen. Derartig stabilisierte Unwahrscheinlichkeiten lassen sich dann wiederum für Protest, Opposition und weitere Systembildungen nutzen.

Damit offenbart sich folgender Zusammenhang: Da komplexe Sozialbereiche in der Lage sind, sich selbst über Kommunikationen zu beobachten, können sie Erfahrungen mit den Folgen und humanen Wirkungen ihrer Ausdifferenzierung sammeln. Moderne Gesellschaften reagieren so auch auf die Tatsache einer zunehmenden Indifferenz gegenüber ihrer Personenumwelt. Die Steigerung des Körpers als Thema von Kommunikation ist als eine solche Reaktion der Gesellschaft auf sich selbst und die Konsequenzen ihrer Körperdistanzierung und Personenverdrängung zu werten. Sie schlägt sich nieder in den Ausrichtungen und Aktionsformen »neuer« sozialer Bewegungen, zeigt sich in der Überarbeitung, Ummodellierung oder Ablehnung bereits bestehender körperorientierter Funktionsfelder oder kondensiert mit Hilfe korrespondierender Semantiken in diversen Lebensstil- und Identitätsentwürfen. Der hierbei zum Vorschein kommende paradoxe Prozeß einer gleichzeitig ablaufenden Steigerung von Körperverdrängung und -aufwertung verweist insgesamt auf die Konstitutionsbedingungen der Moderne. Mit einer Auflösung dieser Paradoxie im Sinne eines Nullsummenspiels ist nicht zu rechnen. Viel wahrscheinlicher ist es, daß der durch Körperdistanzierung erzielte Möglichkeitsreichtum der Gesellschaft die Körperumwelt immer mehr erfassen und zu immer unwahrscheinlicheren Thematisierungsversuchen führen wird. Wir wollen diesen Gesichtspunkt noch einmal vertiefend in einem Nachwort am Beispiel der gegenwärtigen Sportentwicklung ansprechen.

4 Sinnsuche im Nicht-Sinnhaften: ein Nachwort (2005)

Die gesellschaftliche Veränderungsdynamik hat den Sport seit ca. 30 Jahren erfaßt und in den Strudel der Veränderungen hineingerissen. War der Sport der 50er und 60er Jahre des letzten Jahrhunderts noch rein vereinsgebunden, leistungs- und wettkampforientiert und auf ein begrenztes Disziplinenspektrum begrenzt, zeigt sich heute ein Sozialbereich, der durch ein hohes Maß an Differenzierung und Pluralisierung geprägt ist. Man kann sagen: Der Sport ist auf allen Dimensionen des Erlebens und Handelns komplexer, variantenreicher, aber auch beliebiger und unübersichtlicher geworden. Die Einbeziehung von Sportarten wie Jogging, Aerobic, Surfen, Triathlon, Fitneßtraining, Freiklettern oder Mountainbiking hat den traditionellen Sachkanon des Sports erheblich erweitert. Die Integration bislang sportabstinenter Gruppen steigerte seine soziale Komplexität. Die Entdeckung sowohl von Natur und unverbrauchter Landschaft als auch der städtischen Innenbezirke hat den Sport in Räume hineingebracht, in denen

Training und Wettkampf bislang verpönt waren. Und die Rekrutierung neuer Alterskohorten sorgte für eine zeitliche Ausdehnung des Sports auf den gesamten Lebenszyklus. Insbesondere hat sich eine Sportkultur entwickelt, die alte Praktiken umbenennt, neue erfindet und die Resultate dieser Transformation ungeniert auch in der Öffentlichkeit vorführt. Nicht wenige Zeitgenossen joggen heute in den Innenstädten, klettern an Brükken oder Monumenten empor, nehmen an City-Marathons teil oder nutzen die Natur als extremsportlichen Bewegungs- und Bewährungsraum. Viele der neuen Sportarten finden heute jenseits der Sportvereine in informellen Gruppen oder in kommerziellen Fitneßstudios statt. Die traditionellen Organisationsträger des Sports sind durch diese alternativen Sportanbieter unter einen erheblichen Anpassungs- oder auch Verweigerungsdruck geraten. Sie stoßen vor allem an personelle, finanzielle und auch logistische Grenzen, wenn sie sich im Verhältnis eins zu eins an diesen Wandel im Sport anzupassen versuchen. Außerdem gehen sie das Risiko ein, ihre bisherige Identität zu verlieren.

Die Karriere neuer Disziplinen, die auf Loyalität gegenüber traditionellen Werten verzichten, deutet darauf hin, daß Menschen sportliche Angebote inzwischen immer mehr darauf hin überprüfen, ob sie mit den neuen Sinnmustern Spaß, Selbstinszenierung, Authentizität, Gesundheit, Natürlichkeit und Geselligkeit in Einklang zu bringen sind. Die Veränderungen, die sich im Sport ergeben haben, verweisen in einem allgemeineren Sinne auf *neue Körper- und Persönlichkeitsideale*, die in der modernen Gesellschaft als Reaktion auf die Folgen des gesellschaftlichen Wandels entstanden sind. Der sportive Körper ist, wie es scheint, zu einem Fluchtpunkt der Sinnhaftigkeit geworden, und dies typischerweise in einer Zeit, in der die traditionellen Sinninstanzen wie Familie, Religion und Arbeit massive Bedeutungsverluste hinzunehmen haben. Der Sport profitiert von der Erfahrung, daß die psycho-sozialen Kosten der modernen Lebensführung den einzelnen zu überfordern drohen. Vieles ist schneller, komplizierter, undurchsichtiger, abstrakter und ungewisser geworden. Durch Rückgriff auf einen sportlich trainierten Körper streben Menschen offensichtlich eine Sicherheits- und Erlebnisgrundlage an, die entwickelte Industriegesellschaften ihren Mitgliedern ansonsten immer weniger überzeugend verfügbar machen können.

Der Sport stellt, so kann man sagen, eine soziale Sphäre dar, in der das physische Erleben im Mittelpunkt steht. Er ist ein etablierter und gesellschaftlich akzeptierter Ort zur Artikulation verdrängter Körperlichkeit. Er repräsentiert einen Institutionentypus, der es dem einzelnen erlaubt, persönliche und in den anderen Gesellschaftssphären vernachlässigte Dimensionen der eigenen Person einzubringen und für Maßnahmen der Selbstkonstitution in Anspruch zu nehmen. Der Sport macht Situationen verfügbar, die eine Entdeckung des eigenen Körpers ermöglichen. In dieser sozial protegierten Nische darf der Mensch sich mit Effekten überziehen, die an anderen Stellen verpönt oder sogar verboten sind. Als körper- und personenorientierter Sozialbereich bietet der Sport über seinen expliziten Körperbezug die Möglichkeit an, Identität im wahrsten Sinne des Wortes zu erarbeiten. Denn offensichtlich trainieren Menschen ihre Körper weniger, um später direkt verwertbare Arbeitsvollzüge besser absolvieren zu können. Es geht vielmehr um die Teilnahme am Gesundheits-, Spaß-, Evidenz- und Leistungsversprechen des Sports und darum, vorzeigbare Zeichen und Symbole am Körper anzubringen bzw. diese in entsprechenden Praktiken auszuleben.

Gegen die Intellektualisierung und Verkopfung des modernen Lebens setzt der Sport ein körperorientiertes Handeln. Wer Berge besteigt, auf Fußballplätzen dem Ball nachjagt oder sich in Fitneßstudios zum Schwitzen bringt, setzt seinen Körper demonstrativ als Bewegungsvehikel ein – und tut dies typischerweise in einer Gesellschaft, in der Körperlichkeit in vielen Lebensbereichen immer mehr an Bedeutung verloren hat. Menschen fahren mit dem Auto, fliegen mit dem Flugzeug, kommunizieren per Handy oder E-Mail, bewegen sich also immer weniger zeit-, körper- und energieintensiv durch den Raum. Körperliche Grenzzustände sind durch Modernisierungsprozesse nahezu vollständig eliminiert worden. Der Sport bietet hingegen eine Welt, die die Körperferne der Moderne systematisch auf den Kopf stellt. Ermüdung und völlige Verausgabung sind vormoderne Körperzustände, die erst wieder der moderne Sport mit Sinn ausgestattet hat. Im Rahmen spezifischer Körperexerzitien können Menschen den Bedeutungsverlust körperlicher Arbeit im Sport aufheben und ins Gegenteil verkehren.

Trainingsbemühungen erlauben es dem Subjekt, den Körper nicht als ein unausweichliches Schicksal zu erleben, sondern als eine Instanz zu akzeptieren, die dem eigenen Handeln zumindest teilweise noch zugänglich ist. Ein Training, das Wirkungen zeitigt, läßt sich gut auf der Haben-Seite verbuchen. Der Körper bekommt den Status eines Tagebuchs, in das die einzelne Person ihr Selbstbehauptungshandeln einschreibt, um anschließend die Geschichte der eigenen Bemühungen hieraus wohlwollend ablesen zu können. Im Gegensatz zu schriftlich fixierten Biographien sind Eintragungen in das Körpermedium allerdings durch entsprechende Trainingsmaßnahmen auf Dauer zu stellen. Sie neigen ansonsten dazu, sich in ihren Effekten rasch zu verflüchtigen. In einer Gesellschaft, die arbeitsteilig organisiert ist und in der Menschen immer nur in eng begrenzten Rollenausschnitten tätig sind und demzufolge Anfang und Ende ihrer Handlungen in der Regel nicht zu sehen bekommen, eignet sich der Sport in besonderer Weise, um Wirkungserfahrungen zu sammeln.

Am Körper lassen sich Achtungserfolge verbuchen und Vertrauensbeweise in die eigene Handlungsfähigkeit erwirtschaften. Der Mensch kann in Auseinandersetzung mit seiner physischen Umwelt noch das Bild gewinnen, daß produktive Eigenleistungen sich auszahlen. Indem individuelle Akteure sich durch das Nadelöhr diverser Sportarten und Körpertechniken bemühen, versuchen sie nicht nur, Verschüttetes zu reaktivieren und subjektive Gewißheiten zu erarbeiten. Sie wollen auch das eigene Ich aus der unendlichen Spirale von Selbstzweifel und Selbstvergewisserung herausholen. Wenn die Frage des einzelnen nach seiner Ich-Identität in Gefahr steht, haltlos weiterzudriften und nicht zum Ende zu kommen, kann sich das Bewußtsein mit einem expliziten Körperbezug nach außen verlagern und aus seiner Selbstbezüglichkeit und Zirkularität ausbrechen, gleichsam nach dem Motto: »Ich schwitze, also bin ich.«

Die in den letzten Jahren zu beobachtende Nobilitierung des Körpertrainings durch sportliche Betätigungen belegt, daß immer mehr Menschen ihre Gesundheitsbedenken und Orientierungsprobleme durch eine Ausrichtung auf ihre unmittelbar vorhandene körperliche Nahwelt zu lösen trachten. Und sie unternehmen dies zu Wasser, zu Lande und in der Luft.[25] Vielleicht ist der moderne Körperdiskurs, wie er heute in den unterschiedlichsten sozialen Szenen zu beobachten ist, als *der* zentrale Folgediskurs anzusehen, mit dem Menschen den Verlust vormals geltender Sinnvorgaben zu kompensieren trachten. Daß religionsähnliche Denkmuster unter diesen Bedingungen in die Semantik des Sports eingehen, ist dann in der Tat keine Überraschung. Die Gefühlsarbeit, die »Sportjünger« und »Fitneß-Apostel« einsetzen, um sich selbst in Bewegung zu setzen oder um neue potentielle Anhänger zu gewinnen, greift auf die Differenz von Immanenz und Transzendenz, von Diesseits und Jenseits, zurück, und suggeriert die Möglichkeit, quasi-transzendente Erlebniszustände durch eine disziplinierte Körperbetätigung erreichen zu können.

Wenn nichts mehr definitiv Sinn macht, ist der Körper die vielleicht letzte Instanz, die Sinn auf eine überzeugende Weise auf sich ziehen kann. In genau diesem Kontext ist die Bedeutung des zeitgenössischen Sports angesiedelt. *Der Sport eröffnet die Möglichkeit, Sinn in Auseinandersetzung mit dem Nicht-Sinnhaften des Körpers, sportspezifischen Artefakten oder den Materialitäten und Eigendynamiken der Natur zu erarbeiten.* Personen, die sich bewußt den Gesetzmäßigkeiten der Elemente aussetzen, indem sie beispielsweise skifahren, schwimmen, klettern oder laufen, wenden sich bewußt Größen zu, die nicht auf der Grundlage von Sinn operieren.[26] Dies gilt sowohl für den eigenen, im Sport eingesetzten Körper, der auf der Basis von Leben funktioniert, als auch für die Eigengesetzlichkeit naturaler Elemente, die Sportler in der einen oder anderen Weise für ihre Sinnarbeit in Anspruch nehmen. Ein Handeln, das auf die Veränderung des Körpers und die erfolgreiche Inanspruchnahme von Erde, Wasser, Luft und Licht ausgerichtet ist, unterliegt völlig anderen Spielregeln als ein Handeln, das auf die

25 | Zur Erfahrung des Gleitens siehe Alain Lorêt, Génération glisse dans l´eau, l´air, la neige. La révolution du sport des »années fun«, Paris 2003; ebenfalls Gunter Gebauer, Thomas Alkemeyer, Bernhard Boschert, Uwe Flick und Robert Schmidt, Treue zum Stil. Die aufgeführte Gesellschaft, Bielefeld 2004, 69ff.

26 | Psychische und soziale Systeme funktionieren auf der Grundlage von Sinn, organische Systeme auf der Basis von Leben. Vgl. Niklas Luhmann, Soziale Systeme. Grundriß einer allgemeinen Theorie, Frankfurt a.M. 1984.

Teilhabe an immateriellen Kommunikationsprozessen abzielt. Sportler haben im Stadion oder in der Sporthalle, aber auch am Berg, auf einem Ozean oder in der Wüste andere Probleme zu lösen als Menschen, die in Arbeitsorganisationen oder Bürokratien inkludiert sind und dort in Distanz zur eigenen Physis ihre jeweiligen Rollenerwartungen zu erfüllen haben. Die hochgetriebene Körperkompetenz, die Sportler bisweilen aufzubringen haben, um sich in der Realität des Sports erfolgreich einzupassen, wäre deplaziert für die Arbeit am Fließband. Männer und Frauen messen sich im Sport – selbst wenn es um Siegesprämien etc. geht – nicht mit gesellschaftlichen Symbolsystemen wie beispielsweise Geld oder Macht, die ihre Steuerungskraft hinter dem Rücken der Akteure entfalten und im Alltag oft Gefühle der Fremdsteuerung, Nichtigkeit und Übermächtigung hervorrufen. Sie kämpfen vielmehr in ihrer psycho-physischen Gesamtheit gegen die Anziehungskraft der Erde, nutzen die unterschiedlichen Aggregatzustände des Wassers für eigene Fortbewegungen oder simulieren den Vogelflug mit eigens konstruierten Flug- und Gleitgeräten. Sie trotzen ihre Existenz und ihre Fortbewegung vornehmlich jener Größe ab, die der gesellschaftliche Modernisierungsprozeß auf Distanz gesetzt hat: der Natur mit ihren diversen Substanzen, Gesetzen und Erscheinungsformen.

Menschen profitieren im Sport davon, daß Körper, Natur und technische Geräte – bei allen personalen Bewältigungs- und Übermächtigungsversuchen – unhintergehbare Grenzen definieren. So begrenzt die Schwerkraft die Fortbewegung im Raum. Der Körper bleibt der Erde verhaftet, selbst wenn er fliegt, läuft, klettert oder schwimmt. Die Natur eröffnet bestimmte Handlungsfenster, verschließt andere aber auch. Menschen müssen deshalb lernen, die »Gesetze« des Körpers, der natürlichen Elemente und der Sportgeräte zu lesen und zu verstehen. Weder die Steilabfahrt im alpinen Rennsport noch die Erdanziehungskraft beim Hochsprung oder die Hitze bei einem Stadtmarathon lassen sich per Diskursentscheid abstellen oder durch kommunikativ angeleitete Interventionen aus der Welt schaffen. Nur bestimmte körperliche Bewegungsmöglichkeiten und -abfolgen sind in den diversen Sportarten zugelassen, andere werden unbarmherzig sanktioniert und bei einem Fehlverhalten mit Verletzungen oder sogar letalen Ergebnissen bestraft. Sportler zeigen sich dabei oft als Meister der Anpassung und des situativen Entscheidens, wann und wie zu handeln bzw. ein Handeln zu unterlassen ist. Wie ist der nächste Schritt zu setzen, der nächste Griff zu plazieren, um einen Sturz zu verhindern oder eine Kollision mit dem Gegner zu vermeiden? Wie ist das Schwergewicht des eigenen Körpers zu verlagern, um auf einer Welle zu reiten oder auf einem Snowboard ins Tal zu gleiten? Das Nicht-Sinnhafte wird zum Taktgeber, Begrenzer und Ermöglicher des Handelns.

Nicht abstrakte und symbolische Formen geben den Subjekten im Sport halt, es sind vielmehr die konkreten Ausprägungen der biologischen und physikalischen Welt, die ihnen als Leuchtfeuer für Sinngebungsversuche dienen und dementsprechend angesteuert werden. Anders formuliert: Daß dem aktiv betriebenen Sport in seinen diversen Ausprägungen heute eine so eminente Bedeutung zukommt, hat mit den psychischen und somatischen Konsequenzen des gesellschaftlichen Modernisierungsprozesses und dem hieraus resultierenden Umbau des Erlebens und Handelns zu tun und kann zudem als eine Reaktion auf die expandierende Abstraktheit gesellschaftlicher Kommunikation, auf Dissonanzerfahrungen, gesellschaftlich erzeugte Desillusionierungen und den kommunikativen Verschleiß gewertet werden, wie er insbesondere mit Hilfe der Massenmedien hervorgerufen und ins personale Bewußtsein hineintransportiert wird. Wo viele reden, aber in ihren Äußerungen häufig nicht meinen, was sie sagen, und ohnehin nur die »Kommunikation kommuniziert«[27], geben Körper und Natur als spür- und greifbare Größen ein Eindeutigkeitsversprechen, das seinesgleichen sucht. Die Elemente, in denen der Sport stattfindet sowie die Geräte, mit denen sie genutzt werden, stellen eine »harte Wirklichkeit«[28] dar, die dem menschlichen Beobachter und Nutzer in einer sehr plausiblen Weise als »real« und »beobachterunabhängig« erscheint und entgegentritt. Die Elemente, die die Realität des Sports maßgeblich prägen, sind mehr oder weniger eng miteinander gekoppelt. Daß Menschen sie für Zwecke der Selbstverortung und Selbstermächtigung oder als Quellen für die Erzeugung von Verläßlichkeits- und Evidenzgefühlen nutzen, ist verständlich, weil vergleichbare Anstrengungen im Bereich der Gesellschaft im Medium der Kommunikation abzuwickeln wären und dort auf erwartbare Schwierigkeiten stießen.

Eine Kommunikation ist, wie die neuere soziologische Systemtheorie lehrt, erst dann als gelungen anzusehen, wenn drei unterschiedliche Operationen erfolgreich durchgeführt werden konnten.[29] Informationen müssen erstens übermittelt, zweitens verstanden und drittens angenommen werden. Kommunikationsbarrieren treten demnach in mindestens dreifacher Weise auf: Wichtige Informationen werden, obwohl eine Nachfrage besteht, häufig bewußt nicht übermittelt. Selbst wenn sie übermittelt wurden, werden die Informationen oft nicht wahrgenommen und verstanden. Und wurden sie verstanden, werden sie nicht notwendigerweise auch angenommen und in interne Entscheidungen überführt. Der kommunikative

27 | Siehe Niklas Luhmann, Was ist Kommunikation?, in: ders., Soziologische Aufklärung Bd. 6, Opladen 1995, S. 113f.

28 | Fritz B. Simon spricht – ohne auf den Sport zu referieren – von einer »härteren Wirklichkeit«, um das »leichtere« Errechnen von Wirklichkeit durch einen Beobachter in jenem Bereich zu plausibilisieren, den die klassische Newtonsche Physik beschreibt. Soziale Regeln erschienen als »weichere Wirklichkeit«, weil sie unter dem Einfluß eines Beobachters veränderbar seien. Siehe ders., Meine Psychose, mein Fahrrad und ich. Zur Selbstorganisation von Verrücktheit, Heidelberg 1993, S. 48ff.

29 | Siehe Niklas Luhmann, Die Unwahrscheinlichkeit der Kommunikation, in: ders., Soziologische Aufklärung Bd. 3, Opladen 1981, S. 25-34; ders., Soziale Systeme, a.a.O., S. 191-241.

Normalfall ist deshalb nicht der Konsens, sondern der Dissens – was die Teilhabe der Subjekte an der Kommunikationssphäre der Gesellschaft nicht gerade erleichtert. Personen, die in einer hochdifferenzierten Gesellschaft auf eine Vielzahl struktureller Vorprägungen stoßen, wenn sie beispielsweise an den selbstbezüglich geschlossenen Kommunikationskreisläufen gesellschaftlicher Funktionssysteme partizipieren, müssen häufig die Erfahrung machen, wenig von dem, was dort an kommunikativer Eigendynamik abläuft, verstehen oder in irgendeiner Weise selbst beeinflussen zu können.

Das Aufsuchen der physisch evidenten Natur und die Korporalisierung des Handelns bieten angesichts dieser Problematik entscheidende Vorteile: Durch die körperorientierte Auseinandersetzung mit Erde, Wasser, Luft und Licht sowie den Materialitäten des Sports versetzen Menschen sich in die Lage, andere Formen der Identitätsarbeit zu entdecken und für den Aufbau des Selbstwertgefühls anzuwenden, als ihnen im Arbeitsalltag in Auseinandersetzung mit abstrakten Symbolsystemen zur Verfügung stehen. Für den Reputationserwerb im Sport zählen psychische und physische Fähigkeiten und Fertigkeiten, also askriptive Merkmale, und nicht Ressourcen wie Herkunft, Geld, beruflicher Status oder erlerntes Buchwissen. Im Sport geht es um Kraft, Schnelligkeit, Ausdauer, Beweglichkeit, Geschicklichkeit, Mut und psychische Belastbarkeit. Selbstwirksamkeitsversuche und Distinktionsmaßnahmen, die in außersportlichen Sozialbereichen ablaufen, finden häufig in einer Welt der reinen Abstraktion statt. Wer in der Wissenschaft reüssieren will, muß Bücher schreiben, Statistiken berechnen oder Drittmittel akquirieren. Wer sich als Sportler beweisen will, hat die Reckstange zu bewältigen, Berge per Fahrrad zu erklimmen oder eine Marathonstrecke zu überleben, und kann hierbei zunächst auf Sprache oder Sprachderivate verzichten.

In dem Handeln der zeitgenössischen Sportler tritt eine Zweck-Mittel-Rationalität zu Tage, die der üblichen Körperverwendung in der Moderne konträr gegenübersteht und eine Gegenökonomie eigener Art begründet. Körperliche und psychische Verausgabungen erscheinen nicht als Bedrohung, sondern als Bedingungen der Möglichkeit einer sinnorientierten Lebensführung. Die Verweigerung, den üblichen Nutzungsvorstellungen im Umgang mit dem eigenen Körper zu entsprechen, dient als Bollwerk gegen das Eindringen alltäglicher Gewohnheiten und Verhaltenserwartungen. Schutzmaßnahmen, die Gewerkschaften und Arbeitgeber in außersportlichen Handlungsfeldern installiert haben, um eine Überstrapazierung von Körper und Psyche zu verhindern, sind im Sport nicht anzutreffen. Auch die im modernen Alltag ansonsten bedeutsame Trennung zwischen Arbeit und Freizeit entfällt. Sportler haben bisweilen körperlich rund um die Uhr zu schuften, wie man bei den zeitgenössischen Segelabenteuern, Kontinentüberquerungen und Ultratriathlons immer wieder sehen kann. Sportler profitieren in ihrer Ökonomie der Verausgabung von der im Alltag institutionalisierten Körpermodellierung und -kontrolle. Sie prägen körperorientierte Handlungsformen in einer Gesellschaft aus, die den Rationalitätsbegriff im Bereich von Arbeit, Lernen, Kommunikation und Fortbewegung weitgehend körperfern festgelegt hat. Menschen begeben sich im Sport oft bewußt in Situationen hinein, in denen sie sich selbst und anderen demonstrieren können, daß der Zugriff auf den eigenen Körper über allgemein übliche Grenzen weit hinausgeschoben werden kann – mit und auch gegen vorhandene Naturgesetze. Sie wenden sich damit nicht nur gegen die Genuß-, Spaß- und Wohlfühlverwendung des Körpers im Alltag, sondern – wie es im Abenteuer- und Risikosport der Fall ist – auch gegen gängige Gesundheitskonzepte. Die Extremen wollen Differenz, und nicht eine Gleichheit im Reich der sozialen Absicherung und Gesundheit. Für sie fängt die Sinngebung dort an, wo die Gesundheits- und Wohlfahrtsorientierung aufhört.

Wir können eine Zwischenbilanz ziehen: Eben weil der Körper selbst nicht sinnhaften Gesetzmäßigkeiten unterliegt, eignet er sich paradoxerweise als Fluchtpunkt, an dem sich individuelle und kollektive Sinnansprüche festmachen lassen. Der im Sport plazierte Rückgriff auf den Körper profitiert von der Erfahrung, daß die Teilhabe an der Gesellschaft Menschen häufig überfordert – selbst dann, wenn sie in ihrer Freizeit unterfordert zu sein glauben. Personen stoßen schließlich durch ihre strukturelle Kopplung mit der modernen Gesellschaft auch auf die Mehrsinnigkeit, Widersprüchlichkeit und Folgeträchtigkeit der dort ablaufenden Kommunikationen. Die Moderne entlastet ihre Subjekte nicht nur von den Zwängen früherer Existenz- und Lebensformen, sondern belastet sie auch in einer subtilen Weise und ruft bei nicht wenigen ein »Leiden an der Gesellschaft« hervor.[30] So werden Personen durch Organisationen beschleunigt und zum Handeln veranlaßt, rollenmäßig parzelliert, mit Erwartungen überlastet, im Wechsel von Arbeit und Freizeit an- und abgeschaltet, in ihrer Körperlichkeit ruhiggestellt, mit Streß und Langeweile konfrontiert und in überindividuell verursachte Konflikte und Widersprüche hineingezogen. Die Gesellschaft produziert schließlich nicht nur Kommunikationen, die auf den Gleisen symbolisch generalisierter Steuerungsmedien ablaufen und ein hohes Maß an Erwartbarkeit und Annahmemotivation auf der Ebene von Personen erzeugen; sie läßt ihre Mitglieder auch an den Disparatheiten und Abstimmungsdefiziten teilhaben, die zwischen den Teillogiken der einzelnen gesellschaftlichen Funktionsfelder entstehen. Vor allem aber konfrontiert sie Menschen mit kommunikativer Symbolik und Abstraktion.

Die Hinwendung zur Eigengesetzlichkeit des Körpers erscheint vor diesem Hintergrund als eine Maßnahme, mit der moderne Subjekte im wahrsten Sinne des Wortes handgreiflich gegen Transformationen in der Gesellschaft und deren Wirkungen anzugehen versuchen. Situationen eines beschleunigten sozialen Wandels provozieren Rückbesinnungen auf das, was als beständig und dauerhaft gegeben erscheint. Menschen, die ihr Handeln

30 | Siehe Hans-Peter Dreitzel, Die gesellschaftlichen Leiden und das Leiden an der Gesellschaft: eine Pathologie des Alltagslebens, Stuttgart 1968.

in Auseinandersetzung mit dem eigenen Körper, künstlich geschaffenen Materialitäten und/oder naturalen Elementen abwickeln, sind von den Schwierigkeiten, Konsequenzen, Widersprüchlichkeiten und Unwahrscheinlichkeiten gesellschaftlicher Kommunikation weitgehend entlastet. *Der Sinn des Sports besteht darin, nicht auf den Sinn von Kommunikation zu bauen, sondern vielmehr die Intensitäten des Körpers und die Eigenheiten und Restriktionen der Natur ins Spiel zu bringen, um diese für ein alternatives Erleben und Handeln sowie eine außeralltägliche Selbstbeobachtung zu nutzen.* Folgt man dieser Einschätzung, dann wäre das moderne Herbeizitieren des Körpers im Sport als eine Konterstrategie gegen die allmähliche Fragmentierung der Realität in der modernen Gesellschaft einzuschätzen. Körperaufwertung erscheint dann als ein sinnstiftender Versuch des Individuums, der verhindern soll, vom Projekt der Moderne abgeworfen zu werden. Wo Bilder der Realität zerbröseln, entsteht offensichtlich ein Bedarf an Konkretheit und Überschaubarkeit und Selbstwirksamkeit.

Der Sport bietet sowohl den Aktiven als auch den Sportzuschauern eine Welt der Evidenz, in der bei aller Technisierung und medialen Inszenierung immer noch Menschen im Vordergrund stehen. Die Situationen, die er dem modernen Subjekt verfügbar macht, lassen sich körperlich-sensuell nutzen. Und die Bilder, die er produziert, sind nicht abstrakt, sondern können noch mit dem alltäglichen Sinnesrepertoire wahrgenommen werden. Wo Politik, Recht, Wirtschaft oder Wissenschaft Schwierigkeiten haben, den eigenen komplexen Sinnvorgaben noch passende Bilder zuzuordnen, sendet der Sport Eindeutigkeits- und Nachvollziehbarkeitssignale. In einer Welt der zunehmenden Abstraktion, Virtualisierung und Fremdheit repräsentiert er das Konkrete und Vertraute, das sich selbst dann mit Genuß nutzen läßt, wenn man den eigenen Körper im Fernsehsessel zur Ruhe bringt, um an den spannenden Körperaktionen der anderen teilzuhaben.

Vor dem Hintergrund einer Gesellschaft, die auf der Basis von Kommunikation operiert, geht es im aktiv betriebenen Sport um *sinnliche Wahrnehmung* und *Körperhandeln*. Augen, Ohren und Nase, aber auch Hände und Füße sowie die hierüber vermittelten Orientierungs-, Gleichgewichts- und Balancierungsfähigkeiten erfahren eine interessante Wiederbelebung. Sportler wollen keine hochstehenden intellektuellen Aufgaben bewältigen. Sie suchen vielmehr körperorientierte Wirksamkeitserlebnisse, sensorische Primärerfahrungen und außeralltägliche Sinneseindrücke – und zwar in einer Zeit, in der Sekundär- und Tertiärerfahrungen immer mehr den Erfahrungshorizont des einzelnen bestimmen und Menschen deshalb oft das Gefühl haben, nicht mehr Herr im eigenen Erfahrungshaushalt zu sein.[31]

31 | Zur analytischen Differenzierung der verschiedenen Erfahrungsdimensionen legen wir wie folgt fest: Menschen, die schwimmen, klettern, laufen oder tauchen, sammeln mit ihren Sinnen diverse Primärerfahrungen. Filme oder Bücher, die hierüber berichten, vermitteln Sekundärerfahrungen. Ein Soziologe, der über die soziale Konstruktion des Abenteuersports in Büchern oder Filmen reflektiert, liefert

In einer Gesellschaft, in der die Massenmedien Informationen und Neuigkeiten nicht nur verbreiten, sondern auch selbst aktiv herstellen, kommen Menschen in ihrer alltäglichen Orientierung nicht umhin, auf Erfahrungen und Einschätzungen zurückgreifen zu müssen, die andere jenseits des Horizontes für sie gemacht und in entsprechenden Symbolsprachen abgelegt haben. Typisch modern ist die Erfahrung, daß Menschen in ihrer Wahrnehmung häufig fremdgesteuert werden. Fernsehen, Radio und Zeitung kanalisieren nicht nur das Wissen der Menschen über die Welt, sie beeinflussen auch in einer sehr konkreten Weise die Wahrnehmungsschritte und -formen der Weltaneignung. Gefühle der Freiheit und Lebendigkeit stellen sich im Sport hingegen ein, weil das aktive Eintauchen in die Welt der Primärerfahrungen eine Autonomie über den eigenen Sinnes- und Körpereinsatz beinhaltet. Während der Zuschauer im Fernsehen an die Schnittfolge und die Bildauswahl eines Regisseurs oder Kameramanns gebunden ist, die Welt somit zwar selektiv zur Verfügung steht, aber die Ausschnitte passiv hinzunehmen sind, ist der Läufer, Schwimmer oder Skifahrer sein eigener Regisseur. Sportgeräte und technische Artefakte wie Gleitschirme, Surfbretter oder Mountainbikes dienen ihm als verlängerte und spezialisierte Körperglieder, mit denen er seine Fortbewegung in Raum und Zeit steuern, die eigenen Wahrnehmungs- und Erlebnisprozesse dirigieren und sich selbst und seinen Körper alternativ beobachten kann.

Gegen die Marginalisierung und Fremdbeeinflussung der körperlichen Primärerfahrungen in der Organisations- und Mediengesellschaft stellt der Sport eine Welt der Eigenerfahrungen, die viele Menschen verzaubert und in ihren Bann schlägt. Die konkreten und selbst erzeugten Körpererfahrungen kontern jene Erlebnisse, die in einer »abstract society«[32] ansonsten hinzunehmen sind. Daß Gesellschaftsmitglieder heute verstärkt im Rahmen von Körpertraining auf ihre eigene physisch-organische Umwelt zurückgreifen, um sich in dieser Sphäre zu verorten, macht Sinn, weil der Körper eine real existierende Größe ist, die das Bewußtsein zumindest noch in begrenzten Bahnen bewegen und steuern kann. Der Körper läßt sich zudem mit den Eigenheiten der Natur oder technischen Artefakten besser akkordieren als mit abstrakten und nichtmateriellen Symbolwelten. Einen Berggipfel können Menschen mit ihrem Körper besteigen, den Berg wissenschaftlicher Wahrheiten haben sie sich kognitiv anzueignen.

Sportler opponieren in ihrem Handeln gegen eine durch Wörter, Bilder, Schrift und symbolisch generalisierte Medien maßgeblich bestimmte Gesellschaft, indem sie sich bewußt auf Praktiken einlassen, die ein spezifisches Bewußtseins- und Körpererleben hervorrufen und bereits über einfache sinnliche Wahrnehmungsprozesse ansteuerbar sind. Sprache und Bil-

Tertiärerfahrungen, obwohl er beim Sehen der Filme oder beim Lesen der Bücher auf eigene Primärerfahrungen nicht verzichten kann.

32 | Siehe Anton C. Zijderveld, The Abstract Society. A Cultural Analysis of our Time, Harmondsworth 1970.

der, mit denen Menschen sich im Alltag orientieren und durch deren Entschlüsselung und Verstehen sie an der Kommunikation von Gesellschaft teilhaben, können die Komplexität und Vielschichtigkeit körperlich-sensorischer Erfahrungen nur unzureichend einholen: die Gefühle des Laufens in großer Hitze, des Skifahrens auf einer vereisten Piste oder des Schwebens mit einem Gleitschirm. Offensichtlich hat die Entstehung einer funktional differenzierten Gesellschaft einen Bedarf an sinnlich orientierten Eigenerfahrungen hervorgerufen, die Menschen gegen die dominante Welt fremdvermittelter Sekundärerlebnisse und Gewißheitsverluste in Anschlag bringen.

Im Meer der Kontingenzen, Widersprüche, Parzellierungen und Komplexitäten übernehmen selbstgemachte Körpererfahrungen die Aufgabe, Abstraktion und Körperdistanzierung zu kontern. Menschen profitieren von dieser Hinwendung, weil einfache körperbasierte Wahrnehmungsleistungen ein Sicherheitsfundament erschließen helfen, das allein durch die Teilhabe an symbolisch-abstrakten Zeichensystemen oder virtuellen Realitäten in vergleichbarer Weise nicht herstellbar ist. Es macht einen Unterschied, ob der einzelne in seinem Wirklichkeitserleben vornehmlich durch eine semiotische Realität, also durch Sprache, Schrift oder Bild, geprägt wird, oder ob er selbst die »Wirklichkeit« im unmittelbaren sensorischen Nahkontakt be-greift, wahr-nimmt, riecht, hört, exploriert oder betrachtet, und hierbei häufig von real vorhandenen naturalen Elementen umgeben und beeinflußt wird. Hände, Füße, Augen, Ohren und Nase ermöglichen eine Teilhabe an jener realen Realität, den die semiotische Realität durch Abstraktion und Zeichenbildung abzubilden trachtet, aber direkt nie erreichen kann. Eis, auf dem man gleitet oder rutscht, Wasser, in dem man taucht oder schwimmt, Bergwände, an denen man mit den eigenen Händen und Füßen emporklettert, und die Erde, auf der man sich laufend oder gehend fortbewegt, verschaffen Erfahrungen, die sich weder durch eine Buchlektüre noch durch Bilder oder Filme über die diversen Fortbewegungsarten in vergleichbarer Weise vermitteln lassen.

Der eigene Körper eröffnet spezifische Formen des Wirklichkeitszugangs: Finger und Hände sind für die Erfassung und Einverleibung der Nähe zuständig, die Augen sind darauf spezialisiert, Ferne wahrzunehmen und ohne direkten Kontakt an der Welt teilzuhaben. Hand, Gehirn und Auge formen, so Popitz[33] in einer vereinfachten Deutung, einen »organisch-technischen Regelkreis«: die Hand arbeitet und verändert die Dingwelt, das Auge steuert den Handeinsatz und das Gehirn vergleicht diesen mit eingespeicherten Zielvorgaben und initiiert Korrekturen. Die Hände wären deshalb aufgrund ihrer technischen Verwendbarkeit wichtige Bedingungen der Möglichkeit von »Weltoffenheit«. Sie erlaubten, philosophisch-anthropologisch betrachtet, eine Anpassung der Menschen an die Welt

33 | Siehe Heinrich Popitz, Der Aufbruch zur Artifiziellen Gesellschaft, Tübingen 1995, S. 71.

durch Veränderung der Welt. Sie stellten nicht nur Kontakte zur Außenwelt her, sondern kanalisierten auch den Zugang zur Innenwelt, wenn beispielsweise die Hände den eigenen Körper berühren.

Die im Sport ablaufende Revitalisierung der Sinne profitiert von genau entgegengesetzt ablaufenden Entwicklungen auf dem Niveau der modernen Gesellschaft. Die menschlichen Greif- und Gehorgane haben im Verlauf des Modernisierungsprozesses an Bedeutung verloren.[34] Früher von Händen erfüllte Funktionen sind an Apparate delegiert worden. Menschen können mit Hilfe einer entsprechenden Computersoftware Texte schreiben, ohne mit den eigenen Fingern Buchstaben formen zu müssen. Autos werden heute weitgehend von Robotern, mechanischen Kunstkörpern, zusammengeschraubt und -geschweißt. Ärzte diagnostizieren Krankheiten mit Hilfe komplizierter Gerätschaften. Lichtkabel leuchten in Körperhöhlen hinein und verschaffen Einblicke, wo menschliche Augen und Finger auf Distanz bleiben müssen. Und Füße entfallen immer mehr als reine Fortbewegungs- und Distanzüberbrückungsorgane, da Autos, Züge und Flugzeuge für eine weitgehend fußlose Fortbewegung sorgen.

Der Sport rehabilitiert den gesellschaftlichen Bedeutungsverlust der Greif- und Fortbewegungsorgane gerade in jenen Disziplinen, in denen Werfen, Klettern, Halten, Stoßen, Ziehen, Gehen und Laufen existentiell bedeutsam sind. Menschen, die ihre Hände einsetzen, um die Vertikale zu bewältigen und der Erdanziehungskraft zu widerstehen, oder die ihre Füße bewegen, um den Raum zu überwinden, verschaffen sich eine Gewißheit, die auf sensorischen Eindrücken beruht und ohne ein kommunikatives Verstehen auskommt. Hände und Füße stellen eine unmittelbare Erfahrung her, die Sprache hingegen befreit hiervon.[35] Wahrnehmung bezieht sich vornehmlich auf Anwesendes; Kommunikation hingegen zielt auf Abwesendes, meist in Gestalt von Sprache oder Schrift. Natürlich sammeln Menschen auch sinnliche Erfahrungen in der Arbeitswelt, beispielsweise vor dem Computerbildschirm, und auch ihre Körper sind hierbei nach wie vor bedeutsam. Finger tippen Worte in einen Bildschirmtext hinein oder bewegen einen Joystick, um zu zeichnen und Animationen herzustellen. Auch die Augen sind für koordinative Zwecke am Bildschirm unerläßlich. Dennoch fällt auf, daß sich die einfache Wahrnehmung im Zeitalter der Technisierung und Automatisierung auf die Wahrnehmung und Handhabung von Knöpfen, Schaltern und Bildschirmen reduziert hat.

Vor diesem Hintergrund macht es einen Unterschied, ob die Akteure das Gefühl der Raumdurchquerung auf der zweidimensionalen Fläche eines Bildschirms während eines Computerspiels erleben oder in der Drei-

34 | Die moderne Berührungsangst und den Verlust des Taktilen beschreibt Florian Felix Weyh in: ders., Die ferne Haut. Wider die Berührungsangst, Berlin 1999.

35 | Siehe Gunter Gebauer, Hand und Gewißheit, in: Dietmar Kamper/Christoph Wulf (Hg.), Das Schwinden der Sinne, Frankfurt a.M. 1984, S. 253.

dimensionalität des realen Raumes, wenn sie bei einem Mehrfachtriathlon große Distanzen mit dem eigenen Körper schwimmend, laufend und radfahrend überwinden und sich mit Wasser, Luft, Sonne und Erde, Konkurrenten und den Begrenzungen ihrer Körper auseinanderzusetzen haben. Auch die Selbstgefährdung beim Extrembergsteigen oder bei einer mehrwöchigen Hochseeregatta ist real und nicht Teil einer imaginierten Gefährdung, wie man sie im Roman oder Film erleben kann.

Der Sport konnte in den letzten Jahren nicht nur durch sein Gesundheits-, Spaß-, Evidenz- und Natürlichkeitsversprechen Erfolge verbuchen, er ist auch unter dem Aspekt der fortschreitenden Individualisierung bedeutsam geworden. Sport und Individualisierung besitzen dadurch eine hohe Affinität, weil es im und durch den Sport möglich ist, am und über den Körper »feine Unterschiede« (Bourdieu) zu demonstrieren. Der Sportkörper kommt als modernes Kultobjekt auch in einem Kult der Distinktion, des Sich-Unterscheidens, zum Einsatz. Als eine beobachtbare Größe scheint der Körper *die* Instanz zu sein, um die eigene Individualität zu markieren und sozial wirkungsvoll vorzuführen. Das heißt: Menschen sind durch die physisch greifbare und beobachtbare Präsenz des Körpers in der Lage, ihrer Individualität symbolisch-expressiv Ausdruck zu verleihen – ohne zu sprechen. Über Körperformung trachten sie gleichsam danach, sich selbst sozial sichtbar zu machen, Einzigartigkeit vorzuführen und die eigene Interaktions- und Gesellschaftsfähigkeit zu steigern. Der funktionsfähige, fit getrimmte, jugendlich gestylte und sportive Körper wird zu einem Statussymbol, zu einer Projektionswand für die Darstellung von Unvergleichlichkeit und Besonderheit.

Die Individualisierungsofferte, die der traditionelle Sport anbietet, läuft über eine auf Vergleich ausgerichtete Leistungserbringung. Ein Athlet springt höher oder weiter, ist ausdauernder oder schlagkräftiger als seine Mitkonkurrenten und kann sich deshalb als etwas Besonderes fühlen. Der Sport besitzt in diesem Zusammenhang die nahezu konkurrenzlose Fähigkeit, auf eine sozial harmlose Weise Helden zu erzeugen. Die Meßbarkeit individueller Leistungen im Rahmen eines ausgeklügelten Regelwerks ermöglicht die treffsichere Verortung in einer Leistungshierarchie und versetzt Sportler in die Lage, aus diesen Rangplazierungen ein entsprechendes Selbstbild abzuleiten. Diese Leistungsindividualisierung bietet der Sport auch heute noch an, insbesondere in seinem Wettkampfmodell. Nicht nur Jugendliche und junge Erwachsene, sondern auch ältere und alte Menschen nutzen dieses Angebot, sich unter Konkurrenzbedingungen als leistungsfähige Akteure darzustellen.

Typisch für den Sport der letzten Jahre ist der Umstand, daß die Zahl derjenigen gewachsen ist, die ganz im Sinne einer frei flottierenden Bindungsfähigkeit zwischen verschiedenen Körperbetätigungen hin und her wechseln, ohne auf meßbare Leistungserbringung ausgerichtet zu sein und jene Identifikation mit einer Disziplin zu erreichen, wie sie im überlieferten Sport lange Zeit anzutreffen war. Immer mehr Sportler lassen sich immer weniger durch die Vorgaben der traditionellen Sportarten und der dort artikulierten Tüchtigkeitserwartungen fesseln. Das Programmatische scheint gegenwärtig darin zu bestehen, kapriziös und unprogrammatisch zu entscheiden. Zweifellos folgt die Mehrzahl der Sporttreibenden nach wie vor den herkömmlichen Kernangeboten, aber diese Fixierung auf Überliefertes ist deutlich im Umbruch begriffen. Der individualisierte Sportler oszilliert zwischen den verschiedenen Sportarten hin und her und klopft das Angebot auf schnelle und durchaus kontroverse Sinngebung ab – vergleichbar mit einem Fernsehzuschauer, der auf der Suche nach spannungsgenerierenden Ereignissen mit Hilfe seiner elektronischen Fernbedienung gelangweilt zwischen den diversen Sendern flaniert.

Hier zeigt sich ein Identitätstyp, der gesellschaftsangemessen zu erleben und zu handeln versucht. Er paßt sich den vorhandenen Optionen entsprechend schnell an. Er ist sachlich »fit« durch seine Offenheit für Themenvielfalt. Und er ist sozial »angemessen« durch seine Fähigkeit, vielfältige Bindungsformen mit der entsprechenden Oberflächlichkeit eingehen zu können. Das Reizvolle besteht offensichtlich gerade darin, sich nicht dauerhaft auf nur eine Betätigung festzulegen. Bevor das moderne Subjekt an den Widersprüchen und Ambivalenzen abstrakter Gesellschaften scheitert, ist die Flucht in die Vielheit der Tat offenbar der sicherste Weg, um sich aus dem Dickicht der Weltdeutungen zu befreien und festen Boden unter die Füße zu bekommen. Die modernen Sportnomaden, die zwischen den diversen Praktiken hin und her vagabundieren, handeln nach dem Motto: »Ich nehme mein Schicksal in die eigenen Hände«. Und Leistung muß nicht das zentrale Kriterium sein, um die eigene Biographie zu gestalten und das eigene Selbst zu beschreiben. Auch jenseits von Meßbarkeit läßt sich Individualität durch die Fixierung auf einen bestimmten Lebensstil markieren und sozial sichtbar machen.

Für Außenstehende, die noch traditionell im Sport sozialisiert wurden und alten Bindungs- und Treueidealen Folge leisten, erscheint dieses bunte Sowohl-als-Auch als ein chaotisches Sich-Bedienen am Pool schnell wechselnder Körpermoden. Wo massive gesellschaftliche Wandlungsprozesse das Individuum auf sich selbst verweisen und die einzelne Person Sicherheit durch eigene, riskante Entscheidungen zu produzieren hat, ist die bewußte Offenheit des Lebensstils für Vielfalt und eigene Stilbildung allerdings eine nicht zu unterschätzende Überlebensstrategie. Sie reflektiert den Versuch, die Intensität des Daseins zu steigern und den Ablauf des Alltags mit Hilfe gezielter Einschnitte zu durchbrechen. Ein erlebnisorientierter Spaß im Hier-und-Jetzt wird zum modernen Apriori in einer Gesellschaft, die durch die Trennung von Arbeit und Freizeit gleichzeitig sowohl Schnelligkeit und Zeitknappheit als auch Langeweile und Monotonie herstellt.

Zwischen verschiedenen Körperbetätigungen hin und her zu nomadisieren heißt nicht nur, eine Steigerung des Erlebens auf der Grundlage unterschiedlichster Stimuli durchzusetzen. Es bedeutet auch, sich in einen individualisierenden Code- und Zeichenmix hineinzuprojizieren. Einzigartigkeit ist, wie es scheint, auch im Sport nur über die Teilhabe an einer Collage unterschiedlicher Teilkopien zu bekommen. Die Mischung ist das, was den Einzelnen profiliert und von anderen absetzt. Aber selbst hierbei kann er wiederum von anderen eingeholt werden. Wer sich in der Wahl seiner Betätigung als einzigartig darstellen will, findet sich auch im Sport sehr schnell auf den eingetretenen Pfaden einer hierauf spezialisierten Freizeit- und Kulturindustrie wieder. Die individualitätsorientierten Versuche, sich sozial sichtbar zu machen, laufen nicht außerhalb, sondern innerhalb der Gesellschaft ab. Jeder Versuch, einzigartig zu sein, wird ins Gegenteil verkehrt, wenn er im Medium gesellschaftlicher Handlungsmuster und Reaktionsschablonen abläuft.

Strategien der Selbstvergewisserung und Identitätssuche stehen somit auch im Sport in Gefahr, das zu verfehlen, was sie zu erreichen versuchen, nämlich die Herstellung von Individualität pur. Die Suche nach Einzigartigkeit stößt in diesem körperorientierten Sozialsystem auf deutliche Grenzen, und es scheinen gerade diese Limitierungen zu sein, aus denen der Sport gegenwärtig sein Größenwachstum und seine Variationsgeschwindigkeit ableitet. Um den Sport ist inzwischen eine eigenständige Industrie entstanden, die sich durch demonstrative Abweichung von traditionellen Sinnmustern nicht abschrecken läßt. Sie spekuliert und setzt vielmehr auf die Schubkraft der Überraschung und Nicht-Imitation, um diese anschließend durch Kopieren wiederum zu annektieren. Sportartikelhersteller beobachten die Avantgarde sportiver Abweichung und überprüfen sie darauf hin, ob eine Überführung in die Sprache der Preise lohnt. Innovationen im sachlichen Inventar des Sports ergeben sich immer weniger urwüchsig. Sie sind vielmehr das Resultat kommerzieller Überlegungen, was in die Sport- und Identitätslandschaft profitabel hineinpassen könnte.

Die Versuche, sich mit Hilfe des Sports zu individualisieren, haben inzwischen auch organisatorische Konsequenzen hervorgerufen. Fitneßstudios, bunte und wilde Ligen, Lauftreffs und die diversen Ad-hoc-Aktivitäten auf der grünen Wiese oder auf den städtischen Straßen und Plätzen geben einen flüchtigen Eindruck von dem, was jenseits der Vereine bereits strukturbildend wirkt. Neben außereuropäischen Bewegungsformen und Meditationskünsten sind Disziplinen entstanden, die zur Idee der demonstrativen Subjektivität eine engere Beziehung aufweisen als die klassischen Sportarten. Jogging, Surfen, Aerobic, Inline-Skating, Mountainbiking und andere Körpermoden gestatten es dem Trainierenden, bei Bedarf selbst in der Gruppe einsam zu sein. Sie erfordern keine Vereinsanbindung, sind einfacher mit der parzellierten Zeiteinteilung komplexer Gesellschaften vereinbar und entlasten von ehrenamtlichen Mitmach-Verpflichtungen. Die genannten Disziplinen erleben deswegen eine so rege Nachfrage, weil sie dem Code der Individualität näherstehen als andere. Der lange Zeit nicht hinterfragte und als unumstößlich definierte traditionelle Sport wird im Rahmen der fortschreitenden Individualisierungsprozesse durch andere Sportmodelle ergänzt.

Die breite Streuung von Fitneßstudios zeigt, daß gerade diejenigen Organisationsformen am Markt besonders Durchsetzungschancen haben, in denen der auf Individualisierung ausgerichtete Akteur seinem Bedürfnis nach lockerer und ungezwungener Geselligkeit, nach Ästhetik, Körperformung und Selbstinszenierung gleichzeitig nachgehen kann. Viele sind bereit, hierfür ein entsprechendes Entgelt zu entrichten. Zeitlich begrenzte Gemeinschaften, wie sie auch außerhalb dieser Einrichtungen zu beobachten sind, bieten eine familienähnliche, neotribale Sozialform an, in die das von traditionalen Belangen befreite Individuum abtauchen kann. Offensichtlich läßt sich der Wusch nach einer Entfaltung der eigenen Subjektivität jenseits der Zwänge, Einengungen und Räumlichkeiten formaler Organisationen und freiwilliger Vereinigungen besser durchsetzen. Kleingruppen übernehmen die Aufgabe, der Vereinzelung des modernen Subjekts gegenzusteuern und Entfremdungsgefühle kleinzuhalten. Der Sport ist in Folge der beschriebenen Entwicklungen vielfältiger, variantenreicher, aber auch beliebiger geworden. Seine traditionellen Konturen haben sich verflüssigt. Das Angebot hat sich immens vergrößert, läßt bisweilen die Wahl zur Qual werden. Die Vielfalt irritiert und macht es den traditionellen Trägerinstanzen des Sports, den Vereinen und Verbänden, schwer, den Sport weiterhin als eine in sich schlüssige Einheit darzustellen. Sie erzeugt zudem das Gefühl der Ratlosigkeit, wohin die Entwicklung gehen wird. Der Sportbegriff signalisiert Einheit, wo Einheit schon lange nicht mehr vorhanden oder höchstens als Einheit der Vielheit zu bekommen ist.

Siglen

AJS	American Journal of Sociology
ASR	American Sociological Review
DLV	Deutscher Leichtathletik-Verband
DSB	Deutscher Sportbund
KSA	Kölner Stadt-Anzeiger
KZfSS	Kölner Zeitschrift für Soziologie und Sozialpsychologie
SW	Soziale Welt
ZfS	Zeitschrift für Soziologie

Literatur

Abraham, Anke: Anmut und Angst, in: Michael Klein (Hg.), Sport und Körper, Reinbek bei Hamburg 1984, S. 76-88.

Ackermann, Charles und Talcott Parsons: Der Begriff »Sozialsystem« als theoretisches Instrument, in: T. Parsons, Zur Theorie sozialer Systeme, hg. von Stefan Jensen, Opladen 1976, S. 69-84.

Alt, Peter-André: Über den neuen Hedonismus, in: Kursbuch 79, Febr. 1985, S. 55-69.

Argyle, Michael: Körpersprache & Kommunikation, Paderborn 1985.

Atlan, Henri: Entre le cristal et la fumée: Essai sur l'organisation du vivant, Paris 1979.

Aubert, Vilhelm: Interessenkonflikt und Wertkonflikt: Zwei Typen des Konflikts und der Konfliktlösung, in: Walter L. Bühl (Hg.), Konflikt und Konfliktstrategie, München 1973, S. 178-205.

Auernheimer, Georg: Narziß, Kapitalismus und Konsumverhalten, in: Helga Häsing/Herbert Stubenrauch/Thomas Ziehe (Hg.), Narziß – ein neuer Sozialisationstyp? Bensheim 1981, S. 70-77.

Aufmuth, Ulrich: Die Lust am Aufstieg. Was den Bergsteiger in die Höhe treibt, Weingarten 1984.

— Risikosport und Identitätsproblematik. Überlegungen am Beispiel des Extrem-Alpinismus, in: Sportwissenschaft, 13. Jg., 1985/3, S. 249-270.

Auwärter, Manfred/Edit Kirsch/Klaus Schröter (Hg.): Seminar: Kommunikation, Interaktion, Identität, Frankfurt a.M. 1976.

Barbey d'Aurevilly und Jules-Amédeé: Vom Dandytum und George Brummell, München/Leipzig 1909 (erstmals 1844).

Barel, Yves: Le paradoxe et le système: Essai sur le fantastique social, Grenoble 1979.

Barthes, Roland: Mythologies, Paris 1957.

— Die Sprache der Mode, Frankfurt a.M. 1985 (erstmals 1967).

— Das Reich der Zeichen, Frankfurt a.M. 1981 (erstmals 1970).

Baudelaire, Charles: Die Blumen des Bösen/Les fleurs du mal, Göttingen 1986 (erstmals Paris 1857).

— Werke in deutscher Ausgabe Bd. 4 »Zur Ästhetik der Malerei und der bildenden Kunst«, hg. und übersetzt von M. Bruns, Minden 1906.

Baudrillard, Jean: Kool Killer oder Der Aufstand der Zeichen, Berlin 1978.

— Der Schlankheitswahn: die Linie, in: Claudia Gehrke (Hg.), Ich habe einen Körper, München 1981, S. 112-117.

— Der symbolische Tausch und der Tod, München 1982.

Bechmann, Gotthard (Hg.): Risiko und Gesellschaft, Opladen 1993.

Beck, Ulrich: Folgeprobleme der Modernisierung und die Stellung der Soziologie in der Praxis, in: ders. (Hg.), Soziologie und Praxis. Erfahrungen, Konflikte, Perspektiven, Göttingen 1982, S. 1-23.

— Risikogesellschaft. Auf dem Weg in eine andere Moderne, Frankfurt a.M. 1986.

Beck-Gernsheim, Elisabeth: Von der Liebe zur Beziehung? Veränderungen im Verhältnis von Mann und Frau in der individualisierten Gesellschaft, in: Johannes Berger (Hg.), Die Moderne – Kontinuitäten und Zäsuren, Opladen 1986, S. 209-233.

Bednarek, Joachim: Bodybuilding als Freizeitaktivität und Lebensinhalt, in: Michael Klein (Hg.), Sport und Körper, Reinbek bei Hamburg 1984, S. 50-64.

— Körperbewußtsein und Selbstdarstellung, Diss. Aachen 1985.

Benjamin, Walter: Das Passagen-Werk Bd. I und II, Frankfurt a.M. 1982.

— Das Kunstwerk im Zeitalter seiner technischen Reproduzierbarkeit. Drei Studien zur Kunstsoziologie, Frankfurt a.M. 1977 (erstmals 1936).

— Charles Baudelaire. Ein Lyriker im Zeitalter des Hochkapitalismus, Frankfurt a.M. 1974.

Berger, Johannes (Hg.): Die Moderne – Kontinuitäten und Zäsuren, Göttingen 1986.

Berger, Johannes: Der Kapitalismus – ein unvollendetes Projekt? In: Burkhart Lutz (Hg.), Soziologie und gesellschaftliche Entwicklung. Verhandlungen des 22. Deutschen Soziologentages in Dortmund 1984, Frankfurt a. M., New York 1985, S. 485-496.

— Modernitätsbegriff und Modernitätskritik in der Soziologie, in: Soziale Welt, Jg. 39, H. 2, 1988, S. 224-236.

Berger, Peter L., Brigitte Berger und Hansfried Kellner: Das Unbehagen in der Modernität, Frankfurt a.M. 1973.

Bernhard, Thomas: Gehen, Frankfurt a.M. 1971.

Berning, Hans-Hermann: »Selbstfindung« als zentraler Inhalt neuer Bewegungs- und Körperkultur, in: Michael Klein (Red.), Sport, Gesundheit und die »neue« Bewegungs- und Körperkultur. Tagung der dvs-Sektion Sportsoziologie vom 29.11. bis 1.12.1985 in der Evangelischen Akademie in Bad Boll, Clausthal-Zellerfeld 1986, S. 40-56.

Bette, Karl-Heinrich: Strukturelle Aspekte des Hochleistungssports in der Bundesrepublik. Ansatzpunkte für eine System-Umwelt-Theorie des Hochleistungssports, Sankt Augustin 1984.

— Die Trainerrolle im Hochleistungssport. System- und rollentheoretische Überlegungen zur Sozialfigur des Trainers, St. Augustin 1984.

— Zum Verhältnis von Spitzensport und Wirtschaft in modernen Industriegesellschaften – Das Beispiel der Sponsorenschaft, in: Klaus Heinemann (Hg.), Texte zur Ökonomie des Sports, Schorndorf 1984, S. 72-90.

— Gegenzeit und Re-präsentation. Zur Wiederentdeckung von Gegenwart und Langsamkeit in komplexen Gesellschaften. Vortrag auf der Tagung der Sektion Sportsoziologie der dvs in Berlin vom 13. bis 15.11.1986, in: Georg Anders (Red.), Sport in der Krise der Industriegesellschaft, Witten 1990, S. 35-58.

— Wo ist der Körper? In: Dirk Baecker/Jürgen Markowitz/Rudolf Stichweh/Hartmann Tyrell/Helmut Willke (Hg.), Theorie als Passion. Festschrift zum 60. Geburtstag von Niklas Luhmann, Frankfurt a.M. 1987, S. 600-628.

— Kultobjekt Körper, in: Roman Horak/Otto Penz (Hg.), Sport: Kult & Kommerz, Wien 1992, S. 113-137.

— Sport und Individualisierung, in: Spectrum der Sportwissenschaft, 5. Jg., Heft 1, 1993, S. 34-55.

— Asphaltkultur. Zur Versportlichung und Festivalisierung urbaner Räume, in: Hans-Jürgen Hohm (Hg.), Straße und Straßenkultur. Interdisziplinäre Beobachtungen eines öffentlichen Sozialraumes in der fortgeschrittenen Moderne, Konstanz 1997, S. 305-330.

— Systemtheorie und Sport, Frankfurt a.M. 1999, S. 147-191.

— X-treme. Zur Soziologie des Abenteuer- und Risikosports, Bielefeld 2004.

— Risikokörper und Abenteuersport, in: Markus Schroer (Hg.), Soziologie des Körpers, Frankfurt a.M. 2005 (24 Seiten, im Druck).

— und Friedhelm Neidhardt: Förderungseinrichtungen im Hochleistungssport. Strukturen und Probleme, Schorndorf 1985.

— und Uwe Schimank: Doping im Hochleistungssport. Anpassung durch Abweichung, Frankfurt a.M. 1995.

— und Uwe Schimank: Doping als Konstellationsprodukt, in: Michael Gamper/Jan Mühlethaler/Felix Reidhaar (Hg.), Doping als gesellschaftliches Problem, Zürich 2000, S. 91-112.

Bette, Karl-Heinrich, Uwe Schimank, Dominik Wahlig und Ulrike Weber: Biographische Dynamiken im Leistungssport. Möglichkeiten der Dopingprävention im Jugendalter, Köln 2002.

Betts, John R.: The technological Revolution and the rise of Sport, in: John W. Loy/Gerald S. Kenyon (Hg.), Sport, Culture and Society, London 1971, S. 145-166.

Beyer, E.: Die amerikanische Sportsprache, Schorndorf 1964.

Blume, H.: USA. Eine geographische Landeskunde Bd. 1: Der Großraum im strukturellen Wandel, Darmstadt 1985.

Bourdieu, Pierre: Die feinen Unterschiede. Kritik der gesellschaftlichen Urteilskraft, Frankfurt a.M. 1984 (erstmals 1979).
Brackhane, Rainer und Michael Würz: Emotionales Erleben im Freizeitsport, in: Sportwissenschaft, 14. Jg., 1984/2, S. 166-174.
Brain, Robert: The decorated body, New York 1979.
Brandenburg, Eva: Vom menschlichen Glück und einer erlebbaren Demokratie, in: Club Med., H. 1, o.J., S. 16-19.
Brodtmann, Dieter: Laufen, in: Sportpädagogik, 4. Jg., 1980, H. 3, S. 9-14.
Bråten, Stein: The third position – Beyond artificial and autopoietic reduction, in: Kybernetes, 1984, Vol. 13, S. 157-163.
Brose, Hanns-Georg: Die Modernisierung der Zeit und die Zeit nach der Moderne, in: Burkhart Lutz (Hg.), Soziologie und gesellschaftliche Entwicklung. Verhandlungen des 22. Deutschen Soziologentages in Dortmund 1984, Frankfurt, New York 1985, S. 537-542.
Bruckner, Pascal und Alain Finkielkraut: Au coin de la rue, l'aventure, Paris 1979 (deutsche Übersetzung: Das Abenteuer gleich um die Ecke, München 1981).
Cachay, Klaus: Sportspiel und Sozialisation. System- und rollentheoretische Analysen am Beispiel des Handballspiels, Schorndorf 1978.
— Strukturen als vorgegebene Bedingungen für Sozialisationsergebnisse, in: Peter Becker (Hg.), Sport und Sozialisation, Reinbek bei Hamburg 1982, S. 83-102.
Campanella, Tommaso: Sonnenstaat, in: Klaus J. Heinisch (Hg.), Der utopische Staat, Reinbek 1960.
Cohen, Stanley und Laurie Taylor: Ausbruchsversuche. Identität und Widerstand in der modernen Lebenswelt, Frankfurt a.M. 1977 (erstmals London 1976).
Comte, Auguste: Rede über den Geist des Positivismus, Hamburg 1966.
— Die positive Philosophie im Auszug, Stuttgart 1974.
Conti, Christoph: Abschied vom Bürgertum. Alternative Bewegungen in Deutschland von 1890 bis heute, Hamburg 1984.
Corbin, Alain: Pesthauch und Blütenduft. Eine Geschichte des Geruchs, Berlin 1984 (erstmals Paris 1982).
Coy, Wolfgang: Industrieroboter. Zur Archäologie der zweiten Schöpfung, Berlin 1985.
Csikszentmihalyi, Mihaly: Beyond boredom and anxiety, San Francisco u.a. 1975.
Deutsche Gesellschaft für Erziehungswissenschaft: Resolution zum Thema »Kind im sportlichen Training«, in: Olympische Jugend, 4, 1981, S. 4.
Deutscher Leichtathletik-Verband (Hg.): Arbeitsmappe Lauf-Treff, Darmstadt 1982.
Deutscher Werkbund e.V. und Württembergischer Kunstverein Stuttgart (Hg.): Schock und Schöpfung. Jugendästhetik im 20. Jahrhundert, Darmstadt und Neuwied 1986.

Dieckhoff, Reiner: Rausch und Realität – Drogen und Literaten, in: Gisela Völgel (Hg.), Rausch und Realität. Drogen im Kulturvergleich, Köln 1981, S. 404-425.

Digel, Helmut: Sprache und Sprechen im Sport, Schorndorf 1976.

— Gesellschaftliche Entwicklung und der Auftrag des Sportvereins, in: Kultusministerium Nordrhein-Westfalen (Hg.), Sportentwicklung – Einflüsse und Auswirkungen, Düsseldorf 1984, S. 52-62.

— Über den Wandel der Werte in Gesellschaft, Freizeit und Sport, in: Deutscher Sportbund (Hg.), Materialien zum Kongreß »Menschen im Sport 2000«, Schorndorf 1986, S. 14-43.

— Stichwort: Regeln, in: Hans Eberspächer (Hg.), Handlexikon Sportwissenschaft, Reinbek bei Hamburg 1987, S. 321- 330.

Douglas, Mary: Ritual, Tabu und Körpersymbolik. Sozialanthropologische Studien in der Industriegesellschaft und Stammeskultur, Frankfurt a. M. 1981.

Douglas, M. und A. Wildavsky: Risk and Culture, Berkeley u.a. 1982.

Dreeben, Robert K.: Was wir in der Schule lernen, Frankfurt a.M. 1980 (erstmals 1968).

Dreitzel, Hans-Peter: Die gesellschaftlichen Leiden und das Leiden an der Gesellschaft: eine Pathologie des Alltagslebens, Stuttgart 1968.

Drexel, Gunnar: Zur Ethik des Täuschens im Sport. Eine theoretische Studie insbesondere zu den Täuschungshandlungen ›Finte im Sport‹ und ›Lüge im Alltag‹, in: Klaus Cachay/Helmut Digel/Gunnar Drexel (Red.), Sport und Ethik, a.a.O., S. 89-114.

Dunning, Eric: The Structural-Functional Properties of Folk-Games and Modern Sports, in: Sportwissenschaft, 3. Jg., 1973/3, S. 215-232.

Dupuy, Jean Pierre: Ordres et Desordres: Enquête sur un nouveau paradigme, Paris 1982.

Durkheim, Emile: Über die Teilung der sozialen Arbeit, Frankfurt 1977 (erstmals 1893).

Ebin, Victoria: The body decorated, London, New York 1979.

Eco, Umberto: Apokalyptiker und Integrierte. Zur kritischen Kritik der Massenkultur, Frankfurt a.M. 1984 (erstmals 1964).

Eichberg, Henning: Körperlichkeit, Identität und Entfremdung. Überlegungen zu einer neuen Sozialwissenschaft des Körpers und des Sports, in: Sportpädagogik, 4, 1984, S. 9-13.

Eisel, Ulrich: Die schöne Landschaft als kritische Utopie oder als konservatives Relikt. Über die Kristallisation gegnerischer politischer Philosophien im Symbol »Landschaft«, in: Soziale Welt, 33. Jg., 1982, H. 2, S. 157-168.

Elias, Norbert: Über den Prozeß der Zivilisation. Soziogenetische und psychogenetische Untersuchungen Bd. 1 und 2, Frankfurt a.M. 1978 (erstmals 1939).

Elias, Norbert und Eric Dunning: The quest for excitement in unexciting societies, in: G. Lüschen (Hg.), The Cross-Cultural Analysis of Sport and Games, Champaign Illinois 1970, S. 31-51.

Eppler, Erhard: Bürgerinitiativen kontra Parteipolitik? In: Bernd Guggenberger/Udo Kempf (Hg.), Bürgerinitiativen und repräsentatives System, Opladen 1978, S. 209-212.

Erben, Rosmarie, Peter Franzkowiak und Eberhard Wenzel: Die Ökologie des Körpers. Konzeptionelle Überlegungen zur Gesundheitsförderung, Frankfurt a.M. 1986.

Erickson, E.: Dimensionen einer neuen Identität, Frankfurt a.M. 1975 (erstmals 1974).

Finger, Klaus: Animation im Ferienclub, in: Horst W. Opaschowski (Hg.), Methoden der Animation. Praxisbeispiele, Regensburg 1981, S. 137-145.

Foucault, Michel: Überwachen und Strafen, Frankfurt a.M. 1976 (erstmals Paris 1975).

Fourier, Charles: Theorie der vier Bewegungen und der allgemeinen Bestimmungen, Frankfurt a.M. 1966.

— Le nouveau monde industriel et societaire, Paris 1829.

Franzen, Günter: Muskelspiele. Versuche, den Körper zur Sprache zu bringen, Reinbek bei Hamburg 1984.

Friedrich, Eduard: Lächerlich bis ärgerlich! Was soll das? Eine Resolution und ihre Kommentierung, in: Olympische Jugend, 4, 1981, S. 8-9.

Frisby, David F.: Georg Simmels Theorie der Moderne, in: Heinz-Jürgen Dahme/Otthein Rammstedt (Hg.), Georg Simmel und die Moderne, Frankfurt a.M. 1984, S. 9-79.

— Fragments of modernity: Georg Simmel, Siegfried Kracauer and Walter Benjamin, London 1985.

Gabler, Hartmut: Grenzerfahrungen im Hochleistungssport aus motivationspsychologischer Sicht, in: NOK/BISP/Max-Planck-Gesellschaft (Hg.), Olympische Leistung. Ideal, Bedingungen, Grenzen. Begegnungen zwischen Sport und Wissenschaft. Eine Dokumentation, o.J., S. 248-259.

— und Willi Kempf: Psychologische Aspekte des Langlaufs, in: Sportwissenschaft, 17. Jg., 1987/2, S. 171-183.

Gablik, Suzi: Has Modernism failed?, New York 1984.

Gahai, Edwin und Peter Holz: Zur Rolle des Trainers im Leistungssport, Köln 1986.

Gallwitz, Esther (Hg.): Chicago. Die Stadt der Superlative, Frankfurt a.M. 1985.

Garbrecht, Dietrich: Gehen. Plädoyer für das Leben in der Stadt, Weinheim, Basel 1981.

Gebauer, Gunter: Ausdruck und Einbildung. Zur symbolischen Funktion des Körpers, in: Dietmar Kamper/Christoph Wulf (Hg.), Die Wiederkehr des Körpers, a.a.O., S. 313-329.

— Hand und Gewißheit, in: Dietmar Kamper/Christoph Wulf (Hg.), Das Schwinden der Sinne, Frankfurt a.M. 1984, S. 234-260.

Gebauer, Gunter, Thomas Alkemeyer, Bernhard Boschert, Uwe Flick und Robert Schmidt: Treue zum Stil. Die aufgeführte Gesellschaft, Bielefeld 2004.

Giersch, Ulrich: Der gemessene Schritt als Sinn des Körpers: Gehkünste und Kunstgänge, in: Dietmar Kamper/Christoph Wulf (Hg.), Das Schwinden der Sinne, Frankfurt 1984, S. 261-275.

Glagow, Manfred (Hg.): Gesellschaftssteuerung zwischen Korporatismus und Subsidiarität, Bielefeld 1984.

Glässel, Joachim: Städtische Sonnenräume, Berlin 1985.

Gleichmann, Peter/Johan Goudsblom/Hermann Korte (Hg.): Materialien zu Norbert Elias' Zivilisationstheorie, Frankfurt a.M. 1979 (erstmals 1977).

Goffman, Erving: Behavior in Public Places, New York, London 1963.

— Interaktionsrituale. Über Verhalten in direkter Kommunikation, Frankfurt a.M. 1971.

Goldner, Fred H. und R. Richard Ritti: The production of cynical knowledge in organizations, in: American Sociological Review, Aug. 1977, Vol. 42, No. 4, S. 539-551.

Greendorfer, Susan: Sport and the mass media, in: G. Lüschen/G. H. Sage (Hg.), Handbook of Social Science of Sport, Champaign Illinois 1981, S. 160-180.

Gross, Edward und Gregory P. Stone: Verlegenheit und die Analyse der Voraussetzungen des Rollenhandelns, in: Manfred Auwärter/Edit Kirsch/Klaus Schröter (Hg.), Seminar: Kommunikation, a.a.O., S. 275-306.

Guggenberger, Bernd: Wenn Liebe zur Beziehung wird, in: CIVIS, 3, Sept. 1984, S. 51-62.

Gulp, Eisi: Breakdance, München 1984.

Guttmann, Allen: Ursprünge, soziale Basis und Zukunft des Fairplay, in: Sportwissenschaft, 17. Jg., 1987/1, S. 9-19.

Habermas, Jürgen: Können komplexe Gesellschaften eine vernünftige Identität ausbilden? In: ders. und Dieter Henrich, Zwei Reden. Aus Anlaß des Hegel-Preises, Frankfurt a.M. 1974, S. 23-84.

— Einleitung, in: ders. (Hg.), Stichworte zur »Geistigen Situation der Zeit«, Frankfurt a.M. 1982 (erstmals 1979), S. 7-35.

— Der philosophische Diskurs der Moderne, Frankfurt a.M. 1985.

— Moderne und postmoderne Architektur, in: ders., Die neue Unübersichtlichkeit, Frankfurt a.M. 1985, S. 11-29.

Hahn, Alois: Kann der Körper ehrlich sein? In: H. U. Gumbrecht/K. Ludwig Pfeiffer (Hg.), Materialität der Kommunikation, Frankfurt a.M. 1988, S. 666-679.

Hahn, A., H.-A. Schubert und H.-J. Siewert: Gemeindesoziologie, Stuttgart u.a. 1979.

Hahn, Bernd und Holger Schindler: Punk – die zarteste Versuchung seit es Schokolade gibt, Kassel 1982.

Haubrich, W.: Die Bildsprache des Sports im Deutsch der Gegenwart, Schorndorf 1965.

Häußermann, Hartmut: Vom Müsli zum Kaviar, in: Die Zeit, Nr. 41, 3.10.1986, S. 49-51.

Häsing, Helga/Herbert Stubenrauch/Thomas Ziehe (Hg.): Narziß – ein neuer Sozialisationstyp? Bensheim 1981.

Hebdige, Dick: Die Bedeutung des Mod-Phänomens, in: John Clarke u. a. (Hg.), Jugendkultur als Widerstand. Milieus, Rituale, Provokationen, Frankfurt a.M. 1981 (erstmals 1979).

Hegel, G. W F.: Grundlinien der Philosophie des Rechts Bd. 7, Frankfurt 1970.

Heine, Heinrich: Sämtliche Werke Bd. 6, Lutetia 2, 1843.

Heinemann, Klaus: Einführung in die Soziologie des Sports, Schorndorf 1983 (erstmals 1980).

Heinrich, Klaus: Antike Kyniker und Zynismus in der Gegenwart (1964), in: ders., Vernunft und Mythos. Ausgewählte Texte, Frankfurt a.M. 1983, S. 27-49.

— Vernunft und Mythos. Ausgewählte Texte, Frankfurt a.M. 1983.

Heinzlmeier, Adolf, Jürgen Menningen und Berndt Schulz: Road movies: Action-Kino der Maschinen und Motoren, Hamburg, Zürich 1985.

Hessel, Franz: Ein Flaneur in Berlin, Berlin 1984 (Originaltitel: Spazieren in Berlin, Berlin 1929).

Herzog, Walter: Der Körper als Thema der Pädagogik, in: Hilarion Petzold (Hg.), Leiblichkeit, Paderborn 1985, S. 259-301.

Hildenbrandt, E.: Sprache und Bewegung. Zur Verbalisierung von Bewegungsphänomenen, in: Sportwissenschaft, 1, 1973, S. 55-69.

Hofmann, Detlef: Zweitausend Jahre Graffiti oder Jede Zeit hat die Wände, die sie verdient, in: Siegfried Müller (Hg.), Graffiti. Tätowierte Wände, Bielefeld 1985, S. 17-37.

Hoffmann, Dieter: Leibes-Übung, Darmstadt/Neuwied 1984.

Honer, Anne: Bodybuilding als Sinnsystem, in: Sportwissenschaft, 15. Jg., 1985, 2, S. 155-169.

Horch, Heinz-Dieter: Strukturbesonderheiten freiwilliger Vereinigungen. Analyse und Untersuchung einer alternativen Form menschlichen Zusammenarbeitens, Frankfurt, New York 1982.

Horkheimer, Max und Theodor W. Adorno: Dialektik der Aufklärung, Frankfurt a.M. 1969 (erstmals 1944).

Hunter, Sam: La peinture amêricaine contemporaine, Éditions Téte de Feuilles, Paris 1976 (erstmals Mailand 1967).

Huyssen, Andreas/Klaus R. Scherpe (Hg.): Postmoderne. Zeichen eines kulturellen Wandels, Reinbek bei Hamburg 1986.

Illich, Ivan: Fortschrittsmythen, Reinbek bei Hamburg 1983 (erstmals 1978).

Inglehart, Ronald: The Silent Revolution: Changing Values and Political Styles among Western Publics, Princeton 1977.

— Wertwandel in den westlichen Gesellschaften: Politische Konsequenzen von materialistischen und postmaterialistischen Prioritäten, in: Helmut Klages/Peter Kmieciak (Hg.), Wertwandel und gesellschaftlicher Wandel, Frankfurt, New York 1981 (erstmals 1979), S. 279-316.

Ismail, A. H. und L. E. Trachtman: Jogging the imagination, in: psychology today, 6, 1973, S. 79-82.

Jäger, Wolfgang: Bürgerinitiativen – Verbände – Parteien, in: Bernd Guggenberger/Udo Kempf (Hg.), a.a.O., S. 213-222.

Japp, Klaus P.: Risiken der Technisierung und die neuen sozialen Bewegungen, in: Gotthard Bechmann (Hg.), Risiko und Gesellschaft, Opladen 1993, S. 375-402.

Jensen, Stefan: Interpenetration bei Parsons, in: Zeitschrift für Soziologie, 7, 1978, S. 116-129.

Jost, E.: Die Fairneß, Ahrensburg bei Hamburg 1970.

Kamper, Dietmar: Einleitung: Vom Schweigen des Körpers, in: ders./Volker Rittner (Hg.), Zur Geschichte des Körpers, München, Wien 1976, S. 7-12.

— Christoph Wulf (Hg.): Die Wiederkehr des Körpers, Frankfurt a.M. 1982.

— Die Parabel der Wiederkehr. Zur Einführung, in: dies. (Hg.), Die Wiederkehr des Körpers, a.a.O., S. 9-21.

— (Hg.): Das Schwinden der Sinne, Frankfurt a.M. 1984.

— Blickwende. Die Sinne des Körpers im Konkurs der Geschichte, in: a.a.O., S. 9-17.

Kamper, Dietmar: Aufklärung – was sonst? Eine dreifache Polemik gegen ihre Verteidiger, in: Merkur, 39. Jg., 1985, 6, S. 535-540.

Kapustin, Peter: New Games und die Spielbewegung des Deutschen Sportbundes, in: O. Grupe/H. Gabler/U. Göhner (Hg.), Spiel – Spiele – Spielen. Bericht über den 5. Sportwissenschaftlichen Hochschultag der Deutschen Vereinigung für Sportwissenschaft in Tübingen 1982, Schorndorf 1983, S. 243-251.

Kerouac, Jack: On the road, New York 1957.

Kimmle, Roland: Jogging – zur Entstehung und Entwicklung einer kollektiven Bewegung im Sport, in: Sportwissenschaft, 17. Jg., 1987/2, S. 121-150.

Kirchhoff, Bodo: Body-Building – Versuch über den Mangel, in: Kursbuch 52, 1978, S. 9-21.

Klein, Michael: »New Games« – auch ein Weg politischer Bildung? In: Bundeszentrale für politische Bildung (Hg.), Gesellschaftliche Funktionen des Sports. Beiträge einer Fachtagung, Bonn 1984, S. 231-243.

König, René: Macht und Reiz der Mode. Verständnisvolle Betrachtungen eines Soziologen, Düsseldorf, Wien 1971.

— Menschheit auf dem Laufsteg: die Mode im Zivilisationsprozeß, München 1985.

Kohli, Martin: Gesellschaftszeit und Lebenszeit. Der Lebenslauf im Strukturwandel der Moderne, in: Johannes Berger (Hg.), Die Moderne – Kontinuitäten und Zäsuren, Göttingen 1986, S. 183-208.

Koselleck, Reinhart: Vergangene Zukunft. Zur Semantik geschichtlicher Zeiten, Frankfurt a.M. 1979.

Koslowski, Peter/Robert Spaemann/Reinhard Löw (Hg.): Moderne oder Postmoderne. Zur Signatur des gegenwärtigen Zeitalters, Weinheim 1986.

Kracauer, Siegfried: Der Vamp-Film, in: Gerd Stein (Hg.), Femme fatale – Vamp – Blaustrumpf, Frankfurt a.M. 1985, S. 157-160.

Kraushaar, W.: Die Passage als städtischer Mikrokosmos, in: Freibeuter, 3, 1980, S. 84-91.

Krokow, Christian Graf von, 1972: Sport und Industriegesellschaft. München 1974.

Kruse, Lenelis: Räumliche Umwelt. Die Phänomenologie des räumlichen Verhaltens als Beitrag zu einer psychologischen Umwelttheorie, Berlin, New York 1974.

— und Carl F. Graumann: Sozialpsychologie des Raumes und der Bewegung, in: KZfSS, Sonderheft 20/1978, hg. von Kurt Hammerich und Michael Klein, S. 177-219.

Kübler, H.-D.: Jenseits von Orwell. Gesellschaft, Kultur und Medien. Jahrbuch zur Kultur- und Medienforschung Bd. 1, Frankfurt a.M. 1984.

Kutsch, Thomas und Karl-Heinrich Bette: Doping im Hochleistungssport, in: ders./G. Wiswede (Hg.), Sport und Gesellschaft. Die Kehrseite der Medaille, Königstein 1981, S. 71-87.

Laermann, Klaus: Das rasende Gefasel der Gegenaufklärung. Dietmar Kamper als Symptom, in: Merkur, 39. Jg., 1985, 3, S. 211-220.

Landau, G.: Ordnung im Sportunterricht, Schorndorf 1979.

— und Heide K. Maraun: »Morgen haben wir Sport«. Gedanken zur ersten Sportstunde, in: Die Grundschule, 1977, S. 458-462.

Lasch, Christopher: The Culture of Narcissism. American Life in an Age of diminishing Expectations, New York 1979.

Lefebvre, Henri: Kritik des Alltagslebens, Kronberg/Taunus 1977 (erstmals 1947).

— Einführung in die Modernität. Zwölf Präludien, Frankfurt a.M. 1978 (erstmals Paris 1962).

Lehmann, Hans-Thies: Die Raumfabrik – Mythos im Kino und Kinomythos, in: Karl Heinz Bohrer (Hg.), Mythos und Moderne, Frankfurt a. M. 1983, S. 572-609.

Leist, Karl Heinz: Körpererfahrung, in: Sportpädagogik, Beiheft 1983 »Annäherungen, Versuche, Betrachtungen. Bewegung zwischen Erfahrung und Erkenntnis«, S. 38-44.

Lenk, Hans: Leistungssport: Ideologie oder Mythos? Stuttgart u.a. 1972.

— Die achte Kunst, Osnabrück 1985.
Leuenberger, Theodor und Rudolf Schilling: Die Ohnmacht des Bürgers. Plädoyer für eine nachmoderne Gesellschaft, Frankfurt a.M. 1972.
Lewandowski, Sven: Sexualität in den Zeiten funktionaler Differenzierung. Bielefeld 2004.
Ley, David und Roman Cybriwsky: Stadt-Graffiti als Territorialmarkierung, in: Siegfried Müller (Hg.): Graffiti. Tätowierte Wände, Bielefeld 1985, S. 175-187.
Lindner, Rolf: Punk, in: G. Stein (Hg.), Bohemien – Tramp – Sponti. Boheme und Alternativkultur, Frankfurt a.M. 1982, S. 245-258.
Lohmann, Georg: Die zögernde Begrüßung der Moderne. Zu Georg Simmels Diagnose moderner Lebensstile, in: Burkhart Lutz (Hg.), Soziologie und gesellschaftliche Entwicklung. Verhandlungen des 22. Deutschen Soziologentages in Dortmund 1984, Frankfurt a.M., New York 1985, S. 543-547.
Lorêt, Alain: Génération glisse dans l´eau, l´air, la neige. La révolution du sport des »années fun«, Paris 2003.
Luhmann, Niklas: Funktionen und Folgen formaler Organisationen, Berlin 1976 (erstmals 1964).
— Selbststeuerung der Wissenschaft, in: ders., Soziologische Aufklärung Bd. 1, Opladen 1970, S. 232-252.
— Funktionale Methode und Systemtheorie, in: ders., Soziologische Aufklärung Bd. 1, a.a.O., S. 31-53.
— Lob der Routine, in: ders., Politische Planung. Aufsätze zur Soziologie von Politik und Verwaltung, Opladen 1971, S. 113-142.
— Einführende Bemerkungen zu einer Theorie symbolisch generalisierter Kommunikationsmedien, in: ders., Soziologische Aufklärung Bd. 2, Opladen 1975, S. 170-192.
— Ist Kunst codierbar? In: Siegfried J. Schmidt (Hg.), »schön«: Zur Diskussion eines umstrittenen Begriffs, München 1976, S. 60-95.
— Funktion der Religion, Frankfurt a.M. 1977.
— Temporalization of complexity, in: R. Felix Geyer/Johannes van der Zouwen (Hg.), Sociocybernetics Bd. 2, Leiden 1978, S. 95-111.
— Geschichte als Prozeß und die Theorie sozio-kultureller Evolution, in: Karl-Georg Faber/Christian Meier (Hg.), Historische Prozesse, München 1978, S. 413-440.
— Interpenetration bei Parsons, in: Zeitschrift für Soziologie, 7, 1978, S. 299-332.
— Die Unwahrscheinlichkeit der Kommunikation, in: ders., Soziologische Aufklärung Bd. 3, Opladen 1981, S. 25-34.
— Veränderungen im System gesellschaftlicher Kommunikation und die Massenmedien, in: ders., a.a.O., S. 309-320.
— Symbiotische Mechanismen, in: ders., a.a.O., S. 228-244.
— Zeit und Handlung. Eine vergessene Theorie, in: ders., a.a.O., S. 101-125.

— Interpenetration – Zum Verhältnis personaler und sozialer Systeme, in: ders., a.a.O., S. 151-169.
— Politische Theorie im Wohlfahrtsstaat, München, Wien 1981.
— Ausdifferenzierung des Rechts. Beiträge zur Rechtssoziologie und Rechtstheorie, Frankfurt a.M. 1981.
— Rechtszwang und politische Gewalt, in: ders., Ausdifferenzierung des Rechts, a.a.O., S. 154-172.
— Gesellschaftsstruktur und Semantik. Studien zur Wissenssoziologie der modernen Gesellschaft Bd. 1 und 2, Frankfurt a.M. 1981.
— Interaktion in Oberschichten. Zur Transformation ihrer Semantik im 17. und 18. Jahrhundert, in: ders., Gesellschaftsstruktur und Semantik Bd. 1, a.a.O., S. 72-161.
— Temporalisierung von Komplexität: Zur Semantik neuzeitlicher Zeitbegriffe, in: ders., Gesellschaftsstruktur und Semantik Bd. 1, a.a.O., S. 235-300.
— Selbstreferenz und binäre Schematisierung, in: ders., Gesellschaftsstruktur und Semantik Bd. 1, a.a.O., S. 301-313.
— Gesellschaftsstrukturelle Bedingungen und Folgeprobleme des naturwissenschaftlich-technischen Fortschritts, in: Reinhart Löw/Peter Koslowski/Philipp Kreuzer (Hg.): Fortschritt ohne Maß? Eine Ortsbestimmung der wissenschaftlich-technischen Zivilisation, München 1981, S. 113-131.
— Liebe als Passion. Zur Codierung von Intimität, Frankfurt a.M. 1982.
— Anspruchsinflation im Krankheitssystem. Eine Stellungnahme aus gesellschaftstheoretischer Perspektive, in: Philipp Herder-Dorneich/Alexander Schuller (Hg.), Die Anspruchsspirale, Stuttgart u.a. 1983, S. 28-49.
— Medizin und Gesellschaftstheorie, in: Medizin, Mensch, Gesellschaft, 8, 1983, S. 168-175.
— Soziale Systeme. Grundriß einer allgemeinen Theorie, Frankfurt a. M. 1984.
— Die Autopoiesis des Bewußtseins, in: Soziale Welt, Jg. 36, 1985, H. 4, S. 402-446.
— (Hg.): Soziale Differenzierung: zur Geschichte einer Idee, Opladen 1985.
— Ökologische Kommunikation. Kann die moderne Gesellschaft sich auf ökologische Gefährdungen einstellen? Opladen 1986.
— Das Kunstwerk und die Selbstreproduktion der Kunst, in: Hans Ulrich Gumbrecht/K. Ludwig Pfeiffer (Hg.), Stil. Geschichten und Funktionen eines kulturwissenschaftlichen Diskurselements, Frankfurt a. M. 1986, S. 620-672.
— Codierung und Programmierung, Bildung und Selektion im Erziehungssystem, in: Heinz-Elmar Tenorth (Hg.), Allgemeine Bildung. Analysen zu ihrer Wirklichkeit, Versuche über ihre Zukunft, Weinheim, München 1986, S. 154-182.

— »Distinctions directrices«. Über Codierung von Semantiken und Systemen, in: KZfSS, Sonderheft 27/1986, S. 145-161.
— Tautologie und Paradoxie in den Selbstbeschreibungen der modernen Gesellschaft, in: Zeitschrift für Soziologie, Jg. 16, H. 3, Juni 1987, S. 161-174.
— Was ist Kommunikation?, in: ders., Soziologische Aufklärung Bd. 6, Opladen 1995, S. 113-124.
— Die Gesellschaft der Gesellschaft Bd. 1 und 2, Frankfurt a.M. 1997.
— Die Religion der Gesellschaft, Frankfurt a.M. 2000.
— und Karl Eberhard Schorr: Reflexionsprobleme im Erziehungssystem, Stuttgart 1979.
— Das Technologiedefizit der Erziehung und die Pädagogik, in: dies. (Hg.), Zwischen Technologie und Selbstreferenz, Frankfurt a.M. 1982, S. 11-40.
Lurie, Alison: The language of clothes, New York 1981.
Lübbe, Hermann: Erfahrungsverluste und Kompensationen. Zum philosophischen Problem der Erfahrung in der gegenwärtigen Welt, in: Gießener Universitätsblätter, 12, 1979, S. 42-53.
Lyman, Stanford M. und Marvin B. Scott: Coolness in eyeryday life, in: Marcello Truzzi (Hg.), Sociology and everyday life, Englewood Cliffs 1968, S. 92-101.
Lyotard, Jean Francois: Immaterialität und Postmoderne, Berlin 1985.
Marquard, Odo: Inkompetenzkompensationskompetenz? Über Kompetenz und Inkompetenz in der Philosophie, in: Philosophisches Jahrbuch, 81, 1974, S. 341-349.
— Kompensationen. Überlegungen zu einer Verlaufsfigur historischer Prozesse, in: K.G. Faber/Chr. Meier (Hg.), Historische Prozesse. Theorie der Geschichte, Bd. 2, München 1978, S. 330-362.
— Krise der Erwartung – Stunde der Erfahrung. Zur ästhetischen Kompensation des modernen Erfahrungsverlustes. Konstanzer Universitätsreden, Konstanz 1982.
Mattenklott, Gerd: Bilderdienst. Ästhetische Opposition bei Beardsley und George, Frankfurt a.M. 1985 (erstmals 1979).
— Geschmackssachen. Über den Zusammenhang von sinnlicher und geistiger Ernährung, in: Dietmar Kamper/Christoph Wulf (Hg.), Das Schwinden der Sinne, a.a.O., S. 178-190.
— Wiederkehr und Verabschiedung des Körpers, in: Thomas Ziehe/Eberhard Knödler-Bunte (Hg.), Der sexuelle Körper. Ausgeträumt? Berlin o.J., S. 73-78.
— Der übersinnliche Leib. Beiträge zu einer Metaphysik des Körpers, Reinbek bei Hamburg 1983 (erstmals 1982).
Marx, Karl: Das Kapital. MEW Bd. 23, Berlin 1972.
— Ökonomisch-philosophische Manuskripte, Leipzig 1974.
Mayntz, Renate: Soziologie der öffentlichen Verwaltung, Heidelberg, Karlsruhe 1978.

Meinberg, Eckhard: Hauptprobleme der Sportpädagogik, Darmstadt 1984.

Michener, James A.: Sports in America, Connecticut 1976.

Milgram, Stanley: Das Erleben der Großstadt. Eine psychologische Analyse, in: Zeitschrift für Sozialpsychologie, 1970, 1, S. 142-152.

Miller, Max: Selbstreferenz und Differenzerfahrung. Einige Überlegungen zu Luhmanns Theorie sozialer Systeme, in: Hans Haferkamp/Michael Schmidt (Hg.), Sinn, Kommunikation und soziale Differenzierung, Frankfurt a.M. 1987, S. 187-211.

Mitscherlich, Alexander: Die Unwirtlichkeit unserer Städte. Anstiftung zum Unfrieden, Frankfurt a.M. 1965.

Mitterauer, Michael: Sozialgeschichte der Jugend, Frankfurt a.M. 1986.

Mollenhauer, Klaus: Korrekturen am Bildungsbegriff? In: Zeitschrift für Pädagogik, 1987, H. 1, S. 1-20.

Morin, Edgar: La Méthode Bd. II, Paris 1980.

Moser, Dietz-R.: Fastnacht – Fasching – Karneval. Das Fest der »verkehrten« Welt, Graz 1986.

Münch, Richard: Über Parsons zu Weber: Von der Theorie der Rationalisierung zur Theorie der Interpenetration, in: Zeitschrift für Soziologie, 9, 1980, S. 18-53.

— Wege der Moderne. Zwischen Tradition und Modernität, Partikularismus und Universalismus, Routine und Revolution, Konformität und Entfremdung, in: Burkhart Lutz (Hg.), Soziologie und gesellschaftliche Entwicklung, Frankfurt, New York 1985, S. 453-462.

— Die Struktur der Moderne, Frankfurt a.M. 1984.

Muir, John: How to keep your Volkswagen alive, Santa Fe (New Mexico) 1969.

Nahrstedt, W.: Freizeitpädagogik in der nachindustriellen Gesellschaft Bd. 1, Neuwied/Darmstadt 1974.

Neidhardt, Friedhelm: Bildungs- und schichtsoziologische Ansätze zur Jugendforschung, in: Jugendwerk der Deutschen Shell (Hg.), Jugend zwischen 13 und 24, Bd. I, Vorstudie 1975, S. 67-86.

— Das innere System sozialer Gruppen, in: KZfSS, 31. Jg., 1979, 4, S. 639-660.

— Professionalisierung im Sport – Tendenzen, Probleme, Lösungsmuster. Text eines Vortrags auf dem 23. Magglinger Symposium zum Thema »Hat der Spitzensport (noch) eine Zukunft?« vom 17. bis 21.9.1984.

N.N.: Natur pur. Das Urlaubsdorf aus Strohhütten – schön wie ein Südseemärchen, in: Club Med. Magazin, H. 2, 1985, S. 9-14.

N.N.: Rutschbahn in den legalen Drogensumpf, in: Der Spiegel, Nr. 37, 41. Jg., 7.9.1987, S. 228-253.

N.N.: »Da verstümmelt sich eine ganze Generation«, in: Der Spiegel, Nr. 25, 41. Jg., 15.6.1987, S. 88-107.

Oehler, D.: Pariser Bilder I, Frankfurt a.M. 1979.

Oelkers, Jürgen/Heinz-Elmar Tenorth (Hg.): Pädagogik, Erziehungswissenschaft und Systemtheorie, Weinheim und Basel 1987.

Oettermann, Stephan: Läufer und Vorläufer, in: Zeitschrift für Volkskunde, 76. Jg., 1980/II, S. 211-233.

— Läufer und Vorläufer. Zu einer Kulturgeschichte des Laufsports, Frankfurt a.M. 1983.

— Heavily Tattoed, in: Dietmar Kamper/Christoph Wulf (Hg.), Die Wiederkehr des Körpers, a.a.O., S. 335-349.

Offe, Claus: Die Utopie der Null-Option, in: J. Berger (Hg.), Die Moderne – Kontinuitäten und Zäsuren, Göttingen 1986, S. 97-117.

Opaschowski, Horst W: Im Brennpunkt: Der Freizeitberater, Düsseldorf 1973.

Ortheil, Hanns-Josef: Der lange Abschied vom Flaneur, in: Merkur, 40. Jg., 1986, H. 1, S. 30-42.

Osofsky, Gilbert: Harlem: The Making of a Ghetto, New York 1971 (erstmals 1963).

Parsons, Talcott: Social Structure and Personality, New York 1964.

— The Professions and Social Structure, in: ders., Essays in Sociological Theory. Pure and Applied, Glencoe 1958 (erstmals 1939), S. 34-49.

— Professions, in: International Encyclopedia of the Social Sciences, Vol. 12, 1968, S. 536-547.

Penth, Boris und Günter Franzen: Last Exit, Punk: Leben im toten Herz der Städte, Reinbek bei Hamburg 1982.

Pinckney, Darryl: Die Schlüssel zum Himmelreich – Yuppies in Manhattan, in: Freibeuter, 26, 1985, S. 64-70.

Pirsig, Robert M.: Zen and the art of motorcycle maintenance, New York 1974.

Platzek, Werner: New Games und die Spielbewegung des Deutschen Sportbundes, in: O. Grupe/H. Gabler/U. Göhner (Hg.), Spiel – Spiele – Spielen, Schorndorf 1983, S. 252-256.

Plessner, Helmut: Zur Anthropologie des Schauspielers (1948), in: ders., Gesammelte Schriften VII. Ausdruck und menschliche Natur, Frankfurt a.M. 1982, S. 403-418.

— Philosophische Anthropologie, Frankfurt a.M. 1970.

Popitz, Heinrich: Der Aufbruch zur Artifiziellen Gesellschaft, Tübingen 1995.

Poppe, Ulrich: Zum Verhältnis von Körper und Identität – Einige sozialisationstheoretische Zusammenhänge, in: Sportunterricht, 31. Jg., H. 5, S. 165-172.

Postman, Neil: Wir amüsieren uns zu Tode. Urteilsfindung im Zeitalter der Unterhaltungsindustrie, Frankfurt a.M. 1985.

Raeithel, Gert: »Go West«. Ein psychohistorischer Versuch über die Amerikaner, Frankfurt a.M. 1981.

Rath, Claus-Dieter: Die öffentliche Netzhaut: Das fernsehende Auge, in: Dietmar Kamper/Christoph Wulf (Hg.), Das Schwinden der Sinne, a.a.O., S. 59-74.
Raulff, Ulrich: Chemie des Ekels und des Genusses, in: Dietmar Kamper/Christoph Wulf (Hg.), Die Wiederkehr des Körpers, a.a.O., S. 241-258.
— Image oder Das öffentliche Gesicht, in: Dietmar Kamper/Christoph Wulf (Hg.), Das Schwinden der Sinne, a.a.O., S. 46-58.
Rawls, John: Eine Theorie der Gerechtigkeit, Frankfurt a.M. 1979.
— Gerechtigkeit als Fairneß, Freiburg, München 1977.
Recke, R: Die französische Sportsprache, Schorndorf 1971.
Reif, Wolfgang: Zivilisationsflucht und literarische Wunschträume. Der exotistische Roman im ersten Viertel des 20. Jahrhunderts, Stuttgart 1975.
Rigauer, Bero: Soziale Interaktion im Sport. Ein Beitrag zur sportsoziologischen Handlungstheorie, in: M. Quell (Hg.), Sport, Soziologie und Erziehung, Berlin 1980, S. 140-163.
— Sportsoziologie. Grundlagen. Methoden. Analysen, Reinbek bei Hamburg 1982.
Riha, Karl (Hg.): Das Radfahrbuch, Darmstadt/Neuwied 1985.
Ritter, Joachim: Landschaft. Zur Funktion des Ästhetischen in der modernen Gesellschaft, in: ders., Subjektivität, Frankfurt a.M. 1974, S. 141-190.
Rittner, Volker: Norbert Elias: Das Konzept des Zivilisationsprozesses als Entsatz des epischen Moments durch das konstruktive, in: Dietmar Kamper (Hg.), Abstraktion und Geschichte. Rekonstruktion des Zivilisationsprozesses, München, Wien 1975, S. 83-125.
— Strukturwandlungen des Sports in der modernen Gesellschaft. Der Verein zwischen Gesinnungsgemeinschaft und Dienstleistungsbetrieb, in: Olympische Jugend, 11, 1983, S. 4-7.
— Zur Soziologie körperbetonter sozialer Systeme, in: Sonderheft 25/1983 der KZfSS, hg. von F. Neidhardt, S. 233-255.
— Gesamtgesellschaftliche Entwicklungen und ihre Auswirkungen auf den Sport, in: Kultusministerium Nordrhein-Westfalen (Hg.), Sportentwicklung – Einflüsse und Auswirkungen, Düsseldorf 1984, S. 44-51.
— Körper und Sport, in: Klaus Carl/Heinz Mechling/Wulf Preising (Hg.), Handbuch Sport. Wissenschaftliche Grundlagen von Unterricht und Training Bd. 2, Düsseldorf 1984, S. 607-620.
— Änderung der Sportmoral im modernen Sport komplexer Gesellschaften, in: Führungs- und Verwaltungsakademie des DSB e.V. (Hg.), Menschenwürde und Sportethos. Symposium vom 28. – 30.1.1982, Akademieschrift 19, Berlin 1984.
— Laufen gegen Innen- und Außenwelt, in: H.-J. Usko (Hg.), Marathon, Berlin 1985, S. 103, 106, 107.

— Sport und Gesundheit. Zur Ausdifferenzierung des Gesundheitsmotivs im Sport, in: Sportwissenschaft, 15. Jg., 1985/2, S. 136-154.

Roggenkamp, Viola: Die drei von der Tagesschau, in: Die Zeit, Nr. 38, 11.9.1987, S. 73.

Rorty, Amélie: Self-deception, akrasia and irrationality, in: Social Science Information 19, 1980, S. 905-922.

Rümmele, Edgar: Sportkarriere von Marathonläufern – eine psychologische Studie, in: Sportwissenschaft, 17. Jg., 1987/2, S. 184-200.

Rumpf, Horst: Beherrscht und verwahrlost. Über den Sportkörper, den Schulkörper und die ästhetische Erziehung, in: Zeitschrift für Pädagogik, 29. Jg., 1983, Nr. 3, S. 333-346.

— Die Schule, der Körper und das handgreifliche Tun, in: Neue Sammlung, 23. Jg., 1983, S. 585-599.

Sands, Susan: Backpacking: ›I go to the wilderness to kick the manworld out of me‹, in: The New York Times, 9.5.1971, zitiert in: George D. Trent (ed.), The Gentle Art of Walking. A Compilation from the New York Times, New York 1971, S. 85.

Sahlberg, O.: Baudelaire und seine Muse auf dem Weg zur Revolution, Frankfurt a.M. 1980.

Schäfer, Wolf: Die unvertraute Moderne. Historische Umrisse einer anderen Natur- und Sozialgeschichte, Frankfurt a.M. 1985.

Schelsky, Helmut: Die skeptische Generation, Düsseldorf 1957.

Scheuch, Erwin K.: Ferien und Tourismus als neue Formen der Freizeit, in: ders./Rolf Meyersohn (Hg.), Soziologie der Freizeit, Köln 1972, S. 304-317.

Schiller, Theo: Bürgerinitiativen und die Funktionskrise der Volksparteien, in: Bernd Guggenberger/Udo Kempf (Hg.), a.a.O., S. 188-208.

Schimank, Uwe: Grenzen systemischer Ausdifferenzierung in funktional ausdifferenzierten Gesellschaften: Der Fall des Sports. Ausarbeitung eines Vortrags auf der Arbeitstagung »Analysen des Sports und soziologische Theorien« der Sektion »Soziologie des Sports« der Deutschen Gesellschaft für Soziologie am 4. Juli 1987 in Köln.

Schivelbusch, Wolfgang: Geschichte der Eisenbahnreise. Zur Industrialisierung von Raum und Zeit im 19. Jahrhundert, München, Wien 1977.

— Das Paradies, der Geschmack und die Vernunft. Eine Geschichte der Genußmittel, Frankfurt a.M., Berlin, Wien 1985 (erstmals 1980).

Schleske, Wolfram: Abenteuer – Wagnis – Risiko im Sport. Struktur und Bedeutung in pädagogischer Sicht, Schorndorf 1977.

— Meditative Erfahrungen durch entspanntes Langlaufen – ihre Entstehung und Bedeutung in einer sich wandelnden Welt, in: Sportwissenschaft, 17. Jg., 1987/2, S. 151-170.

Schmidt, Burkhart: Postmoderne Strategien des Vergessens, Darmstadt/Neuwied 1986.

Schmidt, Eckhardt: New Wave – Die Revolution der Realität, in: G. Stein (Hg.), Bohemien – Tramp – Sponti, a. a. O, S. 260-266.

Schneider, Hans-Jürgen: Fast jeder Hersteller setzt auf Allradantrieb, in: KSA, Nr. 211, 12.9.1985.

Schütte, Johannes: Revolte und Verweigerung. Zur Politik und Sozialpsychologie der Spontibewegung, Gießen 1980.

Selye, Hans: Stress without distress, New York 1974.

Sennett, Richard: Verfall und Ende des öffentlichen Lebens. Die Tyrannei der Intimität, Frankfurt a.M. 1983 (erstmals 1977).

Serres, Michel: Der Parasit, Frankfurt a.M. 1981 (erstmals Paris 1980).

Sieferle, Rolf: Fortschrittsfeinde? Opposition gegen Technik und Industrie von der Romantik bis zur Gegenwart, München 1984.

Sievers, Burkhard: Geheimnis und Geheimhaltung in sozialen Systemen, Opladen 1974.

Simmel, Georg: Über sociale Differenzierung: Sociologische und psychologische Untersuchungen, Leipzig 1890.

— Schriften zur Soziologie. Eine Auswahl. Herausgegeben von Heinz J. Dahme und Otthein Rammstedt, Frankfurt a.M. 1983.

— Zur Psychologie der Scham (1901), in: a.a.O., S. 140-149.

— Zur Psychologie der Mode. Soziologische Studie (1895), in: a.a.O., S. 131-139.

— Die Großstädte und das Geistesleben, in: G. Simmel, Brücke und Tür. Essays des Philosophen zur Geschichte, Religion und Gesellschaft. Im Verein mit Margarete Susmann, hg. von Michael Landmann, Stuttgart 1957, S. 227-242.

— Soziologie der Mahlzeit, in: ders., Brücke und Tür, a.a.O., S. 243-250.

— Der Schauspieler und die Wirklichkeit, in: a.a.O., S. 168-175.

— Der Fremde, in: ders., Das individuelle Gesetz. Philosophische Exkurse, hg. von Michael Landmann, Frankfurt a.M. 1968, S. 63-70.

— Philosophische Kultur. Über das Abenteuer, die Geschlechter und die Kultur der Moderne, Berlin 1983 (erstmals 1911).

Simon, Fritz B.: Meine Psychose, mein Fahrrad und ich. Zur Selbstorganisation von Verrücktheit, Heidelberg 1993.

Sloterdijk, Peter: Kritik der zynischen Vernunft Bd. 1 und 2, Frankfurt a.M. 1983.

Smith, Adam: An Inquiry into the Nature and Causes of the Wealth of Nations, New York 1965 (erstmals 1776).

Soeffner, Hans-Georg: Stil und Stilisierung. Punk oder die Überhöhung des Alltags, in: Hans Ulrich Gumbrecht/K. Ludwig Pfeiffer (Hg.), Stil. Geschichten und Funktionen eines kulturwissenschaftlichen Diskurselements, Frankfurt a.M. 1987, S. 317-341.

Sommer, Carlo Michael und Thomas Wind: Jugendstil, in: psychologie heute, 12. Jg., 1985, H. 10, S. 22-25.

Sontheimer, Michael: Post-Punk und Neo-Rokoko, in: Kursbuch 79, Febr. 1985, S. 155-168.

Spencer, Herbert: Principles of Sociology (London 1876-1897), Westport 1975.

Stein, Gerd (Hg.): Bohemien – Tramp – Sponti. Boheme und Alternativkultur, Frankfurt a.M. 1981.
— Dandy – Snob – Flaneur. Dekadenz und Exzentrik, Frankfurt a.M. 1985.
— Femme fatale – Vamp – Blaustrumpf. Sexualität und Herrschaft, Frankfurt a.M. 1985.
Steinwachs, Burkhart: Stilisieren ohne Stil? Bemerkungen zu »Design« und »Styling«, in: Hans Ulrich Gumbrecht/K. Ludwig Pfeiffer (Hg.), Stil. Geschichten und Funktionen eines kulturwissenschaftlichen Diskurselements, Frankfurt a.M. 1986, S. 342-357.
Strauss, Anselm u.a.: Gefühlsarbeit. Ein Beitrag zur Arbeits- und Berufssoziologie, in: KZfSS, 32. Jg., 1980, H. 4, S. 629-651.
Strodthoff, Werner: Auch die neue Gemütlichkeit hat ihre Tücken, in: Kölner Stadtanzeiger, 1985, Nr. 235/33.
Swara, Burkhardt: Marathon in Deutschland, in: H.-J. Usko (Hg.), Marathon, Berlin 1985, S. 21-38.
Thévoz, Michael: The painted body: the illusions of reality, New York 1984.
Thurn, Hans-Peter: Der Mensch im Alltag. Grundrisse einer Anthropologie des Alltagslebens, Stuttgart 1980.
Tibon-Cornillot, Michel: Die transfigurativen Körper. Zur Verflechtung von Techniken und Mythen, in: Dietmar Kamper/Christoph Wulf (Hg.), Die Wiederkehr des Körpers, a.a.O., S. 145-164.
Treml, Alfred K.: Theorie struktureller Erziehung. Grundlagen einer pädagogischen Sozialisationstheorie, Weinheim, Basel 1982.
Treutlein, Gerhard: Körpererfahrung in traditionellen Sportarten – am Beispiel der Leichtathletik, in: M. Klein (Red.), Sport und Gesundheit und die »neue« Bewegungskultur, Clausthal-Zellerfeld 1986, S. 93-109.
Trilling, Lionel: Das Ende der Aufrichtigkeit, Frankfurt a.M., Berlin 1983 (erstmals 1972).
Uth, Heinz: In Berlin dabei, in: H.-J. Usko (Hg.), Marathon, Berlin 1985, S. 39.
Valker, Gary: Walking workouts, New York 1985.
Vester, Heinz-Günter: Die Thematisierung des Selbst in der postmodernen Gesellschaft, Bonn 1984.
— Modernismus und Postmodernismus – Intellektuelle Spinnereien? In: Soziale Welt, Jg. 36, H. 1, 1985, S. 3-26.
Virilio, Paul: Fahren, fahren, fahren ..., Berlin 1978.
— Geschwindigkeit und Politik, Berlin 1980.
Völker, K., M. Gracher, T. Wibbels und W. Hollmann: Über die Notwendigkeit der Steuerung der Belastungsintensität im Breitensport, in: Franz/Mellerowicz/Noack (Hg.), Training und Sport zur Prävention und Rehabilitation in der technisierten Umwelt, Berlin 1985, S. 547-552.
Waldenfels, Bernhard: In den Netzen der Lebenswelt, Frankfurt a.M. 1985.

Weber, Max: Gesammelte Aufsätze zur Religionssoziologie Bd. 1, Tübingen 1972 (erstmals 1920).
— Wirtschaft und Gesellschaft. Grundriß einer verstehenden Soziologie, Tübingen 1976 (erstmals 1922).
Weber, A.: »Ich fühle mich unglaublich wohl.« Warum Läufer laufen, in: psychologie heute, 8, 1981, H. 8, S. 38-41.
— Laufen – Motive und Wirkungen, in: Sportwissenschaft, 12. Jg., 1982, H. 2, S. 174-184.
Wehling, Hans-Georg (Red.): Jugend – Jugendprobleme – Jugendprotest, Berlin u.a. 1982.
Weingarten, Elmar/Fritz Sack/Jim Schenklein (Hg.): Ethnomethodologie – Beiträge zu einer Soziologie des Alltagshandelns, Frankfurt a.M. 1979.
Wellmer, Albrecht: Zur Dialektik von Moderne und Postmoderne. Vernunftkritik nach Adorno, Frankfurt a.M. 1985.
Welsch, Wolfgang: Unsere postmoderne Moderne, Weinheim 1988 (2. Auflage).
— (Hg.): Wege aus der Moderne. Schlüsseltexte der Postmoderne-Diskussion, Weinheim 1988.
Weyh, Florian Felix: Die ferne Haut. Wider die Berührungsangst, Berlin 1999.
Willis, Paul: »Profane Culture«. Rocker, Hippies: Subversive Stile der Jugendkultur, Frankfurt a.M. 1981 (erstmals 1978).
Willke, Helmut: Entzauberung des Staates. Überlegungen zu einer sozietalen Steuerungstheorie, Königstein/Ts. 1983.
Winkler, Joachim und Ralf-Rainer Karhausen (unter Mitarbeit von Rolf Meier): Verbände im Sport. Eine empirische Analyse des Deutschen Sportbundes und ausgewählter Mitgliedsorganisationen, Schorndorf 1985.
Winter, Michael: Die Schönheit der Medusa. Architektur und Herrschaftsästhetik, in: Merkur. Deutsche Zeitschrift für europäisches Denken, H. 1, 40. Jg., Januar 1986, S. 1-14.
Wozniakowski, Jacek: »Die Wildnis«. Zur Deutungsgeschichte des Berges in der europäischen Neuzeit, Frankfurt a.M. 1987.
Wulf, Christoph: Das gefährdete Auge. Ein Kaleidoskop der Geschichte des Sehens, in: Dietmar Kamper/Christoph Wulf (Hg.), Das Schwinden der Sinne, a.a.O., S. 21-45.
Whorton, C: Crusaders for Fitness, Princeton 1982.
Wright, Will: Sixguns & Society. A Structural Study of the Western, Berkeley u.a. 1975.
Wróblewski, Chris und Nelly Gommez-Vaëz: City Indians. Photographs of Western Tribal Fashion, Frankfurt a.M. 1983.
Wurzel, Bettina: Lernziel: Körperkontakte? In: Sportunterricht, 31. Jg., H. 5, S. 173-178.

Zehle, Sibylle und Jo Röttger: Blaue Tage für die Seele, in: Zeitmagazin, Nr. 34, 16.8.1985.
Ziehe, Thomas: Pubertät und Narzißmus, Köln 1975.
Zijderveld, Anton C.: The Abstract Society. A Cultural Analysis of our Time, Harmondsworth 1970.
Zinnecker, Jürgen (Hg.): Der heimliche Lehrplan. Untersuchungen zum Schulunterricht, Weinheim, Basel 1975.
Zorn, Wolfgang: Verdichtung und Beschleunigung des Verkehrs als Beitrag zur Entwicklung der »modernen Welt«, in: Reinhart Koselleck (Hg.), Studien zum Beginn der modernen Welt, Stuttgart 1977, S. 115-134.

Personenregister

Abraham, A. 197
Ackermann, Ch. 32
Adorno, Th. W. 11
Alt, P.-A. 122
Argyle, M. 77
Atlan, H. 228
Aubert, V. 190
Auernheimer, G. 114
Aufmuth, U. 179
Auwärter, M. 130, 150

Baecker, D. 22, 23
Barel, Y. 228
Barthes, R. 127, 128
Bauch, J. 13
Baudelaire, Ch. 70, 71, 95, 100, 106, 107, 143
Baudrillard, J. 109, 110, 113, 128, 129, 134
Bechmann, G. 13
Beck, U. 11, 12, 13
Becker, P. 204, 236
Beck-Gernsheim, E. 34
Bednarek, J. 116
Benjamin, W. 71, 95, 100, 106, 107, 111, 128, 138
Berger, B. 72, 102
Berger, J. 11, 34, 61, 78, 119
Berger, P. L. 72, 102
Berning, H.-H. 113, 237
Bette, K.-H. 23, 35, 44, 63, 73, 76, 92, 93, 167, 195, 199, 206, 212, 216, 219, 222, 223, 224
Betts, J. R. 210
Beyer, E. 172
Blume, H. 105
Bohrer, K. H. 142
Bourdieu, P. 67, 77, 95, 117, 188, 259
Brackhane, R. 81
Brandenburg, E. 157
Bråten, St. 228
Brodtmann, D. 79
Brose, H.-G. 119
Bruckner, P. 92, 98, 148, 157
Bruns, M. 71
Bühl, W. L. 190

Cachay, K. 187, 191, 204, 236
Carl, K. 39
Clarke, J. 100
Cohen, St. 98, 178
Comte, A. 10
Corbin, A. 130
Csikszentmihalyi, M. 82, 177
Cybriwsky, R. 108

Dahme, H.-J. 71, 127, 154
d'Aurevilly, J.-A. 121
Digel, H. 172, 186, 191, 236, 240

Douglas, M. 13, 139
Dreeben, R. K. 204
Drexel, G. 191
Dubiel, H. 78
Dunning, E. 168, 175
Dupuy, J. P. 228
Durkheim, E. 10

Eberspächer, H. 168
Eco, U. 121
Eichberg, H. 236
Eisel, U. 72
Elias, N. 20, 21, 135, 137, 141, 150, 175
Enzensberger, H. M. 230
Erben, R. 113
Erickson, E. 125

Farren, M. 129
Finger, K. 147
Finkielkraut, A. 92, 98, 148, 157
Foucault, M. 27
Fourier, Ch. 155, 156, 159
Franzen, G. 116, 123, 129
Franzkowiak, P. 113
Friedrich, E. 197
Frisby, D. F. 71

Gabler, H. 82, 177, 257
Gablik, S. 110
Gahai, E. 216
Gallwitz, E. 104
Garbrecht, D. 95
Gebauer, G. 187, 188, 250, 258
Gehrke, C. 113
Geyer, R. F. 36
Giersch, U. 94, 95
Glagow, M. 230
Glässel, J. 104
Gleichmann, P. 20
Göhner, U. 237
Goffman, E. 128, 141
Goldner, F. H. 161
Goudsblom, J. 20
Gracher, M. 42
Graumann, C. F. 85, 92, 109
Gray, J. 136
Greendorfer, S. L. 210
Gross, E. 130
Großklaus, G. 73
Guggenberger, B. 34, 230, 231
Gulp, E. 89
Gumbrecht, H. U. 42, 113, 123, 166
Guttmann, A. 189

Habermas, J. 11, 12, 15, 60, 105, 123, 133
Haferkamp, H. 9, 61
Hahn, A. 42, 86, 159
Hahn, B. 132
Hammerich, K. 93
Haubrich, W. 172
Häsing, H. 114
Hebdige, D. 100
Hegel, G. W. F. 10, 38, 60
Heine, H. 95, 133
Heinemann, K. 212, 240
Heinrich, K. 133
Heinzlmeier, A. 99
Henrich, D. 60
Herder-Dorneich, Ph. 215
Herzog, W. 140
Hessel, F. 107
Hildenbrandt, E. 172
Hoffmann, D. 116
Hollmann, W. 42
Holz, P. 216
Honer, A. 116
Horch, H. D. 220
Horkheimer, M. 11, 23
Hunter, S. 128
Huyssen, A. 11

Illich, I. 92
Inglehart, R. 34
Ismail, A. H. 81

Japp, K. P. 13
Jäger, W. 231
Jensen, St. 32

Jost, E. 189

Kamper, D. 20, 21, 22, 29, 94, 106, 115, 155, 156, 188, 207, 258
Kapustin, P. 237
Karhausen, R.-R. 220, 224
Kellner, H. 72, 102
Kempf, U. 230, 231
Kempf, W. 82
Kenyon, G. S. 210
Kerouac, J. 73, 99
Keteyian, A. 87
Kimmle, R. 79
Kirchhoff, B. 116
Kirsch, E. 130, 150
Klages, H. 34
Klein, M. 93, 113, 116, 197, 236, 237
Kmieciak, P. 34
Knödler-Bunte, E. 141
Kohli, M. 119
König, R. 112, 122, 140
Koselleck, R. 36
Koslowski, P. 11, 12
Kracauer, S. 71, 143
Kraushaar, W. 107
Kreuzer, Ph. 12
Krockow, Chr. von 188
Kruse, L. 72, 85, 92, 109
Kutsch, Th. 199

Laermann, K. 22
Landau, G. 204
Landmann, M. 70, 140. 143
Lasch, Chr. 41
Lehmann, H.-Th. 142
Leist, K. H. 79
Lenk, H. 101
Leuenberger, Th. 105
Levebvre, H. 120
Ley, D. 108
Lindner, R. 123
Loy, J. W. 210
Löw, R. 11, 12
Luhmann, N. 9, 10, 11, 12, 23, 25, 26, 29, 31, 32, 36, 43, 45, 49, 50, 52, 54, 55, 56, 60, 61, 62, 120, 123, 137, 166, 169, 171, 173, 175, 176, 182, 183, 184, 193, 195, 199, 201, 204, 206, 215, 229, 230, 232, 233, 245, 250, 252
Lurie, A. 115
Lüschen, G. 175, 210
Lutz, B. 11, 119, 144
Lyman, St. M. 141
Lyotard, J. F. 70

Maraun, H. K. 204
Markowitz, J. 9, 23
Marquard, O. 36
Marx, K. 10, 38, 70
Mattenklott, G. 70, 71, 75, 97, 122, 140, 141, 155, 208
Mayntz, R. 231
Mechling, H. 39
Meinberg, E. 204
Menningen, J. 99
Meyersohn, R. 146, 152
Michener, J. A. 211
Miller, H. 218
Miller, M. 61
Mitscherlich, A. 76, 102
Mollenhauer, K. 41
Morin, E. 228
Moser, D.-R. 151
Muir, J. 98
Müller, S. 108
Münch, R. 11, 32

Neidhardt, F. 39, 125, 190, 216, 219, 223

Oehler, D. 71
Oelkers, J. 14
Oettermann, St. 85, 115
Offe, C. 11, 61
Oldemeyer, E. 73
Opaschowski, H. W. 147
Ortheil, H.-J. 95, 102
Osofsky, G. 110

Parsons, T. 32, 49, 204, 216
Penth, B. 123, 129
Petzold, H. 140
Pfeiffer, K. L. 42, 113, 123, 166,
Pfetsch, F. R. 240
Pirsig, R. M. 98
Platzek, W. 237
Plessner, H. 114, 135
Poppe, U. 79
Postman, N. 208
Preising, W. 39

Quell, M. 172

Raeithel, G. 142
Rammstedt, O. 71, 127, 154
Rath, C.-R. 106, 207
Raulff, U. 156, 207
Rawls, J. 189
Recke, P. 172
Reif, W. 142
Rigauer, B. 172
Riha, K. 97
Ritti, R. R. 161
Rittner, V. 20, 21, 39, 49, 87, 112, 240
Roggenkamp, V. 136
Rorty, A. 12
Röttger, J. 157
Rümmele, E. 79
Rumpf, H. 79

Sack, F. 63
Sahlberg, O. 71
Sands, S. 74
Schäfer, W. 11
Schelsky, H. 125
Schenklein, J. 63
Scherpe, K. R. 11
Scheuch, E. K. 146, 152
Schiller, Th. 231
Schilling, R. 105
Schimank, U. 167, 169, 199
Schindler, H. 132
Schivelbusch, W. 93, 100, 107, 138
Schleske, W. 82, 180
Schmidt, B. 12
Schmidt, E. 129
Schmidt, R. 250
Schmitt, S. J. 166
Schorr, K. E. 45, 166
Schröter, K. 130, 150
Schubert, H.-A. 86, 159
Schuller, A. 215
Schulz, B. 99
Schütte, J. 139
Scott, M. B. 141
Selye, H. 41
Sennett, R. 35, 106, 151
Serres, M. 199, 230, 243, 246
Sieferle, R. 96
Sievers, B. 191
Siewert, H. J. 86, 159
Simmel, G. 10, 70, 71, 112, 127, 135, 140, 143, 144, 154, 155, 180, 190
Sloterdijk, P. 132, 133
Smith, A. 10
Soeffner, H.-G. 123
Sommer, C. M. 141
Sontheimer, M. 129, 131
Spaemann, R. 11
Spencer, H. 10
Stein, G. 121, 123, 129, 143
Steinwachs, B. 113
Stichweh, R. 9, 23
Stone, G. P. 130, 138, 150
Strodthoff, W. 108
Stubenrauch, H. 114
Sue, E. 121, 142
Susmann, M. 70
Swara, B. 83

Taylor, L. 98, 179
Tenorth, H.-E. 14, 56, 182, 201, 245
Thévoz, M. 126
Thurn, P. 155
Tibon-Cornillot, M. 29
Trachtman, L. E. 81
Treml, A. K. 204, 234, 236
Trent, G. D. 74

Treutlein, G. 236
Trilling, L. 78
Truzzi, M. 141
Tyrell, H. 9, 23

Usko, H.-J. 83, 84, 87
Uth, H. 84

Valker, G. 107
Vester, H.-G. 12
Virilio, P. 83, 92, 94
Völgel, G. 100
Völker, K. 42

Weber, A. 81
Weber, M. 10, 11
Weber, U. 167, 199
Weingarten, E. 63, 179
Wellmer, A. 11
Welsch, W. 12
Wenzel, E. 113
Whorton, J. C. 82
Wibbels, T. 42
Wildavsky, A. 13
Willis, P. 100, 129
Willke, H. 9, 11, 23, 61, 199, 230
Wind, Th. 141
Winkler, J. 220, 224
Winter, M. 94
Wiswede, G. 199
Wright, W. 142
Wulf, Chr. 21, 22, 29, 94, 106, 115, 155, 156, 188, 207, 258
Wurzel, B. 79
Würz, M. 81

Zehle, S. 157
Ziehe, Th. 114, 141
Zinnecker, J. 204
Zouwen, J. van 36

Sachregister

Abenteuer 43, 44, 57, 72ff., 81, 92f., 99, 109, 148f., 151ff., 162, 173ff., 198, 200, 235, 237, 243, 245, 253ff.
Abstraktheit 16, 26, 31, 52, 56, 59, 64, 69, 73, 124, 144, 164, 243
Aerobic 48, 68, 118, 235, 247, 261
Ästhetik der Subversion 126, 131
Affektdämpfung 69, 135, 137, 145, 150f., 189
Alltag 40, 69, 97, 132, 143, 148ff., 155, 157, 159, 179, 191, 251, 253, 254, 257
Alltagskörper 212
Altern 38, 119
Amtskirche 232, 233
Angst 43, 84, 130, 143, 149, 150, 177, 197, 201, 208, 235, 243, 245
Animation 69, 145, 146, 147, 149, 153, 160, 258
Anti-Mode 124, 129
Anti-Zivilisation 58, 160
Aufstand der Zeichen 109, 111
Anonymität 32, 64, 71, 104, 109, 111, 124, 144
Arbeit 34
Arbeitslosigkeit 34
Aufklärung 34, 65, 124, 187, 206, 241
Aufklärung, Dialektik der 11, 23
Aufrichtigkeit 78
Auge 93, 97, 103, 112, 132, 155, 156, 206, 209, 257
Aura 43, 95, 96, 100, 103, 111, 161, 165
Aura des Raumes 95ff., 100f.
Ausdifferenzierung 12, 18, 41, 45, 47ff., 63, 119, 146, 164, 168f., 170ff., 189, 195f., 201, 207, 209, 212ff., 221, 224ff., 240, 247
Authentizität 20, 24, 37, 39, 40, 67, 78, 90, 95, 139, 160, 179, 248
Autopoiesis 31, 54, 123
Astrologie 65
Ausbruchsversuch 98, 179

Beatnik 122
Bedrohung des Körpers 31, 59
Beschleunigung 48, 87, 91, 94
Bestrafung 27
Betroffenheit 24, 41, 45, 244, 245
Bewegung, soziale 12, 45, 57, 83, 108, 227, 242, 245, 247
Bewegungs- und Darstellungskünste 68, 78, 162
Binnendifferenzierung des Sports 19, 229, 233, 234, 238, 241, 243
Body-art 126
Bodybuilding 48, 68, 115ff.
body-processing 33, 50, 80, 126, 163, 182, 215

Breakdancing 68, 78, 162
Bürgerinitiative 18, 229, 230ff.
Butler 135, 136

Cabrio 97f.
Chopper 99, 100
Code 49, 56, 108f., 117, 158, 169, 170f., 182, 185, 213f., 200, 209, 213, 216, 228ff., 230, 242, 244, 260, 261
Cool 138, 139, 140ff.
Dada 127, 132f.
Differenz 47, 53, 55, 71, 75, 95, 122, 129, 137, 156, 161, 168, 171, 172, 173, 182, 189, 196, 209, 254
Differenzerfahrung 17, 81, 152, 179, 207, 211, 212
Differenz, Einheit der 173
Differenzierung 6, 25, 34f., 45ff., 51, 69, 164, 170, 193, 198, 223ff., 229, 233, 237, 246, 247, 255
Dilettantismus 131f., 222, 238
Doping 118, 189, 198, 200
Dritter, ausgeschlossener 19, 44, 171, 182f., 228ff., 241f.

Easyrider 75, 98
Ehrenamtlichkeit/Hauptamtlichkeit 214, 222ff.
Einfachheit 40, 112, 154
Eisenbahn 92, 94, 96
Ennui 73, 121
Entdifferenzierung 57, 73, 159, 238, 241ff.
Entfremdung 11, 32, 38, 64, 179, 236, 262
Entfusionierung 10, 52
Entkörperlichung 33, 46f., 51, 140, 236
Entsinnlichung 38, 94
Entzauberung 11, 13, 65, 236
Erwartung 25, 36, 194, 195, 200f.
Erwartungsüberlastung 35f.
Erziehung 10, 13, 31, 50, 55, 58, 60, 62, 157, 166, 169, 172, 182, 215, 223, 228, 234, 242, 244, 245
Ethnomethodologie 63, 150
Exklusion 24, 49f., 50, 171, 205

Fahrrad 90, 92, 97, 253
Fairness 173, 189ff., 198f., 205, 226
Familie 13, 29, 30f., 34, 70, 82, 102, 119, 125, 151, 159, 171, 217, 228, 234, 239, 242, 248
Femme fatale 143
Ferne 42, 75, 93, 95, 140, 142, 146ff., 257
Fitneß 16, 39, 48, 58ff., 113ff., 126, 157, 162, 250, 261f.
Flaneur 95, 100, 106f.
Fließerfahrung 82, 177ff.
Form und Medium 47
Formwelt 39
Formwelt des Sports 120
Formwelt der Unterschicht 117
Fortbewegung 40, 68, 76, 84f., 87f., 91ff., 101, 176, 251, 254ff.
Fortschritt 13, 107, 124, 127, 132, 167, 234, 242
Freizeit 176, 243, 253f., 260
Freizeitindustrie 47, 141, 147, 149, 154, 157
Futurisierung 37, 65, 176

Ganzheit 16, 22, 24, 37, 43f., 55, 58, 64, 76, 116f., 241
Gedächtnis 27, 185
Gefühl 42, 76, 96, 104, 124, 136, 138, 150, 157, 172ff., 186, 251, 256ff., 262
Gegenwart 36ff., 40, 42, 64f., 71, 75f., 103, 117, 133, 148, 158, 161, 176ff., 180, 185, 209, 238
Gegenzeit 44, 63, 92
Gerade 94
Geselligkeit 41, 151, 235, 248, 262
Gesellschaft, moderne 12, 16ff., 31f., 41, 46f., 51f., 61, 101, 111f., 118, 122, 130, 145, 228ff., 247
Geschlechtsrolle 34
Gesundheit 13, 16, 31, 39, 42ff., 59,

68, 81, 90, 113ff., 126, 162f., 169, 198, 200, 215, 223, 240, 245, 248f., 254, 259
Gewalt, physische 30
Gleichheit 161, 187ff., 201ff., 254
Gleich-, Ungleichzeitigkeit 17, 23, 46f., 51, 56, 61, 65, 91, 101, 145, 164, 209
Glück 42, 148, 157ff., 161
Graffiti 68, 102f., 108ff., 115
Großstadt 69ff., 95, 100, 109, 111ff., 142, 143

Habitus 97, 117, 122, 132, 135, 136, 143, 154, 244
Häßlichkeit 58, 68f., 130, 132, 162
Handwerk 148, 166
Haut 28, 90, 110ff., 127, 130ff., 163
Herrschaftsästhetik 94, 107
Hochleistungssport 18, 56, 164ff., 170, 182, 193ff., 216, 217, 218, 221ff.

Identität 34f., 42, 54, 60, 61, 67, 109, 117, 121, 130, 142, 178f., 247ff., 253, 260f.
Immunsystem, soziales 33, 196
Individualisierung 35, 40, 56, 98, 113, 123, 203, 233, 237, 259, 261, 262
Individuum 14, 15, 17, 25, 35, 41, 51, 91, 142, 144, 255, 260, 262
Individuum und Gesellschaft 18f., 23, 35, 60, 65, 71, 76, 83, 111, 122, 150, 162, 227, 243
Indifferenz 7, 12, 18, 24, 26, 37, 58, 64, 83, 103, 111f., 120, 137, 138, 144, 162, 163, 179, 188, 196, 206, 222, 234, 247
Institutionalisierung von Indifferenz 31
Indifferenz, stoische 136
Information 25, 27, 31, 55, 56, 68, 171, 182, 228, 230, 252, 256
Ingroup/Outgroup 115, 125, 183
Inklusion 24, 49ff., 59, 119, 146, 159f., 166, 171f., 192, 207, 237
Instrumentalisierung des Körpers 14, 57, 61, 197f.
Integration 11, 127, 155, 195, 201, 214, 232, 238, 247
Interpenetration 17, 34, 42, 133
Interaktion 67, 136, 159, 162, 181, 186, 191, 192, 205, 207, 246, 259
Intiminteraktion 30, 32, 64, 172
Intimität 40f., 103ff., 125, 139, 153, 208, 234
Intimität, Tyrannei der 35, 65
Intransparenz 32, 40, 118, 192, 201

Jogging 48, 68, 79ff., 95, 112, 118, 162f., 247, 261
Jugend 8, 125f., 137, 140ff., 156, 162, 218
Jugendlichkeit 16, 58, 68, 111ff., 120, 162

Kader 194, 202f., 223, 245
Karneval 151, 154
Kausalitätserfahrung 38
Kinderhochleistungssport 197, 200
Kodex der guten/schlechten Sitten 129, 137, 150
Körper, angemessener 196
Körper als Protestinstanz 212
Körper als Sicherheitsbasis 30ff., 54, 67, 77
Körper als Thema gesellschaftlicher Kommunikation 24, 43, 52ff., 180ff., 205, 247
Körper und Gesellschaft 10, 17, 20f., 26, 46ff., 51ff., 60ff., 126, 145ff., 163ff., 243
Körperdistanzierung und -aufwertung 17, 22f., 25ff., 45ff., 62f., 90, 167, 228ff., 246
Körpererfahrung 42ff., 79, 235f., 245, 257
Körperfeindlichkeit 58, 245
Körperideologie 58
Körpermoden 9, 17, 48, 68f., 163, 260ff.

Körperpolitik 13
Körperphantasmen 58, 120
Körperrevolte 57, 61, 134
Körperspuren 8, 16, 101f., 111ff.
Körpertechniken 39, 44, 179, 249
Körper, der vermummte 28
Körper, der wilde 14
Körperzukunft 113
Kolonisierung des Körpers 58, 146ff., 160f.
Konjunktur des Körpers 9, 17, 19, 24, 57, 62, 63, 112
Komplementärrolle 168
Kommunikation 14, 23ff., 31ff., 43, 47ff., 52f., 58, 62f., 68, 77f., 97, 102, 109, 111, 114, 123, 126, 135ff., 145, 159f., 168, 170ff., 181ff., 199, 205ff., 214, 228ff., 241, 247, 252, 254ff.
Komplexität 15, 23, 36, 47, 59, 62, 65, 69, 70, 90, 137, 171ff., 181, 187, 193, 194, 203, 224, 246f., 257
Kompensation 36, 59, 69, 118, 137
Kompensation der Kompensation 59
Konflikt 174, 191
Konkretheit 16, 37, 41, 67, 73, 96, 120, 255
Konsumstil, demonstrativer 114
Kontingenz 62, 64, 67, 138, 179, 181, 186f., 194, 198, 242
Kontraproduktivität 55, 59, 177, 238
Kraft 59, 113ff., 180, 253
Krieg 172f.
Kritik 40, 132, 159, 204, 228ff., 243
Krankheit 13, 33, 53, 117, 119, 130, 149, 201
Kunst 8, 13, 31, 36, 55, 58, 60, 70, 82, 110f., 172, 176, 182, 195, 202, 218, 223, 228, 242
Künstlichkeit 29, 127, 134, 147
Kynismus 132ff.

Lächeln 139
Landschaft 72, 76, 95f., 97, 247
Langeweile (siehe ennui) 38, 64, 99, 103, 109, 122, 124, 136, 152f., 160, 177, 179, 186, 209, 212, 254, 260
Langsamkeit 43ff., 64, 91, 92ff., 106, 107, 134, 162, 221, 245
Latenz 63f.
Laufen 40, 78ff., 91, 95, 101, 258
Lauf-Treff 42, 79
Lebensstil 24, 131, 247, 260
Lehrplan, heimlicher 204
Lehr- und Lernrolle 183f.
Leistung 22, 82f., 112, 171, 174, 192, 201ff., 209, 224, 227, 236f., 242, 244, 260
Leitdifferenz (siehe Code) 49f., 170, 173, 214, 244
Lernfähigkeit sozialer Systeme 56, 64, 242
Liebe 13, 155, 172, 176, 214
Lyrik der Betroffenheit 45

Macht 25f., 133, 169f., 176, 190, 196, 214, 221, 223, 242, 151
Magie 65
Mahlzeit 5, 154f., 246
Mall 104ff.
Marathon 82f., 119f.
Massenmedien 50, 112, 131, 147, 205ff., 226ff., 252, 256
Mechanismus, symbiotischer 24f., 65
Meditation 44, 179, 235
Mensch 14ff., 27f., 40, 47, 50ff., 61, 65, 73, 92, 101, 120, 145, 156, 178, 215, 248f.
Metaphorik 22, 246
Metaphorik des Körpers 21
Mimik 13, 135ff., 144
Mode 8, 9, 13, 71, 77, 102, 111ff., 124, 128f., 131, 141, 145
Moderne 10ff., 24, 34ff., 42ff., 52ff., 60f., 69f., 91, 94, 101, 106, 110, 118, 121, 126, 143, 145, 149, 161ff., 242, 247, 249, 253ff.
Modernisierung 10, 13, 16f., 26, 33f.,

45ff., 54, 59, 64, 70, 72, 75, 80, 85f., 90, 92, 96, 103, 120ff., 136, 140, 160, 162, 167, 249, 251f., 256
Modernität 10, 48, 52, 62, 69, 91, 101, 145
Moral 190, 196ff., 225, 243
Motiv 45, 244f.
Musik 44, 58, 72, 80, 86, 89, 98, 100, 111f., 117, 122, 124, 131ff., 147, 157, 175, 197, 206, 212
Mythos 22, 65, 98, 142, 146

Natürlichkeit 16, 20, 24, 38ff., 50, 59, 67f., 73f., 97, 113f., 126f., 134, 147, 149, 248, 259
Natürlichkeit, künstliche 114
Negation 64, 126, 129, 151, 171
New-Games 129, 131, 140
New Wave 129, 131, 140
No-future 77, 123, 162
Nostalgie 39, 64, 103, 158, 162, 209
Nullsummenprinzip 46, 56, 193, 247

Oberschichteninteraktion 55, 135ff., 175
Öffentlichkeit/Privatheit 60, 68ff., 77, 83ff., 90, 91, 98, 102ff., 114, 118, 120ff., 130, 133, 137, 145, 150ff., 161ff., 192, 202, 204, 208, 216, 248
Öffentlichkeit, Revitalisierung der 40, 68, 78ff.
Off-Road 74, 96
Ökonomie der Verausgabung 93, 253
Opposition 48, 56, 122, 126, 133, 164, 171, 174, 240, 246
Outdoor 73ff.

Pädagogik 197
Paradoxie 10, 17, 20, 24, 46, 52, 56, 60f., 70, 145, 160, 201f., 227, 247
Parasit 199, 230, 243, 246
Partei, politische 230f.
Passage 145
people- und body-processing 33, 50, 80, 126, 163, 182, 215
Phänomenologie 72
Politik 27, 30, 50, 56, 132, 168, 169, 171, 172, 174, 207
Pose 116, 137f., 141
Postmoderne 11f., 70
Professionalisierung 214f.
Programmierung 182, 197, 198, 201, 232, 238, 243, 245
Protest 111, 121, 126, 134, 140, 234, 247
Provokation, kynische 132
Publikum 43, 50, 168, 207ff., 218, 238ff.
Punk 68, 69, 121ff., 131ff.

Rache des Körpers 32
Ratte 130
Raum 27, 70, 74, 91, 92ff., 101, 143, 146, 197, 249, 251, 256, 258
Rausch 96ff., 100, 161
Recht 26, 30, 48, 56, 171f., 244
Reflexion 15, 45
Reise 73ff., 94, 96f., 99
Re-Islamisierung 57
Religion 34, 44, 58, 62, 65, 132, 172, 188, 232ff., 241, 248
Resonanz 8, 24, 51, 52ff., 56, 61, 67, 83, 101, 159, 172, 174, 200, 208ff., 213, 227
Retention 62f.
Risiko 13, 26, 43, 75, 138, 140, 180, 190, 235, 237, 245, 248
Robotisierung 28, 47, 89
Running 82, 87

Schiedsrichter 188ff., 205
Schmerzkörper 33
Schönheit 39, 58, 68, 94, 110, 113f., 126f, 148, 156, 162, 172
Schrift 27, 256f., 205
Schulsport 79, 235f., 242

Sekte 44, 229, 232, 234
Selbstbeobachtung 18f., 42, 82, 228ff., 255
Selbstreferenz 22, 45, 53, 169f., 185, 196, 244
Selbstreflexion 178f.
Selbstverwirklichung 24, 38, 44f., 113, 133, 236
Selektion 45, 49, 62ff., 170, 190, 202ff., 231ff., 244
Semantik 12, 14, 16, 24, 36, 38, 41, 55, 56, 173, 244, 247, 250
Sexualität 13, 21, 30, 33, 132, 143, 180
Sicherung, normative 170, 181ff., 188ff.
Sieg/Niederlage 209, 234
Sinnlosigkeit 58, 69, 121, 162
Sinnsuche im Nicht-Sinnhaften 118, 247
Situation 75, 138, 168, 170, 181ff.
Skateboard 78 87f 90
Sozialfigur 17, 121f., 212
Sozialfigur des Abenteurers 180f.
Sozialfigur des Animateurs 148, 156f.
Sozialfigur des Blasierten 143
Sozialfigur des Coolen 134
Sozialfigur des Dandys 121
Sozialfigur des Fremden 140
Sozialfigur des Halbstarken 121f.
Sozialfigur des Snobs 121f., 143
Sozialfigur des Spontis 138, 150
Sozialsystem, körperorientiertes 172, 177, 184f., 227, 261
Spannung 39, 81, 117, 170, 173ff, 225, 244
Spaß 39, 58, 147, 151, 153f., 165, 176, 235f., 254, 259f.
Spontaneität 120, 137, 150f, 157, 160
Sport 39f., 46ff., 56, 58ff., 79, 101, 164, 169f., 170ff.
Sportjournalismus 185
Sportkörper 79, 112, 205, 213, 254
Sportpädagogik 79, 204, 221, 235
Sprache 25f., 27, 56, 62, 68, 132, 148, 172f., 191, 205, 253ff., 261
Stadtkörper 68, 101ff.
Steuerungsmedium 30, 169, 170f., 176, 205, 214ff.
Sticker 163
Stigmatisierung 41, 120
Stoßdämpfer, mimischer 138
Straße 71, 74ff., 78ff., 83ff., 90ff., 104, 133, 145, 150
Streß 44, 53, 59, 90, 152, 156, 160, 254
Styling 113
Systemtheorie 14, 16f., 25, 35, 54, 166, 213, 228f., 252

Takt 136
Tanz 44ff., 51, 89, 111, 134, 139, 147, 153, 175, 177, 206
Technologiedefizit 45
Temporalisierung 36f., 65, 176, 209
Temporalstrukturen 24
Theorie sozialer Systeme 9ff., 14, 18, 24, 32, 52, 61, 228
Therapie 9, 33, 41, 46, 51, 111, 184
Tod 13, 53, 110, 119, 128, 143
Training 173f.
Trainingsplan 182

Ungleichheit 49, 136, 187f., 237
Unterkomplexität 73, 159
Unter-/oberirdische Geschichte des Körpers 13, 24, 37, 205, 227
Urbanisierung/Urbanität 72, 83, 86, 99, 108, 146
Utopia 154, 158
Unpersönlichkeit 124, 135f.
Unterschiede, feine 67, 148, 259

Vamp, cooler 143
Variation 62f., 68
Vergangenheit 48, 103, 176, 193, 205, 209
Versachlichung 40, 57, 69, 167

Wahrnehmung 25, 29ff., 71, 76, 78, 93, 101, 111, 124, 185f., 191f., 207, 255ff.
Wahrnehmungspositivismus 42
Wahrscheinlichkeit/Unwahrscheinlichkeit 17, 25, 33, 62f., 155, 186, 189, 246
Weiblichkeit 44
Weisheit des Körpers 9, 42, 53
Wertwandel, postmaterialistischer 34, 56
Wettkampf 101, 174f., 181, 184ff., 234, 248
Wirtschaft 30, 47, 50, 56, 58
Wissenschaft 11, 23, 29ff., 50, 55f., 82, 166, 168, 171, 203, 244, 253

Yuppie 80, 122

Zeichen 38, 67, 69, 77, 109f., 115, 122, 128ff., 130, 134, 162, 249
Zeit 17, 37ff., 90, 93, 119, 153, 176ff., 191, 224, 238
Zeitknappheit 24, 32, 35, 114, 260
Zeitlosigkeit 176
Zivilisationsferne 73
Zivilisationsprozeß 20ff., 27ff., 39, 47, 112, 116, 149, 175, 208
Zukunft 34ff., 36, 64, 69, 124, 133, 141, 176f., 189, 205, 216, 241
Zwischenraum 68, 92, 96, 100
Zynismus 132, 133

Weitere Titel zum Thema Körper/Leib:

Gabriele Alex,
Sabine Klocke-Daffa (Hg.)
Sex and the Body
Ethnologische Perspektiven zu Sex, Geschlechtlichkeit und Körper
September 2005, ca. 160 Seiten,
kart., ca. 14,00 €,
ISBN: 3-89942-282-1

Christa Brüstle, Nadia Ghattas, Clemens Risi,
Sabine Schouten (Hg.)
Aus dem Takt
Rhythmus in Kunst, Kultur und Natur
September 2005, ca. 330 Seiten,
kart., ca. 28,00 €,
ISBN: 3-89942-292-9

Heike Hartung (Hg.)
Alter und Geschlecht
Repräsentationen, Geschichten und Theorien des Alter(n)s
September 2005, ca. 300 Seiten,
kart., ca. 26,80 €,
ISBN: 3-89942-349-6

Marcus Termeer
Verkörperungen des Waldes
Eine Körper-, Geschlechter- und Herrschaftsgeschichte
Juli 2005, 644 Seiten,
kart., 33,80 €,
ISBN: 3-89942-388-7

Claudia Franziska Bruner
KörperSpuren
Zur Dekonstruktion von Körper und Behinderung in biografischen Erzählungen von Frauen
Juli 2005, 314 Seiten,
kart., 27,80 €,
ISBN: 3-89942-298-8

Corinna Bath, Yvonne Bauer, Bettina Bock von Wülfingen, Angelika Saupe,
Jutta Weber (Hg.)
Materialität denken
Studien zur technologischen Verkörperung –
Hybride Artefakte, posthumane Körper
April 2005, 222 Seiten,
kart., 23,80 €,
ISBN: 3-89942-336-4

Jan Weisser
Behinderung, Ungleichheit und Bildung
Eine Theorie der Behinderung
März 2005, 114 Seiten,
kart., 12,80 €,
ISBN: 3-89942-297-X

Michael Cowan,
Kai Marcel Sicks (Hg.)
Leibhaftige Moderne
Körper in Kunst und Massenmedien 1918 bis 1933
März 2005, 384 Seiten,
kart., ca. 50 Abb., 27,80 €,
ISBN: 3-89942-288-0

Weitere Titel zum Thema Körper/Leib:

Mirjam Schaub,
Stefanie Wenner (Hg.)
Körper-Kräfte
Diskurse der Macht über den Körper
2004, 190 Seiten,
kart., 23,80 €,
ISBN: 3-89942-212-0

Monika Fikus,
Volker Schürmann (Hg.)
Die Sprache der Bewegung
Sportwissenschaft als Kulturwissenschaft
2004, 142 Seiten,
kart., 14,80 €,
ISBN: 3-89942-261-9

Robert Gugutzer
Soziologie des Körpers
2004, 218 Seiten,
kart., 14,80 €,
ISBN: 3-89942-244-9

Gabriele Klein (Hg.)
Bewegung
Sozial- und kulturwissenschaftliche Konzepte
2004, 306 Seiten,
kart., 26,80 €,
ISBN: 3-89942-199-X

Gunter Gebauer, Thomas Alkemeyer, Bernhard Boschert, Uwe Flick, Robert Schmidt
Treue zum Stil
Die aufgeführte Gesellschaft
2004, 148 Seiten,
kart., 12,80 €,
ISBN: 3-89942-205-8

Karl-Heinrich Bette
X-treme
Zur Soziologie des Abenteuer- und Risikosports
2004, 158 Seiten,
kart., 14,80 €,
ISBN: 3-89942-204-X

Eva Erdmann (Hg.)
Der komische Körper
Szenen – Figuren – Formen
2003, 326 Seiten,
kart., zahlr. SW-Abb., 25,80 €,
ISBN: 3-89942-164-7

Leseproben und weitere Informationen finden Sie unter:
www.transcript-verlag.de